CLARE LONGRIGG

Die Patinnen

Buch

Verbrechen ist Männersache, dachten bislang die mit der Mafia befassten italienischen Richter. Doch je mehr Mafiosi hinter Gitter kommen, desto unabweisbarer wird auch die Bedeutung der Rolle ihrer Frauen. Das Klischee, ihre Welt beschränke sich auf Kinder und Küche, ist längst widerlegt. In Wahrheit haben sie oft genug das Gesetz des Handelns für sich entdeckt: Sie töten und lassen töten, erpressen Schutzgelder, handeln mit Drogen und verwalten die Millionensummen, die bei ihren schmutzigen Geschäften anfallen. Anhand von 38 Fallbeispielen macht Clare Longrigg deutlich, wie tief auch Frauen in die ehrenwerte Gesellschaft verstrickt sind. Alles kann man einer Frau nachsagen, heißt es in Sizilien, aber nicht, sie wisse von nichts.

Autorin

Clare Longrigg hat lange in Italien als Korrespondentin für *The Times* und *The Independent* gearbeitet und ist heute Reporterin für den *Guardian.* Bei den mehrjährigen Recherchen für dieses Buch beschränkten sich ihre Kontakte nicht auf offizielle Stellen und die Anti-Mafia-Bewegung, sondern reichten bis tief in einzelne Mafia-Familien hinein.

Clare Longrigg

Die Patinnen

Frauen der Mafia

Aus dem Englischen
von Ursel Schäfer
und Cäcilie Plieninger

GOLDMANN

Die Originalausgabe erschien 1997
unter dem Titel »Mafia Women«
bei Chatto & Windus, London.

Umwelthinweis:
Alle bedruckten Materialien dieses Taschenbuches
sind chlorfrei und umweltschonend.

Der Goldmann Verlag
ist ein Unternehmen der Verlagsgruppe Bertelsmann

Vollständige Taschenbuchausgabe September 2000
Wilhelm Goldmann Verlag, München,
in der Verlagsgruppe Bertelsmann GmbH

Umschlaggestaltung: Design Team München
(Foto: photo sud)
Druck: Elsnerdruck, Berlin
Verlagsnummer: 15080
AM · Herstellung: Sebastian Strohmaier
Made in Germany
ISBN 3-442-15080-9
www.goldmann-verlag.de

1 3 5 7 9 10 8 6 4 2

Für meine Eltern

Adria
Rom
0
100
Kilometer
KAMPANIEN
Caserta
Acerra
Nola
Neapel
Castellammare di Stabia
Salerno
Sorrent
N
Mailand
Turin
Venedig
Genua
Florenz
ITALIEN
Adria
Rom
Neapel
Bari
Palermo
SIZILIEN
Mittelmeer
KALABRIEN
Palmi
Villa San Giovanni
Locri
Messina
Reggio Calabria
San Luca
Aspromonte
Cinisi
Palermo
Trapani
Torretta
Altofonte
Paceco
San Giuseppe Iato
Partanna
Campobello di Mazara
Calatabiano
Giardini Naxos
SIZILIEN
Sciacca
Caltanissetta
Catania
Agrigent
Delia
Palma de Montechiaro
Gela
Mittelmeer

INHALT

EINFÜHRUNG

Frauen gibt es nicht in der Mafia. Das ist vielleicht die hartnäckigste aller Klischeevorstellungen über die Mafia, entstanden aus dem Bild, das uns Filme, Zeitungsfotos und die Nachrichten im Fernsehen vermitteln. Im Vordergrund liegt ein männlicher Leichnam, blutbespritzt, halb verdeckt von einem Leintuch; im Hintergrund birgt eine Frau ihr Gesicht schluchzend in den Händen. Selbst wenn sie weiß, wer ihn getötet hat, wird sie genauso stumm bleiben wie der durchsiebte Körper.

Die Mafia ist groß im Schöpfen von Mythen. Seit dem letzten Jahrhundert beherrscht sie die Vorstellungswelt der Menschen mit einer Mischung aus Mythologie und Terror – Mythen sind billiger als Gewehre und manchmal wirkungsvoller. In ihrer Propaganda pries sie stets die Werte, die den einfachen Leuten viel bedeuten: Ein Mafioso streitet nach seinem Ehrenkodex für die Sache der Armen, er hilft seinen Freunden, krümmt Frauen und Kindern kein Haar – und er zieht *niemals* Frauen in Mafia-Angelegenheiten hinein.

Bis in die jüngste Zeit war es unmöglich, genauere Informationen über die Klischees hinaus zu bekommen. Die Ermittler rechneten nicht damit, daß die Menschen im Umkreis der Mafia das Gesetz des Schweigens brechen würden, und bis die ersten abtrünnigen Mafiosi aussagten, tappten auch die Journalisten im dunkeln und reproduzierten die geläufigen Bilder von der Mafia.

Die Anfänge der sizilianischen Mafia reichen zwar bis weit ins 19. Jahrhundert zurück, doch nicht einmal über den Ursprung des Namens weiß man Genaues (zu einer bestimmten Zeit bedeutete das

Adjektiv *mafioso* gut, rechtschaffen, anständig, »sauber« sozusagen). Um die Zeit der Einigung Italiens im Jahr 1860 bildete sich eine Schicht von Mittelsmännern heraus, die in Süditalien Güter für die abwesenden Besitzer verwalteten und die Bauern kontrollierten, die auf den Ländereien arbeiteten. Diese Verwalter traten als Anwälte der entrechteten Armen auf und beuteten schließlich beide Seiten aus, die armen Bauern und die reichen Landbesitzer. Im 20. Jahrhundert beherrschte die Mafia Bauern und Geschäftsleute; sie war zu einer Geheimgesellschaft mit einer festen Struktur und einem obersten Exekutivgremium geworden, der sogenannten Kommission, und ihre Mitglieder verbreiteten Angst und Schrecken.

Die Bezeichnung Cosa Nostra entstand in Amerika. Kurz nach der Jahrhundertwende stellten die zahlreich in die USA geströmten italienischen Immigranten Schlägertrupps auf und erpreßten Schutzgeld von den Neuankömmlingen. Männlichkeit und Gewalt waren die beiden Säulen ihrer Identität, ihr »Ehrenkodex« verband sie mit der alten Heimat und lieferte den Schleier der Respektabilität für ihre wahren Absichten, die da hießen, reich zu werden. Die Mafia wußte allezeit die Gesetze zu ihrem Vorteil zu nutzen: Ihren großen Durchbruch erlebte sie in Amerika zur Zeit der Prohibition, als sie mit illegalen Bars und Spielcasinos ein Vermögen verdiente. Wenn die Behörden wieder einmal gegen das organisierte Verbrechen hart durchgreifen wollten, wurde der eine oder andere Mafioso als unerwünschter Einwanderer ausgewiesen – nichts Besseres hätte ihnen passieren können, denn zu Hause in Italien nutzten sie ihre Verbindungen in die USA zum Aufbau illegaler Händlernetze.

Im Jahr 1943 arbeiteten die Amerikaner mit Mafia-Mitgliedern zusammen, als sie die Invasion Siziliens vorbereiteten; als Gegenleistung erhielten die Mafiosi nach Ende des Krieges einflußreiche Verwaltungspositionen. Im Durcheinander nach der Befreiung Italiens florierte der Schwarzmarkt, und den Schwarzmarkt kontrollierte die Mafia. Bei einem historischen Treffen in Palermo im Jahr 1957 setzten Bosse aus New York und Sizilien das Protokoll über den Heroinhandel auf, und es dauerte nicht lang, da schwammen die Söhne armer Bauernfamilien im Geld. In den siebziger Jahren stieg die Mafia ins Finanz- und Immobiliengeschäft ein, um Drogengeld zu waschen und betrat damit die Bühne des legalen Geschäftslebens. Die Wirtschaftskraft der Mafia und ihre Macht über die breite Masse der einfachen Menschen öffneten ihr die Tür zur Politik. Politiker ließen sich von der Mafia Wählerstimmen besorgen, als Lohn erhielten Mafia-Angehörige den Zuschlag bei öffentlichen Aufträgen wie Wasserversorgung, Errichtung öffentlicher Gebäude und Straßenbau.

Das Wort »Mafia« beschreibt zwar ein spezifisches Phänomen, doch zwischen den Mafia-Organisationen in den verschiedenen Regionen Italiens bestehen erhebliche Unterschiede. Aber sie alle wenden Gewalt an, schüchtern Menschen ein und verlangen absolutes Schweigen, und sie alle herrschen über die Menschen, indem sie Schutzgeld erpressen – ein Zeichen dafür, daß sie sich als die Besitzer fühlen. Jede Organisation hat ihre eigene männliche Hierarchie und ihren geheimen Initiationsritus. In den besonders straffen Organisationen treten Frauen kaum aktiv in Erscheinung. Doch in den Organisationen, deren Regeln nicht mehr so starr sind und die mehr auf Familienbanden gründen, spielen Frauen zunehmend eine Rolle.

Im Westen Siziliens weist die Cosa Nostra starre hierarchische Strukturen auf, die Mitglieder der Clans werden gewählt, familiäre Bindungen sind weniger wichtig. Hier beschränkt sich die Rolle der Frauen traditionell auf Propaganda für die Organisation. Im Osten Siziliens gibt es eine mächtige Familie und um sie herum etliche kriminelle Banden, die nach dem Modell der Mafia strukturiert, aber nur lose mit ihr verbunden sind. Dort beobachtete man erstmals das Phänomen der *stidda* oder »Splittergruppen«: Das sind bewaffnete Banden, die Mafia-Clans ihre Dienste anbieten – und einige dieser Gruppen werden von Frauen geleitet.

Die Clans der ’Ndrangheta in Kalabrien gruppieren sich um die Familie herum, und Frauen sind zentrale Figuren mit großer Macht. Diese Sippenstruktur blieb auch bei den Kalabresern erhalten, die nach Norditalien oder Kanada auswanderten.

Die neapolitanische Camorra ist ein loser Verband von Familien, die Strukturen sind nicht sonderlich rigide, und Frauen mit dem nötigen Mut und Durchsetzungsvermögen können durchaus ihren Weg machen.

Die Mafia in Amerika hielt lange an den alten Gepflogenheiten fest, doch jede neue Generation entfernte sich in dem Maße, wie die jungen Italo-Amerikaner den amerikanischen Lebensstil übernahmen, ein Stück weiter von ihren sizilianischen Wurzeln. In Amerika lassen sich die Frauen vom Glanz und vom Geld der Mafia verlocken, aber wenn es hart hergeht, machen sie sich lieber aus dem Staub.

Allem Anschein nach hegt man in Italien immer noch nostalgische Gefühle für die Mafia mit ihren hierarchischen Strukturen, ihren festen Regeln und ihrem Ehrenkodex. Während die amerikanische Presse über Mafia-Verbrechen mit Hohn und Verachtung berichtet und die Bosse bei ihren Spitznamen nennt – je lächerlicher, desto besser –, schrecken italienische Kommentatoren eigentümlicherweise vor eindeutig negativen Urteilen zurück. Als die Presse einen Brief von Ninetta Bagarella, der Ehefrau des »Bosses aller Bosse« veröffentlichte, in dem sie ihre Familie gegen die vermeintlich ungerechte Verfolgung in Schutz nahm, meinte ein Justizangehöriger: »...ohne Zweifel hat die Mafia auch ihre guten Seiten.«[1]

Die abtrünnigen Mafiosi von heute behaupten, daß die Organisation, der sie in ihrer Jugend beigetreten sind, nicht mehr wiederzuerkennen sei – die »alte Mafia«, in der die Regeln noch eingehalten wurden –, daß die Ehrenwerte Gesellschaft verkommen und brutal geworden sei. Aber vielleicht hatte die reale Mafia nie Ähnlichkeit mit dem Bild, das die italienischen Immigranten in Amerika in Ehren hielten und die jungen Männer, die im armen Süden Italiens heranwuchsen und in der Mafia die einzige Chance sahen, es zu etwas zu bringen. Bereits 1974 erklärte der abtrünnige Mafioso Leonardo Vitale, die Mafia mit ihren falschen Gesetzen und ihren falschen Idealen sei ein Übel: »Den Armen und Schwachen helfen, indem man Menschen umbringt? Sie müssen verrückt sein!«[2]

Das Mafia-»Gesetz«, Frauen und Kindern niemals ein Leid zuzufügen, wird immer wieder herangezogen als ein Beispiel für den Unterschied zwischen den skrupellosen Gangstern der heutigen Zeit und den Ehrenmännern der Vergangenheit. Doch das stimmt so nicht. Im Jahr 1947 nahm die Mafia eine Maikundgebung von

Anhängern der Kommunistischen Partei in Portella della Ginestra, einem Dorf in den Bergen Westsiziliens, aufs Korn. Unbewaffnete Männer, Frauen und Kinder saßen auf der Wiese beim Picknick, als Schüsse in die Menge peitschten. Unter den Toten waren eine Frau und vier Kinder.

Die Achtung vor Frauen wird oft als Mafiosotugend gepriesen. In Wahrheit setzt die Mafia Vergewaltigung als eine Waffe in ihrem Kampf ein, als ein Mittel, den Unterlegenen zusätzlich zu demütigen. Im Jahr 1973 ließ der Mafia-Boß Luciano Leggio aus Corleone seinen ehrgeizigen Stellvertreter Damiano Caruso beseitigen. Nicht genug mit dem einen Toten: Leggio tötete auch Carusos Geliebte und vergewaltigte ihre halbwüchsige Tochter, bevor er auch sie umbrachte.[3]

Die Aussagen der ersten »Reuigen« brachten vieles ans Licht, stellten aber auch neue Rätsel: In ihren Schilderungen der Mafia kamen Frauen einfach nicht vor. »Zu einer Frau kein Sterbenswort über die Cosa Nostra: Das ist ein Gesetz«, erzählte Tommaso Buscetta, der wichtigste sizilianische Überläufer, der 1984 mit der Justiz zusammenarbeitete. »Ein Mafioso kann mit dem Tod bestraft werden, wenn er seiner Ehefrau gegenüber etwas über die Organisation verlauten läßt.«

Als dann zu Beginn der neunziger Jahre die ersten Frauen mit der Justiz zusammenarbeiteten und als Kronzeuginnen aussagten, war die Öffentlichkeit erstaunt, wieviel sie wußten.

Der Bericht der parlamentarischen Untersuchungskommission über Organisiertes Verbrechen aus dem Jahr 1996 enthielt erstmals Informationen über die Frauen und zeigte ihre wahre Rolle deutlich auf. Unter anderem geht daraus hervor, daß 1990 nur eine einzige Frau wegen Zugehörigkeit zur Mafia angeklagt wurde; 1995 waren es bereits 89.[4] Die Zahl der Frauen, die sich wegen Drogenbesitz und Drogenhandel verantworten mußten, stieg von 37 im Jahr 1994 auf 422 im Jahr 1995, die Zahl der Anklagen wegen Geldwäsche kletterte im selben Zeitraum von 15 auf 106, und die Zahl der Frauen, die wegen erpresserischen Kreditwuchers verhaftet wurden, stieg von 119 auf 421.

Diese Zahlen sprachen ganz offensichtlich dafür, daß sich die

Rolle der Frauen radikal verändert hat. Es schien, als hätten die Frauen, bislang ausgeschlossen von den kriminellen Geschäften der Mafia, auf einmal begonnen, in den verschiedensten Bereichen mitzumischen. Oder sollte man aus dem Bericht folgern, daß die Ermittler, die immer davon ausgegangen waren, daß Frauen keine Rolle spielen, nun endlich begannen, ein wenig genauer hinzuschauen?

Tatsächlich ist es erwiesen, daß unser ganzes Jahrhundert lang Frauen in Mafia-Verbrechen verwickelt waren. Maria Grazia Genova, genannt Maragé, wurde 1909 in Delia, einer kleinen Stadt in Südsizilien, in eine Mafia-Familie hineingeboren. Im Laufe ihres Lebens wurde sie nicht weniger als zweiundzwanzigmal verhaftet; als man ihr 1949 wegen ihrer Rolle in einer Auseinandersetzung zwischen rivalisierenden Mafia-Familien den Prozeß machen wollte, floh sie aus dem Gefängnis – es war eine Fehde, die mehr als vierzig Menschen das Leben kostete.

Die Vorstellung von der schweigsamen Mafia-Gattin, die nichts weiß und nichts wissen will, hat sich als erstaunlich zählebig erwiesen. Bei den Geliebten sah es schon immer anders aus. In Amerika faszinierten Gangsterbräute wie »Diamant-Lil« Reiss und Virginia Hill die Öffentlichkeit. Die Geliebten der Mafia-Bosse waren glanzvolle Erscheinungen, und sie zeigten sich gern am Arm des jeweiligen Gangsters in Spielcasinos und Bars. Die Freundinnen waren unabhängiger als die Ehefrauen, denen eine formelle öffentliche Rolle zugewiesen war. Ein Mafioso weihte eher seine Freundin in einen Coup ein als seine Frau, benutzte sie bei seinen Machenschaften oder ließ sich von ihr ein Alibi geben. Die amerikanische Polizei ging darum dazu über, die Mafia-Liebchen zu observieren. Arlyne Brickman, die von einigen New Yorker Bossen geliebt, benutzt und verlassen worden war, erklärte sich 1980 bereit, ein verstecktes Mikrofon zu tragen und ein Gespräch mit einem ihrer ehemaligen Liebhaber aufzuzeichnen.

Im Bann des alten Vorurteils hinkten die italienischen Ermittler der amerikanischen Polizei um Jahre hinterher. Es sollte bis 1992 dauern, ehe die italienischen Gerichte die herausragende Rolle der Geliebten zur Kenntnis nahmen. Damals sagte Giacomina Filippello als Zeugin gegen die Mörder ihres Liebhabers aus. Es war viel davon die Rede, die Frauen der Mafiosi würden sich emanzipieren, aber möglicherweise erlebten wir damals weniger die Emanzipation der Frauen als die – späte – Emanzipation der ermittelnden Beamten.

Ich begann in den späten achtziger Jahren mit den Recherchen zu diesem Buch, weil ich zutiefst verärgert war. Es war unübersehbar, daß in der Mafia Frauen eine aktive Rolle spielten, und dennoch wurde allein schon der Gedanke an eine Beteiligung von Frauen als lächerlich beiseite gewischt. Ganz besonders empörte mich eine Gerichtsentscheidung aus dem Jahr 1983. Damals hatte ein Richter in Palermo erklärt, daß Frauen sich nicht der Geldwäsche schuldig machen könnten, weil sie nicht selbständig handeln könnten und überhaupt zu dumm seien, am »komplizierten Geschäftsleben« teilzunehmen. Mein Eindruck war, daß durch diese Auffassung den Frauen die Möglichkeit abgesprochen wurde, eine moralische Entscheidung zu treffen – so wie ein Schoßhund nicht für die Verbrechen seines Herrn verantwortlich gemacht werden kann. Manche Richter halten immer noch an der Überzeugung fest, daß eine Frau kein Verbrechen begeht, wenn sie nur die Geschäfte ihres Mannes führt – eine Frau in der Mafia hat keine Wahl und trägt darum keine moralische Verantwortung. Im Jahr 1995 sagte der neapolitanische Ermittlungsrichter Giuseppe Narducci zu mir: »Die Frauen spielen keineswegs eine untergeordnete Rolle. Sie treffen Entscheidungen, sie schmieden Pläne, und sie begehen Verbrechen. Manchen Richtern fällt es schwer zu glauben, daß Frauen gleichrangig sind, aber sie werden es schon noch begreifen.«

Um der Gleichberechtigung willen wollte ich, daß die Frauen einen fairen Prozeß bekommen sollten: gleichberechtigt neben den Männern auf der Anklagebank. Wie viele der Sizilianerinnen, mit denen ich sprach, konnte ich die Auffassung nicht akzeptieren, daß Frauen nicht schlau genug seien, um Verbrechen zu begehen. Genausowenig überzeugend fand ich es, daß Frauen den Männern moralisch überlegen sein sollen.

In Sizilien herrschen reichlich verworrene Vorstellungen über die kriminellen Fähigkeiten von Frauen. Die Hochschätzung der Mutterrolle führt dazu, daß die Italiener den Gedanken nicht zulassen, Frauen könnten zu destruktivem oder gefährlichem Verhalten in der Lage sein, und darum endeten einige Verfahren mit höchst fragwürdigen Freisprüchen. Im Jahr 1971 brachte Ninetta Bagarella, die Verlobte des Mafia-Bosses Totò Riina, einen Richter dazu, sie nicht wegen Unterstützung des Corleone-Clans zu verurteilen, indem sie im Gerichtssaal treuherzig fragte: »Ich bin eine Frau, die liebt. Ist das denn ein Verbrechen?«

Einerseits herrscht die Überzeugung vor, Frauen blieben aus der Mafia ausgeschlossen, andererseits lieben die italienischen Medien das Bild der Gangsterbraut. Ein Mädchen mit einer Knarre in der Hand übt sexuelle Faszination aus – in Südeuropa, nicht nur in Hollywood –, und die Medien befassen sich mit einer Mörderin ausführlicher als mit hundert männlichen Killern. Jede Frau, die in der italienischen Presse im Zusammenhang mit der Mafia erwähnt wird, ist *bella,* schön, mit schwarzem Haar und schwarzen Augen, geheimnisvoll und stolz – der Leser kann sich seinen Reim darauf machen.

Noch geläufiger ist das Bild der Mafia-Ehefrau als heiliger Mutter. Traditionell verbindet man mit der Ehefrau eines Mafioso die Begriffe Opfer, Loyalität und Schweigen: Sie steht ihrem Mann in harten Zeiten zur Seite und erzieht die Kinder zu perfekten Gangstern. Die Mafia pflegt dieses Bild zu Propagandazwecken. Wenn die Presse über Ninetta Bagarella berichtet, wird immer hervorgehoben, wie schön sie ist, wie treu, wie selbstlos und einfallsreich, wie sie ihre Kinder selbst unterrichtete, weil sie nicht zur Schule gehen konnten. (Heute wird eine heftige Debatte darüber geführt, ob diese Eigenschaften sie zu einer guten Mutter machten, oder ob sie ihren Kindern einen Gefallen getan hätte, wenn sie sie von ihrem Vater, dem Mafioso, ferngehalten hätte.)

Nicht nur, daß die Presse Frauen verteidigt, ohne deren Unterstützung die kriminellen Karrieren ihrer Ehemänner gar nicht möglich gewesen wären, auch die Frauen selbst manipulieren die Medien mit großem Geschick. Es gibt Mafia-Frauen, die Pressekonferenzen einberufen und ihre abtrünnigen Ehemänner verurteilt haben, und zwar mit einem Sinn für Medienwirksamkeit, wie er schwerlich zu dem Bild der unwissenden Mafia-Gattin paßt, die keine Fragen stellt und nie das Haus verläßt.

Auch andere zweifeln schon seit geraumer Zeit am Bild der Mafia-Frau als schweigendes Opfer. Umberto Santino und Anna Puglisi vom Giuseppe-Impastato-Zentrum in Palermo haben die Mythen der Mafia seit jeher mit gesunder Skepsis betrachtet. Sie sammelten Presseberichte über Mafia-Frauen und veröffentlichten Mitte der achtziger Jahre eine umfangreiche Studie.

Bei meinen Aufenthalten in Palermo im Laufe der letzten acht Jahre habe ich so dynamische, kluge, lebhafte und unabhängige Sizilianerinnen kennengelernt, daß für mich das Bild der unterwürfigen Mafia-Ehefrau, die sich immer bescheiden im Hintergrund hält, zu einer unhaltbaren Fiktion geworden ist. In Sizilien ist es üblich, daß eine Frau bei der Eheschließung ihren Namen behält, für den Außenstehenden ein Zeichen der Autonomie (was allerdings leider die Liste der in diesem Buch vorkommenden Namen erheblich verlängert). Im Jahr 1993 forderte Piera Aiello, die sich zur Zusammenarbeit mit der Polizei entschlossen hatte, die Mafia-Frauen auf, nicht länger so zu tun, als würden sie nichts sehen und nichts hören, und zuzugeben, daß sie beträchtlichen Einfluß auf ihre Ehemänner ausübten: »Eine Frau weiß immer, was vor sich geht. Eine Frau kann ihren Ehemann lenken, wohin sie will.«[5]

Im ersten Teil des vorliegenden Buches zeige ich, daß Frauen eine aktive Rolle in der Mafia spielen. Ursprünglich hatte ich geplant, die Geschichten aller verurteilten Mafia-Frauen zu erzählen, doch es war schnell klar, daß es viel zu viele gab, um sie in einem Buch abzuhandeln. Die ausufernde Zahl veranlaßte mich, meine eigene Auswahl von Biographien zusammenzustellen; die entsprechende Liste findet sich im Anhang.

Daß die Zahl der wegen Mafia-Verbrechen verurteilten Frauen so stark angestiegen ist, hängt damit zusammen, daß bei den Ermittlern so etwas wie ein Erwachen stattgefunden hat, aber es gibt auch noch etliche andere Faktoren.

Die Mafia wird üblicherweise als eine konservative, von Männern beherrschte Hierarchie beschrieben, aber wahrscheinlich ist sie viel weniger rückständig und viel anpassungsfähiger, als es uns allen lieb sein kann. Veränderungen innerhalb der Organisation in jüngster Zeit haben den Aufstieg von Frauen gefördert. Die Mafia hat ihre Position im internationalen Drogenhandel so gestärkt, daß sie expandieren konnte, und dazu brauchte sie mehr Arbeitskräfte – auch Frauen. Frauen konnten auf die geschlechtsspezifischen Vorurteile bauen: Sie reisten unbehelligt von einem Land ins andere, weil an den Grenzen selten Beamtinnen verfügbar waren, die sie hätten kontrollieren können. In einigen Fällen leiteten Frauen das Familienimperium, importierten und handelten mit Drogen. (Die Presse verharmlost weibliche Drogenhändler in der Regel: Die skrupellose Anna Russo wurde als »Heroin-Oma« populär.) Als nächstes stieg die Mafia ins Investmentgeschäft ein, um Drogengelder zu waschen, und auch da hatten bald die Frauen ihre Hände im Spiel; sie agierten genauso geschickt, aber sehr viel unauffälliger als die Männer.

Als weiterer Katalysator für Veränderungen wirkten die *pentiti* oder »reuigen« Mafiosi, die viel über das verborgene Räderwerk der Organisation enthüllten. Das im Januar 1991 verabschiedete sogenannte *legge dei pentiti,* das »Gesetz über die Reuigen«, bot Angeklagten, die mit der Justiz kooperierten, und ihren Familien Schutz. Die Abtrünnigen erhielten ein monatliches Einkommen und eine Wohnung, später sorgte der Staat dann für neue Papiere und einen Arbeitsplatz. Damit eröffnete der Staat zum allerersten Mal den Mafiosi eine echte Alternative. Jetzt, fünf Jahre später, hatten 1273 Angeklagte das Gesetz in Anspruch genommen, darunter 421 Mafiosi. Da auf diese Weise sehr viel mehr über die Mafia bekannt wurde, als ihr lieb war, mußte sie ihre Sicherheitsvorkehrungen verschärfen, und dabei wurde der ausschließlich für Männer geltende Initiationsritus – das einzige formelle Hindernis für die Aufnahme von Frauen – fast aufgegeben.

Lange Zeit verfuhr das italienische Recht mit weiblichen Kriminellen milder als mit männlichen. Mafiosi ließen daher Firmen, Grundbesitz und Bankguthaben unter den Namen von Frauen eintragen. Das funktionierte perfekt, weil auf Frauen – selbst auf die Ehefrauen hochrangiger Mafiosi – kein Verdacht fiel. Da juristisch nicht definiert war, was Mafia bedeutete, gab es keine Möglichkeit, ein auf den Namen einer Frau laufendes Bankguthaben mit einem Drogenhändlerring in Verbindung zu bringen.

Die Vereinigten Staaten unternahmen als erstes Land Schritte zur Bekämpfung des organisierten Verbrechens. Mit dem »Racketeering Influenced and Corrupt Organisations Act« oder RICO aus dem Jahr 1970 wurde die Unterstützung der Mafia unter Strafe gestellt. Mehr als zehn Jahre vergingen, bis Italien 1982 ein entsprechendes eigenes Gesetz verabschiedete (das Rognoni-La-Torre-Gesetz, benannt nach seinen beiden Verfassern), das die Mafia als eine kriminelle Organisation definierte, die ihre Ziele mit Hilfe von Gewalt und Einschüchterungsmethoden verfolgt. Damit war die Justiz nicht mehr darauf angewiesen, einem einzelnen Mafioso konkrete Verbrechen nachzuweisen, sondern sie konnte die Mafia als System verfolgen, bei dem ganze Gruppen der Gesellschaft die Hände mit im Spiel hatten – auch Frauen. Wenig später wurden wegen Geldwäsche die ersten Haftbefehle gegen Frauen erlassen.

Die Mafia hat sich in derselben Weise entwickelt wie die »zivilisierte« Gesellschaft: In dem Maße, wie die Frauen die Arbeitswelt eroberten, besetzten Mafia-Frauen Positionen in den Institutionen und im legalen Geschäftsleben – es war nur eine Frage der Zeit, bis sie Führungsfunktionen innerhalb der Mafia übernehmen würden. Das Rognoni-La-Torre-Gesetz bot einen ersten Ansatz zur Klärung der Frage, wie weit die Frauen im organisierten Verbrechen vorgedrungen waren.

Im zweiten Teil meines Buches lege ich dar, wie Gesetzesänderungen Aufschlüsse über die Rolle der Frauen gebracht und dazu geführt haben, daß immer mehr Frauen wegen Mafia-Verbrechen festgenommen wurden. Beschrieben wird auch die Entwicklung einer starken Anti-Mafia-Bewegung, getragen von Frauen, die – zum ersten Mal überhaupt – die gesellschaftliche Kluft zu überwinden suchten.

Die Vereinigung »Frauen gegen die Mafia« wurde 1982 von einer Gruppe von Frauen ins Leben gerufen, deren Ehemänner – Richter, Polizisten und Politiker – ermordet worden waren. Diese »berühmten« Witwen ermutigten Mafia-Frauen, aus dem Schatten zu treten und gegen die Organisation auszusagen. Der sogenannte Maxi-Prozeß im Jahr 1986 markierte einen Wendepunkt, denn erstmals beschuldigten zwei Frauen aus Mafia-Familien die Mafia des Mordes.

Der Kampf gegen die Mafia hat viele Heldinnen, mutige Frauen, die das Gebot des Schweigens brachen und gegen die Mafia sowie gegen das sie tragende Establishment aussagten: Mamma Carnevale, die Mutter eines in den fünfziger Jahren ermordeten Gewerkschaftlers, die Gerechtigkeit für ihren Sohn verlangte; Rosara Schifani (die Witwe eines Polizisten, der zur Leibwache des 1992 ermordeten Mafia-Jägers Giovanni Falcone gehörte), die bei Falcones Beerdigung eine Ansprache hielt und die korrupten Institutionen geißelte; Enza Panebianco, eine junge politische Aktivistin, die Korruption in den lokalen Behörden anprangerte. Ihr Mut ist außergewöhnlich, aber ihre Motive können wir nachvollziehen. Das vorliegende Buch befaßt sich vor allem mit den Konflikten und Widersprüchen der Frauen, die *innerhalb* des Mafia-Milieus aufgewachsen sind. Es ist schwieriger zu verstehen, was solche Frauen dazu bringt, sich mit den Werten der Mafia solidarisch zu erklären oder sie abzulehnen, und wodurch ihre Entscheidung beeinflußt wird.

Das *Pentiti*-Gesetz aus dem Jahr 1991 eröffnete Mafia-Frauen erstmals die Möglichkeit, ihre Kinder aus dem Milieu der Gewalt herauszuholen und neu anzufangen, sofern sie bereit waren auszusagen. Erstmals wurden Frauen als Zeuginnen ernstgenommen. Vor 1991 spottete man offen über Frauen, die es wagten, Mafia-Killer zu beschuldigen. Nach 1991 erwiesen sich die Frauen im Zeugenstand keineswegs als stumme Opfer, die keine Fragen stellten, sondern als erstaunlich gut informiert über die Umtriebe der Mafia: Von den 61 Frauen, die seither mit der Justiz zusammengearbeitet haben, gehörten rund ein Drittel zur Mafia.[6]

1992 wurden etliche Zeuginnen in Sizilien, Neapel und Kalabrien im Kreuzverhör nach Einzelheiten über die Mafia-Clans befragt. Jahrelang hatte die »zivilisierte Gesellschaft« sie als ergebene Dienerinnen betrachtet, und nun schienen auf einmal sie der Schlüssel zu sein, mit dem es vielleicht gelingen würde, die Organisation aufzubrechen. Allem Anschein nach war es nur eine Frage der Zeit, bis Hunderte von Mafia-Frauen die Gelegenheit ergreifen würden, den tyrannischen Werten der Ehrenwerten Gesellschaft den Rükken zu kehren und die Grenze zu überschreiten, die sie von der gesetzestreuen Gesellschaft trennte.

In Amerika ist dieser Prozeß bereits im Gang: Der Gangster ist bei armen Familien kein Vorbild mehr (in Philadelphia erhängte sich der Sohn eines Bosses, weil er den Spott seiner Klassenkameraden nicht mehr ertragen konnte). Die amerikanische Cosa Nostra hat ihren Zweck erfüllt: Sie hat ihren Mitgliedern in einer feindseligen Gesellschaft zu Macht und Geld verholfen. Viele amerikanische Mafia-Bosse haben ihren Einfluß und ihr unredlich erworbenes Geld dazu verwendet, ihre Kinder auf teure Schulen und Colleges zu schicken, damit sie in respektablen Berufen Fuß fassen können. Der Ehrenkodex der Mafia ist heute ein kurioses Regelwerk, das junge Mafiosi vielleicht noch auswendig lernen, aber an das sie nicht mehr glauben – es dauert nie sehr lange, bis ein junger Gangster angesichts einer drohenden Gefängnisstrafe auspackt und seine Komplizen verrät. Die Mafia-Frauen, mit denen ich in Amerika gesprochen habe, sagten, es sei ihnen gut gegangen an der Seite eines Gangsters, aber vor der Organisation hätten sie keinen besonderen Respekt gehabt; für sie war die Mafia faszinierend, ein Kick, aber unbedingt eine Sache auf Zeit und nicht wert, dafür zu sterben.

Als ich im Juli 1992 nach Sizilien kam, um darüber zu recherchieren, wie die Frauen der Mafia das Grab schaufelten, war viel von der positiven Macht der Frauen die Rede: Sie wollten ihre Kinder in einer anständigen Gesellschaft großziehen. Dann wurde am 19. Juli der Mafia-Jäger Paolo Borsellino von einer Autobombe zerfetzt, ganze zwei Monate nach dem Mord an seinem Freund und Kollegen Giovanni Falcone. Die beiden Attentate schienen ein vernichtender Schlag gegen die Anti-Mafia-Bewegung zu sein. Eine Woche nach Borsellinos Tod beging Rita Atria, eine junge Kronzeugin, Selbstmord.

Doch die Ereignisse, die ein Mann in Palermo als »Tod der Hoffnung« bezeichnet hatte, brachten den Umschwung: Für das öffentliche Image der Cosa Nostra waren diese Morde eine Katastrophe. Bis dahin hatten viele Sizilianer das romantische Bild einer Mafia im Herzen, die die Armen verteidigt und einen autokratischen Staat in die Schranken weist. Falcone und Borsellino waren die Helden der kleinen Leute, von Gangstern und gesetzestreuen Bürgern gleichermaßen geachtet. Die Menschen nahmen es der Cosa Nostra nicht mehr ab, daß es um Ehre und um ein Ziel ging. Viele Mafiosi, ermutigt von ihren Ehefrauen oder Freundinnen, wandten sich entsetzt ab angesichts der unaufhaltsamen Welle der Gewalt, die ihre Bosse ins Rollen gebracht hatten. Wer noch daran geglaubt hatte, daß der Ehrenkodex der Mafia die Tötung von Frauen verbot, wurde desillusioniert durch die Ermordung von Falcones Ehefrau Francesca Morvillo und Borsellinos Leibwächterin Emanuela Loi. Der Tod der Polizistin Loi war auch ein schwerer Schlag für alle, die dafür gekämpft hatten, daß Frauen beim Militär bzw. den Carabinieri die gleichen Positionen offenstehen wie Männern.

Angespornt durch Wut und Trauer, führten Polizei und Justizbehörden ihren Kampf gegen das organisierte Verbrechen mit neuer Kraft und Entschlossenheit (der sogenannte Pizza-Connection-Prozeß endete Anfang 1997 mit Schuldsprüchen – mehr als zehn Jahre nach seiner Eröffnung). Noch im Juli 1992 wurden eilends neue Maßnahmen im Kampf gegen die Mafia beschlossen wie beispielsweise die Unterbringung verurteilter Mafiosi in Hochsicherheitsgefängnissen. Doch die Mafia, flexibel wie eh und je, paßte sich den neuen Bedingungen an – und die Frauen waren der Schlüssel. Das rigorose Vorgehen mit Hilfe verschärfter Gesetze beraubte viele Clans ihrer Führung, und die neuen Sicherheitsbestimmungen führten dazu, daß der Boß seine Operationen nicht mehr wie bisher vom Gefängnis aus dirigieren konnte. In vielen Fällen mußte der Boß das Geschäft in die Hände seiner Frau legen, die dann an seiner Stelle regierte.

Die Frauen setzten sich keineswegs an die Spitze der Bewegung der gesetzestreuen Bürger gegen das Verbrechen; es zeigte sich vielmehr, daß sie womöglich noch fester in den Wertvorstellungen der Mafia verwurzelt waren als die Männer. Immer mehr Männer wandten sich von der Mafia ab und sagten aus, aber häufig weigerten sich ihre Frauen, die Unterwelt zu verlassen. Manche versuchten mit der Drohung, sie würden mit den Kindern verschwinden, ihre Männer dazu zu bewegen, ihre Aussage zurückzuziehen. Andere organisierten Proteste im Gerichtssaal, um die Verhandlungen zu stören. Einige schmiedeten sogar Pläne zur Ermordung des »Verräters« – des Vaters, Ehemannes oder Sohnes.

Die Frauen erwiesen sich als stärker rückwärtsgewandt als die Männer: Viele klammerten sich an die vertraute Sicherheit, die die Mafia ihnen verleiht, anstatt das Risiko eines neuen Lebens einzugehen. Der wunderbare Verlauf, den ich schon vor mir gesehen hatte – von den weiblichen Killern zu den Superfrauen, die ihre Familien in eine ehrliche Zukunft führen –, entsprach nicht der Realität. Die Frauen übernahmen die moralische Verantwortung für ihr Handeln, und sie entschieden sich für die Mafia.

Die Mafia gründet auf einer bestimmten Vorstellung von Familienbanden – die Familie, die ihre Mitglieder schützt, ihnen Privilegien verschafft und gegen Feinde zusammenhält –, und dabei spielt die Mutter eine zentrale Rolle. (Nach dem italienischen Recht kann ein Familienmitglied nicht wegen Beihilfe belangt werden.) Insofern war es nicht verwunderlich, daß die Mafia sich, als die Zeiten härter wurden, auf die Familienwerte zurückbesann. Wenn schon die Mafia als Organisation keinen Respekt mehr einflößte, so war doch wenigstens die Mutter, das Herz der Familie, unangreifbar.

»Wenn die Mafia wirklich in Schwierigkeiten steckt, müssen die Frauen ran«, sagte mir der Ankläger Antonio Laudati. Im Sommer 1996, als der Corleone-Clan ganz unten war, wurden die schweren Geschütze aufgefahren. Die Ehefrau des Bosses aller Bosse, Ninetta Bagarella, landete mit einem offenen Brief, in dem sie ihre Familie verteidigte, einen Propagandacoup. Sie stellte die Familienbindungen über alle anderen Verpflichtungen – einschließlich Gesetzestreue und sozialer Verantwortung. Die Liebe einer Mutter, so schrieb sie, wasche den Sohn von jedem Verbrechen rein. Und sehr viele Sizilianer stimmten ihr zu.

1
DIE PATINNEN DER CAMORRA

»Wir waren gerade achtzig Tage verheiratet, als sie meinen Mann erschossen. Achtzig Tage später erschoß ich dann den Kerl, der ihn umgelegt hatte. Ich war achtzehn. Und ich war schwanger.«

Pupetta Maresca sitzt am Küchentisch in ihrer Wohnung und betrachtet eingehend ihre Fingerspitzen. Sie spricht leise und artikuliert sehr deutlich. »Ich saß die ganze Nacht bei meinem Mann, während er im Sterben lag. Ich brachte ihn dazu, daß er mir sagte, wer auf ihn geschossen hatte. Die Polizei wußte, wer es war, aber sie haben den Mörder nicht verhaftet. Ich hatte keine andere Wahl.«

Pupetta Maresca ist heute 57 Jahre alt und lebt in einer geräumigen Dachterrassenwohnung in Sorrent, einem Ferienort an der Küste von Amalfi, wo in kleinen Buchten bunte Fischerboote vertäut liegen und tropische Gärten über die hohen Mauern hinaus wuchern. Sie wohnt am Ende einer langen Gasse, die so schmal ist, daß es den Autos erst beim zweiten Versuch gelingt, um die Ecke zu biegen. Seit mehr als 40 Jahren macht sie immer wieder Schlagzeilen in den Zeitungen als First Lady der Camorra*, der neapolitanischen Mafia. An der Tür zu ihrer Wohnung steht der Name ihres Mannes, Simonetti.

Sie trägt ein weißes Hemdblusenkleid und schwarz-goldene Schuhe mit hohen Absätzen. Sie ist sehr klein und hat im Lauf der

* Es gibt verschiedene Erklärungen für die Herkunft des Wortes »Camorra«. Im allgemeinen wird es mit einem in Neapel beliebten Glücksspiel in Verbindung gebracht, la Morra, das auf der Straße gespielt wurde. Jeder Stadtbezirk hatte seinen eigenen Spielleiter, der Einsätze entgegennahm und für Ordnung sorgte. Dies war der Capo della Morra, daher Camorra.

Jahre einige Pfunde zugenommen. Doch ihr Gesicht ist immer noch schön, ihr Teint ist makellos, ihr Hals wurde stets mit den teuersten Cremes gepflegt, ihre Wangenknochen sind klassisch hoch, und ihren hübschen Schmollmund betont sie mit rosa Lippenstift. Ihre fast gänzlich ausgezupften Augenbrauen sind mit einem Augenbrauenstift leicht unregelmäßig nachgezogen. Als sie mich hereinbittet, schnappt ein kleiner, brauner Hund nach meinem Bein und knurrt bedrohlich. »Der Hund beißt«, sagt Maresca.

Wir sitzen an dem runden Küchentisch, auf dem eine riesige, quadratische Geschenkschachtel mit Gebäck steht, das mit rosafarbenem und grünem Zuckerguß überzogen ist. In der Ecke flimmert lautlos der Fernseher.

Assunta Maresca wuchs als einziges Mädchen mit vier Brüdern in Castellammare di Stabia auf, einer kleinen Stadt südlich von Neapel. Das zierliche, hübsche und verwöhnte Mädchen erhielt den Kosenamen Pupetta, »Püppchen«. Ihre Familie beherrschte Castellammare und verteidigte ihr Territorium nachdrücklich. Pupettas Brüder waren als die »Lampetielli« bekannt, die »Blitze«, weil sie in dem Ruf standen, blitzschnell mit dem Messer umgehen zu können. Mit siebzehn war Pupetta berühmt für ihre Schönheit und wurde eifersüchtig bewacht von ihren Brüdern, die sich schon prügelten, wenn sie auch nur die Aufmerksamkeit eines Mannes auf sich lenkte. Doch als der zehn Jahre ältere, mächtige Camorrista Pasquale Simonetti, Pascalone 'e Nola genannt, ihr den Hof machte, gaben die Brüder ihren Widerstand auf. Simonetti war ein reicher *guappo,* ein Boß alten Stils, und die Hochzeit der beiden im Jahre 1955 wurde ganz groß gefeiert. 500 Gäste waren geladen, die ganze Stadt war auf den Beinen, um dem Paar Glück zu wünschen. Die meisten Gäste schenkten die traditionellen, mit Geld gefüllten Kuverts, andere brachten Juwelen für die Prinzessin.

Pupetta brauchte eine Weile, um sich an ihren neuen Status auf dem Landgut ihres Mannes zu gewöhnen. Jeden Morgen standen die Leute vor dem Haus Schlange mit Wein und Käse für den Boß und mit einem Anliegen. Der Sohn von irgend jemandem war verhaftet worden. Konnte Pascalone nicht mit einem Anwalt sprechen? Die Tochter von irgend jemandem war schwanger, und ihr Freund weigerte sich, sie zu heiraten. Konnte Pascalone nicht helfen, Möbel für die Mitgift zu kaufen, damit sich die Sache wieder einrenkte? Pascalone war der Schiedsrichter, ein Salomo, der Beschützer der Bedürftigen und Beladenen. Man erzählte sich die Geschichte, daß er einmal einen Burschen, der ein junges Mädchen verführt und dann sitzengelassen hatte, zu sich bestellt und ihm ein Bündel Geld in die Hand gedrückt habe. »Das ist für deine Hochzeit – oder für deine Beerdigung«, sagte er zu dem Jungen. »Ganz wie du willst.«[1]

Die Camorra in Neapel gründet seit jeher auf einem sozialen Konsens: Der *guappo* gilt als Gesetzgeber, als derjenige, der die Ordnung wiederherstellt. Er setzt sich ein, wenn Menschen eine Wohnung oder Arbeit suchen, wenn ein Duell ausgetragen oder ein schwangeres Mädchen zum Traualtar geführt werden muß. Der Camorrista bringt die Menschen dazu, die Regeln zu respektieren. Er bewegt sich in einem moralischen Universum, das weder die Polizei noch die Geistlichkeit interessiert: den Dramen des täglichen Lebens.

Pascalone – »der große Pasquale« – kontrollierte die Marktpreise für Obst und Gemüse in Nola und war an den Einnahmen beteiligt. Doch es gab noch einen zweiten Anwärter für die einflußreiche Position des »Preisfestlegers«, einen Gangster namens Antonio Esposito, der wie Pascalone durch Zigarettenschmuggel zu Geld und einem Netzwerk von Kontakten gekommen war.

»Sie kamen und sagten mir, mein Mann sei angeschossen worden«, erinnert sich Pupetta Maresca. »Es war am 16. Juli um elf Uhr morgens. Ich ging sofort ins Krankenhaus. Er war am Magen getroffen worden und blutete furchtbar. Ich blieb bei ihm, er rang die ganze Nacht mit dem Tod, dabei versuchte er, mich zu trösten und mir zu sagen, daß alles wieder gut werde ... Er wollte nicht sterben. Ich flehte ihn an, mir zu sagen, was passiert war, wer es getan hatte. So erfuhr ich, wer der Mörder war. Er sagte mir, daß Esposito dahintersteckte. Aus welchem anderen Grund hätte ich mein Leben in einer Gefängniszelle weggeworfen, wenn nicht mein Mann mir gesagt hätte, wer auf ihn geschossen hatte?«

Nach dem Tod ihres Mannes saß Maresca stundenlang allein in ihrem ehelichen Zuhause und sann über ihre zerstörten Träume nach. »Außer den wenigen Freunden, die mich besuchen kamen, sah ich niemanden. Doch ich hatte Angst, so ganz allein in dem Haus, und zog wieder zu meinen Eltern. Es war wie ein Alptraum, wieder bei meiner Mutter zu wohnen, nachdem ich mit meinem schönen Prinzen ein neues Leben begonnen hatte.«

Sie erzählte der Polizei, daß der Camorrista Antonio Esposito einen Killer beauftragt habe, ihren Mann zu ermorden. Doch Wochen vergingen, und Esposito ging unbehelligt in aller Offenheit seinen täglichen Geschäften nach. »Ich sagte es der Polizei immer wieder. Ich sagte ihnen, *alle* wüßten, daß er es war. Doch nichts geschah. Sie sagten, sie müßten Beweise haben, handfeste Beweise. Und ich wollte Gerechtigkeit.«

Maresca konnte nicht riskieren, daß der Mord an ihrem Mann ungesühnt blieb. Dies hätte seinem Ruf geschadet und ihren Status als Witwe eines bedeutenden Bosses beeinträchtigt. Pupetta Maresca, die Schwester der Lampetielli-Brüder, hatte keine Opfer-Mentalität. Sie wußte, daß sie sich den Ruf einer Frau von Ehre erwerben mußte, und zwar in aller Öffentlichkeit und mit mehreren Zeugen. Wenn die Polizei den Mörder nicht seiner gerechten Strafe zuführte, mußte sie das eben selbst erledigen.

Sie hatte damals immer eine Schußwaffe bei sich – die Waffe ihres Mannes, die sie, wie sie sagt, als Andenken an seinem Sterbebett an sich genommen hatte. Esposito begann ihr Drohbriefe zu schicken und gab ihr zu verstehen, daß er über jeden ihrer Schritte informiert sei. Fast genau achtzig Tage nach Pascalones Tod, als ihr Chauffeur sie zusammen mit ihrem 13jährigen Bruder wie jeden Tag zum Friedhof fuhr, sah sie Esposito die Straße entlanggehen. Sie sagte dem Chauffeur, er solle anhalten.

»Er kam auf uns zu und versuchte, die Wagentür zu öffnen. Ich dachte, er würde mich töten. Um die Wahrheit zu sagen, ich habe als erste geschossen.« Esposito feuerte zurück und traf die Wagentüren. Maresca duckte sich auf dem Rücksitz und gab mehrere Schüsse in seine Richtung ab. Als Esposito zu Boden fiel, stürzten sie und ihr Bruder aus dem Auto und rannten davon.

Maresca tauchte unter und hoffte, sie könnte wenigstens so lange unentdeckt bleiben, bis sie ihr Baby geboren hätte. Doch zwei Wochen später nahm die Polizei sie bei einer Freundin ihrer Mutter fest.

Im Verlauf des Prozesses wurde Maresca ausführlich dazu befragt, warum sie Esposito erschossen hatte. Sie versuchte, ihre Tat zu erklären, und gab schließlich zu, daß sie den Mord an ihrem Gatten rächen mußte: *Sie habe keine andere Wahl gehabt.*[2] Die junge Witwe wurde für schuldig befunden und zu vierzehn Jahren Haft verurteilt.

Maresca löst ihr Haar, dickes, schulterlanges Haar, mahagonibraun gefärbt und mit einem Zentimeter Grau am Ansatz. Mit der lässigen Geste einer Frau, die es gewohnt ist, Komplimente wegen ihrer Schönheit zu hören, streicht sie die Haare hinter die Ohren. »Das Gefängnis war ein Alptraum. Es wurde von Nonnen geleitet, verschrumpelten alten Hexen, die von Neid verzehrt waren. Ich war jung, gerade erst verheiratet. Ich hatte meine schöne seidene Unterwäsche … Sie nahmen sie mir weg und gaben mir ein grobes Sackkleid zum Anziehen. Es war unförmig und etliche Nummern zu groß. Ich schleuderte es ihnen entgegen. ›Das könnt ihr selbst anziehen!‹ sagte ich.«

Die neue Gefangene machte den Nonnen die Hölle heiß. Maresca stellte Forderungen, beklagte sich und verlangte, den Gefängnisdirektor zu sprechen. Nein, sie ließ es nicht zu, daß man ihr die Haare schnitt. Nein, die Holzschuhe waren nur etwas für Männer, sie würde sie nicht anziehen. Nein, keine sackartigen Baumwollschlüpfer. Auf keinen Fall. »Sie müssen sich vorstellen, ich war gerade siebzehn und von all diesen alten Schachteln umgeben, die im Gefängnis verrotteten. Ein paar junge Frauen waren auch da. Doch die stammten aus Kalabrien und Sizilien, primitive Dinger.«

Da Pupetta Maresca den Mörder ihres Mannes getötet hatte, war seine Autorität auf sie übergegangen: Die anderen Gefangenen bedienten sie, brachten ihr heißen Kaffee und saubere Bettwäsche. Die Frauen warteten darauf, ihr einen Besuch abstatten zu dürfen, oder ließen ihr kleine Briefe zukommen, in denen sie sie um Hilfe baten. Könnte sie nicht ihren Anwalt bitten, mit dem Richter zu sprechen? Könnte sie nicht etwas für die Kinder von Signora Soundso tun, die in Schwierigkeiten steckten? Könnte sie nicht im Namen von der und der mit dem Gefängnisdirektor sprechen? Maresca wurde die »Chefin« des Frauengefängnisses. Sie ließ für die vom Schicksal weniger Begünstigten Essen herbeischaffen und trat für ihre Rechte ein.

Mitten im Winter gebar sie hinter Gittern einen Sohn, den sie Pasqualino – »kleiner Pasquale« – nannte. Sie durfte ihn bei sich behalten, bis er drei Jahre alt war. »Dann wurde er mir weggenommen und zu meiner Mutter gebracht. Das brach mir mehr als alles andere das Herz. Ich war am Boden zerstört. Mein Sohn fürchtete sich vor allem. Er hatte nur hinter Gefängnismauern gelebt, zusammen mit mir. Er schrie, wenn er ein Auto sah. Sogar ein kleiner Esel flößte ihm Angst ein …«

Es folgt eine lange Pause. Maresca betrachtet ihre grazil ineinandergeschlungenen Finger und seufzt. »Was kann ich Ihnen über meinen Sohn erzählen, Signorina? Es ist zu schmerzlich. Wirklich zu schmerzlich.«

Bei meinem zweiten Besuch öffnet Pupetta Maresca mir mit einer Hand die Tür, während sie mit der anderen ihre Bluse über dem Büstenhalter zuknöpft. Sie küßt mich munter auf beide Wangen. Ich registriere erfreut, daß man die braune Hündin geschoren hat; leicht verlegen schleift sie ihre nackten Zitzen den Boden entlang. Wir sitzen wieder am Küchentisch. Zwischen uns steht eine riesige Vase mit verwelkenden roten Rosen.

Als Pupetta Maresca, mittlerweile einunddreißig Jahre alt, nach vierzehn Jahren aus dem Gefängnis entlassen wurde, war ihr Sohn Pasqualino ein Fremder für sie. Er nannte seine Großmutter »Mamma« und seine Mutter »Pupetta«. Maresca besuchte ihre ehemalige Zellengenossin und lernte dort Umberto Ammaturo kennen, einen gutaussehenden Camorrista mit eindrucksvollen Koteletten. Ammaturo brachte Kokain von Südamerika über Nigeria nach Italien[3] und Waffen von Deutschland nach Libyen. Maresca wurde seine Geliebte und zog mit ihm zusammen. Nach einiger Zeit brachte sie Zwillinge zur Welt, hübsche blonde Kinder, die sie hütete wie ihren Augapfel. Ihr halbwüchsiger Sohn wurde aufsässig und großmäulig und trieb sich mit stadtbekannten Rowdys herum. Ammaturo konnte die Arroganz des Jungen nicht ertragen: Sohn und

Liebhaber gingen in Kampfstellung. Allmählich führte sich Pasqualino wie ein junger *guappo* auf; doch ihm fehlten das Format seines Vaters und die Schläue seines Stiefvaters. Als sich einmal beim Besuch seines Nachtclubs ein Streit darüber entzündete, wer die Rechnung bezahlen sollte, zog Pasqualino seinen Revolver und schob einen der Männer gegen die Wand – leider war der der Neffe eines Camorrista, der *'o malommo*, »der schlechte Mann«, genannt wurde.[4]

Der Junge, erpicht darauf, endlich erwachsen zu werden, sprach ständig davon, wie er den Mord an seinem Vater rächen würde. Für ihn bedeutete der Racheakt den Schritt ins Erwachsenenleben – das Problem lag nur darin, daß seine Mutter den Job bereits erledigt hatte. Sie hatte den Mann erschossen, der den Mordauftrag erteilt hatte, und der Killer Gaetano Orlando, genannt Tonino u' Bastimento, »Toni die Geißel«, eine insgesamt unbedeutende Figur, hatte mehrere Jahre hinter Gittern zugebracht. Doch Pasqualino mußte sich beweisen. Er erzählte jedem, der es hören wollte, daß er Toni die Geißel suche und daß er ihn, sobald er achtzehn sei, finden und ihm das Hirn aus dem Kopf blasen würde. Im Januar 1974, wenige Tage nach seinem achtzehnten Geburtstag, sollte Pasqualino Ammaturo wegen irgendeines Jobs auf der Baustelle für die Überführung von Neapel treffen. Er wurde nie mehr gesehen.

»Ich möchte nur eines wissen ...« Marescas Stimme ist kaum lauter als ein Flüstern. Doch jedes einzelne Wort ist klar und scharf wie die Schneide eines Messers. »Nur eines ... Ich will wissen, wo sie ihn begraben haben. Ist es möglich, daß von all den abtrünnigen Mafiosi, die als Kronzeugen aufgetreten sind, nicht ein einziger ein Wort über meinen Sohn verloren hat?«

Der Hauptverdächtige war Pupetta Marescas Geliebter. Und nicht nur die Ermittler dachten so.

»Ich weiß, daß er etwas damit zu tun hat«, sagt Maresca. »Ich habe es immer gewußt. Pasqualino schlug ganz nach seinem Vater, er wollte sein wie er, er wollte die Autorität seines Vaters besitzen. Ammaturos Gegenwart war eine Bedrohung für ihn. Ich habe Ammaturo immer wieder gefragt, ob er etwas über den Tod meines Sohnes weiß. Doch er antwortete jedesmal, er wisse nichts darüber.

Er schlug mich sogar, wenn ich mit meinen Fragen nicht lockerließ. Ich sagte zu ihm: ›O doch, du weißt sehr wohl etwas darüber.‹« Marescas Worte sind ein eisiges Flüstern. »Es gibt noch etwas, was ich genau weiß. Wenn er es mir gesagt hätte, hätte ich zum zweiten Mal in meinem Leben einen Mord begangen.« Ihre Stimme ist eiskalt und von purem Haß erfüllt. »Da bin ich mir ganz sicher.«

Ein Anwalt aus Neapel sagte privat folgendes dazu: »Pupetta Maresca ist von eiserner Härte. Umberto Ammaturo hält den Mund, weil er sich vor ihrer Rache fürchtet. Und er fürchtet sich zu Recht.«

»Pupetta Maresca kam mehrmals zu mir und beschuldigte Ammaturo, ihren Sohn getötet zu haben«, erzählt Richter Italo Ormanni, der Mitte der siebziger Jahre die Ermittlungen in Neapel leitete und nun den Vorsitz an der Strafkammer in Rom führt. »Sie war immer hysterisch und weinte. Ich weiß nicht, wie viele Taschentücher ich bei diesem einen Fall verbraucht habe, denn Maresca hatte nie eines dabei. Die Carabinieri machten schon ihre Witze darüber. Aber bei jedem Besuch, nach all den Tränen und dem ganzen Drama, weigerte sie sich, ihre Aussage zu unterschreiben.«[5]

Der Richter war überzeugt, daß sie den Jungen in einem Betonpfeiler der Überführung eingemauert hatten, und beantragte eine Genehmigung, die Überführung abzureißen und nach der Leiche zu suchen. Doch die Genehmigung wurde nicht erteilt.

So teilte Pupetta Maresca, die Frau, die das Gesetz selbst in die Hand genommen und den Mörder ihres Ehemannes getötet hatte, weil die Polizei ihn nicht verhaften wollte, weiterhin das Bett mit jenem Mann, der ihrer Meinung nach ihren Sohn umgebracht hatte. Warum? »Nun, Ammaturo war immerhin der Vater ihrer Kinder«, sagt Ormanni. »Einer der Zwillinge hatte einen Herzfehler und mußte in der Schweiz behandelt werden. Ammaturos Geld machte das möglich … Und es ermöglichte ihr auch einen bestimmten Lebensstil. Sie lebten in einer Luxuswohnung und hatten die oberen beiden Stockwerke eines Wohnblocks für sich. Es gab dort höchste Sicherheitsvorkehrungen, etwa eine Videoüberwachungsanlage, und sie hatten ihren eigenen Aufzug. Die Wohnung selbst strotzte förmlich vor Geld … überall Marmor, goldene Wasserhähne, ein in den Boden eingelassenes Badebecken, das so groß war, daß man über eine Treppe hineinsteigen mußte. Pasqualino stammte aus Marescas erster Ehe, sein Vater war vor langer Zeit gestorben... Er hatte hin und wieder bei ihr gewohnt, doch er kam und ging. Sie fing mit Ammaturo ein neues Leben an.«

»Die Zwillinge«, gibt Pupetta Maresca zu, »ersetzten in gewisser Weise Pasqualino.«

In der Presse wurden Pupetta und Umberto lange Zeit als das perfekte Liebespaar der Unterwelt dargestellt, doch Pupetta sagt, sie verabscheue Ammaturo, er sei gewalttätig und grausam zu ihr gewesen. »Schauen Sie sich meinen Kopf an«, sagt sie und beugt sich nach vorne. »Es fehlen ganze Haarbüschel. Er schlug mich immer auf den Kopf, weil man es dort nicht sieht...« Ammaturo war ein mächtiger Camorrista aus eigenem Recht, und er hatte andere Frauen. Dennoch – in einer Rollenumkehrung, die in der Mafia nahezu einzigartig ist – wird er in den Medien stets als Pupetta Marescas Ehemann bezeichnet.

Pupetta war Ammaturo nützlich. Ihre Schönheit und ihr Sinn für dramatische Auftritte machten sie zum Mittelpunkt des Medieninteresses. So konnte Ammaturo in ihrem Schatten agieren. Ihre Brüder deckte sie auf die gleiche Weise, und zwar in einem Ausmaß, das sie in ernsthafte Schwierigkeiten brachte. Italo Ormanni zufolge wurden die Lampetielli-Brüder in den sechziger Jahren durch den Zigarettenschmuggel zu einer bedeutenden Macht in Castellammare. 1974 »besteuerte« Raffaele Cutolo, der selbsternannte Boß einer neuen kriminellen Vereinigung, der Nuova Camorra Organizzata, jede Zigarettenschachtel, die von den anderen Camorra-Familien importiert wurde. Pupetta Marescas Familie schlug zurück. 1978 wurde Ciro, Pupettas Lieblingsbruder, mehrmals angeschossen, und vier Jahre später, als er im Gefängnis saß, wurde er erneut von Cutolos Männern bedroht.

Um ihren Bruder aus der Schußlinie zu bringen, ließ sich Pupetta Maresca ein spektakuläres Ablenkungsmanöver einfallen. Am 13. Februar 1982 berief sie im exklusiven Presseclub von Neapel eine Pressekonferenz ein. Sie erschien in einem enganliegenden schwarzen Lederkostüm mit einem »höchst ordinären« Pelzkragen. Ihre Bluse war »bemerkenswert weit aufgeknöpft«, und um den Hals trug sie einen Schal aus Leopardenfell. (Die Kommentare stammen von Sergio De Gregorio, einem Journalisten aus Neapel; der abfällige Ton seines Berichts hat möglicherweise etwas damit zu tun, daß Maresca damals eine Verleumdungsklage gegen ihn laufen hatte.)

Als erstes schickte Maresca eine Journalistin hinaus, die etwas geschrieben hatte, das ihr nicht gefiel. Dann ging sie zum Angriff über: »Wenn Cutolo ein Mitglied meiner Familie anrührt, werde ich seine Killer umbringen lassen. Ich werde seine Lakaien töten, ja sogar die Frauen und die Babys in ihren Wiegen ... Diese ganze Region wird von einer unsichtbaren Macht erdrosselt, die langsam, aber sicher alle gesellschaftlichen Schichten durchdringt. Diese heimtückische Kraft heißt Raffaele Cutolo. Er will die Herrschaft, um jeden Preis – entweder Ihr seid für ihn oder gegen ihn. Cutolo will Kaiser von Neapel werden, und die Stadt liegt seinetwegen in Ketten. All die Toten, die Ströme von Blut, die vor den Augen der hilflosen Menschen durch unsere Stadt fließen, all das geht auf das Konto eines einzigen machtbesessenen Wahnsinnigen.«[6]

Die Zeitungen zeigten sich begeistert von Pupettas herausfordernden Worten und ihrem Dekolleté. Und sie waren entzückt von Cutolos unbeeindruckter Antwort: »Das Püppchen sollte sein theatralisches Getue ablegen ... Sie sollte wirklich ein bißchen mehr Würde zeigen. Sie hat sich einfach lächerlich gemacht.«[7]

Wenn Maresca von Cutolo spricht, verändert sich ihre Stimme, das sanfte Flüstern geht in ein Bellen über. Ihr Abscheu durchbricht die perfekt kultivierte Fassade, und sie fällt in den neapolitanischen Dialekt zurück. »Er hatte gedroht, meine Brüder umzubringen. Was hätte ich tun sollen? Oh, ich mußte meinen Preis dafür zahlen. Dieser Dreckskerl bedrohte mich von dem Augenblick an, als ich meine kleine Rede gehalten hatte.«

Noch im selben Jahr wurden Maresca und ihr Geliebter Umberto Ammaturo wegen Mordes an dem Arzt Aldo Semerari verhaftet. Der Arzt war tot aufgefunden worden, der abgetrennte Kopf lag zwischen seinen Beinen.[8] Maresca streitet den Mord bis heute ab, und auch ein ehemaliger Carabiniere (der nicht genannt werden kann) bezeichnet die Anklage als haltlos. Maresca verbüßte eine vierjährige Haftstrafe wegen einer Tat, die sie nicht begangen hat, wie sie sagt, deshalb, weil ihr Todfeind Raffaele Cutolo seine Kontakte bei der Justiz genutzt habe, um sie hinter Gitter zu bringen. Nichts lastet ihr mehr auf der Seele als diese Ungerechtigkeit. »Die Richter, die mich einsperrten, haben mich gequält. Jeden einzelnen Tag in diesen vier Jahren. Die ersten vierzehn Jahre waren etwas anderes. Denn damals hatte ich tatsächlich ein Verbrechen begangen, und es war gerecht, daß ich dafür büßen mußte. Aber diese vier Jahre waren schrecklich, weil ein unschuldiger Mensch im Gefängnis keinen Frieden kennt.«

Pupetta Maresca zeigt mir die Aussicht von ihrer Dachterrasse. Sie ist sehr groß, mit Terrakottaplatten ausgelegt, und hie und da sind Flecken von Hundekot zu erkennen. Der Blick geht auf die Palmen und die Dächer alter Palazzi, auf die gelb und grün gedeckte Kuppel des Domes und aufs Meer. »Mein Glaube an Gott hält mich am Leben«, sagt sie. »Ohne meinen Glauben wüßte ich nicht, wie ich es aushalten sollte. Ich bin die geistige Tochter von Padre Pio. Oft bete ich an seinem Altar.«

Bei all unseren Gesprächen über die Morde an ihrem Mann und ihrem Sohn machte Pupetta Maresca auf mich keineswegs den Eindruck, als sei sie von Kummer verzehrt. Und obwohl mich Geschichten von Menschen, die erdrosselt und in Säure aufgelöst wurden, beschämend oft zu Tränen rühren, blieb ich bei ihrem Bericht seltsam ungerührt. Maresca ist vollkommen kalt. Schön und kalt.

Die Vorstellung, daß jeder selbst für Gerechtigkeit zu sorgen hat, ist in der gesamten italienischen Mafia verbreitet: in der sizilianischen Cosa Nostra, der ’Ndrangheta in Kalabrien und der Camorra in Neapel. Jede der drei unterschiedlichen Organisationen hat ihre eigene Struktur, typisch für alle aber ist die Mißachtung der staatlichen Gesetze. Die Gesetze und das Personal, das auf ihre Einhaltung achten soll, kommen auf der moralischen Skala der Ehrenwerten Gesellschaft nicht vor. Die Mafia hat ihre eigene, ganz besondere »Logik«, die alle Handlungen im Interesse der Organisation rechtfertigt.

Beim Verhör einer sizilianischen Zeugin fragte sie ein Richter, ob es üblich sei, ob es innerhalb eines Mafia-Clans gebilligt werde, alte

Rechnungen zu begleichen und Probleme dadurch zu lösen, daß man Menschen erschieße. Der Richter hatte solche Schwierigkeiten mit dieser Vorstellung, daß er mehrere Anläufe benötigte, um seine Frage zu formulieren. Die Zeugin hatte offensichtlich keine Probleme damit. »Natürlich«, antwortete sie.[9]

Ein abtrünniger Mafia-Killer, der als Kronzeuge auftrat, beschrieb seine moralische Einstellung so: »Ein Mann, der einen Mord begeht, tut es aus Solidarität, aus Pflichtbewußtsein der Gemeinschaft gegenüber. Er tut es, weil er glaubt, daß es das Richtige ist. Als ich zum ersten Mal einen Menschen tötete, war ich dreiunddreißig. Aber ich war noch in der Grundschule, als ich begriff, daß die Welt sich in Mörder und Ermordete teilt... Wenn man mich fragt, wie ich dazu kam, einen anderen Menschen zu töten, kann ich nur sagen, daß das dort, wo ich aufgewachsen bin, ganz normal ist.«[10]

Die Organisation verlangt von ihren Soldaten Gehorsam, und die Mafia-»Logik« hüllt den Mord in ein Gewand von Pflicht und Ehre. Doch der Ehrenkodex der Mafia ist falsch. Während des sogenannten Maxi-Prozesses 1986–88 gegen mehr als 475 Mafiosi entlarvten die Richter ziemlich schnell das heuchlerische Konstrukt. »Mord ist keineswegs etwas Besonderes. Ebensowenig läßt er sich durch das Credo der Cosa Nostra rechtfertigen. Mord ist das Mittel, durch das die Organisation ihre Ziele erreicht und ihre Macht festigt. Alles andere ist Täuschung und Lüge.«[11]

Was ein Mafioso als einen ehrenvollen Akt bezeichnet, ist in Wirklichkeit eine rein pragmatische Angelegenheit: Es dient dem Aufstieg oder dem Überleben des einzelnen innerhalb der Organisation. Pupetta Maresca tötete den Mörder ihres Ehemanns, »weil sie es tun mußte«. Sie erfüllte dadurch ihre öffentliche Verpflichtung ihrem toten Gatten gegenüber und sicherte ihren eigenen Status. Viele Jahre später, als ihr Sohn ermordet wurde, drohte sie, den Verantwortlichen umzubringen. Doch das hätte ihren eigenen Interessen geschadet. Also ließ sie es sein.

Die Mafia agiert in einem moralischen Zwielicht, das von menschlichen Bedürfnissen bestimmt ist, und sie beutet genau jene Menschen aus, denen sie angeblich dient. In den sechziger Jahren herrschte in Neapel eine hohe Arbeitslosigkeit, und eine riesige Anzahl von Menschen lebte auf engstem Raum unter Bedingungen größter Armut. Die Camorra mit ihrem blühenden illegalen Gewerbe gab diesen Menschen Arbeit: Sie verkauften Nahrungsmittel und Arzneimittel auf dem Schwarzmarkt und schmuggelten Drogen und Zigaretten.

Im Jahr 1963 wurde Raffaele Cutolo, ein junger, intelligenter Bursche aus Ottaviano, einer kleinen Stadt in der Nähe von Neapel, zu lebenslanger Haft verurteilt; später wurde das Strafmaß auf vierundzwanzig Jahre herabgesetzt. Er hatte einen jungen Mann getötet, der seine Schwester verführt hatte.[12] Während er, von Armen und Entrechteten umgeben, im Gefängnis saß, begann er, aus den Zellen seine Anhänger zu rekrutieren. Die Camorra befand sich damals in einem Schwebezustand. Der *guappo* alten Stils, der traditionelle Boß der ländlichen Gebiete, starb langsam aus. Cutolo verfügte zwar außerhalb der überfüllten Gefängniszellen über kein eigenes Territorium, doch bei seinen neuen Rekruten stilisierte er sich zum charismatischen Anführer der sogenannten Nuova Camorra Organizzata (NCO); und er machte sich daran, die Stadt unter seine Kontrolle zu bringen. Cutolo, genannt *'o professore*, »Professor«, praktizierte pseudo-religiöse Initiationsriten, um seine Anhänger fest an die Organisation zu binden. Er nutzte die Verzweiflung der Menschen aus, um selbst nach oben zu kommen. Zum Teil schuf er genau jene Bedingungen, aus denen er seine Anhänger rettete: Er sorgte innerhalb der Gefängnismauern für Gewalt und Einschüchterung und bot den Opfern dann seinen Schutz an. Sobald sie aus dem Gefängnis entlassen waren, mußten sie für ihn arbeiten. Er unterstützte die Familien der Häftlinge; das Geld, das sie erhielten, stammte aus Mitteln, die von kleineren Firmen und anderen Familien erpreßt wurden.

Cutolo regierte mit der Macht seiner starken Persönlichkeit. Doch seine Machenschaften erforderten auch eine kluge Finanzpolitik sowie anhaltenden Druck auf die Politiker und die lokale Bevölkerung. Da Cutolo nicht alle Angelegenheiten von seiner Gefängniszelle aus erledigen konnte, stellte er eine treue Gruppe von Führungsleuten zusammen, an deren Spitze seine Schwester Rosetta stand. Die fünf Jahre ältere Rosetta, genannt »Eisauge«, wurde zu seiner Managerin. Er gab ihr Anweisungen, und sie leitete die Organisation.

Rosetta Cutolo war über fünfzehn Jahre lang die treibende Kraft hinter ihrem berüchtigten Bruder. In den zwölf Jahren, die sie im Untergrund lebte, wurde sie zu einer geradezu legendären Figur, und ihr Ruhm wuchs noch durch Giuseppe Tornatores Film *Il Camorrista.* 1993 stellte sich Rosetta Cutolo der Polizei. Sie verbüßt gegenwärtig eine fünfjährige Haftstrafe wegen Zugehörigkeit zur Mafia.

Als junge Frau war sie ein pummeliges, unscheinbares Geschöpf mit einer großen Nase und langen, glatten Haaren, die sie zu einem Pferdeschwanz zusammenband. Auf den wenigen Fotos aus den siebziger Jahren ist sie wie ein Junge gekleidet: ein gemustertes Hemd, und darunter ein T-Shirt, keinerlei Make-up. Es heißt, sie sei verlobt gewesen, habe aber die Liebe ihres Lebens aufgegeben, um ganz für ihren Bruder dazusein.[13] Der Autor Giuseppe Marrazzo, der mit seiner romanhaften Umgestaltung der Lebensgeschichte eines Camorrista zur Entstehung des Cutolo-Mythos beitrug, deutete ein inzestuöses Verhältnis zwischen Bruder und Schwester an. »Die treue Rosa Cutolo ist die getreue rechte Hand des Bosses von Ottaviano … Sie ist unverheiratet geblieben und lebt ganz für ihn.«[14]

Als junge Frau war sie sehr fromm, und während sie untergetaucht lebte, befand sie sich vorwiegend in Gesellschaft eines Priesters (der unglückliche Geistliche wurde 1986 von Cutolos Feinden ermordet).[15] Doch das moralische Universum war vom Kult um Raffaele Cutolo ausgefüllt. Schon als kleiner Junge hatte er hochfliegende Ideen gehabt. Sein Vater war ein so frommer Mann gewesen, daß er *'o monaco*, »der Mönch«, genannt wurde. Raffaele verkündete, *er* wolle, wenn er erwachsen sei, Papst werden. In seinem Buch *Dichtung und Philosophie*, einer Sammlung seiner Äußerungen, schreibt er: »Ich bin eine Gottheit. Für mich existieren keine Gesetze, weil ich größer bin als ein Richter.«[16] Jahrelang versuchte er, die Gefängnispsychiater davon zu überzeugen, daß er verrückt sei, um eine mildere Strafe zu bekommen. Möglicherweise haben die Bemühungen, eine Psychose vorzutäuschen, tatsächlich Spuren hinterlassen, denn seine messianischen Züge traten immer mehr hervor. »Jesus sprach: Wenn dich einer schlägt, dann halte ihm die andere Wange hin. Ich sage: An dem Punkt kannst du sie töten.«[17]

Raffaele erregte damit Aufsehen, daß er im Gerichtssaal Interviews gab und Reden hielt, seine Schwester blieb unterdessen im Hintergrund. Rosetta leitete die Organisation ihres jüngeren Bruders mit einer selbstlosen Hingabe, die seinen Kultstatus noch erhöhte. Mit missionarischem Eifer kassierte sie Geld von Firmen und stellte ihren Bruder als eine Art Heiligen dar: »Wir tun Gutes im Namen meines Bruders. Sehen Sie diese Menschen hier? Sie kommen aus vielerlei Gründen zu uns. Wenn in dieser Stadt oder sonstwo Stellen zu vergeben sind, erhalten wir ein Kontingent, das wir besetzen können. Wir helfen auch den Gefangenen: Jeder Geschäftsmann leistet einen freiwilligen Beitrag, um die Familien der Gefangenen zu unterstützen.«[18]

Als Raffaeles Ansprüche immer unverschämter wurden, taten sich die anderen Camorra-Familien zusammen, darunter auch die Lampetielli-Brüder, die Brüder Pupetta Marescas, und kämpften gemeinsam gegen den Emporkömmling. Sie nannten ihre Gruppe »Nuova Famiglia«, die Neue Familie, und imitierten Raffaeles Organisation, indem sie ihre Mitglieder aus den arbeitslosen, kriminellen Randgruppen rekrutierten und einen eigenen Initiationsritus erfanden. Im Krieg um die Macht über Neapel und die umliegenden Gebiete waren bis in die späten siebziger Jahre Hunderte von Menschen ums Leben gekommen.

Rosetta gab die Anweisungen ihres Bruders weiter und pflegte den Kontakt mit seinen Getreuen. Ein Einwohner von Ottaviano sagte einem Reporter, ohne Rosetta wäre die Organisation auseinandergebrochen.[19] Cutolo erreichte schließlich, daß er in eine Nervenklinik eingewiesen wurde. Kurz darauf riß eine Bombe ein Loch in die Mauer, die das Gelände umschloß, und Cutolo konnte fliehen. Rosetta und ihre Mutter – die letzten, die ihn vor seiner Flucht gesehen hatten – wurden verhaftet und beschuldigt, ihm zur Flucht verholfen zu haben; doch drei Tage später waren sie wieder auf freiem Fuß.

Manche sagen, »der Professor« habe trotz seines offensichtlichen Größenwahns stets Respekt vor seiner älteren Schwester gehabt.

Antonio Laudati zufolge – er ist Ankläger in der Anti-Mafia-Abteilung und hat Cutolo mehrmals verhört – war Rosetta der eigentliche Kopf der Organisation. »Ihr Bruder stand immer unter dem Einfluß ihrer starken Persönlichkeit. Er saß dreißig Jahre lang im Gefängnis. Während dieser Zeit wurde Rosetta das eigenständige Oberhaupt der Nuova Camorra Organizzata.«[20]

Im Frühjahr 1980 fand zwischen Vertretern der sizilianischen Cosa Nostra und der Camorra-Clans eine Zusammenkunft auf höchster Ebene statt. Beide Parteien wollten sich bemühen, den blutigen Krieg zwischen der Nuova Camorra Organizzata und den übrigen Clans zu beenden, und das Territorium auf friedlichem Weg unter sich aufteilen. Bei dem Treffen wurde Raffaele Cutolo von seinem Stellvertreter Vincenzo Casillo und seiner Schwester Rosetta vertreten.[21]

Im Oktober 1981 stürmte die Polizei Rosettas Wohnung in Orlando und platzte dabei mitten in eine Versammlung von fünfzehn Gefolgsleuten Cutolos, darunter ein Stadtrat und Cutolos 19jähriger Sohn Robertino. Rosetta, die den Vorsitz geführt hatte, konnte mit zwei ihrer Männer entkommen. Sie tauchte für über zehn Jahre unter und wickelte während dieser Zeit in verschiedenen Städten von mehreren konspirativen Wohnungen aus ihre Geschäfte ab.

Im Jahr 1984 war Cutolo dann jedoch über das Ziel hinausgeschossen. Ein ehrgeiziger Versuch, mit den Behörden einen Handel zu schließen, schlug fehl: Der Christdemokrat Ciro Cirillo war von Terroristen der Roten Brigaden entführt worden, und die Camorra vermittelte zwischen Politikern und Terroristen über seine Freilassung. Cutolo, der mit Ministern der Regierung eine Absprache getroffen hatte, fand sich in Einzelhaft in einem Hochsicherheitstrakt wieder. Er wurde immer machtbesessener und paranoider, seine engsten Verbündeten starben einer nach dem anderen einen gewaltsamen Tod, nur Rosetta saß fest im Sattel. Soweit er noch Macht hatte, war sie die einzige Vollstreckerin, der er vertraute. Doch Mitte der achtziger Jahre war es mit der Nuova Camorra Organizzata zu Ende. Obwohl Rosetta von der Polizei gesucht wurde, lebte sie ihrem Anwalt zufolge zumindest einen Teil der Zeit unbehelligt zu

Hause in der Via delle Rose in Ottaviano, wo sie sich mit Strickereien und ihrem Rosengarten beschäftigte.

Der Anwalt der Cutolos, ein hochgewachsener, stets zu Späßen aufgelegter Mann namens Paolo Trofino, dessen Stimme dank vieler Zigaretten nur noch ein Krächzen ist und dessen lange Haare ihm wirr um die Schultern hängen, bezeichnet Rosetta als »stellvertretende Direktorin« der NCO. Er betont, die Entscheidungen habe stets Raffaele getroffen.

Trofino schaffte es, diese Linie in sage und schreibe neun Mordprozessen durchzuhalten. Rosetta Cutolo wurde, nachdem sie Berufung eingelegt hatte, vom Mord an dem Drogendealer Francis Turatello freigesprochen. Turatello war in einem Hochsicherheitsgefängnis in Sardinien von einem Mitgefangenen erhängt worden. Der Anklage zufolge hatte Rosetta der Ehefrau des Mörders den Auftrag erteilt, und diese gab die Anweisungen während der Besuchszeit an ihren Mann weiter. In einer weiteren Berufungsverhandlung wurde Rosetta freigesprochen, den Mord an Giuseppe Salvia, dem stellvertretenden Direktor des Poggioreale-Gefängnisses in Neapel, veranlaßt zu haben. Salvia hatte Raffaele Cutolo die übliche Sonderbehandlung im Gefängnis verweigert. Cutolo war es gewohnt, daß er jederzeit Besuch empfangen und die Mahlzeiten in seiner Zelle einnehmen konnte. Er verurteilte Salvia zum Tod wegen übereifriger Erfüllung seiner Pflichten. Auch vom Mord an Vincenzo Casillo, der rechten Hand Cutolos, wurde Rosetta freigesprochen. Casillo, der im Verdacht stand, Geld unterschlagen zu haben, starb durch eine Autobombe. Wenige Tage später wurde seine Freundin in einem Betonpfeiler lebendig begraben: Cutolo wollte sie zum Schweigen bringen, weil sie seiner Ansicht nach zuviel über die Organisation wußte.

Rosetta empfand von jeher eine Haßliebe zu ihrem Bruder. »Die Beziehung der beiden ist sehr stürmisch«, sagte Trofino. »Sie haben oft Krach. Sie findet, daß er zuviel redet, und hätte es am liebsten, daß er keine Interviews mehr gibt.« Trofino erklärte, er sei nur dann bereit, Cutolo überhaupt zu verteidigen, wenn er aufhöre, den Verrückten zu spielen. »Er leidet an Größenwahn, das ist alles. Wie Napoleon oder Hitler. Eines weiß ich ganz sicher: Er ist nicht normal.«

Im Februar 1993 stellte Rosetta sich schließlich der Polizei, nachdem sie zehn Jahre lang im Untergrund gelebt hatte. Die Zeitungen beschrieben sie als eine biedere Hausfrau. Die italienische Presse bezeichnet nahezu jedes Geschöpf, das einen Rock trägt, als *bella* – um das Interesse der Leser wachzuhalten. Rosetta allerdings erhielt nie dieses Attribut. Sie war fünfundfünfzig, das graue Haar trug sie adrett geschnitten und gelockt, und der Blick aus ihren berühmten »Eisaugen« war mit zunehmendem Alter milder geworden. Der Polizist, der sie verhaftete, berichtete später, sie sei, als er die Tür öffnete, in Tränen ausgebrochen.[22] (Ihr Anwalt, der ebenfalls anwesend war, sagt, sie habe sich vollkommen ruhig in ihr Schicksal ergeben.) Die Polizei behauptete, Rosetta habe sich gestellt, weil sie Angst hatte, ihre Feinde würden versuchen, sie umzubringen. Andere dagegen meinten, daß Rosetta, ihrem Bruder in ewiger Treue ergeben, für ihn geopfert worden sei und daß ihre Festnahme Teil einer Abmachung zwischen Cutolo und den Richtern sei. Ihr Anwalt will sich dazu nicht äußern.

Cutolos erbittertste Gegner unter den Camorra-Clans, die sich gegen ihn zusammengeschlossen hatten, waren seine ehemaligen Verbündeten, der Moccia-Clan. Die Moccia-Brüder stellten eine nicht zu unterschätzende Macht dar, zum einen wegen ihrer Skrupellosigkeit und tödlichen Feuerkraft, in erster Linie jedoch wegen ihrer Mutter Anna Mazza.

»Von all den Menschen, die ich in diesen Jahren getroffen habe – und ich habe ziemlich viele getroffen –, hat niemand einen so starken Eindruck auf mich gemacht wie Signora Mazza«, erzählt Giacomo Travaglino, ein junger Ermittlungsrichter aus Neapel. »Wenn diese Frau beschließt, daß dir etwas zustoßen soll, dann wird es dir zustoßen.« Travaglino, dessen Aufgabe es ist, die Vermögenswerte der Camorra-Familien zu beschlagnahmen, traf einmal während eines Kreuzverhörs eine sarkastische Bemerkung von Anna Mazza. Kurz darauf entdeckte er ein Einschußloch in seinem Schlafzimmerfenster.

Anna Mazzas Ehemann Gennaro Moccia, ein Camorrista alten Stils, war Boß von Afragola, einer kleinen Stadt im neapolitanischen

Hinterland. Die Familie hatte Geld und gute Beziehungen zu dem aufstrebenden Star Raffaele Cutolo. Eine erbitterte Territorialfehde mit einem rivalisierenden Clan erreichte ihren Höhepunkt, als Moccia am 31. Mai 1976 ins Gesicht geschossen wurde und am Steuer seines Wagens starb. Die Familie hatte ihr Oberhaupt verloren, die übrigen Mitglieder mußten kämpfen oder fliehen. Sie entschlossen sich zu kämpfen.

Ihr erstes Angriffsziel war Moccias Erzrivale Antonio Giugliano, der des Mordes an Moccia angeklagt, aber zur Empörung der Familie freigesprochen wurde. Wenige Tage nach der Urteilsverkündung, am 29. Mai 1978, ging Giugliano, in ein Gespräch mit seinem Anwalt vertieft, durch das alte Gerichtsgebäude von Neapel. Im Treppenhaus und dem kopfsteingepflasterten Innenhof herrschte ziemliches Gedränge; aneinandergekettete Angeklagte steuerten mit unsicheren Schritten auf die Zellen zu. Ein junger Kerl stürmte durch die Menschenmenge, in jeder Hand eine Pistole, und feuerte mehrere Schüsse auf Giugliano ab. Carabinieri brachten den Jungen durch einen Schuß in die Seite zu Fall. Es handelte sich um den 13jährigen Antonio Moccia. Er wurde weggeschleppt und verhört, doch er war um wenige Wochen zu jung, um gerichtlich belangt zu werden, und mußte freigelassen werden. Am darauffolgenden Tag verhafteten sie seine Mutter.

»Bis dahin war Anna Mazza lediglich die Ehefrau eines Mafia-Bosses«, sagt Travaglino. »An jenem Tag wurde sie selbst zum Mafia-Boß – zu einem der gefährlichsten überhaupt und mit Sicherheit zu einem der blutrünstigsten.«

In den Verhören bestritt Anna Mazza, den Jungen beauftragt zu haben, seinen Vater zu rächen. Sie ließ jedoch kein Bedauern über die Bluttat ihres Sohnes erkennen. Die Ankläger wiesen später darauf hin, daß der Junge lediglich »den Mord an seinem Vater auf die einzige Art und Weise gerächt hat, die von seiner Kultur akzeptiert und anerkannt wird«.[23]

Der Moccia-Clan hatte in einem Machtkampf um das Territorium den ersten Schuß abgefeuert. Innerhalb von wenigen Jahren löschten die Moccia-Brüder und ihre Truppen die Giugliano-Familie systematisch aus. »Ihre Macht«, sagt Travaglino, »beruht auf der

Tatsache, daß sie erbarmungslos sind. Sie kennen keine Grenzen.« Nachdem der Moccia-Clan die Giuglianos besiegt hatte, wandte er sich gegen seine ehemaligen Verbündeten, die Magliulo-Sippe, und beseitigte ein Mitglied nach dem anderen, bis die letzten zusammenpackten, was sie tragen konnten, und aus der Stadt flohen.

»Sie sind ernstzunehmende Killer. Doch kein einziger von ihnen hätte ohne ein Wort von Signora Mazza auch nur mit der Wimper gezuckt. Wir sprechen über junge Männer, gegen die eine lange Liste von Mordvorwürfen erhoben wird. Keiner von ihnen hätte einen Finger krumm gemacht, wenn ihre Mutter ihnen keine Anweisungen gegeben hätte.« Travaglino lehnt sich mit dem Rücken gegen die gläserne Wand des Wintergartens und lacht.

Das Büro von Saverio Senese, Anna Mazzas Anwalt, befindet sich in einem Hochhaus; der Blick schweift auf den Hafen von Neapel im Sonnenuntergang, über dem Wasser sind schwach wie ein Nebelschleier die Umrisse von Capri zu erkennen. Das Wartezimmer ist vollgestopft mit den Hinterlassenschaften der Langeweile: Stapel ungelesener, vom ständigen Durchblättern abgegriffener Zeitungen; von Zigarettenstummeln überquellende Aschenbecher und Pflanzen, die in dunklen Ecken verkümmern.

Anna Mazza erscheint mit einer leuchtenden Mähne rot gefärbter Haare und einer riesigen Sonnenbrille. Sie ist von kräftiger Gestalt und betritt den Raum, als ziehe sie in eine Schlacht. Mit der einen Hand hält sie ihre Gucci-Handtasche fest umklammert, mit der anderen, zur Faust geballt, gestikuliert sie. Ihr Anwalt, ein lebhafter, kleiner Mann, hüpft beflissen um sie herum und ist im nächsten Augenblick wieder verschwunden. Die Schwarze Witwe der Camorra, wie Anna Mazza genannt wird, bleibt stehen und beklagt lauthals die Ungerechtigkeiten, die ihre Söhne erleiden mußten. Trauer im Designer-Look: Unter dem breiten, schwarzen Brillengestell mit goldenen, diamantbesetzten Scharnieren leuchtet dunkelvioletter Lippenstift auf ihrem Mund. Sie trägt eine lange, schwarze Jacke mit viel zu dicken Schulterpolstern, eine maßgeschneiderte schwarze Hose, Netzstrümpfe und glänzende Pumps. An ihren Fingern prangen zahlreiche dicke Goldringe. Anna Mazza wettert gegen anmaßende Richter, rachsüchtige Carabinieri und verleumderische

Journalisten. Sie beginnt mit jenem Carabiniere, der ihren Sohn viele Jahre zuvor im Gerichtsgebäude verletzt hat. (Sie erzählt mir, es tue ihm sehr leid.)

»Am Tag, nachdem mein Sohn Antonio Giugliano im Gerichtsgebäude erschossen hatte, wurde ich von der Polizei verhört. Sie warfen mir vor, ich hätte meinen Sohn gezwungen, dieses furchtbare Verbrechen zu begehen. Ich antwortete ihnen, mein Sohn habe sich nur eines Unrechts schuldig gemacht, nämlich diesen Scheißkerl an einem anständigen Ort erschossen zu haben. Er hätte ihn in einer schmutzigen Seitengasse massakrieren sollen, wie er es verdiente. Seit diesem Tag werde ich vom Gesetz verfolgt.«

Der Moccia-Clan hatte die geeigneten Referenzen, um in der Camorra aufzusteigen: einen kugelsicheren Wagen und ein freundschaftliches Verhältnis zu Raffaele Cutolo. »Ich kannte Cutolo«, sagt Anna Mazza. »Alle kannten ihn. Meine Söhne waren hinter Gittern, und zu der Zeit bedeutete es die Todesstrafe, wenn man ins Poggioreale-Gefängnis gesteckt wurde. Cutolo war der Verantwortliche dort. Hinter den Gefängnismauern tobte ein Krieg, die Gewalt war schrecklich. Ich besorgte immer Zigaretten für Raffaele Cutolo, damit er meine Söhne schützte. Ich gab sie seiner Schwester Rosetta. Wenn ich ihr Geschenke für ihn brachte, paßte er auf, daß die Jungs nicht getötet wurden. Mir blieb nichts anderes übrig.«

Der Deal mit Cutolo hielt nicht lange, da die Moccia-Brüder ihm zu wenig Respekt zollten. Ein Abtrünniger erzählte später, daß Cutolo es ärgerlich fand, wenn die Moccia-Brüder einen Mord planten, ohne seinen Rat zu suchen, und es noch viel schlimmer fand, wenn sie dabei pfuschten.[24] Deshalb schloß sich die Familie dem wachsenden Bündnis gegen Cutolo an, und Anna Mazzas ältester Sohn Angelo wurde einer der Anführer der Nuova Famiglia, des Heers der Camorra-Clans, die der Haß auf den selbsternannten Messias einte. »Es waren drei«, erklärt Anna Mazza voller Stolz, »die mächtigsten Bosse des ganzen neapolitanischen Gebiets: Carmine Alfieri, Alfredo Galasso und *mein Sohn* Angelo.«

Angelo verwandelte die Familie in eine effiziente und erfindungsreiche Tötungsmaschinerie. Er kassierte Millionen durch Erpressungen, weitere Millionen holte sich die Familie durch Bauunternehmerverträge und Verträge über öffentliche Bauvorhaben, die sie durch ihre Verbindungen zu Stadträten der Region an Land zog.

Richter Travaglino zufolge wurde die Familie Moccia, die alle Schritte in absolutem Einvernehmen unternahm, vom eisernen Willen der Matriarchin geleitet. »Es gab ein enges Band, ein gemeinsames Interesse, das von alldem ausging, was die Mutter beschloß ... Die Jungs taten, was sie taten, weil ihre Mutter war, wie sie war.« Die Schwarze Witwe wurde schließlich aus Süditalien ausgewiesen und zog nach Formia in der Nähe von Rom. Angelo, auf der Flucht vor der Polizei, folgte ihr. Die Polizei registrierte in Formia nach Ankunft der Signora Mazza einen deutlichen Anstieg der Kriminalität.

Im November 1987 wurde Anna Mazzas Lieblingssohn Vincenzo, der attraktivste ihrer dunklen, stämmigen Jungs, in Afragola von einem Dutzend Männer des rivalisierenden Clans aus dem Hinterhalt überfallen und starb im Kugelhagel. Auf die Nachricht vom Tod ihres Sohnes setzte sich Signora Mazza über das Ausweisungsurteil hinweg und fuhr auf der Stelle nach Hause. Vierundzwanzig Stunden später fand man die nackte, verstümmelte Leiche von Vincenzos Mörder; man hatte ihn gequält und mit Elektroschock gefoltert. Die Schwarze Witwe war bereits wieder auf dem Rückweg nach Formia. Die Männer, die Vincenzo Moccia überfallen hatten, wurden in einem Rachefeldzug der Moccia-Brüder einer nach dem anderen eliminiert. Anna Mazza hatte geschworen, daß die Magliulo-Familie den Tod ihres Sohnes »bis zur letzten Generation« büßen sollte.[25]

Seit der Ermordung ihres Vaters verteidigen die Moccia-Brüder ihr Territorium mit gnadenloser Grausamkeit. Sie werden von der Vendetta, der Blutrache, getrieben, vor deren mächtiger Maschinerie die staatlichen Gesetze zu Schatten verblassen. Anna Mazzas Rolle besteht nun, da alle ihre Söhne hinter Gitter sind, darin, alles zu rechtfertigen, was sie im Namen der Rache verübt haben. Sie ist der Überzeugung, sie hätten richtig gehandelt und würden, nach eben dieser Logik, zu Unrecht bestraft. Sie hält sich über die Prozesse ihrer Söhne auf dem laufenden, trifft sich täglich mit ihrem Anwalt und verfolgt die juristischen Auseinandersetzungen in den Nachrichten. Während unseres Gesprächs zieht sie ganze Bündel vergilbter Zeitungsausschnitte aus ihrer Handtasche hervor und streicht sie auf dem schwarzen Ledersofa glatt, damit ich sie lesen kann.

Gegen Anna Mazza wird ermittelt, seit ihr heranwachsender Sohn mit einer Pistole in der Hand im Gerichtsgebäude auftauchte, doch die Richter tun sich schwer damit, ihr etwas zu beweisen. Sie brachten sie hinter Gitter, und sie wurde von einem Richter freigesprochen, der später der Korruption überführt wurde.[26] Sie wurde aus ihrer Heimat verwiesen – die erste Frau, die auf diese Weise für Mafia-Verbrechen bestraft wurde –, und sie legte Atteste vor, die ihr einen besorgniserregenden Gesundheitszustand bescheinigten, ein seltenes Leiden, das nur in ihrem örtlichen Krankenhaus, einer privaten Einrichtung in der Nähe von Afragola, geheilt werden konnte. »Ich weiß nicht, was das für Ärzte sind«, sagt Giacomo Travaglino lachend, »ich würde jedenfalls höchstens mit einer Erkältung hingehen. Aber Signora Mazza schwor Stein und Bein, sie seien die besten Kardiologen in ganz Italien.« Travaglino hat sämtliche Vermögenswerte der Familie Moccia beschlagnahmt, derer er von Gesetz wegen habhaft werden konnte, und ist dabei zu der Überzeugung gelangt, daß die Besitztümer der Familie in Italien lediglich einen kleinen Teil ihres Gesamtvermögens ausmachen.

Anna Mazza zog kürzlich nach Neapel, um näher beim Gefängnis zu sein. Sie verbringt ihre Tage damit, Anwälte aufzusuchen, Ratschläge einzuholen, mit Richtern zu sprechen, Prozessen und Revisionsverfahren beizuwohnen. Bei alldem wird sie von selbstgerechtem Zorn getrieben. Vor zwanzig Jahren wählte sie Saverio Senese als Anwalt, nachdem er durch die Verteidigung der Terroristen der Roten Brigaden eine gewisse Berühmtheit erlangt hatte. Sein Mut beeindruckte sie. Sie wollte einen Anwalt, der auch vor Krieg nicht zurückschreckte.

Als ich Anna Mazza traf, die stolze Mutter des dritten Mannes im herrschenden Triumvirat der Camorra, versuchte sie, ihren Sohn dadurch vor einer lebenslangen Freiheitsstrafe zu retten, daß sie behauptete, er habe einen Sinneswandel durchgemacht. »Ich sage nicht, daß mein Sohn kein Krimineller ist, aber er wird verfolgt. Er wird in Einzelhaft festgehalten, in einem Hochsicherheitsgefängnis, so daß ich ihn nur einmal im Monat besuchen darf. Wenn ich ihn dann sehe, sitzt er hinter einer Absperrung aus dickem Glas. Ich kann ihn nicht einmal anfassen …« Ihr Mund verzerrt sich und zuckt. Sie zieht eine Rolle Toilettenpapier aus ihrer Gucci-Handtasche und reißt ein paar Blatt ab, um sich die Augen damit zu tupfen. Dabei nimmt sie ihre riesige Sonnenbrille ab, und ich sehe erstmals ihre Augen, klein und hart wie Pistolenkugeln.

Sie hat schon einmal versucht, ihre Rolle als Mutter auszuspielen, aber ohne Erfolg. Sie sagte den Richtern: »Ich bin immer bei meinen Söhnen gewesen, bei allem, was sie tun, und wann immer ich gemerkt habe, daß sie die Liebe einer Mutter brauchen.«[27] Da ihre Söhne mehr als ein Dutzend Morde gestanden haben, wirft diese Behauptung ein interessantes Licht auf den Segen der Mutterliebe.

Doch Anna Mazza ist nach wie vor davon überzeugt, daß sie moralisch im Recht ist. Sie erklärt mir, die Familie Moccia habe die Menschen von Afragola beschützt und ihnen geholfen. »Diese Menschen lieben mich. Sie liebten meinen Mann. Sie können sie fragen. Die Leute werden Ihnen sagen, daß es zu der Zeit, als die Moccias in Afragola lebten, keine Drogen gab und keine Verbrechen. Immer wenn ich dorthin zurückkehre, kommen sie auf mich zu und sagen: ›Signora, bitte kommen Sie zurück. Was sollen wir ohne Sie tun? Jetzt gibt es niemanden hier, der verantwortlich ist.‹«

Nach einer neuerlichen Verbannung aus Neapel begab die Schwarze Witwe sich nach Codogné, einer prosperierenden italienischen Stadt, in der die Lega Nord, jene Partei, die den Norden vom rückständigen, mafiaverseuchten Süden abspalten will, großen Rückhalt hat. Demonstranten erschienen unter ihrem Fenster und riefen im Sprechchor: »Scheiß-Mafia, hau ab.« (Richter Travaglino sagt, sie habe die Demonstrationen selbst organisiert.) »Ihr seid hier unerwünscht«, hieß es auf den Transparenten. »Nehmt eure Mörder, Erpresser und bewaffneten Räuber wieder mit.«

»Sie schickten mich zum Essen in ein Altersheim«, erinnert sich Anna Mazza. »Es war ekelhaft, die Bedingungen an diesem Ort waren entsetzlich. Sämtliche Patienten stanken nach Urin, sie standen so sehr unter dem Einfluß von Beruhigungsmitteln, daß sie kaum den Kopf heben konnten. Und es war schmutzig. Ich ging zum Direktor und fragte ihn: ›Gehen Sie *so* mit Ihren alten Menschen um?‹«

2
WENN FRAUEN DER BOSS SEIN WOLLEN

Brenda Colletti fand die Mafia besser als Kino. Ihr Ehemann Philip erledigte ab und zu einen Job für die Mafia von Süd-Philadelphia, und sie wollte, daß er endlich aufgenommen würde, daß er richtig dazugehörte. Ihr gefielen die Regeln, das Geheimnisvolle, das Gefühl von Gefahr. Ihr gefiel es, Teil einer Gruppe zu sein: Wir gegen sie.

Ganz und gar nicht aber gefiel es ihr, wenn im Restaurant die Männer aufstanden und in einen Nebenraum gingen, um sich allein zu unterhalten. Und besonders schlimm fand sie es, nachdem sie schließlich John Stanfa kennengelernt hatte – den Alten, den sizilianischen Boß der Mafia in Süd-Philadelphia –, daß er sie kaum eines Blickes würdigte.

»Er sagte nichts zu mir, weil ich als Ehefrau mitgekommen war. Ich war nur eine Frau. Frauen sind niedere Wesen ... so wie ... sie kommen gleich nach dem Schoßhündchen. Es reichte gerade zu einem ›Hallo, guten Tag‹, und dann gingen die Männer alle raus und unterhielten sich. Die Frauen blieben allein zurück – und das waren vielleicht Zicken! Sie redeten nur über Schönheitssalons, über ihre Fingernägel ... Sie hätten mal ihr Make-up sehen sollen. Ich paßte einfach nicht dazu ...

Hinterher habe ich meinen Mann immer gefragt: ›Worüber habt ihr gesprochen?‹ Und ich habe ihm gesagt, daß ich mit einbezogen werden möchte. Er meinte nur: ›Das geht nicht, du bist eine Frau.‹ Ich blieb dabei: ›Ich möchte es gern, es wäre so aufregend.‹ Ich wollte es wirklich. Ich war nie ein richtiges Mädchen, Frisuren und Kleider haben mich nie interessiert. Ich bin immer mit den Jungen rumgezogen.«

Meine erste Begegnung mit Brenda Colletti fand in einem Bahnhof in New Jersey statt. Draußen tobte ein Schneesturm, der Schnee lag gut einen halben Meter hoch, und mein Zug hatte mehr als eine Stunde Verspätung gehabt. Brenda lächelte, und eine kleine Gruppe von Menschen beglückwünschte uns, als wir uns endlich begrüßten: Während sie auf mich wartete, hatte sie mit einem halben Dutzend Leute Bekanntschaft geschlossen. Sie trug eine kurze Wolljacke, ein Sweatshirt und Jeans, ihr langes, kastanienbraunes Haar fiel ihr ohne erkennbare Frisur auf die Schultern. Ihr Auto war randvoll mit Pappkartons, die ihre weltlichen Besitztümer enthielten. Ich quetschte mich auf die Rückbank, und dann fuhren wir langsam durch das Schneegestöber zu einem Restaurant direkt an der Straße.

Brendas Leben hatte sich seit der Zeit, als sie mit Gangstern ausgegangen war, radikal verändert. Die Anklage gegen sie und ihren Ehemann umfaßte eine ganze Reihe von Straftaten, von Waffenbesitz bis Mord, und im Februar 1994 hatten sich beide bereit erklärt, als Kronzeugen gegen die Mafia auszusagen. Seither waren zwei Jahre vergangen, Brenda war dreißig, hatte keine Wohnung mehr und lebte in ständiger Angst, ihr Ehemann saß im Gefängnis, und ihren Sohn hatten Brendas Schwiegereltern am anderen Ende der Vereinigten Staaten zu sich genommen. Brenda war erwischt worden, als sie in einem Drugstore eine Schachtel Schlaftabletten stehlen wollte – sie sagte, sie habe sie alle auf einmal schlucken wollen. Wegen des Ladendiebstahls mußte sie die sichere Unterkunft räumen, die das FBI für sie als Kronzeugin besorgt hatte. »Als sie mich wieder rausließen, wollte ich nach Hause zurück. Aber sie hatten die Schlösser ausgewechselt, und meine ganzen Sachen lagen draußen im Regen.«

Brenda und Philip lernten sich spät nachts im Neonlicht eines Dunkin' Donuts kennen. Sie kam von ihrer Arbeit als Go-Go-Tänzerin in einem Bordell von Philadelphia. Das Bordell gehörte sechs Brüdern mit Verbindungen zur Mafia, und es war ein großes Privileg, daß Brenda ihnen helfen durfte, die Einnahmen zu zählen. »Es war eine große Sache, daß ich als Frau in dieser Welt überhaupt etwas tun durfte. Ich glaube, damals fing es an, daß ich es faszinierend fand, mit Leuten zusammenzusein, von denen ich wußte, daß sie mit der

Mafia zu tun hatten. Damals sagte ich mir: ›Ich will nach oben – ich will zur Mafia gehören.‹ Frauen gab es nicht in der Mafia.«

Sie steckte mitten in einer Scheidung. Ungefähr ein Jahr später zog Philip zu ihr, und bald darauf begann er für den Mafioso Raymond Esposito zu arbeiten, der zum Fußvolk des sizilianischen Bosses John Stanfa gehörte. »Raymond kam bei uns vorbei, oder wir fuhren zu ihm. Ich mochte ihn zuerst nicht – er hatte zu viele Mafia-Filme gesehen. Er ist einer von der Sorte, die dieses ganze Zeug machen – Küßchen rechts und links, und du küßt mir gefälligst den Hintern... Ich hatte nicht vor, irgend jemandem den Hintern zu küssen – nur beim Alten, bei John Stanfa, da war das etwas anderes. Er war der Boß. Ihn mußte man mit Respekt behandeln.«

Der Küchentisch in der Wohnung der Collettis wurde zum Treffpunkt einer kleinen Gruppe aufstrebender Gangster. Philip kaufte Brenda eine Pistole und nahm sie zum Üben mit in einen Schießclub. Im ganzen Haus waren Waffen versteckt, aber außerhalb der Reichweite ihres Sohnes Paulie, und den Keller benutzten sie als Schießstand. »Die Leute, die nach uns in dem Haus wohnten, mußten die Kugeln aus den Wänden holen.«

Bevor Philip zur Aufnahme in die Mafia vorgeschlagen werden konnte, mußte er jemanden töten. Die Gelegenheit dazu kam, als er den Befehl erhielt, John Stanfas wichtigsten Rivalen Michael Ciancaglini, genannt Mikey Chan, auszuschalten. Philip und seine Kumpels bastelten eine Zwei-Kilo-Bombe zusammen, schlossen einen Zünder an, den sie von der Ferne auslösen konnten, und diskutierten lange darüber, wo sie ihr Opfer am besten erwischen konnten. Jeden Abend zerlegte Philip die Bombe in ihre Bestandteile. Jeden Abend kam er irgendwann nach Hause und sagte verzweifelt: »Sie ist nicht hochgegangen.« Schließlich bot Brenda halb im Scherz, halb im Ernst an, sie könne die Sache doch übernehmen.

»Sie gingen bei uns ein und aus und redeten darüber, wie man jemandem eine Falle stellt und umbringt.« Ihnen gefiel die prekäre Kameradschaft, das Bewußtsein, daß sie ein Bier mit ihrem besten Freund trinken und in der nächsten Sekunde verschnürt im Kofferraum eines Auto liegen könnten. Wußten sie denn, was passieren konnte? Sie hatten es ja im Kino gesehen. »Es gibt da einen Satz«, erinnert sich Brenda, »er stammt aus einem Film der *Paten*-Serie, alle haben ihn dauernd wiederholt. ›Bleib nah dran an deinen Freunden, aber noch näher an deinen Feinden.‹«

Brendas Leben änderte sich schlagartig an dem Tag, als ihr Mann schließlich seine Chance bekam, am 5. August 1993. Philip und sein Kumpel John-John Veasey stießen zufällig auf ihr Opfer Mikey Chan, als er einen Club im Süden von Philadelphia verließ, und erschossen ihn. Sein Begleiter blieb verwundet liegen. Brenda erhielt einen Anruf von ihrem Mann; in heller Aufregung sagte er ihr, sie solle »das Haus saubermachen« und so schnell wie möglich zu seinen Eltern fahren. Sie tat, was er ihr gesagt hatte, versteckte alle Schußwaffen unter einem Holzstoß ganz hinten im Garten und fuhr quer durch die Stadt. Dort angekommen, mußte sie Philip und seinem Kumpel helfen, das Fluchtauto loszuwerden. John-John setzte das Auto mit Hilfe von Benzin in Brand und zog sich dabei eine schwere Brandverletzung an der Hand zu. Sie konnten ihn nicht ins Krankenhaus bringen, weil die Gefahr bestand, daß jemand eine Verbindung zwischen seiner Verletzung und dem brennenden Auto herstellen würde, und so versorgte Brenda im Garten hinter dem Haus von Philips Eltern John-Johns Hand, indem sie Eiswürfel darauflegte.

Zwei Tage später – sie hatten inzwischen ihre Alibis gründlich rekapituliert – meldete Brenda das Auto als gestohlen, und die Polizei verhörte sie. »Das war vielleicht aufregend. Ein Bulle spielte den Guten, der andere den Bösen, wie im Fernsehen. Die ganze Psychomasche. Ich habe jede Sekunde genossen«, erinnert sie sich lachend. Die Polizisten nahmen sie vier Stunden in die Mangel und ließen sie dann ohne Anschuldigung laufen. Das war ihre große Stunde.

»Draußen wartete Philip schon auf mich. Er fürchtete, ich könnte ihnen etwas erzählt haben. Ich sagte nur zu ihm: ›So, ich hab's geschafft.‹

Von da an verhielten sich die Leute mir gegenüber vollkommen anders. Sie behandelten mich einfach nicht mehr wie eine Ehefrau. Es war so, als würden sie sagen: ›Mann, die ist cool!‹ Oder: ›Nicht schlecht, dafür daß sie ein Mädchen ist.‹ Die Leute trauten mir mehr zu. Es war so verrückt. Ich kam mir vor, als hätte ich eine Geschlechtsumwandlung gehabt oder so was ähnliches. Wenn wir zum Essen ausgingen, wurde ich anderen Leuten vorgestellt. Da waren zum Beispiel … diese Gewerkschaftsbosse, mächtige Leute. Ich werde ihnen vorgestellt, und alle anderen Ehefrauen bleiben an ihren Tischen sitzen und reden über ihre Fingernägel. Ich habe alle diese Leute kennengelernt, die mit der Mafia zu tun hatten. Es war einfach phantastisch.«

Brenda schüttelt ihr Zigarettenpäckchen, doch es ist leer, und widerstrebend nimmt sie eine von meinen Zigaretten.

Das Leben der Collettis wurde anders. Philip hatte einen wichtigen Mann getötet, und Brenda hatte das Verbrechen gedeckt. Die alten Italiener in den Restaurants und Clubs von Süd-Philadelphia drückten ihrem kleinen Sohn Zehn-, Zwanzig- oder auch Hundertdollarnoten in die Hand. Nie mußten sie ein Essen im Restaurant selbst bezahlen. »Wir gingen nur in Gangster-Kneipen – solche, die Gangstern gehörten. Überall trafen wir Leute, die mit der Mafia zu tun hatten. Wir gingen nie in eine normale Kneipe. In ein Restaurant wie dieses hier wären wir niemals gekommen.« (Bei diesen Worten wirft Brenda einen finsteren Blick quer durch das Restaurant hinüber zur Bedienung, die mit sichtlichem Mißfallen beobachtet, wie ihre einzigen Gäste eine Zigarette nach der anderen anzünden und reichlich Bier hinunterkippen.) Wenn Brenda und Philip ein Restaurant betraten, ließen die Leute Drinks an ihren Tisch bringen. Brenda, ein Niemand aus einem 500-Seelen-Nest in Massachusetts, hatte es zu etwas gebracht.

Eine Woche nach dem Mord sprachen die Gangster darüber, wie man den Stellvertreter des Getöteten beseitigen könnte. Irgend jemand schlug vor, Brenda solle ihr engstes, aufreizendstes Kleid anziehen und mit dem Opfer in einen Nightclub gehen. Wenn er einen Augenblick abgelenkt wäre, sollte sie ihm ein paar Milligramm Zyankali in den Champagner schütten. Sie besorgten sich ein Röhrchen Zyankali und versteckten es in einem Holzklotz auf der Veranda hinter dem Haus. Brenda war Feuer und Flamme. »Wenn ich ihn hatte und wenn die Familie das mitkriegte, dann war ich … also … dann hätte mir keiner mehr können. Ich hätte einfach gesagt, jetzt müßt ihr mich nehmen, jetzt bin ich auch ein Killer …«

Doch Brendas Ehemann konnte sich für die Nightclub-Version nicht erwärmen, und so ließen sie das Thema fallen. Einige Tage später wurde Philip wegen Schußwaffenbesitz verhaftet. Die Polizei hatte ihnen zwar im Zusammenhang mit dem gestohlenen Fluchtauto nichts nachweisen können, aber sie hatte nicht aufgegeben. Der Mafia-Boß Raymond Esposito bestellte Brenda Colletti zu sich und fragte sie, ob sie bereit sei, der Polizei zu erzählen, daß die Waffe ihr gehöre. Da sie nicht vorbestraft und eine Frau sei, werde sie höchstwahrscheinlich gegen Kaution wieder freigelassen werden. Sie stimmte zu und wurde daraufhin zum Alten persönlich gebracht. »John Stanfas Sohn war ins Gesicht geschossen worden, deshalb fuhren wir zu ihm ins Krankenhaus. Er nahm mich beiseite, und wir gingen in eine Ecke in den Flur und sprachen über alles, und ich sagte ihm, was ich tun wollte, und er fand es großartig, tätschelte mir die Wange und sagte, ich sei ein kluges Mädchen.

Als ich das Krankenhaus verließ, schwebte ich auf Wolke sieben. Es war das erste Mal, daß ich eine Verabredung mit dem Alten hatte. Das war das Größte. Ich hab nicht gehört, daß jemals eine Frau direkt mit dem Boß gesprochen hat. Schon gar nicht in Süd-Philadelphia ...«

Brendas Triumph dauerte nicht lang. Stanfa zahlte zwar die Kaution für Philip, aber Philip kam nicht »rein«. In den letzten Jahren zeigte sich die Cosa Nostra in den USA der Hierarchie der sizilianischen Familien immer weniger verpflichtet, sondern entwickelte sich eher zu einer Meritokratie: Neue Mitglieder werden danach ausgewählt, ob sie Geld hereinbringen und bereit sind zu töten.

Philip Colletti, Sohn sizilianischer Einwanderer, wünschte sich nichts mehr, als in den Kreis der Familie aufgenommen zu werden. Er hatte einen Mann für die Mafia umgebracht, er hatte die Bedingung erfüllt, aber nichts geschah. Er wurde ärgerlich, und dann bekam er Angst; und so schliefen er und Brenda jeder mit einer Waffe unter der Matratze. »Die Knarren haben mich ein bißchen nervös gemacht. Unser Sohn Paulie war damals vier. Er wußte, was eine Waffe ist. Er sah dauernd Waffen, ständig lief irgend jemand mit einer Waffe im Haus herum. Natürlich haben wir uns bemüht, sie von ihm fernzuhalten, wir bewahrten sie ganz oben im Schrank auf oder im Keller hinter einer verschlossenen Tür... Nur wenn wir ins Bett gingen, waren die Waffen in seiner Reichweite. Wir legten sie unter die Matratze, so daß wir sie mit einem Griff herausholen konnten. Sie kommen immer nachts, und wir dachten, so wären wir vorbereitet.«

Im Winter 1993 gab es keine privaten Treffen mit dem Alten mehr, statt dessen kamen in regelmäßigen Abständen FBI-Agenten vorbei, faßten Paulie zärtlich unters Kinn, wechselten ein paar freundliche Worte und hinterließen eine Telefonnummer für den Fall, daß Brenda und Philip bereit wären, zu retten, was zu retten war und kooperieren würden.

Die FBI-Agenten wußten, daß es nur eine Frage der Zeit war. Die italienischen Einwanderer der zweiten und dritten Generation, die zur Mafia gehörten, nutzten mittlerweile ihr Geld und ihren Einfluß dazu, ihre Kinder aufs College zu schicken und sie in legalen Berufen unterzubringen, die Cosa Nostra mußte darum neue Mitglieder außerhalb der traditionellen Familien anwerben. Es gibt viele junge Männer wie Philip Colletti, die von der Cosa Nostra fasziniert sind und gerne Mitglieder werden wollen, doch wenn es dann hart auf hart kommt, sind sie nicht dazu bereit, für Jahre ins Gefängnis zu wandern, nur weil eine kriminelle Tradition, ein Ideal von Ehre es verlangt, das für sie keine echte Bedeutung mehr hat. Die Spezialisten für das organisierte Verbrechen haben die Erfahrung gemacht, daß immer mehr junge Mafia-Angehörige sich entweder desillusioniert von der Organisation abwenden oder angesichts einer drohenden Haftstrafe mit der Mafia brechen und an ihre Tür klopfen mit dem Angebot, zu kooperien.

Nach dem Mord an Michael Ciancaglini ließ das FBI Philip und Brenda nicht mehr aus den Augen. Philip wurde dreimal festgenommen, jedesmal wurde er nach einer Woche wieder auf freien Fuß gesetzt, aber die Collettis wußten, daß jeder ihrer Schritte überwacht wurde. »Über uns schwebten so viele Beschuldigungen, wir wußten, daß sie uns früher oder später kriegen würden.« Am 3. Februar 1994 erklärten sich Brenda und Philip Colletti bereit, als Zeugen gegen die Cosa Nostra auszusagen.

Philip wanderte ins Gefängnis, und Brenda, die clevere, gewitzte

Mafia-Braut, wurde ins Zeugenschutzprogramm aufgenommen. Sie lebte unter falschem Namen irgendwo in einer friedlichen Kleinstadt in Arkansas. Aber sie brauchte die Großstadt, sie stellte fest, daß das Landleben nichts für sie war. In ihren Hosenanzügen und hochhackigen Schuhen paßte sie einfach nicht dorthin. »Die Leute sprachen mich auf der Straße an und fragten mich: ›Hallo, wie geht's?‹ Und ich sagte, daß sie das einen Scheißdreck angeht.«

Sie schied aus dem Zeugenschutzprogramm aus und wurde von FBI-Agenten bewacht, solange der Prozeß gegen John Stanfa, den Mafia-Boß von Süd-Philadelphia, und seine Komplizen dauerte. Zwei Wochen vor Prozeßeröffnung im Oktober 1995 wurde der Bruder eines anderen Zeugen umgebracht. In den Zeugenstand zu gehen war für Brenda die Hölle: Damit wurde sie nicht nur zur Zielscheibe der Mafia, sondern es wurde auch ihr gesamtes Leben vor aller Öffentlichkeit ausgebreitet – ihre Biographie, ihre Arbeit im Bordell, ihre gewalttätigen Auseinandersetzungen mit Philip, alles.

Die Zeit, als Brenda für die Zeugenaussage vorbereitet wurde, erschütterte ihr Selbstbewußtsein schwer, und sie begann eine Affäre mit einem anderen Mann. »Bevor du in den Zeugenstand gehst, nimmt dich die Anklage ins Kreuzverhör, und dabei kommt dein ganzes Leben auf den Tisch. Sie müssen das Schlimmste über dich wissen, damit es nicht vor Gericht gegen dich verwendet werden kann. Als sie zu den Einzelheiten unserer Beziehung kamen, den Schlägen und so, fing ich an, mich zu fragen, warum ich eigentlich mit Philip zusammen war. Und dann habe ich diesen anderen Kerl kennengelernt.« Dem Gericht wurde die Aufzeichnung eines Anrufs von Philip aus dem Gefängnis zugespielt, in dem er drohte, den Mann umzubringen, der mit seiner Frau schlief.

Brenda hat sich mit ihrem Ehemann wieder versöhnt, aber sie kann ihn nur selten besuchen. Selbst wenn ein Täter mit der Anklage kooperiert, ist es unwahrscheinlich, daß er nach weniger als fünf Jahren wieder freikommt. Inzwischen schlägt Brenda sich mit eigener Lebenstüchtigkeit und der Hilfe von Freunden irgendwie durch. Die Frau, die das erste weibliche Mitglied der Cosa Nostra sein wollte, fährt mich zurück zum Bahnhof in ihrem Auto, das mit Kartons und Taschen vollgestopft ist, in dem sie viele Male übernachtet hat, wenn sie nicht mehr wußte, wohin.

Die Zeugenaussagen von Brenda Colletti und ihrem Mann trugen dazu bei, daß John Stanfa und seine Komplizen im November 1995 überführt werden konnten. Brenda hegt keinen Groll gegen die Leute, gegen die sie ausgesagt hat; ihr sei es nur darum gegangen, Philip freizubekommen. »Jeder in Süd-Philadelphia weiß über die Mafia Bescheid, und jeder weiß, wer wer ist. Und das geht in Ordnung. So ist es nun mal in Süd-Philly. Ohne die Mafia, ohne die Gangster, wäre Süd-Philly todlangweilig. Dann wäre es einfach nur ein beliebiger Slum. Die Mafia macht Süd-Philly erst zu dem, was es ist.

Es war toll. Ehrlich gesagt, ich finde nicht, daß an der Mafia irgendwas falsch ist. Das einzig Schlimme dabei ist, daß Leute umgebracht werden.«

Der Initiationsritus der Mafia, bei dem die Mitglieder feierlich ihren Eid ablegen, ist von jeher eine reine Männerangelegenheit. Daß es eine solche pseudo-religiöse Zeremonie gibt, wurde bereits in den siebziger Jahren des vorigen Jahrhunderts berichtet, in allen Einzelheiten beschrieben hat sie erstmals Joe Valachi, ein Mitglied der amerikanischen Mafia, der Ende der fünfziger Jahre dieses Jahrhunderts mit der Polizei kooperierte. Bei der Zeremonie sticht man in den Finger des Aufnahmekandidaten und läßt das Blut auf ein Heiligenbild tropfen, das dann symbolisch verbrannt wird. Während die Flammen das Heiligenbild verzehren, schiebt es der Novize von einer Hand in die andere und zitiert dabei eine Litanei von Regeln, die mit der Beschwörung enden: »Möge ich brennen wie dieser Heilige, wenn ich jemals meine Brüder verrate.«[1] Das symbolische Vergießen von Blut und das Verbrennen des Heiligenbildes sollen das neue Mafia-Mitglied davor abschrecken, jemals auszuscheren; außerdem vermittelt das Ritual ihm das Gefühl, Teil einer langen, ehrwürdigen Tradition zu sein.

Der Initiationsritus der sizilianischen Cosa Nostra wurde von etlichen abtrünnigen Mitgliedern geschildert, die Ähnlichkeiten mit dem amerikanischen Ritual sind verblüffend. (Die amerikanische

Cosa Nostra wurde von italienischen Immigranten der ersten Einwanderungswellen nach sizilianischem Vorbild geschaffen. Im Jahr 1943 baten die amerikanischen Befreier die Mafia um Hilfe bei der Landung in Sizilien, und auf diese Weise wurden manche der italoamerikanischen Gepflogenheiten ins sizilianische Mutterland reimportiert.) Die Berichte enthalten auch eine Reihe von Geboten, auf die das neue Mitglied verpflichtet wird: Du darfst niemals die Frau eines anderen Mafioso anrühren; du darfst nicht stehlen; du darfst nicht von Einnahmen aus unmoralischen Geschäften leben; du darfst niemals einen anderen Ehrenmann töten, es sei denn, es ist absolut unumgänglich; du darfst niemals der Polizei etwas offenbaren; gegenüber Menschen, die nicht dazugehören, darfst du kein Wort über die Mafia verlieren. Der Ehrenkodex der Mafia schreibt vor, daß ein Mitglied nicht geschieden, nicht homosexuell und nicht mit einem Polizisten verwandt sein darf. Salvatore Contorno, ein Mitglied der sizilianischen Mafia, der 1984 in seiner Gefängniszelle »bereute« und mit der Polizei kooperierte, fügt dieser Liste noch einen wesentlichen Punkt hinzu: Ein Mafia-Mitglied muß männlich sein.[2]

Frauen tauchen in den Regeln und Ritualen der Cosa Nostra nur als moralisches Risiko und als Sicherheitsrisiko auf. Der stellvertretende Chef der Anklagebehörde in Palermo, Guido Lo Forte, sagt dazu: »Nach den Regeln der Organisation kann eine Frau nicht Mitglied werden. Weiterhin gilt, daß ein Ehrenmann nicht über die Organisation sprechen darf, keine Geheimnisse ausplaudern darf, nicht einmal gegenüber seiner Ehefrau, seiner Mutter, Tochter oder seiner Geliebten. Wenn er das tut, macht er sich einer schwerwiegenden Regelverletzung schuldig, die mit dem Tod bestraft werden kann.«[3]

Derart mit einem Gefahrenetikett versehen, bleiben Frauen vom Mafia-Geschehen ausgeschlossen. Brenda Colletti hatte kein Glück: Eine Frau kann nicht Mitglied der Cosa Nostra werden. Möglicherweise gibt es eine Ausnahme: Um 1940 berichtete ein sizilianischer Arzt mit Verbindungen zur Mafia über einen entsprechenden Fall. Der Arzt schilderte ein Mittagessen mit Don Calogero Vizzini, einem Mafia-Boß, der den alliierten Landungstruppen in Sizilien geholfen hatte und mit einer sehr einflußreichen Verwaltungsfunktion belohnt worden war. Der Boß »brachte seine mit Perlen behängte Freundin mit, eine Dame, die aus dem alten Adel stammte und ihn dazu überredet hatte, sie zum ersten weiblichen Mitglied der Mafia zu machen«.[4]

Der erste sizilianische Mafioso, der – im wörtlichen Sinn – bereute und der Polizei Einzelheiten über die Organisation enthüllte, war Leonardo Vitale. Er stellte sich 1974 nach einer Glaubenskrise der Polizei. Sein Vater war gestorben, als Leonardo noch ein kleiner Junge war, und er entwickelte ein sehr enges Verhältnis zu seinem Onkel, einem Mitglied der Ehrenwerten Gesellschaft. Die Ehrlichkeit, mit der Leonardo darüber berichtet, warum er als junger Mann Mitglied der Cosa Nostra werden wollte, jagt einem Schauder den Rücken herunter. Er wirkte nervös und leicht erregbar und wurde einem ganzen Arsenal von psychologischen Tests unterzogen, weil die Behörden nicht sicher waren, ob sie einen vor sich hatten, der bei klarem Verstand war, oder ob sie seine Enthüllungen über die Ehrenwerte Gesellschaft als wirres Gerede eines Verrückten ignorieren konnten. Einmal wurde Vitale gefragt, wie es dazu kommen konnte, daß er einen Menschen tötete. »Ich tat es, um zu zeigen, daß ich tapfer bin«, erwiderte er. »Ich tat es auch als Protest gegen meine Natur, denn Gott hat mich zu einem Menschen voller Konflikte gemacht ... Ich fühlte mich nicht als richtiger Mann. Durch das Töten konnte ich beweisen, daß ich ein Mann war.«[5] (Vitale bezahlte einen hohen Preis für seine Ehrlichkeit. Er wurde für geisteskrank erklärt, seine Aussagen galten damit als unbrauchbar. Kurz nach seiner Entlassung aus einer psychiatrischen Klinik wurde er erschossen. Andere abtrünnige Mafia-Mitglieder bestätigten später seine Aussage Wort für Wort.)

Einer der Eckpfeiler der Mafia-Kultur, *omertà,* ist eine männliche Tugend. Der Begriff hat sich eingebürgert als Bezeichnung für das Gesetz des Schweigens, das es jedermann verbietet, über Mafia-Angelegenheiten zu sprechen, und das die Welt der Mafia-Gruppen von der »bürgerlichen« Welt trennt. Die Wurzel des Begriffs ist das sizilianische Wort für »Mann«, *omu.* Gemeint ist damit die Stärke, die nötig ist, um angesichts von Gefahr, Schmerz oder auch angesichts des Todes das Schweigen zu bewahren – und diese Stärke wird mit Männlichkeit gleichgesetzt.[6]

Was es bedeutet, ein Mann zu sein, wurde von den Sizilianern im Hinblick auf die harten Lebensbedingungen auf ihrer Insel festgelegt, die von einer Welle fremder Invasoren nach der anderen überrollt und später von den Bourbonenkönigen kolonisiert wurde. »Es macht nach Ansicht der Sizilianer die Natur eines Mannes aus«, schreibt Henner Hess, ein hervorragender Kenner der Mafia-Kultur, »daß er sich mit eigenen Mitteln Respekt verschaffen kann, daß er sein Eigentum allein verteidigen, seine Ehre und die seiner Familie gegebenenfalls allein wiederherstellen und seine Probleme und Kontroversen mit eigener Kraft regeln kann.«[7]

Der Status eines Mafioso hängt auch davon ab, daß er zur Gewalt fähig ist, denn mit Gewalt oder der Androhung von Gewalt verteidigt er sein Territorium. Die Verteidigung des »Besitzes« schließt die Familie mit ein: ein Mann, der seine Frau nicht vor Gefahren schützen kann, ist nutzlos.[8] Ein Forscher, der sich im 19. Jahrhundert mit den Sitten und Gebräuchen der Mafia beschäftigte, bemerkte dazu: »Das Wort *omertà* [bedeutet] ›Männlichkeit‹, das heißt männlich zu sein, ernsthaft, hart, streng ... Kern und Kraftquelle der *omertà* ist das Schweigen; ohne dies wäre er kein Mann, mit diesem behauptet er unangefochten seine Überlegenheit und bleibt auch vor Gericht ein verschlossenes Buch.«[9] Viele Mafiosi sind auch Mitglieder einer anderen geheimen, durch und durch männlichen Gesellschaft, der Freimaurer, die einen Initiationsritus aufweist, der dem der Mafia erstaunlich ähnlich ist.[10]

Der förmliche Ausschluß von Frauen erfolgte wohlüberlegt und nicht nur aus Sicherheitserwägungen. »Verschwiegenheit, *omertà*, das entscheidende Merkmal der Organisation«, sagt die Untersuchungsrichterin Teresa Principato, eine von einem Dutzend Spezialisten, die in Palermo, im Auge des Sturms, gegen die Mafia ermitteln, »dient in erster Linie dazu, sie vor den Frauen zu schützen. Der Zusammenhalt der Mafia, der enge Schulterschluß einer Gruppe von Männern, ist nur möglich, wenn die Frauen draußen gehalten werden. Dies geschieht auf zwei Wegen: Formal schützen die Mafiosi sich vor den Frauen, indem sie Frauen die Mitgliedschaft verwehren. Auf einer tieferen Ebene schließen sie die Frauen dadurch aus, daß sie die wahren Merkmale der Cosa Nostra als typisch männliche Eigenschaften definieren und daß sie verlangen, alle emotionalen Bindungen abzubrechen.«[11]

Brenda Colletti schildert sich mit ihrem brennenden Wunsch, ein Gangster zu werden, als Wildfang, als Mädchen, das nie einen Schönheitssalon von innen gesehen hat. Der Kitzel, den sie empfand, wenn sie Mafia-Verbrechen deckte, erklärt sich zu einem großen Teil daraus, daß sie dabei die Grenzlinie zwischen der weiblichen und der männlichen Welt überschreiten, daß sie vom Leben eines Callgirls in das eines Killers überwechseln konnte. Brendas Ehemann sah das anders: Bei dem Giftanschlag sollte sie nicht mitmachen. Er begeht die Verbrechen, und sie nimmt die Schuld auf sich: Das war die Arbeitsteilung in der Familie Colletti.

Manche Chronisten haben die Mafia als eine durchstrukturierte, quasimilitärische Organisation beschrieben, in der kein Platz für Frauen sei.[12] Aber der Tätigkeitsbereich der Mafia hat sich ausgeweitet, am Rande der Organisation bewegt sich mittlerweile ein ganzes Heer von Leuten, die Dienste für sie erledigen, von Spähern und Kurieren, von Leuten, die Waffen oder Drogen verstecken oder Männer auf der Flucht. Eine Frau wie Brenda Colletti, die wie eine ganz normale Hausfrau aus einer Vorstadt wirkt, ist für die Mafia alles andere als ein Sicherheitsrisiko; die Mafia braucht vielmehr solche Frauen, um Spuren zu verwischen.

Ereignisse in jüngster Vergangenheit haben die sizilianische Cosa Nostra gezwungen, manche Regeln und Gebote zu lockern. Seit im Jahr 1992 in einem neuen Gesetz Maßnahmen zum Schutz von Kronzeugen gegen die Mafia verankert wurden, ist die Zahl der Mafia-Abtrünnigen in Italien auf über tausend angewachsen. Das Risiko, verraten zu werden, hat dazu geführt, daß die Sicherheitsvorkehrungen innerhalb der Cosa Nostra verschärft wurden: Es gibt weniger offizielle Treffen, und die Mitglieder haben weniger direkten Kontakt untereinander. Der Initiationsritus erfüllt allem Anschein nach seinen Zweck nicht mehr – neue Mitglieder so einzuschüchtern, daß sie bedingungslos gehorchen – und wird darum nicht mehr praktiziert. Seit die Cosa Nostra viele ihrer formellen

Regeln aufgegeben hat, sind Frauen nicht länger prinzipiell ausgeschlossen und haben eher die Möglichkeit, zu Einfluß zu kommen – und Einfluß ist, das werden wir in den späteren Kapiteln sehen, in der Regel mit Geld verbunden. Die Mafia ist vor allem pragmatisch. Wenn ein Clan eine Frau gebrauchen kann, dann bekommt sie einen Platz in der Cosa Nostra. Erforderlich sind nur eine starke Persönlichkeit und ein wenig Intelligenz.

In der Camorra, die seit jeher weniger fest gefügte Strukturen hat als die Cosa Nostra, sind schon viele Frauen bis weit nach oben aufgestiegen. Rosetta Cutolo, die Schwester des charismatischen Camorra-Bosses Raffaele Cutolo, hatte den nötigen Verstand und, wichtiger noch, das nötige Durchsetzungsvermögen, um die Camorra zu leiten, solange ihr Bruder im Gefängnis saß. Der Mafia-Ankläger Antonio Laudati beschreibt sie als »die erste feministische Kriminelle«[13], denn sie erreichte, daß ihre Untergebenen sie achteten und fürchteten. Das wohl deutlichste Zeichen für Rosetta Cutolos Intelligenz und der Grund, daß sie überlebte, als ihr Bruder mit allen seinen früheren Verbündeten abrechnete, ist allerdings darin zu sehen, daß sie nicht versuchte, seinen Platz einzunehmen: Sie hielt sich im Hintergrund, bemüht, den Eindruck zu erwecken, daß sie nur in seinem Auftrag handelte.

Eine junge Frau, die niemals die Chance hatte, eine aktive Rolle zu spielen, die aber mit ihrem Charisma und ihrer Intelligenz die Aufmerksamkeit der Polizei auf sich zog, war Tatiana Imparato, die Tochter des Camorra-Bosses Umberto Mario Imparato aus Castellamare di Stabia, einer kleinen Stadt in den Hügeln nahe Neapel. »Sie ist beinhart«, sagt ein Angehöriger der Bereitschaftspolizei von Neapel. »Sie ist außerordentlich zielstrebig. Sobald sie den Fuß über die Schwelle der Polizeidienststelle gesetzt hatte, verhielt sie sich wie ein Mafia-Boß – es war ihre Art, ihre ganze Einstellung.«

Imparato senior war im kriminellen Umland von Neapel eine untypische Erscheinung: Er ging nach Mailand an die Universität, lernte dort eine Lehrerin kennen, eine Frau aus einer gutbürgerlichen Familie, und heiratete sie. Vier Jahre danach kehrte er nach Hause zurück, mit einem Abschlußzeugnis in der Tasche, als Gewerkschaftsmitglied, und mit einer Ehefrau aus dem Veneto. Es dauerte nicht lang, bis der lokale Mafia-Boß Imparato ansprach, und er schloß sich der Mafia an.

Imparatos Ehefrau Elisa Cafali, aufgewachsen im wohlhabenden Norditalien, war auf das Leben in den Unterweltkreisen von Neapel nicht vorbereitet und versuchte jahrelang, ihren Mann zur gemeinsamen Rückkehr in den Norden zu bewegen, doch er hörte nicht auf sie. Ihr Ehemann wurde zu einem geachteten Mitglied der lokalen Mafia-Organisation, und ihre beiden halbwüchsigen Kinder vergötterten ihn. Ihr Sohn Davide arbeitete bald für die Camorra, besorgte und transportierte Waffen, ihre Tochter Tatiana fuhr unterdessen in schnellen Autos herum und nutzte den Namen ihres Vaters, um zu bekommen, was sie haben wollte.

Doch Anfang der neunziger Jahres überwarf sich Imparato mit dem *capo* wegen einer bestimmten Geldsumme. Die Organisation spaltete sich in zwei Gruppen, und aus Freunden wurden Feinde, die sich gegenseitig ins Visier nahmen. Imparato wurde schließlich von der Polizei gesucht und von seinen Mafia-Feinden gejagt und versteckte sich in den Bergen. Eines Nachmittags im März 1993 spürten Polizisten Umberto Mario Imparato auf und schossen ihn zwischen Felsblöcken und Kiefern nieder. Fast im selben Augenblick tauchte seine Tochter auf, möglicherweise war sie auf dem Weg zu ihm gewesen, und schrie die Polizisten an: »Ihr Bastarde! Ihr habt ihn ermordet. Laßt mich zu ihm, ich will ihn ein letztes Mal sehen.«[14]

Tatiana war nun dreiundzwanzig; sie brach ihr Landwirtschaftsstudium ab und schrieb sich für Jura ein. Zu ihrer Mutter sagte sie: »Wir brauchen in der Familie einen Rechtsanwalt dringender als einen Landwirt.«[15] Sie sollten noch mehr brauchen.

Einen Monat nach dem Tod ihres Vaters wurde Tatiana wegen Erpressung verhaftet. Der Vorwurf lautete, sie habe von einem Bauunternehmer Schmiergeld bei einem Bauvorhaben genommen und ihn dann gezwungen, ihr Wohnungen zu einem enorm herabgesetzten Preis zu verkaufen. Das Opfer ging zur Polizei und zeigte sie an, verlor aber im Zeugenstand die Nerven. Die Anklage mußte hilflos miterleben, wie einer ihrer wichtigsten Zeugen unter Eid aussagte, er habe die Angeklagte nie zuvor gesehen.

Tatiana wurde umgehend auf freien Fuß gesetzt und kehrte nach Castellamare zurück. Zu diesem Zeitpunkt saßen die meisten Verbündeten des Clans im Gefängnis, und die Männer, die auf der Seite ihres Vaters gestanden hatten, waren zu einem versprengten Haufen zusammengeschrumpft; ihnen fehlte die Stärke zu einem tödlichen Gegenschlag. Im August wurde Tatianas Bruder angeschossen und starb nach einmonatigem Todeskampf im Krankenhaus.

Tatiana, eine junge Frau mit dunklen Augen in einem schmalen, harten Gesicht, eingerahmt von langen schwarzen Haaren, war ungebrochen. Ihre ganze Verwegenheit kam in einem Interview im Rahmen der Fernsehsendung *Rosso e Nero* zum Ausdruck. Mit einem Blick, der dem Zuschauer das Blut in den Adern gefrieren ließ, sagte sie zu dem Interviewer: »Mein Vater war sehr stolz. Und ich bin auch sehr stolz.« Sie schilderte ihren Vater als mutigen Einzelkämpfer, einer allein gegen den Staat. »Er stand auf der anderen Seite, und ich stehe auf derselben Seite wie er: Ich bin seine Tochter.« Und kryptisch fügte sie hinzu: »Ich glaube an Gerechtigkeit.«

Wie ein neapolitanischer Ermittlungsrichter sagte, ist es für eine intelligente Frau, die in eine Mafia-Familie hineingeboren wird, fast unmöglich, sich von den kriminellen Umtrieben fernzuhalten. »Eine Frau wie Tatiana Imparato, die in eine Mafia-Umwelt hineingeboren wird, wächst mit einer ganz bestimmten Weltsicht auf und verinnerlicht das verquere Mafia-Verständnis von Gerechtigkeit: ein Verständnis, das besagt, daß jeder das Recht hat zu überleben, und zwar so, wie er nur kann … Es ist ihre eigene besondere Form von Gerechtigkeit, gegen den Staat und für ihre eigenen Leute.«[16]

Nach dem Tod von Vater und Bruder mußte Tatiana die Entscheidung treffen, ob sie in Castellamare bleiben und ihren Vater rächen oder zusammen mit ihrer Mutter in den Norden gehen sollte. »Sie ist eine starke Frau, sie weiß sehr genau, was sie will, und sie hat vor nichts Angst, aber nun war sie wirklich im Konflikt«, erzählte der Polizeichef von Neapel. »Zum Teil denkt sie mit dem Kopf ihres Vaters – dem Kopf eines Camorrista – und zum Teil mit dem Kopf ihrer Mutter – dem Kopf einer Frau aus einer anständigen Familie, einer Lehrerin. Wenn sie eine Chance gehabt hätte, hätte sie wahrscheinlich die Nachfolge ihres Vaters angetreten. Aber die Familie

Imparato ist am Ende, es ist nichts mehr von ihr übrig.« Tatiana ist mittlerweile mit ihrer Mutter nach Norditalien gezogen.

Die neapolitanischen Frauen spielen eine eigene, aktive Rolle in der Gesellschaft, eine größere Rolle vielleicht als in jeder anderen Region Italiens, und die kriminelle Unterwelt macht dabei keine Ausnahme. Wenn ein Camorra-Boß getötet wird, ist es durchaus üblich, daß seine Witwe in seine Fußstapfen tritt. Dabei geht es nicht um Ehre oder um die Zugehörigkeit zu einer Organisation: Sie muß ihre Familie verteidigen. Wenn es ihr nicht gelingt, an seiner Stelle die Führung zu übernehmen, sind ihre Kinder in Gefahr. Die Familie muß ihre Position behaupten, oder sie läuft Gefahr, von den Gegnern verjagt oder ausgelöscht zu werden.

Die Camorra wandelt und verändert sich beständig dadurch, daß Allianzen zerbrechen und neue entstehen; sie ist weniger starr als die sizilianische Cosa Nostra. Frauen in Camorra-Familien übernehmen oft Aufgaben im Interesse der Familie, sie springen ein, wenn der Boß im Gefängnis sitzt oder untertauchen muß. Aber welche Rolle sie im einzelnen spielen, hängt von ihrer Entschlossenheit ab und davon, welche Rivalitäten bereits innerhalb der Familie bestehen.

»In Camorra-Clans spielen die Frauen keineswegs eine untergeordnete Rolle«, sagt Guiseppe Narducci, der stellvertretende Chefermittler der Anti-Mafia-Abteilung der neapolitanischen Polizei. Er meint, die Justiz habe dem kriminellen Handeln von Frauen zu wenig Aufmerksamkeit geschenkt: »In manchen Familien stehen Frauen ganz oben. Es gibt Fälle, in denen Frauen die Entscheidung über einen Mord treffen, ganz genauso wie es Männer tun.«[17]

Aber die Mafia existiert nicht in einer eigenen, von der übrigen Bevölkerung hermetisch abgeschlossenen Welt, und Vorurteile gibt es hier wie dort. Einer Frau, die in einer kriminellen Organisation nach oben kommen will und ein heilloses Durcheinander anrichtet, ergeht es genauso wie einer überschätzten Managerin, die aus dem Sitzungssaal vertrieben wird.

Eine solche Frau, die als selbsternannte Managerin ein heilloses Durcheinander anrichtete, ist Carmelo Palazzo, bekannt als Cerasella, »Kirschlikör«. Impulsiv, eigensinnig und kokett übernahm sie an

Stelle ihres Bruders die Führung in ihrer Familie, doch ihr fehlte die nötige Disziplin, um die Managerrolle auszufüllen, und sie wurde für ihre Selbstüberschätzung bestraft.

Cerasella verbrachte ihre Kindheit in einem Haus ohne Elektrizität in einem Elendsviertel von Neapel, sie konnte kaum lesen und schreiben. Mit zwölf wurde sie schwanger. Ihr Freund heiratete sie pflichtschuldigst, vermutlich weil ihre Brüder ihn unter Druck gesetzt hatten; doch wenige Jahre nach der Geburt ihres Sohnes Alfredo verließ er sie. Die Menschen in dem übervölkerten Viertel gebrauchten rücksichtslos ihre Ellenbogen, um sich durchs Leben zu kämpfen, und Cerasellas Brüder waren dabei rücksichtsloser und erfolgreicher als die meisten anderen. Mit bewaffneten Überfällen fingen sie an. Als sie dann Waffen und einen Haufen Geld hatten, nahm Vincenzo Palazzo Kontakt zu einer Gruppe von Nigerianern auf, die Speedballs, eine Mischung aus Heroin und Kokain, ins Land brachten.

Speedballs verkauften sich damals in Neapel sehr gut, und binnen kurzem war Palazzo ein dicker Fisch im Drogenmilieu von Neapel. Der Mariano-Clan, der im lebhaften Spanischen Viertel das Sagen hatte, machte dem jungen Dealer ein Angebot für eine feindliche Übernahme. Sie forderten ihn auf, seiner alten Gruppe den Rücken zu kehren und sich den Marianos anzuschließen. Sollte er ablehnen, würden sie ihn umbringen.

Vincenzo Palazzo mußte seine Drogengewinne mit dem Mariano-Clan teilen, aber seine alte Gruppe schlug zurück. In der darauf folgenden Auseinandersetzung wurde sein Bruder Francesco getötet. Kurze Zeit später wurde Vincenzo wegen Waffenbesitz, darunter eine Maschinenpistole, festgenommen. Außerdem fand die Polizei bei ihm eine erhebliche Menge Heroin-Kokain-Cocktails.

Cerasella war von Francescos Tod tief erschüttert, und nach Vincenzos Verhaftung hatte sie kein Geld mehr. Nach ihrer kurzen Ehe hatte sie mit etlichen Männern zusammengelebt, ihre vier Kinder hatten drei verschiedene Väter, aber keiner zahlte Unterhalt. Da ihr Bruder aus dem Verkehr gezogen war, versiegte der Handel mit den Speedballs, und Cerasella beschloß, die Sache selbst in die Hand zu nehmen. Das Geschäft war ihr nicht fremd: Die Geschwister hatten im selben Haus gewohnt und jeden Tag über das Dealen gesprochen, sie hatte ihm geholfen, das Geld zu zählen und beiseite zu schaffen, sie wußte, wo seine Waffen versteckt waren und wie sie an sie herankommen konnte. Also besuchte sie ihren Bruder Vincenzo im Gefängnis, und er gab ihr die Erlaubnis, den Job zu machen. Als Managerin des Speedball-Geschäfts war sie das Oberhaupt ihrer Familie, und das gefiel vielen Familienmitgliedern überhaupt nicht, die schon darauf warteten, Vincenzos Stelle einzunehmen, solange er im Gefängnis saß.

Vier Monate lang kontrollierte Cerasella die Versorgung von Neapel mit Speedballs. Sie rief in einem Hotel in der Nähe des Hauptbahnhofs an, dem schlimmsten Viertel der Stadt, und sagte dem Besitzer, er solle ein Treffen mit den nigerianischen Lieferanten vereinbaren. In einem kleinen, schäbigen Hotelzimmer gab sie ihnen das Geld; sobald sie das Geld in den Händen hielten, gaben sie ihr Pakete mit Kapseln, und die verkaufte sie dann an rund ein Dutzend Kleindealer in den Diensten der Familie.

Dem Carabiniere zufolge, der gegen die Drogenhändler in Neapel ermittelte, übernahm sich Cerasella. Ohne Zweifel besaß sie den nötigen Mumm für eine Führungsrolle in ihrem Clan, und ihr Bruder hatte ihr seinen Segen gegeben, aber sie war chaotisch. Der Umgang mit Gewinnen aus dem Drogenhandel verlangt einen klaren Kopf und effizientes Handeln. Damit war Cerasella überfordert. Das Verhängnis nahm seinen Lauf, als sie begann, Drogen an andere Gruppen in der Gegend von Neapel zu verkaufen. Sie verlor das Monopol, das ihr Clan gehabt hatte, und verlor Geld; nach einem Monat fehlten ihr schon um die 50 Millionen Lire.

Was genau geschah, ist nicht ganz klar. Entweder verpatzte sie das Geschäft und kam nicht an das Geld heran, das man ihr schuldete. Oder Mitglieder ihrer Familie hängten ihr etwas an, weil sie sie nicht als Boß akzeptierten. Jedenfalls wurde ihr vorgeworfen, sie habe Geld des Clans gestohlen. »Im Besuchsraum des Gefängnisses gab es eine stürmische Begegnung«, erzählt der Richter Maurizio Fumo, Ermittler in der Anti-Mafia-Abteilung der Polizei von Neapel. »Ich weiß nicht mit Sicherheit, was passiert ist, nur soviel, daß ein Trupp aufgebrachter Verwandter hereinstürmte und mit Vincenzo

Palazzo sprechen wollte, weil seine Schwester gestohlen habe. Cerasella geriet außer sich, sie schrie und weinte und schwenkte die Liste mit den Namen derjenigen, die ihr Geld schuldeten. Jemand riß sie ihr aus der Hand und sagte, sie würden sich selbst um die Schulden kümmern, weil ihr nicht zu trauen sei. Einer versetzte ihr eine Ohrfeige, ein anderer einen Faustschlag – es war ein heilloser Aufruhr.«

Eine solche Demütigung unter den Augen ihres Bruders war zuviel für Cerasella. Aufbrausend war sie von jeher, nun fühlte sie sich auch noch gekränkt und ausgeschlossen. Sie wandte sich an die Carabinieri und sagte, sie habe Informationen, die sie interessieren könnten.

»Vielleicht wollte sie ihren Verwandten und ihrem Bruder die Demütigung heimzahlen, die sie erlitten hatte«, fährt Richter Fumo fort, »vielleicht hatte sie auch tatsächlich Geld gestohlen und fürchtete, daß es herauskommen könnte. Uns gegenüber führte sie moralische Gründe an: Ihr ältester Sohn sei drogenabhängig geworden, und sie wolle ihn retten. Auf jeden Fall wollte sie auch ihren ermordeten Bruder rächen, indem sie dafür sorgte, daß seine Mörder ins Gefängnis kamen.«

Cerasella kostete die Carabinieri reichlich Nerven. »Sie war vollkommen außer Rand und Band«, erinnert sich ein Carabiniere, der zu ihrem Schutz abgestellt war. »Sie wurde in sichere Häuser gebracht und dort von Ermittlungsbeamten befragt, bei ihrer Bewachung wechselten wir uns ab. Es war unglaublich. Dauernd machte sie zweideutige Bemerkungen oder wurde zudringlich – sie brauchte permanent Aufmerksamkeit. Einmal war sie mit einem Bewacher in der Stadt unterwegs. Sie benahmen sich wie ein normales Paar, das einkaufen geht. Sie zerrte ihn in ein Geschäft für Unterwäsche, nahm eine sexy Wäschegarnitur nach der anderen, hielt Strapse und Tangaslips vor sich hin und fragte ihn: ›Gefällt dir dies, Liebling, und das da?‹ Er wäre am liebsten im Boden versunken.«

Trotz ihrer Unberechenbarkeit war Cerasella als Zeugin von unschätzbarem Wert. Sie hatte ein gutes Gedächtnis und wußte eine Menge über Tun und Lassen des Mariano-Clans. Auf der Grundlage ihrer Aussagen führte die Polizei im Januar 1992 einen Überraschungsschlag gegen die Camorra; dabei wurden vierzig Verdächtige festgenommen, unter ihnen sieben Frauen, denen Drogenhandel vorgeworfen wurde. Im Gerichtssal ging es turbulent zu. Die Frauen überboten sich gegenseitig mit Geschrei, einmal zog eine Angeklagte einen Schuh aus und schleuderte ihn in die Fernsehkamera eines Nachrichtensenders.

Cerasella lief ihren Bewachern etliche Male davon. Einmal stöberten sie sie bei einem mit Haftbefehl gesuchten Verbrecher auf – was es für die Anklage nicht eben leichter machte, sie als glaubwürdige Zeugin zu präsentieren. Die Carabinieri hatten allmählich genug von ihr, und als sie schließlich einen ihrer Bewacher bezichtigte, er habe sie vergewaltigt, wurde der Personenschutz abgezogen.

Richter Fumo hatte viele Wochen damit zugebracht, aus ihrem ausufernden Gerede eine zusammenhängende Geschichte herauszudestillieren, und er war bedrückt über die Entwicklung der Dinge. »Cerasellas Geschichte ist wirklich traurig. Sie hat ihre Bewacher, die sie doch beschützen sollten, an der Nase herumgeführt, und irgendwann hatten sie genug von ihr. In gewisser Weise hat sie es verdient, aber sie war eine wichtige Zeugin, und jetzt steckt sie in ernsthaften Schwierigkeiten. Sie stammt aus einer Camorra-Familie, sie ist in einer Umgebung aufgewachsen, in der man Verbrechen begeht, um zu überleben. Sie ist stolz, aber sie hat keinerlei Bildung, sie hat nichts gelernt, sie ist auf ein anderes Leben einfach nicht vorbereitet … Sie können sich nicht vorstellen, in was für furchtbaren Umständen sie aufgewachsen ist, aber trotzdem würde sie sich niemals zu einer körperlichen Arbeit herablassen … Mit Drogen zu handeln ist offensichtlich das einzige, was sie kann.

Der eine Bruder ist tot, der andere sitzt für zwanzig Jahre im Gefängnis, dank ihrer Aussage. Ihr Liebhaber ist im Gefängnis und auch Alfredo, ihr ältester Sohn; ihre anderen Kinder sind Gott weiß wo. Sie ist ziemlich verbittert darüber, wie alles gekommen ist.«

3
NEAPOLITANISCHE KREDITHAIE

Don Peppino Roberti, genannt *capavacante*, »leerer Kopf«, ist es sehr unangenehm, beim Mittagessen gestört zu werden. Er kommt eilends herunter und gesellt sich zu mir an die Bar, dabei wischt er sich Olivenöl vom Kinn. Don Peppino ist klein und von dunklem Typ, sein Gesicht sieht aus, als hätte er Faustschläge abbekommen. Durch Heirat wurde Don Peppino Mitglied des Giuliano-Clans, und er hat unter den ständigen Seitensprüngen seiner vollbusigen, blauäugigen Frau Erminia zu leiden.

Wir gehen zu seinem Schwiegervater Pio Vittorio, einem Mann mit blaßblauen Augen, einem ebenso blaßblauen Anzug und ein paar dunkelrot gefärbten Haarsträhnen, die flach an seinem großen, ziemlich kahlen Kopf anliegen. Pio Vittorio, freundlich blickend, mit breitem Lächeln, ist der Patriarch der Giuliano-Familie, der Vater von Luigi, »dem König«, Ciro, »dem Baron«, und Carmine, »dem Löwen«. Bei unserer Ankunft ist Pio Vittorio in ein ernsthaftes Gespräch mit einem seiner Enkel vertieft, einem jungen Mann mit rotem Kopf und blutunterlaufenen blaßblauen Augen.

Wir sitzen an einem Tisch vor Don Peppinos Bar und sprechen inmitten des Verkehrs und bettelnder Zigeunermädchen über die Vergnügungen, die Neapel zu bieten hat. Dabei trinken wir starken schwarzen Kaffee. Ein Freund der Familie setzt sich zu uns, ein hochgewachsener Mann mit raspelkurz geschorenen Haaren und einer beeindruckenden Narbe, die vom Mund bis zu einem Ohr verläuft. Sie erinnert mich an den *sfreggio*, den Schmiß, der traditionell nach einem Duell dem Verlierer mit dem Messer zugefügt wird. Im 19. Jahrhundert gehörte der *sfreggio* zu den Initiationsriten junger

Gangster, die der Camorra beitreten wollten.[1] (Zu der Zeit war es in Neapel auch Sitte, daß ein Mann seiner Frau als Zeichen seines Besitzrechts auf die gleiche Weise einen Schnitt im Gesicht zufügte, damit kein anderer sie begehrte.) Der Freund der Familie küßt mir die Hand. Erminia, Don Peppinos Gattin, wegen ihrer auffallend blauen Augen »Celeste« genannt, kommt zufällig vorbei. Sie trägt eine enge Jeans-Latzhose über einem knappen rosa T-Shirt, wirft einen kurzen Blick aus ihren blauen Augen in meine Richtung und verschwindet dann in der Bar.

Ständig lungern drei oder vier junge Männer hier herum, die darauf warten, Botengänge für die Giulianos zu übernehmen. Dieses Kommunikationsmittel ist sicherer als das Telefon, und es hält die Arbeitslosigkeit niedrig. Alle fummeln an ihrem Schmuck herum oder zünden sich Zigaretten an, während Don Peppino einem Burschen einen Auftrag erteilt. Solange wir auf die Rückkehr des Jungen warten, spricht der Mann mit der Narbe über Mussolini.

»Ein Mann«, sagt er, »der von Churchill sehr bewundert wurde.«

Wir zünden uns Zigaretten an und warten. Die Giulianos halten Hof in Don Peppinos Bar. Zumindest einer von ihnen ist immer dort anzutreffen. Das bedeutet, daß die Bar immer gut besucht ist.

Der Junge kehrt schließlich mit der Nachricht zurück, daß Donna Carmela zu Hause sei. Don Peppino macht mich mit seiner Schwägerin bekannt, der Ehefrau jenes Mannes, der *'o re*, »der König« von Forcella genannt wird. Der König, Luigi Giuliano, sitzt gegenwärtig im Gefängnis, und neapolitanischen Kriminalbeamten zufolge ist seine Frau Carmela Marzano in seiner Abwesenheit die Chefin des Clans. Sie hat das immer abgestritten.

Die erste Familie von Forcella bewohnt den ersten Stock eines Hauses an der Kreuzung zweier belebter Marktstraßen, mit Blumen- und Gemüseständen unter dem Balkon und freier Aussicht in mehrere Richtungen. Am Eingang befindet sich eine kleine Grotte, ein Heiligtum der Madonna, das mit unzähligen künstlichen Blumen geschmückt ist. Auf Schildern, mit orangefarbenem Filzstift beschrieben, werden die Carabinieri gebeten, die Blumen in Ruhe zu lassen. An der Stahltür zur Wohnung sind handschriftlich die rosafarbenen Initialen »C« und »L« angebracht. Luigis Bild an der

Wand, von Hand koloriert, zeigt leuchtende, blaßblaue Augen unter einer fliehenden Stirn, übertrieben betonte Wangenknochen und lässig zerzaustes rabenschwarzes Haar. In dieser Stadt, in der Untreue an der Tagesordnung ist, glaubt niemand, daß Carmela Marzano sich in all den Jahren, die ihr Mann innerhalb und außerhalb des Gefängnisses verbrachte, einen Liebhaber genommen hat.

Carmela Marzano und Luigi Giuliano bilden die Achse, um die sich Forcella dreht. Die Menschen kommen mit ihren Problemen zu ihnen, sie kommen, wenn sie einen Rat oder eine Arbeit suchen. In der Karnevalszeit schmücken die Einheimischen sich mit passenden Kostümen und führen eine Schau nachbarschaftlicher Eintracht auf, die an Knechtschaft erinnert. Die neapolitanische Polizei behauptet, daß alle Geschäfte im Ort – der Stand mit den Innereien, das Blumenmädchen, die Kneipe an der Ecke – der Familie Schutzgeld bezahlen.

Luigi, auch liebevoll Loigino genannt, wurde vor über zwanzig Jahren Oberhaupt der Familie Giuliano. Er ist eine legendäre Gestalt, mit seinen blaßblauen Augen unter dem schwarzen Haarschopf und seiner Vorliebe für ausgefallene Hemden. Er brachte 1978 ein zeitweiliges Bündnis der Camorra-Familien zustande, um den gefährlichen Emporkömmling Raffaele Cutolo zu besiegen. In dem darauffolgenden Bandenkrieg wurden Hunderte von Menschen getötet, viele wurden im Gefängnis erstochen. Bei einem Vorfall schickte ein Familienmitglied der Giulianos mehrere Radiogeräte ins Gefängnis, als Geschenk für die Männer der Familien. Im Inneren jedes einzelnen Radios war mit Klebeband eine Rasierklinge befestigt.

Während seiner langen Karriere wurde Luigi Giuliano, ehedem der wichtigste Importeur geschmuggelter Zigaretten, mehrmals verhaftet. Die Anschuldigungen reichten von Diebstahl bis zu Drogenhandel und Mord. Jedesmal wenn die Polizei kam, um Luigi zu verhaften, strömten die Bewohner von Forcella aus ihren Häusern, blockierten die Straßen, verliehen ihrer Mißbilligung lautstark Ausdruck und hinderten die Polizisten mit Gewalt daran, ihn abzuführen. Der einzige Anklagepunkt, der ihm bewiesen werden konnte, war die Mitgliedschaft in einer Mafia-Vereinigung, und dafür wurde er zu zehn Jahren Haft verurteilt. Einen Großteil seiner Strafe verbüßte er halb im Krankenhaus und halb in seinem eigenen Zuhause, da er an einem angeborenen Herzfehler leidet und einen Bypass hat. Nach seinem Freispruch von der Anklage des Polizistenmordes im Jahr 1987 zogen die Menschen jubelnd durch die Straßen von Forcella und entzündeten Feuerwerkskörper.

In den letzten Jahren hat das Glück die Familie verlassen. 1988 starb Luigis Neffe Vittorio Giuliano an einer Überdosis Drogen. Der Vater des Jungen, Nunzio, sagte sich von der Camorra los und begann ein neues Leben, in dem er Drogenabhängigen hilft. Luigi mußte sich noch in mehreren Prozessen verantworten, und er erklärte, auch er habe eine religiöse Krise durchgemacht. Er stopfte sein Haus mit Bibeln voll und fing an, romantische Lieder und Gedichte zu schreiben. Carmela ließ in einem Interview mit Lokalreportern verlauten, die Familie Giuliano sei nicht mehr aktiv in das organisierte Verbrechen involviert. Doch zu diesem Zeitpunkt hatten die Strafverfolgungsbehörden schon reichlich Beweise gegen Luigi Giuliano zusammengetragen. Sie waren entschlossen, ihn ins Gefängnis zu bringen, und nahmen in der Zwischenzeit seine Ehefrau ins Visier. Im März 1996 wurde sie wegen Drogenhandels verhaftet, kurz darauf jedoch wieder freigelassen. Im Juli wurde sie erneut verhaftet, diesmal wegen Erpressung. Doch sie wurde abermals ohne Anklage wieder auf freien Fuß gesetzt.

»Seit ich einen Giuliano geheiratet habe, ist mein Leben die Hölle!« Carmela Marzano stützt sich mit den Fingerknöcheln auf den Tisch. Ihre goldenen Ohrringe schwingen hin und her, die langen braunen Haare fallen locker über ihre Arme. »Die Polizei und die Richter verfolgen mich. Immer wieder haben sie mich verhaftet, nur weil ich mit ihm verheiratet bin. Meine Söhne werden wegen jeder lächerlichen Kleinigkeit festgenommen. Wir werden verfolgt, weil wir den Namen Giuliano tragen. Meine Söhne bekommen keinen anständigen Job, weil der Staat sie nicht einstellen will. Ich wollte einen Laden aufmachen, doch die Polizei hat mir keine Konzession gegeben.«

Carmela ist eine achtunggebietende Persönlichkeit. Selbst die Polizei spricht mit aufrichtiger Bewunderung von ihr. »Ihr Mann ist ein König«, sagt ein Angehöriger der neapolitanischen Bereitschaftspolizei, »aber sie hat die Hosen an. Wenn er im Gefängnis sitzt, erledigt sie alle Geschäfte. Die Menschen spüren in ihrer Anwesenheit die Autorität des Bosses. Und sie ist clever. Sie hat Autorität in dieser Gegend, hauptsächlich deshalb, weil sie große Rücksicht auf andere nimmt. Wenn wir irgendwohin kommen, um jemanden zu verhaften, und daraufhin ein Streit ausbricht, ist sie sofort da und versucht, alle zu beruhigen.«

»Die Giuliano-Frauen sind bekannt«, fügt der neapolitanische Ankläger Antonio Laudati hinzu. »Jeder weiß, daß sie die eigentliche Macht dieser Familie verkörpern. Wenn Mann und Frau beide auf freiem Fuß sind, hat der Mann die dominante Rolle. Die Ehefrau des Bosses kann niemals von sich aus Boß werden. Doch wenn er untertaucht oder im Gefängnis sitzt, nimmt sie unweigerlich seinen Platz ein – das ist die Regel.«[2]

Da die Camorra im Gegensatz zur sizilianischen Cosa Nostra weder hierarchisch gegliedert noch an Regeln gebunden ist, hängt die Stellung des einzelnen innerhalb der Organisation weitgehend von Charisma und Durchsetzungsvermögen ab. Die neapolitanischen Frauen sind, wie ein älterer Carabiniere bemerkt, im allgemeinen zäh und nehmen kein Blatt vor den Mund, und ein ehrgeiziger Camorrista sucht sich mit großer Wahrscheinlichkeit eine Frau mit starker Persönlichkeit aus: »Der Camorrista ist ein Angeber, ein Exhibitionist, und er hat wahrscheinlich noch andere Frauen. Die Frau, die er heiratet, muß zäh sein. Wenn ihr Mann im Gefängnis ist, entscheidet sie darüber, was er erfahren soll und was nicht. Und häufig interpretiert sie seine Anweisungen nach eigenem Gutdünken.«

Carmela war dreizehn, als sie Luigi heiratete, und ließ bereits damals alle Anzeichen eines starken Charakters erkennen. Ihr ganzes Leben lang hat sie auf ihre Rolle als First Lady hingearbeitet. Die beiden bekamen sechs Kinder, eines starb schon früh an einem Herzfehler. Gemma, ihre schöne, zierliche Tochter, heiratete vor sechs Jahren ihren langjährigen Freund. »Ihm wurde ein Job in Rom angeboten«, erzählte sie mir, »und ich sagte ihm, er müsse sich zwischen mir und dem Job entscheiden. Wir heirateten auf der Stelle.« Einen Tag, nachdem Neapel im Jahr 1990 die Fußballmeisterschaften gewonnen hatte, wurde Gemmas Hochzeit gefeiert. Die Familie Giuliano hatte Neapels damaligen Fußballstar Diego Maradona fleißig hofiert. Die Verbindung brachte der Familie viel Ehre ein und eine Menge Geld.[3] Der argentinische Stürmer war als Ehrengast zu Gemmas Hochzeit geladen und verlieh ihr besonderen Glanz.

Die berüchtigten Giuliano-Zwillinge, mittlerweile 24 Jahre alt, haben ihre Position voll ausgenützt. Einer Polizeiquelle zufolge begannen die Jungen, ihre Macht in der Gegend zu mißbrauchen. Sie aßen und tranken in lokalen Bars und Restaurants zum Nulltarif, sie probierten in Geschäften Klamotten an und gingen weg damit, ohne zu bezahlen. Erst die Frau von der Reinigung machte dem Ganzen ein Ende. Die Zwillinge verlangten stets, daß sie ihre Wäsche sofort erledigte, und sie bezahlten nie. Schließlich meldete sie die Jungen der Polizei und beschuldigte sie der Erpressung. »Ist das nicht wunderbar?« fragt der Polizeipräsident. »Der Sohn des Bosses wandert ins Gefängnis, weil er die Reinigung nicht bezahlt.«

Carmela tut den Vorfall als ein weiteres Beispiel für die Verfolgung ihrer Familie ab. »Es war alles ein schreckliches Mißverständnis.«

Wenn der König im Gefängnis sitzt, versorgt seine Frau ihn mit Neuigkeiten, hält die Familie zusammen und bleibt ein wichtiger Bezugspunkt für die ganze Region. Forcella ist klein, die Giuliano-Familie ist reich, und dank ihrer wirtschaftlichen Macht hat sie das Territorium nach wie vor fest in der Hand. Ein kleines Heer von Jungs steht ihr rund um die Uhr zur Verfügung. Sie erledigen Botengänge, spionieren, beobachten und schüchtern Außenstehende ein.

Carmela Marzano protestiert auch öffentlich: Sie bekämpft lautstark jede kleinste Ungerechtigkeit im Rechtssystem. Im Jahr 1994 organisierte sie gemeinsam mit mehreren Ehefrauen von Inhaftierten vor dem berüchtigten Poggioreale-Gefängnis eine Demonstration und forderte, der langen Untersuchungshaft ein Ende zu bereiten. Donna Carmela scheut die Konfrontation mit der Außenwelt nicht, im Gegenteil, sie fühlt sich geschmeichelt, wenn sich die ausländische Presse für sie interessiert. Wie Pupetta Maresca, die das Interesse von Medien und Polizei auf sich zog und es schaffte, ihre Brüder aus der Schußlinie zu halten, stellt sich Carmela Marzano in den Mittelpunkt, um die allgemeine Aufmerksamkeit von ihrem Mann abzulenken.

»Ich bin ein sehr bescheidener Mensch«, sagt sie. Ihr Gesicht ist noch immer hübsch zu nennen, doch ihre Figur ist nach der Geburt von sechs Kindern ziemlich in die Breite gegangen, und der graue Trainingsanzug spannt sich straff über dem Bauch. Protzige Goldringe graben sich in ihre dicken Finger. »Mein ganzes Leben ist zu einem einzigen langen Prozeß geworden, nur weil ich einen Giuliano geheiratet habe.« Ihre dunklen Augen blicken mich mit freundlicher Unbefangenheit an. Ein Mann in hellgrünem Anzug steht auf dem Balkon und wartet darauf, daß ich gehe. »Das ist mein Anwalt«, erklärt sie mir liebenswürdig. »Es tut mir leid, aber ich kann jetzt nicht sprechen. Ich stehe unter Hausarrest.«

Wie der Richter Giovanni Falcone erklärt hat, erkennen Geschäftsleute, die dem Boß Schutzgeld bezahlen, stillschweigend die Spielregeln der Mafia an. »Die systematisch praktizierte Erpressung ist eine effektive Möglichkeit, die Kontrolle über ein Gebiet zu verstärken. Und dies ist natürlich das Hauptziel jeder ›Familie‹. Erpressung garantiert nicht nur beträchtliche Einkünfte, sondern auch die tatsächliche Anerkennung der Autorität der Mafia.«[4]

Offiziellen Zahlen zufolge sind von den 1,1 Millionen Einwohnern Neapels etwa 30 Prozent ohne Arbeit, doch Zehntausende davon gehen irgendeiner inoffiziellen Beschäftigung nach. Die Camorra ist jederzeit bereit, Menschen eine illegale Arbeit zu geben: Jeder, der Geld braucht, kann geschmuggelte Zigaretten oder Raubkopien von Musikkassetten verkaufen; andere arbeiten als Wachposten für kriminelle Familien oder gehen als Schuldeneintreiber von Tür zu Tür und kassieren Schutzgelder.

Die Geschäfte der Kredithaie florieren in diesem prekären wirtschaftlichen Klima, wo die Menschen in den Tag hinein leben, ohne zu sparen oder für die Zukunft zu planen, und lediglich versuchen, sich über Wasser zu halten. Pater Massimo Rastrelli zufolge, einem Priester, der gegen diese Machenschaften zu Felde zieht, handelt es sich um eine hinterhältige Art und Weise, sich Territorien in der Stadt einzuverleiben: »Der Wucher ist ein Labyrinth ohne Ausweg. Das Ergebnis ist gewöhnlich die Übernahme eines ganzen Viertels. Die Menschen, die in die Falle der Kredithaie geraten, stellen plötzlich fest, daß sie ihre elementaren Rechte eingebüßt haben.«[5] Pater Rastrelli sagt, zwischen 1994 und 1996 seien mindestens 20000 Unternehmen Opfer von Geldverleihern geworden.

Für die neapolitanischen Frauen, die emanzipierter sind als ihre sizilianischen Schwestern, ist es Tradition, als Schuldeneintreiber für ihre Ehemänner einzuspringen, wenn diese im Gefängnis sitzen. Aber auch für sich alleine genommen stellen sie etwas dar. Das Chaos des täglichen Lebens in Armut und Schmutz hat eine Stadt voller dominanter Frauen hervorgebracht, die wissen, wie man ums Überleben kämpft. Marco Monnier, der im Jahr 1862, zur Zeit der Einigung Italiens, den Sittenkodex der Stadt dokumentierte, beschrieb mit einer Mischung aus Entsetzen und Faszination die Frauen, die Schutzgelder kassierten: »Die Ehefrau eines inhaftierten Camorrista erschien an den Haustüren der derart Besteuerten und erhielt das Geld ohne die geringsten Schwierigkeiten. Selbst die hartgesottensten Männer in den Arbeitervierteln zitterten vor den Röcken dieser Schurkinnen. Sie wußten, daß ihr Ehemann eines Tages aus dem Gefängnis entlassen würde und, mit seinem Stock bewaffnet, eine Erklärung verlangen würde, wenn sie nicht zahlten. Die Ehefrau eines Camorrista war in der Tat eine mächtige Persönlichkeit.«[6]

Ein besonders erfolgreicher Kredithai weiblichen Geschlechts ist Teresa Deviato, die Witwe des Bosses der Via dei Tribunali. Ihr Herrschaftsgebiet erstreckt sich entlang des oberen Randes von Forcella. Um dorthin zu gelangen, durchquert man enge, düstere Straßen, die so dunkel sind wie der Grund eines Wasserspeichers, während hoch oben, am fernen Himmelsstreifen, Wäschestücke wie Flaggen an den Leinen wehen.

Die Via dei Tribunali führt direkt durch den alten Stadtkern von Neapel, vom hinteren Teil der belebten Piazza Dante bis zum alten Gerichtsgebäude. Der Verkehr staut sich von einem Ende zum anderen in einer einzigen langen Schlange. Die Einheimischen bahnen sich einen Weg um die Autos herum, zwischen Lebensmittelgeschäften, Obst- und Gemüseständen hindurch und kleinen, schmuddeligen Läden, die Lampen, Bücher und Eimer verkaufen. Verkäufer stehen in den Eingängen, plaudern miteinander oder beobachten Passanten. Hin und wieder verbreitert sich die Straße zu einem kleinen Platz, auf den – wie durch ein Wunder – eine Kirche gequetscht wurde.

Nur wenige Schritte von der Hauptstraße entfernt steht ein altes, vierstöckiges Haus, das einen kleinen Hof mit dem langen Namen »Vico Storto Purgatorio ad Arco« beherrscht. Das Haus gehört der reichen Witwe Teresa Deviato, einer hübschen blonden Frau von dreiundvierzig Jahren. Bei unserer einzigen Begegnung trug sie Jeans und eine kurzärmelige, rosa Bluse. Sie sah aus wie eine Hausfrau aus einer Frauenzeitschrift; ihre blonden Strähnen berührten sanft die Schultern, in den Mundwinkeln fanden sich Reste von rosafarbenem Lippenstift.

Vincenzo Saetta, ihr Lieblingssohn (»Enzuccio« genannt), führte eine Bande bewaffneter Gangster an, die sich darauf spezialisiert hatten, Banken und Postämter zu überfallen. Ihr Haus war die Schaltstelle dieser Aktionen; Geld und Waffen wurden dort gelagert, um sie zu verstecken oder anderweitig darüber zu verfügen. Das alte Haus, ein Labyrinth von Zwischengeschossen, Gängen, Speichern und Nischen, ist üppig dekoriert und mit teuren Möbeln ausgestattet. Die Fußböden sind aus Marmor, jedes der drei verspiegelten Badezimmer weist einen Whirlpool auf. In dieser luxuriösen Umgebung ermöglichte ein kleines, in der Küche installiertes Mikrofon den Ermittlern, ein sonderbares Familienleben zu belauschen.

In einem der Gespräche[7] erwähnten die Sprecher mindestens fünf Schußwaffen – die zu dem Zeitpunkt offenbar alle auf dem Küchentisch lagen. Die Ermittler identifizierten die Stimme von Deviatos sechsjähriger Tochter, die jammerte, *sie* wolle die Waffe ausprobieren.

Die Abhörwanze befand sich in der Nähe des Fernsehers, was die Entschlüsselung der gesprochenen Worte häufig erschwerte. Doch ein Gespräch am 3. Mai 1995 zwischen Teresa Deviato und einer Freundin, die lediglich unter dem Namen »Patrizia« bekannt ist, kam sehr klar herüber.

»Ich bin sehr geduldig mit diesen Typen gewesen«, wetterte Deviato, »ehrlich, du würdest nicht glauben, wie geduldig ich gewesen bin. Dieser Kerl sollte mir 500 000 Lire im Monat geben, und er konnte das Geld nicht bezahlen ... die Schecks und Schuldscheine gingen hin und her, und er schuldete mir noch immer 17,5 Millionen Lire.«

»Was hast du wegen dem restlichen Geld unternommen?« fragte Patrizia.

»Ich war im Gefängnis, als er mir das Geld geben sollte«, antwortete Deviato. »Aber ich hatte ganz und gar nicht vor, es auf sich beruhen zu lassen. Er sagte zu mir: ›Hör zu, ich kann dir nicht mehr als 500 000 im Monat geben.‹ Da packte mich die Wut, und ich sagte: ›Und was soll ich jetzt tun? Soll ich dir etwa die Scheiße aus dem Leib prügeln, um an mein Geld zu kommen?‹ Ich besuchte ihn also und sagte, ›hör zu‹, sagte ich, ›du bist ein Arschloch, weißt du warum? Weil ich *[kaum verständlich]* den lächerlichen Betrag von 500 000 im Monat nicht akzeptieren kann. Und du hast mir nicht einmal Zinsen dafür bezahlt. Wenn man sich Geld leiht und jemanden auf das Geld warten läßt, muß man dafür bezahlen ...‹ Nun Patrì, ich sag dir etwas. ›Hör zu‹, sagte ich, ›so sieht's aus, ich werde dir meinen Jungen schicken, er soll dir einen Besuch abstatten.‹«

»Völlig richtig!« stimmte Patrizia zu.

»›Weil‹, habe ich zu ihm gesagt, ›weil du nicht ehrlich zu mir gewesen bist!‹« fuhr Deviato fort. »Auf jeden Fall schickte ich meinen Sohn Enzuccio hinüber ... *[unverständlich]*, und mein Junge steckte ihm eine Pistole in den Mund. Er heulte und machte ein Riesentheater, und Enzuccio sagte zu ihm: ›Heulen ist zwecklos. Du hast zwei Tage Zeit, um mir das Geld zu geben. Du mußt mir das Geld geben, und du mußt mir die Schlüssel zu dem Laden geben. Ich will nicht den Laden, verstehst du? Nein. Ich will den Laden *und* das Geld. Seit vier Jahren treiben wir nun dieses Spielchen. Jetzt ist es Zeit, daß wir miteinander abrechnen.‹«[8]

Im Winter 1994/95 florierten die Geschäfte der Familie Deviato. Die Raubüberfälle brachten jeweils bis zu 200 Millionen Lire ein, und die Bande schlug zweimal in der Woche zu. Mit Hilfe ihres Sohnes Enzuccio kassierte Teresa Deviatos Erpresserbande einen

Teil der Einkünfte lokaler Unternehmer. Einmal nahm das versteckte Mikrofon spät in der Nacht zwei Stimmen auf, die verschiedene Zahlen nannten. Es handelte sich nicht etwa um ein Kartenspiel – vielmehr schien es, als säßen Teresa und ihre Schwester Maria am Küchentisch und zählten Banknoten bündelweise in Millionenbeträgen ab. Das Geld wurde rasch und geschäftsmäßig gezählt: Sie kamen auf 84 Millionen Lire und fingen nochmals von vorne an. Dann zählten sie bis 49 Millionen Lire und verteilten dabei die Beute.

Die Wanze war während einer Zeit in Betrieb, als Teresa Deviato viel Geld einnahm. Doch ihre Familie fiel auseinander. Ihr Sohn Marco, der zeitweise bei seinem Vater in Viareggio lebte, war heroinabhängig. Wie so häufig in einem Umfeld, in dem der große Reichtum aus dem Drogenhandel stammt, haben auch die Camorra-Familien eine gespaltene Einstellung zu Drogen: Ein Drogenabhängiger in der Familie gilt als eine große Schande, da es zeigt, daß die Familie keine Kontrolle darüber hat. Zur selben Zeit befand sich auch eine von Teresas Schwestern, Anna, in Schwierigkeiten. Nach einer Reihe von ausführlich publik gemachten Seitensprüngen hatte Anna ihren Ehemann verlassen und lebte mit ihrem Freund zusammen. Eines Tages saß sie mit ihm in einem Restaurant in Salerno beim Essen, da betrat ein Mann das Lokal und schoß auf die beiden. Anna wurde an der Schulter verletzt, ihr Freund getötet. Annas Mann, Domenico Silvestri, ein Mitglied der Bankräuberbande, wurde unter Mordverdacht verhaftet. Doch seine Frau konnte oder wollte ihn nicht eindeutig identifizieren, und Silvestri wurde freigesprochen. (Er wurde später wegen bewaffneten Raubüberfalls verurteilt.)

Teresa mußte lernen, mit familiären Schwierigkeiten allein fertigzuwerden, nachdem ihr zweiter Mann, Tonino Capuano, 1991 auf der Straße nahe ihrer Wohnung niedergeschossen worden war. (Sie waren nicht wirklich verheiratet, doch in dem amourösen Durcheinander Neapels sind solche Unterscheidungen rein akademisch. Sie gilt als seine Witwe.) Capuano, ein *guappo* im alten Stil, war der Boß der Via dei Tribunali. Er kontrollierte das Verbrechen in diesem Gebiet und erklärte dem Drogenhandel den Krieg – was bedeutete, daß niemand in dem Gebiet mit Drogen handeln durfte, wofür die einheimische Bevölkerung dankbar war –, während er seine Drogengeschäfte anderswo fortsetzte. Die Menschen verehrten ihn. In jedem dunklen Vorderzimmer entlang der Via dei Tribunali hing ein Poster des Bosses an der Wand. Nach seinem Tod trugen die Einheimischen, die zu seinen Lebzeiten Schutzgeld an ihn hatten zahlen müssen, als Zeichen des Respekts Medaillons mit seinem Bild.

Capuano wurde in einer Januarnacht liquidiert, nachdem er von der Linie der Koalition, die aus Camorristi mit moderneren Ansichten bestand, abgewichen war. Auf seinem Heimweg durch den Bezirk Forcella wurde er aus dem Hinterhalt überfallen und erschossen. Die Familie Giuliano hat immer bestritten, daß sie etwas mit dem Mord zu tun hatte. Es gilt jedoch als unwahrscheinlich, daß irgend jemand im Gebiet der Giulianos ohne deren Erlaubnis einen Mord begangen haben könnte.

Anstatt das Gebiet aufzugeben, gelang es Teresa Deviato, mit den Giulianos Frieden zu schließen. Als Beweis für die Solidarität der Familie mit der Witwe des Getöteten stand Carmela Marzano, Luigi Giulianos Frau, bei der Beerdigung sogar neben Teresa und bekundete in aller Öffentlichkeit ihre Freundschaft. Teresa kassierte weiterhin Steuern von den Geschäftsleuten vor Ort. Wie die versteckte Abhörwanze enthüllte, lieh sie der Familie Giuliano weiterhin Schußwaffen, wann immer sie benötigt wurden – obwohl sie sich gleichzeitig bitter über die hartnäckigen Forderungen der Giulianos beklagte. Teresa baute darauf, daß ihr als Ehefrau des Bosses Respekt entgegengebracht wurde, trat an die Stelle ihres toten Ehemannes und begann, das große Geld zu machen.

Schon seit vielen Jahrhunderten verleihen die Frauen in Neapel Geld. Der Historikerin Gabriella Gribaudi zufolge kontrollierten die Frauen im Neapel des 19. Jahrhunderts die lokale Wirtschaft, indem sie Geld verliehen und exorbitante Zinsen kassierten. »Wenn Sie hier mit Geschäftsleuten sprechen, erzählen die Ihnen, daß für die Finanzen der Camorra-Familien die Frauen zuständig sind. Sie sind sich dessen vollkommen bewußt, es ist eine Tradition in dieser Stadt.«[9]

Viele Frauen aus Camorra-Kreisen verdienen sich ein Taschengeld, indem sie kleinere Geldbeträge verleihen und Zinsen dafür berechnen. Dies wird keineswegs als etwas Verwerfliches betrachtet. »Das Verleihen von Geld wird als Gefallen angesehen, den man Menschen erweist, die gerade nicht flüssig sind«, bemerkte Colonel Vittorio Tommasone, ein Carabiniere, der gegen Teresa Deviato ermittelt hat. »Bei den Camorra-Ehefrauen gilt es als eine harmlose Freizeitbeschäftigung, etwa wie Bridge.«

Teresa Deviato hat sich als hingebungsvolle Spielerin erwiesen und ist allmählich zu hohen Einsätzen übergegangen. Durch ihre Methode, sich Geschäfte anzueignen – eine Methode, die *strozzinaggio* oder »Erdrosselung« heißt –, erregte sie die Aufmerksamkeit der Strafverfolgungsbehörden. Im Jahr 1992 wurde sie wegen Erpressung und unerlaubten Waffenbesitzes verhaftet. Die Ermittler stellten fest, daß Deviato eine Reihe kleiner Geschäfte in der Via dei Tribunali übernommen hatte, als die Eigentümer aufgrund der erdrückenden Zinssätze ihren monatlichen Zahlungen nicht mehr nachkommen konnten und sich gezwungen sahen, ihr die Schlüssel auszuhändigen. Kein einziges Opfer zeigte sie jedoch an. Denn es war bekannt, daß Teresa Deviato eine bewaffnete Bande im Rücken hatte. Deshalb gaben die meisten Ladenbesitzer ihre Räumlichkeiten widerstandslos auf.

Seitdem ist das Leben in dem alten Haus in der Via dei Tribunali hart geworden. Im Januar 1996 starb Teresas Sohn an einer Überdosis Heroin. Die Polizei durchsuchte das Haus und fand zwanzig Pistolen. Ihr Lieblingssohn Vincenzo wurde des bewaffneten Raubüberfalls und des Mordversuchs angeklagt. Im Februar gab ein Unbekannter auf ihre Schwester Anna, die sich einen neuen Geliebten genommen hatte, einen Kopfschuß ab. Es wurde keine Anklage erhoben, obwohl die neapolitanischen Zeitungen ihren eigenen 16jährigen Sohn verdächtigten. Anna überlebte, nachdem sie lange auf der Intensivstation gelegen hatte, und erwartet nun angstvoll die nahe bevorstehende Entlassung ihres Mannes aus dem Gefängnis. (»Wenn Sie mit Anna Deviato sprechen möchten«, riet mir ein Richter, »sollten Sie es bald tun.«) Am 20. März 1996 wurden Teresa Deviato und zwei ihrer Schwestern, Antonietta und Maria, verhaftet. Teresa wurde der Mitgliedschaft in einer Mafia-Vereinigung, der Erpressung und des unerlaubten Waffenbesitzes beschuldigt.[10]

Auch die Giulianos sind mit dem Gesetz in Konflikt geraten. Luigi Giuliano verbrachte mehrere Monate im Gefängnis, obwohl er aufgrund seines schlechten Gesundheitszustandes wiederholt Haftbeschwerde erhoben hatte. Doch die Hochzeit ihrer jüngsten Tochter, der 16jährigen Marianna, gab Carmela Marzano Gelegenheit zu beweisen, daß die Familie sich noch längst nicht geschlagen gibt. Sie verstehen es noch immer, große Feste zu feiern.

An einem strahlenden, sonnigen Septembermorgen herrscht auf den engen, überfüllten Straßen von Forcella reges Treiben. Mehrere Gruppen von Frauen stehen zwischen den blutigen Innereien am Stand des Metzgers und den Sträußen am Blumenstand. Sie halten kleine Päckchen gebrannter Mandeln in spitzenbesetzten Taschentüchern in den Händen und plaudern angeregt.

Es ist Mariannas Hochzeitstag. Niemand macht ein Geheimnis daraus, daß die Braut im sechsten Monat schwanger ist. Die im Schatten des alten Gerichtsgebäudes gelegene Pfarrkirche der Giulianos ist mit Palmen geschmückt. Frauen eilen hin und her, weiße Blumensträuße in der Hand, die sie an den Kirchenbänken befestigen. Während sich zu der kleinen Gruppe hiesiger Gratulanten eine lärmende Gästeschar gesellt, steht der Bräutigam Michele Mazzarella nervös an der Eingangstür der Kirche. Er sieht aus wie ein gewöhnlicher, pickeliger Sechzehnjähriger, den man zu einem feierlichen Anlaß in ein cremefarbenes Satinjackett mit passender Hose gesteckt und dem man mit Gewalt einen braven Seitenscheitel verpaßt hat. Mit einem gequälten Lächeln läßt er die Küsse seiner gleichaltrigen Freunde über sich ergehen.

»Die Braut! Da ist die Braut!« Gelglänzende Köpfe recken sich dem Wagen zu, aus dem die junge Braut langsam aussteigt. Donna Carmela hält sich dicht hinter ihr und fügt ihrem tiefgebräunten Gesicht einen letzten Hauch dunkelbraunen Puders hinzu. Sie nimmt die Glückwünsche der Gäste entgegen, wirft dabei ihren rabenschwarzen Lockenkopf mit einer königlichen Geste zurück, und schreitet dann in die Kirche. Mariannas große blaue Augen blicken unter einem Meer von Spitze hervor, ihr deutlich gerundeter Bauch ist unter einem hohen Reifrock versteckt. Sie stützt sich auf den Arm – nicht ihres Vaters, des Königs, sondern ihres Großvaters Pio

Vittorio, dessen altes, sonnengebräuntes Gesicht von Lachfalten überzogen ist.

Nachdem die Festgäste – die meisten wie für den Besuch eines Nachtklubs gekleidet, mit Miniröcken, Hosen und hohen Stiefeln – ein wenig zurückgewichen sind, ergeht sich der Priester weiter wortreich über den Ernst der Ehe. »Du, Michele, wirst das Familienoberhaupt sein«, sagt er feierlich. »Du wirst beweisen müssen, daß du Respekt verdienst.« An der Stelle seiner Rede, wo es darum geht, daß Gott den Bund mit Kindern segnen möge, kann er vor Lachen fast nicht weitersprechen. Zwei junge Männer gehen rasch den Gang zwischen den Bänken entlang und schwenken die Beutel für die Kollekte. Doch keiner aus der teuer gekleideten Festversammlung wirft etwas hinein.

Als das Paar die Kirche verläßt, empfängt sie eine ohrenbetäubende Explosion – es handelt sich, wie sich herausstellt, um Feuerwerkskörper. Alle lachen und klatschen, der Bräutigam schüttelt wie ein Grand-Prix-Gewinner eine Flasche Champagner und spritzt die Gäste naß.

Ich bin mit dem Fotografen Luciano Ferrara unterwegs zu dem Empfang. Irgendwo frage ich einen der zahlreichen Polizisten entlang der Straße nach dem Weg, und er weiß genau, wo die Hochzeit der Giulianos stattfindet. Wir fahren durch die Tore eines prächtigen Gartenrestaurants, und Luciano parkt seine alte Klapperkiste zwischen einem Mercedes und einem BMW. Wir haben keine Ahnung, wie man uns begrüßen wird. Der einzige zugelassene Fotograf ist der bewährte Porträtist der Familie. Wir sollten lieber gehen, rät er uns, oder man würde uns verprügeln wie den Kameramann von Kanal 5, der versuchte, den Fototermin am Morgen zu filmen. Ich stehle mich an mehreren Wachposten vorbei, die im Smoking umherschlendern, und steuere direkt auf Pio Vittorio zu, den Großvater der Braut, der im Garten steht und die Gäste mit einem breiten Lächeln begrüßt. Er heißt uns zu dem Fest willkommen und schüttelt uns freundlich die Hand. Und während wir durch den Garten schlendern und die schwimmende Insel im Swimmingpool betrachten, erzählt er uns, wie er zum letzten Mal nackt im Meer gebadet hat.

Die Braut rauscht in den Garten und zieht dabei eine sechs Meter lange Schleppe hinter sich her, was ihr sichtlich Mühe bereitet. Ihr junger Ehemann ist an ihrer Seite. Das Paar läßt zwei Pfauentauben frei, der Bräutigam zerschneidet ein quer über den Weg gespanntes Band – Symbol der vor mindestens sechs Monaten verlorenen Jungfräulichkeit. Die Gäste erhalten eine ausgehöhlte, mit Champagner-Cocktail gefüllte Ananas. Marianna, die mit ihren großen blauen Augen und ihren schwingenden blonden Haaren Lucy Ewing aus der Fernsehserie *Dallas* verblüffend ähnlich sieht, faucht ihre Brautjungfer an, weil sie die Schleppe verdreht hat.

Am Eingang des luxuriösen, vergoldeten Speisesaals sind vier Männer damit beschäftigt, auf Knien Hunderte von Austern zu öffnen. Ein Conférencier brüllt durch ein Mikrofon, und 300 Gäste in Kleidern von Versace und Valentino balancieren auf zehn Zentimeter hohen Absätzen zu ihren Plätzen. Männer in schimmernden Anzügen und mit protzigem Goldschmuck behangen küssen sich auf beide Wangen. Sie ignorieren den Wein in den Eiskübeln und bestellen Coca-Cola.

Wenn ein wichtiger Gast hereinkommt, stehen ganze Tischreihen auf und applaudieren; die Männer eilen auf ihn zu und schütteln seine Hand wie einen Pumpenschwengel. Das alles kommt einem ungemein bekannt vor. Den Ermittlern zufolge sehen sich Mitglieder der Mafia geradezu zwanghaft immer wieder alle *Paten*-Filme an. Jedesmal, wenn die Polizei eine Mafia-Wohnung durchsucht, findet sie drei oder vier *Paten*-Videos im Regal. Manche sagen – vielleicht aus Bosheit –, die modernen Mafiosi würden sich die Filme anschauen, um daraus zu lernen, wie sie aussehen und wie sie sich benehmen sollten.

Einer der berüchtigten Giuliano-Zwillinge schlendert vorbei, er trägt einen weißen Smoking mit breitem Revers (offensichtlich hat er eine andere Reinigung gefunden), sein Haar ist hinten und an den Seiten rasiert. Ich sitze neben dem gutaussehenden jüngeren Bruder der Zwillinge, der immer so wirkt, als würde er schmollen, und seiner attraktiven, dunkelhaarigen Verlobten. Mariannas Schwester Gemma – sie trägt einen schwarzen Hosenanzug und hat sich im Stil von Maria Callas geschminkt, erzählt mir von ihrer eigenen Hochzeit vor sechs Jahren. »Es war ein komisches Gefühl, daß die Presse vor der Tür Randale machte, weil sie herein wollten. Ich kann nicht verstehen, warum sich die Leute so für uns interessieren.«

Donna Carmela stürmt vorbei und schleudert ihre hochhackigen Schuhe in gespieltem Ärger über den Fußboden. Sie trägt einen rotbraunen, seidenen Unterrock unter einem bodenlangen Kleid aus Spitze und eilt lachend und schwatzend zwischen den Tischen hin und her. »Ja, es ist schade, daß mein Mann nicht hier sein kann«, pflichtet sie einem Gast bei. Dann stürzt sie fröhlich davon, um eine weitere Gruppe schillernder, braungebrannter Gäste zu begrüßen.

Das Hochzeitsmahl beginnt mit Austern und Champagner. Danach folgen zahlreiche Gänge: Tintenfisch; Prosciutto, Melone und Büffelmozzarella; ein halber Hummer; Pasta mit *pancetta* und Zucchini; Seebarsch mit Garnelen. Und das ist nur die erste Hälfte. Ein Gericht nach dem anderen wird von einem Heer einheitlich gekleideter Kellner aufgetragen und, kaum angerührt, wieder abgeräumt. Als die Musik einen Moment innehält, kündigt der Conférencier einen besonderen Auftritt des Onkels des Bräutigams an. Onkel Franco überreicht dem glücklichen Paar einen großen, silbernen Teller mit einer eingravierten überschwenglichen Botschaft. Dann ergreift er das Mikrofon und spricht, zu Tränen gerührt, ein paar Worte.

Mafia-Hochzeiten sind feudale Anlässe: Ein Bankett für Hunderte bedeutender Gäste bietet dem Boß Gelegenheit, den Reichtum und die Macht der Familie zur Schau zu stellen. Und für die Gäste ist es eine Gelegenheit, die extravagante Gesten erlaubt. Ein Empfang kann dazu beitragen, Bündnisse zu festigen. Deshalb werden vor dem Gebäude Polizeifotografen postiert, die Aufnahmen von den einflußreichen Freunden der Familie machen. Bei Gemmas Hochzeit kamen die Polizeibeamten sogar in den Speisesaal und schauten sich die versammelten Gäste genau an.

Die Familie des Bräutigams, der Mazzarella-Clan, geriet mit den Giulianos in den achtziger Jahren in Konflikt, als Ciro Mazzarella die Camorra unter seine Kontrolle bringen und und Luigi Giulianos Nuova-Famiglia-Bündnis isolieren wollte. Einmal wurde ein Mitglied der Mazzarella-Familie ins Poggioreale-Gefängnis in Neapel geschickt, um Luigi Giulianos Bruder Carmine zu erschießen, verletzte ihn aber lediglich an den Beinen. Mariannas Schwangerschaft machte aus einer Teenager-Romanze ein Band des Friedens und vereinte zwei Camorra-Familien, die sich seit über einem Jahrzehnt bekriegten. Wirklich seltsam, daß der König nicht hier ist.

Da mich die jüngeren Mitglieder der Giuliano-Familie langweilen – sie bestehen darauf, nur im neapolitanischen Dialekt zu sprechen –, setze ich mich neben den Patriarchen Pio Vittorio und seine blonde Freundin. Sie zog vor zehn Jahren mit ihm zusammen, nachdem seine Frau bei der Geburt ihres neunten Kindes gestorben war. Pio Vittorio erzählt mir, daß sie, obwohl inzwischen über fünfzig, in der Presse noch immer als seine 18jährige »Kleine« bezeichnet wird.

Der Conférencier kündigt mehrere hochkarätige Gesangsstars aus Neapel an. Die meisten wurden als Hochzeitsgeschenk engagiert. Als die Band die ersten Takte des Sommerhits »La Macarena« anstimmt, eilt Donna Carmela als erste hinauf zu den Formationstänzern. Die Großtante der Braut, eine lustige Alte, in schwarze Spitze gekleidet und mit einer dickrandigen Brille auf der Nase, erhebt sich schwerfällig und tanzt für sich alleine.

Alle sind sich darin einig, wie schade es ist, daß Luigi Giuliano der Hochzeit seiner jüngsten Tochter nicht beiwohnen kann, doch niemand liefert eine Erklärung. Die Hochzeitsgäste scheinen für direkte Fragen regelrecht taub zu sein. Dem offiziellen Fotografen zufolge liegt Luigi wegen eines Herzleidens im Krankenhaus. Dem Fotografen, mit dem ich hergefahren bin, ist zu Ohren gekommen, er stehe nach einer Drogenrazzia unter Hausarrest. Ein Starsänger des Abends gibt einen Song des Königs zum besten, eine ergreifende Ballade über seine Sehnsucht nach Neapel, wenn er nicht in der Stadt sein kann. Alle applaudieren mit Tränen in den Augen. Pio Vittorio, Luigis Vater, trinkt eine Flasche Champagner aus und winkt energisch nach einer weiteren. »Ja, was für ein Pech, daß er nicht hier sein konnte.« Er zuckt die Achseln, lächelt und fährt in seiner selbstironischen Geschichte fort, die davon handelt, wie er immer versuchte, das Haar auf seinem kahlen Kopf wachsen zu lassen.

Der Anwalt der Familie, Anyo Arcella, tritt ein und wird mit Küssen und Willkommensrufen begrüßt. Donna Carmela eilt ihm entgegen und geleitet ihn an seinen Platz am ersten Tisch. Arcella, der seit Jahrzehnten Familienmitglieder der Giulianos aus dem Gefängnis herausholt, ist eine lokale Berühmtheit und ein Ehrengast. Wie die meisten Anwälte von Mafia-Familien vermittelt er zwischen der Familie und der Außenwelt. Gleichzeitig fungiert er als Pressesprecher der Familie und als Berater, der Tips für ihre Selbstdarstellung in der Öffentlichkeit gibt.

Arcella schaut sich um und lächelt nachsichtig über die Zeichen von Überfluß und Luxus, als wäre er von einem anderen Menschenschlag. (Gegen ihn wurde mehrmals wegen Mitgliedschaft in einer Mafia-Vereinigung ermittelt, und einmal wurde er der Beihilfe überführt.)* Er vertraut uns an, daß Luigi Giuliano deshalb nicht anwesend ist, weil er sich am Abend zuvor mit Carmela gestritten hat. »Wenn die beiden sich zanken, geht es wirklich hart zur Sache. Sie schlägt ihn, Porzellan geht kaputt, sie schleudert alles auf ihn, was sie in die Finger bekommt. Diesmal haben sie sich wegen einer Freundin gestritten. Er hat eine Schwäche für junge Mädchen, und seine Frau bringt das auf die Palme. Aber keine Sorge, in ein oder zwei Tagen versöhnen sie sich wieder.«

Der Abend schreitet fort, und die Braut trägt ihren riesigen Reifrock mit sichtlicher Anstrengung. Ihr frischgebackener Ehemann folgt ihr überallhin, wirkt dabei ein wenig verloren. Er hat bereits gemerkt, daß die Giuliano-Frauen eine nicht zu unterschätzende Macht darstellen.

Donna Carmela legt eine kurze Pause ein, um sich mit dem Anwalt zu unterhalten. Plötzlich winkt sie mir und führt mich dann unter dem Gelächter und dem Applaus der Gäste mitten auf der Tanzfläche durch einen flotten Samba. Fröhlich tanzt sie zwischen den Tischen, die Gäste klatschen bewundernd. Sie steht im Mittelpunkt der Aufmerksamkeit. Es ist ihr Tag.

* Zwei Monate später wurde Arcella erschossen, als er auf dem Heimweg von einem spätabendlichen Treffen mit Carmela Marzano an einer Verkehrsampel wartete.

4
ERPRESSUNG: DIE TÖDLICHEN BESCHÜTZER

An der Straße entlang der ionischen Küste, in der schönen, wilden Berglandschaft Südkalabriens, sind alle Schilder von Kugeln durchlöchert. Die Straßen sind mit Rissen und Schlaglöchern übersät und werden nicht repariert – das sagen zumindest die in dem Gebiet stationierten Carabinieri –, damit Gangster leichteres Spiel haben, wenn sie Autofahrer überfallen und mit Schußwaffen bedrohen. Lange Abschnitte der Küstenlinie sind unerschlossen. Der Tourismus wird ferngehalten, damit unbemerkt Drogen und Waffen an Land geschafft werden können. Im Jahr 1991 wurde eine Gruppe junger Männer in Taurianova, einer kleinen Stadt im Hinterland, verhaftet, weil sie Schießübungen mit einem menschlichen Kopf durchgeführt hatten.[1]

Kalabrien ist seit jeher vom übrigen Italien abgeschnitten, erst seit 1980 verbindet eine Autobahn Reggio Calabria mit Neapel und seinem Hinterland. Den relativen Wohlstand Norditaliens hat diese Region, in der Traditionen besonders fest verankert sind, nie erreicht, Staatsbeamte werden hier als unerwünschte Eindringlinge betrachtet. (In einer kleinen Küstenstadt feiern die Männer den Silvesterabend, indem sie auf ihren Motorrädern unablässig die Polizeiwache umkreisen und auf die Fenster schießen.) In dem Machtvakuum, das durch die Feindseligkeit der Region gegenüber der Zentralregierung entstand, entwickelte sich die kalabrische Mafia, die 'Ndrangheta,[2] und das Territorium wurde zwischen lokalen Diktatoren aufgeteilt.

Über 40 Jahre lang kämpften die 'Ndrangheta-Clans heftig um die Herrschaft über die Region. Lange Zeit gab es keinerlei staatliche Kontrolle, und in erbitterten, blutigen Kämpfen zwischen den verschiedenen Clans starben mehr als 2000 Menschen, darunter auch Frauen und Kinder. Zu einem bestimmten Zeitpunkt war auf all diejenigen, die es wagten, gegen die Mafia auszusagen, ein Preis pro Kilogramm Körpergewicht ausgesetzt.[3]

Der Ankläger Salvatore Boemi sitzt in seinem abgedunkelten Büro in dem heruntergekommenen, verdreckten Gebäude, das das Gericht von Reggio Calabria beherbergt. Er arbeitet wie im Belagerungszustand – ein Vertreter des Staates, der seinem Schicksal überlassen wurde. Sein Blick schweift quer durch den Raum zu den Hunderten von Bänden mit Gerichtsakten, die Zeugenaussagen gegen 300 Mitglieder der 'Ndrangheta enthalten. Er erklärt mir, daß die kalabrischen Clans ihre eigene Gegenregierung haben. »Sie haben Soldaten, die jeden Fremden im Auge behalten. Sie haben Inkassobeauftragte, die sehr viel effizienter Steuern eintreiben als der Staat. Und sie haben normale Bürger, die dem Staat nicht vertrauen und sich darum lieber mit dieser Organisation einlassen.«

Mit seinem grauen Bart und dem khakifarbenen Arbeitsanzug wirkt Boemi hinter seinem Schreibtisch wie ein Guerrilla-Führer. »Es herrscht Bürgerkrieg«, fährt er fort. »Der Staat verharmlost die Lage. Doch in Wirklichkeit ist die Regierung der Mafia sehr viel mächtiger als die Republik.«[4]

Die Ermittler haben herausgefunden, daß die Unterwelt der 'Ndrangheta zum Teil deshalb so undurchdringlich ist, weil ganze Clans miteinander verwandt sind. Die Familie ist der Kern der Organisation, die kriminelle Zelle. Während in den anderen Regionen Italiens Hunderte abtrünniger Mafiosi in Prozessen ausgesagt haben, sind es in Kalabrien verschwindend wenige, denn wer hier mit den Behörden kooperiert, muß unweigerlich gegen die eigenen Familienangehörigen aussagen.

In diesem alternativen, auf Familienbande gründenden Staat spielen die Frauen eine zentrale Rolle, und zwar nicht nur als moralische Autorität der Familie, sondern auch als aktiv Handelnde. Jahre und Jahrzehnte dauernde Fehden zwischen den Clans zwingen die Männer, über lange Zeiträume im Untergrund zu leben, und dann übernehmen Schwestern, Mütter oder Ehefrauen automatisch ihre

Aufgaben. Die Familien üben wie Feudalherren ihre Macht über die Territorien aus, indem sie Schutzgelder kassieren. Weibliche Familienmitglieder werden von den Einheimischen respektiert, denn sie wissen, wen sie vertreten, und bemühen sich deshalb um gute Beziehungen.

'Ndrangheta-Familien schmieden oft durch Heirat Bündnisse und weiten auf diese Weise ihr Territorium aus. Antonino Imerti, der Boß von Villa San Giovanni, verdankt seine herausragende Stellung in der kalabrischen 'Ndrangheta seiner Heirat, einer strategischen Übereinkunft, welche die Macht zweier Familien über ein ausgedehntes Gebiet vereinigte. Arrangierte Heiraten wie diese schützen Sippen vor dem Eindringen Außenstehender. Es heißt, Imertis Feinde betrachteten ihn seit jenem Tag, an dem er Giuseppa Condello zum Traualtar führte, als eine ernsthafte Bedrohung.

Boemis Ermittlungen über den Imerti-Condello-Clan konzentrierten sich auf Giuseppa Condello und ihre jüngere Schwester, zwei Hauptakteure bei den Erpressergeschäften des Clans.

Kalabrien befand sich viele Jahre lang in der Hand der Familie De Stefano. Mitte der achtziger Jahre erklärte Antonino Imerti, *nanu feroce*, »böser Zwerg« genannt, dem De-Stefano-Imperium den Krieg. In jener Nacht im Jahr 1986, als der Boß Paolo De Stefano erschossen wurde, war Imerti bereits untergetaucht, auf der Flucht vor der unvermeidlichen Vergeltung. Polizeiermittler schlossen sich rasch der Jagd an. Die Familie De Stefano forderte Vergeltung und geriet durch rivalisierende Clans stark in Bedrängnis. Der Krieg eskalierte über Monate und streckte sich über Jahre hin. 1990 belief sich die Zahl der Toten auf über 800. Schließlich gab es kein Halten mehr, die rivalisierenden Gruppen planten den endgültigen Vernichtungsschlag: Imertis Männer stiegen am hellichten Tag in ihre Autos und machten sich auf die Jagd. Sie erschossen jeden irgendwie mit der gegnerischen Familie Verwandten, den sie zu Gesicht bekamen, auch wenn sie dazu über belebte öffentliche Plätze und Café-Tische hinweg feuern mußten.

Imerti hielt sich die ganze Zeit über in den undurchdringlichen Gebirgsausläufern des Aspromonte versteckt und wich Polizeibeamten und Mafia-Kugeln aus. Er stellte eine Funkverbindung zu seinen Männern her, da er glaubte, dies sei sicherer als das Telefon. So gelang es ihm, mit Mitgliedern seines Killerkommandos in Kontakt zu bleiben.

Kriminalbeamte machten jedoch die Wellenlänge der Gangster ausfindig und zeichneten etliche Stunden Gespräche auf. Dadurch konnten sie die gesamte Gruppe identifizieren (obwohl die Mitglieder versuchten, sich hinter allerdings durchsichtigen Decknamen zu verbergen). Bei einer Gelegenheit hörten die Ermittler, wie drei oder vier von Imertis Männern ein Opfer einkreisten. Die Bande hielt Funkkontakt, während das Opfer von der Frau eines Killers verfolgt wurde. Diesmal konnte das Opfer entkommen. Ein anderes Mal hörte die Polizei über Funk die Schüsse, als Imertis Männer einen Mord begingen.

Imerti hielt auch ständigen Kontakt mit seiner Frau Giuseppa Condello, die in Villa San Giovanni blieb, während er sich in einem Unterschlupf oben in den Bergen versteckte. Sie war seine Spionin, seine Vertreterin und seine Botschafterin. Sie sprachen mindestens einmal am Tag miteinander, und sie informierte ihn über alles, was in seinem Territorium vor sich ging.

Nach den Gesprächen des Paares zu urteilen, ist die Ehefrau eines Mafia-Bosses, der versteckt lebt, in einer ähnlichen Situation wie die Sekretärin eines Firmenchefs, der im Krankenhaus liegt und nicht gut delegieren kann. Bei ihren täglichen Gesprächen fragte Imerti seine Frau, wen sie gesehen habe, mit wem sie zusammen gewesen sei, was sie gesprochen hätten. Giuseppa war für die Buchhaltung zuständig, Imerti wollte wissen, wer Schutzgeld bezahlt hatte und wieviel. Dann gab er ihr Anweisungen, wie sie das Geld aufteilen sollte. Die Menschen kamen zu ihr und baten sie um einen Gefallen; sie sollte Bitten an ihren Mann weiterleiten, die dringend einer Antwort bedurften. All das rekapitulierte sie, wenn sie am Ende des Tages mit Imerti sprach.

Während der erzwungenen Abwesenheit ihres Mannes führte Giuseppa mit Unterstützung ihrer Schwester die Erpressungen fort. Wenn ein neues Unternehmen eröffnet wurde, nahmen sie Kontakt mit dem Inhaber auf und diktierten die Zahlungsbedingungen; bei ihren monatlichen Runden kassierten sie dann das Geld. Wie Imerti selbst zugab, sind Frauen dabei oftmals erfolgreicher als Männer, denn sie können auch ohne Waffen wirksam drohen.

Alle Einwohner von Villa San Giovanni bezahlten Imerti Schutzgeld, vom Immobilienmakler bis hin zum Friseur. In einer Gegend, in der es keine nennenswerte Industrie und nur in ganz geringem Maße legale Möglichkeiten zum Geldverdienen gab, hatte ein kleiner Geschäftmann gar keine andere Wahl. Das Erpressersystem spannt seine Netze über ein weites Gebiet. Sobald die 'Ndrangheta-Familien mit bewaffneter Stärke ihre Macht über ein Territorium begründet haben, überziehen sie in der Regel das ganze Gebiet mit einem Netzwerk von Vettern, Neffen, angeheirateten Verwandten und jüngeren Schwestern. Nur wenige Geschäftsleute zahlen kein Schutzgeld, fast alle sind irgendwie in die Ranken und Äste des Mafia-Gestrüpps verwickelt.

Imerti und seine Frau gewöhnten sich daran, getrennt zu leben, und Giuseppa legte ihm gewissenhaft über jeden ihrer Schritte Rechenschaft ab. Sie berichtete ihm über die Lieferung von »Hemden« in versiegelten Umschlägen, er gab ihr die Anweisung, »Zwiebeln« und »Postkarten« zu bestellen. Einmal schaltete sich ihre jüngere Schwester Caterina, »Junior« genannt, in das Gespräch ein und erzählte, sie habe Probleme mit einer Lieferung »Öl«. Der Mann, der ihr Geld schulde, sei nie zu Hause, wenn sie anrufe, und seine Frau habe immer eine Ausrede parat.

Imertis Frauen waren in dem Bezirk allgegenwärtig, und sie übten einen ständigen Druck auf Familien und Unternehmen aus, doch hin und wieder war eine etwas energischere Vorgehensweise vonnöten. Imerti versprach »Junior«, sich um die Sache zu kümmern: »Geh nicht wieder hin, es ist nicht nötig.«

In einem Gespräch berichtete Giuseppa Condello über ein Treffen mit einem Gastwirt am Ort, einem von Imertis »Kunden«, den sie »Lampenmann« nannte. Ein rivalisierender Clan hatte sich bei ihm gemeldet und gedroht, in seiner Wirtschaft alles kurz und klein zu schlagen, wenn er nicht bezahle. Er fürchtete sich weniger vor der feindlichen Bande als vor der Reaktion Imertis, wenn der erfahren würde, daß er einem anderen Boß Geld bezahlte. Giuseppa beruhigte ihn: »Ich habe ihm gesagt, daß du kein Pate bist.« Der »Lampenmann« bat Giuseppa, ihren Gatten an die »Botschaft« (Zahlung) zu erinnern, die er geschickt hatte. Gleichzeitig berief er sich auf ihre Freundschaft. Giuseppa beschwichtigte ihn und bot ihm ihre Hilfe an, doch beide wußten, daß mit ihr nicht zu spaßen war.

»Beunruhigender als die Tatsache, daß der Industrielle oder der kleine Geschäftsmann an die 'Ndrangheta Schutzgeld bezahlt«, sagt Boemi, »ist die verquere Beziehung, die der Clan zu diesen Menschen aufbaut. Nach einer gewissen Zeit wird der Clan zu einer Art Versicherungsgesellschaft, und der Unternehmer muß Geschäfte mit der 'Ndrangheta machen. Die meisten Menschen fänden solche Geschäftsbeziehungen erniedrigend und erschreckend, aber nur dank der Garantie der Mafia kann der Unternehmer überhaupt weiter tätig sein.«

Ganz normale Menschen sehen sich zur Kooperation mit der Mafia gezwungen, in einer Art Gruppendruck, der mit dem Begriff *omertà* romantisiert wurde. Doch die Grundlage der sozialen Beziehungen ist Angst, und das moralische Empfinden der Menschen wird durch den Terror verzerrt. »Der Staat fordert die Bürger Kalabriens auf, sich gegen die 'Ndrangheta zu erheben«, sagte ein Mitglied der Vereinigung Frauen gegen die Mafia in Reggio Calabria. »Aber wenn wir uns gegen sie erheben, bringen sie uns um. Wie kann man das von einem gewöhnlichen Menschen verlangen?« Wenn dies der Standpunkt einer erklärten Mafia-Gegnerin ist, dann verwundert es nicht, daß nur sehr wenige ganz gewöhnliche Menschen nein sagen, wenn Giuseppa Condello oder ihre jüngere Schwester ihnen einen Besuch abstatten.

Die enge Beziehung zwischen Imerti und seiner Frau zeigt, daß sich eine arrangierte Heirat zu einem festen Band gegenseitiger Liebe, Abhängigkeit und Achtung entwickeln kann. Mitunter redeten sie über eine Stunde lang. Sie litt unter morgendlicher Übelkeit und hatte keinen Appetit. Er machte sich Sorgen um sie, befürchtete, daß sie zuwenig esse und erklärte ihr, er vermisse sie und die Kinder.

Imerti: Wie geht's dir, *Bella?*

Condello: Ich weiß nicht, ich fühle mich nicht sonderlich gut. Ich habe zwar keine Schmerzen, aber ich bin wie benommen.

Imerti: Na, was machen wir bloß mit dir? Du mußt auf dich aufpassen!

Condello: Ich weiß, ich weiß, ich passe ja auf mich auf, vielleicht zu sehr, vielleicht ist es das. Wenn ich mich ein bißchen mehr gehen lassen würde, wäre es vielleicht ... Ich vermisse dich so sehr.

Imerti: Das hör ich gerne.

Condello: Ich konnte es kaum erwarten, daß du anrufst. Ich warte seit Viertel vor zehn, und ich habe mir vorgenommen, dich zu bitten, daß du früher anrufst, weil die Warterei so schrecklich ist.[5]

Sie hatte oft Depressionen, die Trennung belastete sie, es wurde ihr zuviel, daß sie all seine Anweisungen behalten mußte, wenn es ihr nicht gut ging. »Und sonst? Gibt es sonst noch Neuigkeiten?« fragte er zum hundertsten Mal. »Ja, also, ich habe Pizza gebacken«, antwortete sie. Ein anderes Mal sagte er, nachdem sie eine Weile miteinander gesprochen hatten: »Also, ich glaube, nun fällt mir nichts mehr ein.« Weil sie über jeden Kontakt mit ihm so froh war, schlug sie vor: »Wenn du willst, warte ich einfach in der Leitung, falls dir doch noch etwas einfällt.«

Während Giuseppa Condello und ihr Mann ihr Alltagsleben und die geheimen Angelegenheiten des Clans in allen Einzelheiten erörterten, hörten Kriminalbeamte mit. Die Gespräche wurden das ganze Jahr 1990 hindurch mitgeschnitten, und im Dezember wurden die Hauptakteure verhaftet. Der Prozeß gegen Imerti sowie vierzig Mitglieder seiner Organisation endete für Giuseppa Condello mit einer Verurteilung zu 14 Jahren Haft wegen Erpressung und Mitgliedschaft in einer Mafia-Vereinigung. »Ausnahmsweise einmal«, sagt Boemi, »konnte ich den Richter ohne Schwierigkeiten davon überzeugen, daß die Frauen eine wichtige Rolle spielten.«

Imertis Stellvertreter zufolge, der später ausstieg und mit der Justiz kooperierte, war Imerti über die Verurteilung seiner Frau mehr aufgebracht als über alles andere, was in dem Prozeß geschah – und zwar so sehr, daß er den Plan faßte, Salvatore Boemi zu ermorden.

Ein Mafia-Boß betrachtet eine Gefängnisstrafe als Berufsrisiko, und viele operieren ungehindert weiter aus Italiens Gefängnissen heraus. Nach der Verhaftung seiner Frau befand Imerti sich in großen Schwierigkeiten. Ohne seine Schläger vor Ort und ohne seine Frau, die ihn in seinem Bezirk vertrat und die Gelder von »seinen« Leuten kassierte, hatte er keinen Herrschaftsbereich mehr.

Auf der anderen Seite der Meerenge von Villa San Giovanni liegt Messina, Siziliens wichtigster Hafen im Osten, eine Autostunde nördlich der blühenden Stadt Catania. Bis in jüngste Zeit glaubte man, der Osten Siziliens sei nicht von der Mafia unterwandert. Doch im Jahr 1984 wurde der Journalist Giuseppe Fava ermordet, nachdem er es gewagt hatte, Enthüllungen über Verbindungen der Mafia von Catania zu Politik und Wirtschaft zu veröffentlichen.

Seit vielen Jahren herrscht in Catania der schnauzbärtige Mafia-Boß Nitto Santapaola. Er untersteht angeblich nur dem *capo dei capi,* dem Boß aller Bosse, Salvatore (Totò) Riina. Viele kleine kriminelle Gruppen agieren in Santapaolas Schatten. Sie schließen Bündnisse, streiten sich, verdienen Geld mit Erpressungen und bekämpfen sich gegenseitig.

Im Osten Siziliens gab es die größte Zahl von *stidda* oder Splittergruppen, Verbrecherbanden von oft minderjährigen Gangstern und aus der Cosa Nostra Ausgestoßenen. Solche Splittergruppen verdingen sich für die örtliche Mafia-Organisation, erschießen gelegentlich jemanden für den Clan oder setzen ein Gebäude in Brand. Als Gegenleistung dürfen sie ihre eigenen kriminellen Geschäfte betreiben. In Gela, einer Industriewüste an der Südküste, agierte eine solche Jugendbande unter der Führung einer jungen Frau namens Emanuela Azzarelli, genannt »Bonnie«. Die sizilianische Presse hat eifrig dazu beigetragen, den Ruf, den sie seit ihrer ersten Verurteilung wegen eines bewaffneten Raubüberfalls im Alter von 18 Jahren genießt, noch zu vergrößern. Ein Journalist schilderte wortreich, wie sie im Kampfanzug auf dem Dach eines Autos stand und ihre Diebesbande bei einem Straßenüberfall kommandierte – eine Szene wie aus einem Gangsterfilm.

Die Mafia in Catania ist ebenso flexibel wie die Camorra in Neapel, und davon profitieren Frauen, die eine kriminelle Karriere anstreben. »In Neapel«, sagt der in Catania beheimatete sizilianische Historiker Salvatore Lupo, »haben wir Rosetta Cutolo, die mit der Leitung der Organisation beauftragt wurde, weil ihr Bruder im Gefängnis saß. In Palermo, wo die Organisation eine sehr starre Struktur hat, wäre das nie möglich gewesen. Wenn der Boß ins Gefängnis wandert, nimmt der nächste innerhalb der Hierarchie seinen Platz ein und niemals ein Familienmitglied. Wo die Strukturen weniger starr sind wie etwa in Catania, kann es durchaus sein, daß auf einmal die Ehefrau seine Geschäfte leitet.«[6]

Eine Frau in Catania gelangte aus eigener Kraft an die Spitze eines Clans, eine Frau, die schon in jungen Jahren für ihre Skrupellosigkeit berüchtigt war. Bauunternehmer aus der Gegend boten ihr enorme Geldsummen an, sogar ganze Wohnungen, um sie sich vom Leibe zu halten. Gegenwärtig sitzt sie in einem für Mafiosi reservierten Hochsicherheitstrakt ein. Nur wenige Frauen zeichnen sich durch eine derart harte Strafe aus.

Am 27. Dezember 1994 traf ein merkwürdiges Telegramm im Gazzi-Hochsicherheitsgefängnis im ostsizilianischen Messina ein. Es war für Antonino Cintorino bestimmt, einen Mafia-Boß, der dort eine lebenslange Haftstrafe wegen Mordes verbüßte. Das Telegramm kam von seiner Frau. Der Text lautete: »Liebling, ich kann es kaum erwarten, bis ich wieder bei dir sein kann. Liebling, du brauchst dich um nichts zu sorgen, die Pferde sind alle wohlbehalten im Stall, denn hier draußen ist es kalt. Hier ist alles okay. Ich liebe dich über alles in der Welt ...«[7]

Cintorino war der Anführer einer Organisation, die in Calatabiano operierte, einer kleinen Stadt zwischen dem Ätna und dem Meer, unweit des Ferienortes Taormina. Natürlich besaß er keine Pferde. Sein Clan führte mit einem weiteren Clan, bekannt als die Carrapipani, einen erbitterten Krieg um lukrative Schutzgelderpressungen. Nachdem Cintorino die Oberhand gewonnen hatte, konnte niemand einen Laden eröffnen oder auch nur einen Schuppen bauen, ohne eine monatliche Abgabe an Cintorinos Bande zu bezahlen. Cintorino lieh örtlichen Geschäftsleuten Geld zu erdrükkenden Zinssätzen. Ein Unternehmer mußte Cintorino und seiner

Frau eine Wohnung in einem neuen Wohnblock überlassen, in dem sie sich häuslich niederlassen wollten.

1993 wurde Cintorino verhaftet. Doch die örtliche Polizei mußte feststellen, daß Cintorinos Clan ungestört weitermachte, als der Boß seine Strafe antrat. Geschäftsleute bezahlten nach wie vor regelmäßig Geldbeträge an die Organisation, und gierige Splittergruppen, die in den Randgebieten von Cintorinos Territorium wilderten, wurden in Schach gehalten.

Um herauszufinden, wie die Organisation ohne ihren Boß so erfolgreich operieren konnte, installierten Ermittler in Cintorinos Wohnung eine Abhörwanze und zapften die Telefonleitung an. Beim Abhören der Bänder erlebten sie eine unangenehme Überraschung.

Aus etlichen im Januar 1995 geführten Gesprächen ging hervor, daß Cintorinos Clan das Gebiet noch immer fest unter Kontrolle hatte und von örtlichen Geschäftsleuten Schutzgelder kassierte. Ein Bauunternehmer namens Martino Magro schuldete einem Handwerker, anscheinend einem Klempner, einen beträchtlichen Geldbetrag für Arbeiten in einer Wohnsiedlung. Der Klempner konnte Magro nicht zum Zahlen bewegen und wandte sich schließlich an die örtliche Mafia, die ihm helfen sollte, zu seinem Geld zu kommen. Daraufhin stattete eine Bande von Schlägern Magro einen Besuch ab. Magro bekam es mit der Angst zu tun und wandte sich ebenfalls an den Mafia-Boß mit der Bitte um Vermittlung. Der Boß war niemand anders als Maria Filippa Messina, Cintorinos Frau.

Magros Unterredung mit Messina wurde von der Polizei aufgezeichnet. »Hören Sie, ich wollte Ihnen nur sagen, daß ich mich sehr gefreut habe, als ich hörte, daß die Person, der ich das Geld geben soll, jemand so ... Ja, ich war froh, sehr froh, jetzt weiß ich, was ich tun muß. Jetzt kenne ich die Parole ... Nun, sagen Sie mir, was ich tun soll und an wen ich bezahlen soll ... Letzte Nacht konnte ich nicht schlafen, weil ... Maria, ich bin ein wichtiger Mann in dieser Gegend, ich kann mir keine Probleme leisten.«

Maria Filippa Messina war erst vierundzwanzig, als ihr Ehemann zu lebenslanger Haft verurteilt wurde. Trotz ihrer Jugend beschloß sie, daß sich nichts ändern sollte und daß sie seinen Platz an der Spitze des Clans einnehmen würde. Innerhalb weniger Monate hatte sie sich als fähige Stellvertreterin erwiesen. Sie beschaffte Waffen aus dem ehemaligen Jugoslawien, rüstete ihre Männer aus und erpreßte weiter Schutzgelder. Bald flößte ihr Name überall Angst und Schrekken ein.

Ein späterer Besuch, den der unglückselige Bauunternehmer dem Boß abstattete und der ebenfalls von der Polizei aufgezeichnet wurde, brachte zutage, daß die Kontaktaufnahme mit der Bande den Unternehmer noch tiefer in Schwierigkeiten gebracht hatte: Sie hatten ihm Geld geliehen, damit er seine Schulden begleichen konnte, forderten aber eine Rückzahlung zu mörderischen Zinssätzen. Der unterwürfige Ton des Bauunternehmers, eine Mischung aus Angst und Dankbarkeit, zeigt die besondere Macht der Erpresserin. Sie bot ihm wirksamen Schutz vor ihren eigenen Schlägern an. Und er stand mit dem Rücken zur Wand.

»... Ich schwöre, es war genau ein Monat, und nicht ein einziger Tag darüber ... sobald ich kann, machen Sie sich keine Sorgen. Sie können sicher sein, daß ich dasein werde ... Sie wissen doch, ich bin überglücklich, daß ich Ihnen das Geld bringen kann. Ich kann gar nicht sagen, wie glücklich ich bin, da ich nun weiß, daß ich mich auf diese prächtigen jungen Männer verlassen kann, falls ich jemals in Schwierigkeiten gerate.«

Die Mafia entstand im Sizilien des 19. Jahrhunderts, um die Bauern vor den nicht ortsansässigen Grundbesitzern zu schützen, die sie schlecht behandelten. Doch diese Mittelsmänner, die *gabellotti,* wurden mehr und mehr zu Verwaltern, die gern selbst die Zügel in der Hand hielten. Sie ließen die Bauern für sich arbeiten, beuteten sie aus und stahlen den Reichen ihr Land. Doch obwohl sie immer gieriger und mächtiger wurden, konnten sie ihr Image als Beschützer des einfachen Volkes aufrechterhalten. Die Unterstützung einfacher Menschen ist für die Mafia ein wesentliches Element ihrer Macht. Der Mafia-Boß zwingt kleine Unternehmen, als ein Zeichen der Loyalität Schutzgeld zu bezahlen. Als Gegenleistung ist der Boß verpflichtet, den Unternehmer vor Drohungen oder dem Eindringen anderer Mafiosi zu schützen. Doch nun ist der Unternehmer dem

Mafia-Boß ausgeliefert, und wenn er nicht zahlt, kann sein Beschützer ihn vernichten.

»In den ärmeren Gegenden ist der Glaube an die beschützende Macht der Mafia groß«, erklärt mir Lupo. »Dieser Glaube entsteht aus Angst oder vielleicht aus einer Mischung von Angst und Gehorsam. Es ist eher so etwas wie der Konsens unter einem totalitären Regime. Es gibt einen Konsens, doch er wird durch Zwang erreicht.«[8]

Maria Filippa Messina wußte, wie man die Verwundbarkeit von Geschäftsleuten ausnutzen konnte, und ihr Clan verfügte über die nötige Feuerkraft, um sicherzustellen, daß niemand die Zahlung verweigerte oder Dummheiten machte, etwa zur Polizei ging. Darüber hinaus nutzte sie die lockere Struktur der Mafia in Catania, um nach der Macht zu greifen. Nachdem sie an der Stelle ihres Mannes die Leitung der Organisation übernommen hatte, mußte sie dafür sorgen, daß die Männer ihre Autorität respektierten. Wichtige Entscheidungen wurden dem im Gefängnis sitzenden Boß vorgelegt, doch meist benutzte Maria ihren eigenen Verstand. (Aus den Niederschriften der Gespräche, die heimlich in ihrer Wohnung aufgezeichnet wurden, geht eindeutig hervor, daß sie die einzige in der Bande war, die über nennenswerte Intelligenz verfügte.) Nicht alle von Cintorinos Männern waren jedoch bereit, nur dazustehen und zuzusehen, wie seine Frau die Macht an sich riß. So entwickelte sich ein Machtkampf zwischen Maria und Cintorinos Stellvertreter Saro, der auf der Flucht vor der Polizei war und sich irgendwo in der Nähe von Catania versteckt hielt.

Als sich Messina bemühte, die Finanzgeschäfte des Clans unter ihre Kontrolle zu bringen und Geld für die rechtliche Vertretung ihres Mannes aufzutreiben, stellte sie fest, daß sie von einem unsichtbaren Rivalen behindert wurde. Saro wollte seine Position innerhalb des Clans wahren, hielt deshalb das Hauptbuch zurück, in dem die Namen der Unternehmen und die jeweils geschuldeten Summen aufgezeichnet waren, und weigerte sich, Maria die Unterlagen auszuhändigen. Sie war wütend. »Am Monatsende müssen wir eine Menge Zahlungen kassieren«, fuhr sie einen ihrer Fußsoldaten an. »Da er [Saro], wie ich sehe, nicht herkommen kann, werden wir das Geld selbst kassieren müssen. Sag Saro, er soll mir das

Hauptbuch schicken. Wenn ich es habe, kann ich nachsehen, wer uns Geld schuldet. Dann wissen wir wenigstens, wo wir hingehen müssen.«

Da das Kassieren von Schutzgeldern für einen Mafia-Boß das wichtigste Mittel ist, seine Herrschaft über ein Gebiet zu unterstreichen, bekam Messina von einem ihrer Komplizen den Rat, unbedingt diesen Weg einzuschlagen, wenn sie sich als Anführerin etablieren wolle. »Wenn du keine Vereinbarung mit deinem Mann triffst, ist Saro noch immer der stellvertretende Boß … Aber sobald du hinausgehst und mit dem Kassieren der Gelder anfängst, hast du die Befehlsgewalt.«

Doch Saro händigte ihr das Hauptbuch nicht aus, und Maria wurde immer wütender. »Ich will nur dieses Buch, das ist alles … Er sollte es vorbeibringen, er hat es versprochen. Ich könnte es schon längst haben …«

Sie konzentrierte sich bereits auf das Zentrum der Macht: In dem Telegramm, in dem davon die Rede war, daß die Pferde sicher in den Stall gebracht seien, teilte sie ihrem Mann mit, daß es ein Sicherheitsproblem gegeben habe, sie aber damit fertiggeworden sei. Zwischen einem Mann, der im Gefängnis sitzt, und einer Ehefrau, die draußen seine Geschäfte führt, entwickelt sich ein ganz besonderes Verhältnis: Er ist in jeder Beziehung von ihr abhängig, vom Wäschewaschen angefangen bis hin zum Eintreiben seiner Einkünfte. Er muß ihr vollkommen vertrauen.

Die rivalisierende Splittergruppe machte Messinas Organisation weiterhin das Leben schwer und plante einen Vorstoß, um Calatabiano und den nahegelegenen Ort Giardini Naxos unter ihre Kontrolle zu bringen. Die Polizei folgerte aus abgehörten Gesprächen, daß Messina auch im militärischen Sinn die Führung übernommen hatte. Als Reaktion auf die Machtgelüste des gegnerischen Clans plante sie ein Massaker. Sie beabsichtigte, vier Gegner mit einer Bombe in die Luft zu sprengen. Zu diesem Zeitpunkt handelte sie offenbar aus eigener Initiative. (»Ich werde darüber entscheiden, wen es trifft«, schnauzte sie einen ihrer Leutnants an.) Sie nahm Kontakt mit zwei Killern aus Catania auf und sorgte dafür, daß sie nach Calatabiano kommen würden. Sie organisierte Hilfe und logistische Unterstützung für den Mord, mietete Räume an, bestellte Fahrzeuge aus Sizilien und Waffen aus dem ehemaligen Jugoslawien. Ende Januar sagte sie zu einem ihrer Männer am Telefon: »Ich organisiere die Häuser und die Autos, und dann hole ich ihn [den Killer] hierher, damit er den Job selbst erledigt ... Auf diese Weise werden wir sie aus der Stadt schaffen und wenigstens ein bißchen Frieden haben.«

Diese Worte überzeugten die Ermittler beim Abhören der Bänder, daß Maria Filippa Messina tatsächlich die Anführerin einer kriminellen Organisation war. Der Plan, ihre Feinde in die Luft zu sprengen – die Zeitungen fanden dafür die Schlagzeile VIER TODESFÄLLE UND EINE HOCHZEIT[9] – schlug nur deshalb fehl, weil die Polizei Messinas Männer buchstäblich in allerletzter Minute abfing. Messina wurde im Februar 1995 verhaftet und beschuldigt, Anführerin einer Mafia-Organisation zu sein, die mit Drogen und Waffen handelte. Sie wurde der Erpressung, des Mordes, des versuchten Mordes und des unerlaubten Schußwaffenbesitzes angeklagt. Ferner legte man ihr zur Last, Wucher getrieben und Geld erpreßt zu haben. Im Dezember 1996 wurde sie in Isolationshaft gesteckt, unter Hochsicherheitsbedingungen, wie sie gefährlichen Mafiosi vorbehalten sind.

Den Mitgliedern der Cosa Nostra ist es offiziell untersagt, von Prostitution zu leben. Doch wie alle Gebote der »Ehrenwerten Gesellschaft« kann auch dieses mit ein wenig List und Tücke mühelos unterlaufen werden. In dem Morast der Mafia-Splittergruppen in der Gegend von Catania baute der gesetzlose Rumpf der Cosa Nostra – zwei einfallsreiche Frauen, Mutter und Tochter – ein einträgliches Geschäft mit Erpressungen auf, das ihnen die Kontrolle über die Sexindustrie in der Stadt verlieh.

Zwischen 1991 und 1992 trat eine Frau, schlicht »Tante Lucia« genannt, an zahlreiche Prostituierte aus dem Gebiet San Berillo im Zentrum Catanias heran, dem Viertel direkt hinter dem prächtigen barocken Teatro Massimo. Tante Lucia bot an, ihnen eine geringe Geldsumme zu leihen. Viele der Prostituierten waren erst vor kurzem nach Italien gekommen, vorwiegend aus Südamerika, und einige machten von dem Angebot Gebrauch. Die Bedingungen waren hart: Die Prostituierten mußten täglich einen bestimmten Betrag zurückzahlen, und wenn sie auch nur an einem einzigen Tag nicht bezahlten, mußten sie wieder bei Null anfangen. Tante Lucias Zinssätze waren derart hoch, daß die Mädchen unweigerlich bald mit den Zahlungen in Rückstand gerieten, und binnen kürzester Zeit saßen sie in der Falle: Die jungen Frauen, die nach Italien gekommen waren, um sich ein richtiges Leben aufzubauen, sahen sich gezwungen, weiter auf den Strich zu gehen, damit sie die Kredithaie bezahlen konnten.

Die Kontrolle über die Prostitution in Catania war Lucia Niciforo von ihrem Schwiegersohn Orazio Nicolosi anvertraut worden, bekannt als Orazio 'u Lisciu oder »Glatter Horaz«. Er war stellvertretender Boß des Savasta-Clans, der den ältesten Bezirk Catanias beherrscht. Zu Lucias Team gehörte auch ihre Tochter Maria Rosa Vasta, die für den Savasta-Clan die Buchhaltung machte. Lucias Gruppe lieh sich zu einem Zinssatz von 15 Prozent Geld von dem Clan und verlieh es zu Zinssätzen bis zu 200 Prozent weiter an Prostituierte und Bordellbesitzer. Binnen kurzer Zeit mußten die Bordellbesitzer den Großteil ihrer Einnahmen abgeben, um die ständig steigenden Schulden zu begleichen. Und so hatte der Savasta-Clan schließlich die Sexindustrie Catanias fest im Griff. In einigen Fällen marschierten die Gangster einfach herein und übernahmen das Geschäft.

Die Methoden der Schuldeneintreiber waren brutal. Die Mädchen erhielten Besuche von Männern, die sie bedrohten und zusammenschlugen. Zeugen meldeten vor Gericht, sie hätten gehört, wie die Prostituierten sich beklagten: »Tante Lucia droht mir ständig, und sie schickt immer ihre Jungs vorbei. Wenn man einen einzigen Tag nicht zahlt, stehen sie gleich vor der Tür.«[10] Biagia Diano, eine Puffmutter, lieh sich einen unbedeutenden Betrag und schuldete Tante Lucia schließlich 40 Millionen Lire. Lucias Schläger statteten ihr regelmäßig Besuche ab, und einmal brachen sie ihr den Arm. Der Polizei gegenüber erklärte sie, sie sei hingefallen; sie wollte es nicht riskieren, erneut geschlagen zu werden.[11]

Tante Lucia war allgemein gefürchtet: Ein Ermittler beschrieb sie als »einschüchternd und hart – eine furchtbare Frau«; er bat inständig, nicht namentlich genannt zu werden. Schließlich gerieten Gier und Machtstreben innerhalb der Gruppe derart außer Kontrolle, daß absurde Zinssätze verlangt wurden. Eine Prostituierte schuldete für einen Kleinkredit die astronomische Summe von 300 Millionen Lire. Obwohl die meisten Mädchen aus Angst schwiegen, ließen sich etwa ein halbes Dutzend, die so hohe Schulden hatten, daß sie ein Leben lang daran hätten zahlen müssen, doch zu einer Aussage bewegen.

Im Juni 1994 wurde Lucia Niciforo im Alter von 64 Jahren verhaftet und der Mitgliedschaft in einer Mafia-Vereinigung, der Erpressung und des Wuchers angeklagt. Ihre Tochter, die Buchhalterin des Savasta-Clans, wurde fünf Monate später festgenommen, nachdem die Bordellwirtin Biagia Diano als Teil einer Absprache mit dem Gericht ausgepackt hatte. Im Gegenzug wurde die Anschuldigung gegen sie, von Einkünften aus illegalen Geschäften zu leben, nicht weiter verfolgt.

Trotz des respektvollen Titels »Tante« wurde Lucia Niciforo durch ihre Gier zu einem Unmenschen. Die Mafia predigt Respekt vor allen Frauen, aber letztlich zählt nur, wieviel Kapital eine Frau einbringt. In diesem Zusammenhang von Respekt zu reden ist reinste Heuchelei. Dabei werden menschliche Werte genauso verhöhnt wie im Gebrauch des Wortes Vertrauen: Erpressung wird als Gewährung von Krediten getarnt, Schutz wird angeboten, und es wäre lebensgefährlich, das Angebot abzulehnen. Diese Umwertung der Werte ist womöglich *das* charakteristische Merkmal der italienischen Mafia.

5
VENDETTA

In der kleinen Stadt Nola in der gesichtslosen Ebene Kampaniens ist es bedrückend ruhig. Keine Regung bleibt unbemerkt. Augen hinter Tüllgardinen verfolgen jeden Schritt die Straße entlang. Sobald man um die Ecke biegt, nimmt das nächste Augenpaar die Verfolgung auf. Diese Augen spionierten einst für den Camorra-Boß Carmine Alfieri, der die Stadt bis zu seiner Verhaftung im September 1992 beherrschte. In Nola ereignete sich nichts, was die Aufmerksamkeit der Vollstreckungsbehörden hätte erregen oder Alfieris Tun und Lassen hätte stören können.

Am Stadtrand weichen Villen mit Palmen und violetten Bougainvilleen, die über hohe Gartenmauern wuchern, fleißig bearbeitetem Ackerland, großen Gewächshäusern und Feldern, auf denen in ordentlichen Reihen Gemüse angepflanzt ist. Hier, in einer abgelegenen Straße, lebte Amalia Pizza mit ihrer Mutter, fünf Brüdern und zwei Kindern.

Amalia war verheiratet, doch sie lief davon, nachdem der Vater ihres Mannes sie vergewaltigt hatte. Wütend und gedemütigt rief sie ihren eigenen Vater an und bat ihn unter Tränen des Zorns, er möge kommen und sie holen. Ihr Vater kam und erschoß ihren Schwiegervater, getrieben von der Schande, die seine Familie erlitten hatte, hauptsächlich jedoch von der Wut seiner Tochter.

Im Jahr 1987 war Amalia, die noch keine dreißig war, mit ihren beiden sieben und neun Jahre alten Kindern wieder zu Hause, und ihr Vater saß wegen Mordes im Gefängnis. Amalia war stärker als der Rest ihrer Familie, sie behandelte ihre Brüder, die sie heiß und innig liebte, wie ihre eigenen Kinder. Zwei Brüder waren laute, aggressive Burschen und verzweifelt darum bemüht, jemand zu sein und sich zu beweisen. Sie machten die Stadt unsicher, lungerten in der Bar herum, drangsalierten Jüngere und prahlten damit, wen sie zusammengeschlagen oder welches Mädchen sie ins Bett gekriegt hatten. Einer der beiden bekundete Interesse an der Tochter des Bosses Carmine Alfieri.

Die Brüder wollten unbedingt die lokale Camorra auf sich aufmerksam machen in der Hoffnung, man würde ihnen,wenn sie sich als zäh erwiesen, die Aufnahme in den Alfieri-Clan anbieten. Sie betraten Geschäfte in der Innenstadt und verlangten Schutzgeld, andernfalls, so drohten sie, würden sie den Laden kurz und klein schlagen. Alfieri hörte von den Emporkömmlingen, die in seinem Territorium Schutzgeld erpreßten, und wies einen seiner Leutnants an, ein ernstes Wörtchen mit den Jungs zu reden. Doch als die Brüder von einem der Männer des Bosses herbeizitiert wurden, erschienen sie einfach nicht. Wenige Tage später brachen sie, von ihrer eigenen Dreistigkeit angespornt, in der Bar einen Streit vom Zaun, in dessen Verlauf einer von ihnen Carmine Alfieris Neffen einen Schlag versetzte.

»Sie wollten zu Alfieris Organisation gehören«, sagt ein Carabiniere, der die Familie kannte. »Doch sie wußten nicht, wie sie es anstellen sollten. Sie haben es völlig falsch angepackt. Sie hatten keine Ahnung, wie mächtig Alfieri war.«[1]

Wenige Tage nach der Schlägerei in der Bar wurden die Brüder erneut zu einem Treffen mit Alfieris Leutnant bestellt. »Er hat von dem Streit gehört«, erzählten sie ihrer Schwester aufgeregt. »Er wird uns fragen, ob wir Mitglieder werden wollen.« Am Nachmittag des 27. September 1988 brachen die beiden Möchtegern-Camorristi, 21 und 23 Jahre alt, mit dem Wagen zu dem Treffen auf. Ihr jüngerer Bruder, 19 Jahre alt, fuhr mit ihnen. In einem Wald wurden sie von sechs bewaffneten Männern angehalten. Die Sechs feuerten mehrere Salven auf die Wagenfenster und ließen die tödlich verwundeten Brüder in einem Meer von Glassplittern zurück.

Amalia war außer sich. Sie war geradezu besessen von dem Gedanken an den gewaltsamen Tod ihrer Brüder. Sie stattete einem von Alfieris Männern namens Raffaele Tufano einen Besuch ab und fragte ihn, was bei dem »Treffen« vorgefallen sei. Er zögerte und murmelte dann, er wisse nicht, wovon sie rede. Sie bat ihn, ihr bei der Suche des Mörders zu helfen. Er weigerte sich.

»Von diesem Augenblick an war sie überzeugt, er habe ihre Brüder getötet, im Auftrag Alfieris«, erzählt ein Polizeibeamter. »Sie kam auf die Wache und forderte uns auf, Alfieri zu verhaften. Doch die Mafia-Kultur war ihr derart in Fleisch und Blut übergegangen, daß sie nicht in der Lage war, unsere Fragen zu beantworten. Es war eine äußerst schwierige, verwickelte Angelegenheit für sie. Zur Polizei zu gehen stand in völligem Widerspruch zu ihrer Erziehung. Dennoch war sie hier, und zwar aus eigenem Entschluß.

Sie sagte uns, wer für den Tod ihrer Brüder verantwortlich war. Sie konnte – oder wollte – uns jedoch keine Beweise liefern. Sie wurde von Kummer und Wut verzehrt. Wenn sie über ihre Brüder sprach, brach sie in heftiges Schluchzen aus, und es dauerte eine halbe Ewigkeit, sie wieder zu beruhigen. Es war ein langer und schmerzhafter Prozeß. Erst nach etwa zwei Jahren konnten all die vielen Puzzlestücke zusammengesetzt werden.«

Nach ihrem ersten Besuch bei den Carabinieri wurde Amalia zu Carmine Alfieris Mutter zitiert, die eine Erklärung verlangte. Die verwitwete Mutter eines Camorra-Bosses genießt immense Autorität und soll entscheidenden Einfluß auf ihre Söhne ausüben. Alfieri lebte damals im Untergrund, und nachdem seine Mutter von den Besuchen der jungen Frau bei der Polizei erfahren hatte, ermittelte sie höchstpersönlich. Sie riet Amalia, nicht mit den *sbirri*, der Polizei (wörtlich »den Spionen«), zu sprechen und wollte wissen, was sie ihnen bereits gesagt hatte.

Amalia Pizzas Verlangen, ihre Brüder zu rächen, wurde zu einer regelrechten Obsession. Sie sagte der Polizei, sie *wisse*, wer ihre Brüder getötet habe, und sie könne nicht verstehen, warum sie nichts unternähmen. Einmal geriet sie in Zorn, schrie die Männer hinter ihren Schreibtischen an, sie seien nicht imstande, ihre Arbeit zu tun, und stürmte hinaus. Doch außer der Polizei war niemand bereit, ihr zuzuhören; sie hatte niemanden, zu dem sie gehen konnte. Später kehrte sie mit tränenverschmiertem Gesicht zurück und entschuldigte sich.

»Sie war nicht gerade eine Schönheit«, sagt Luigi Gay, der Leiter der Ermittlungen. »Sie war klein und ziemlich dick... Sie verehrte mich: Als sie mich im Gerichtssaal sah, wollte sie zu mir herkommen und mir die Hand küssen – was ein wenig... peinlich gewesen wäre. Ich spürte, daß sie schwach und hilflos war. Doch als sie in den Zeugenstand trat, wirkte sie unglaublich hart. Sie ließ an niemandem ein gutes Haar.«[2]

Freiheitsstrafen für Taten, durch die eine Schande gerächt wurde, fallen in Italien noch immer sehr mild aus, und Amalia Pizzas Vater kam nach zweieinhalb Jahren wieder frei. Kaum war er zu Hause, stand sie vor seiner Tür und sagte, es sei seine Pflicht, den Mord an ihren Brüdern zu rächen. Der unglückliche Mann, der gerade die Strafe dafür verbüßt hatte, daß er die Ehre seiner Tochter verteidigt hatte, war nicht gewillt, erneut ins Gefängnis zu wandern. Seine Tochter verlor die Beherrschung. Das kleine Haus hallte noch wochenlang von ihrem Geschrei und Gezeter wider.

Amalia Pizzas Vater war seiner Tochter nicht gewachsen. Am 14. April 1992 beobachteten Streifenpolizisten in Nola, wie ein von einer jungen Frau gesteuertes Auto am Bordstein anhielt. Ein älterer Mann auf dem Beifahrersitz zielte mit einer Pistole in die Menschenmenge. Bevor die Polizisten reagieren konnten, stürzte einer der Männer auf dem Gehweg zu Boden, und der Wagen brauste davon. Der Tote wurde als Raffaele Tufano identifiziert.

»Es war einer der schwersten Gänge in meinem Berufsleben«, erzählt der Carabiniere über Amalia Pizzas Verhaftung. »Wir hatten über die Monate hinweg eine sehr gute Beziehung zu ihr aufgebaut, sie hatte allmählich begonnen, uns zu vertrauen und zu begreifen, daß wir auf ihrer Seite standen. Dann machte sie sich auf und zerstörte ihr Leben.«

Amalia wurde des Mordes angeklagt. Ihr Vater, der sofort nach dem Mord die Flucht ergriffen hatte, wurde wenig später festgenommen. Er stritt alles ab. Amalia wurde nach einem Jahr Untersuchungshaft bis zum Gerichtsverfahren auf freien Fuß gesetzt. Ihr Vater blieb im Gefängnis, weil er bereits wegen Mordes vorbestraft war. Sie ging zu ihrer Mutter zurück, die sich um ihre Kinder und die beiden anderen Brüder kümmerte. Nach einiger Zeit lernte sie einen Mann kennen, Felice Stefanile, der offenbar Zuneigung zu ihr faßte. Sie sah darin die Chance für einen Neuanfang. Sie war noch jung und wollte nicht allein sein. Die beiden zogen zusammen, und Amalias Kinder blieben in der Obhut ihrer Mutter.

Doch bald schon kamen ihr ihre Brüder wieder in den Sinn, die in so jungen Jahren unbewaffnet und wehrlos niedergeschossen worden waren. Sie wurde den Gedanken an sie nicht los. Einen Mord hatte sie bereits begangen, doch dabei konnte sie es nicht bewenden lassen. Ganz sicher waren noch weitere Personen darin verwickelt. Sie dürften nicht ungestraft davonkommen, erklärte sie ihrem neuen Freund. Wenn er ein Mann sei, müsse er bereit sein, die Angelegenheit für sie zu erledigen. Es sei seine Pflicht, den Mord an ihren Brüdern zu rächen …

»Sie drangsalierte mich unaufhörlich damit«, gestand der unglückliche Felice später. »Sie machte mich völlig verrückt.« Irgendwann hielt er es nicht mehr aus und begann sie zu schlagen, damit sie den Mund hielt. Das war im März 1995, sieben Jahre nach dem Tod ihrer Brüder. Sie schrie fortwährend nach Rache. Er schlug sie noch mehr. Eines Tages schlug er so lange, bis sie tot war.

Das Gespenst der Rächerin übt einen starken Druck auf Frauen wie Amalia Pizza aus: Sie hielt es für ihre Pflicht den Toten gegenüber, dafür zu sorgen, daß sie gerächt würden. »Sie hat ihre Familie zerstört«, sagt ein Carabiniere, der sie gut kannte. »Es war wie in einer griechischen Tragödie. Die ganze Familie war verdammt. Amalia war stark und hart, und der Gedanke an Blutrache beherrschte sie. Sie war von ihrer Natur her mehr Camorrista als die meisten Männer, die ich kenne.«

Das klassische Bild von Mafia-Frauen ist das von Racheengeln in schwarzen Schleiern, die nach dem Mord an einem geliebten Menschen nach Vendetta schreien. Diese Auffassung teilt auch der Schriftsteller Norman Lewis, der eine Blutfehde zwischen zwei Familien aus den Randbezirken Palermos im späten 19. Jahrhundert schildert: »Als sich das Jahr 1878 [sechs Jahre nach Beginn der Vendetta] näherte, konnte es geschehen, daß ein Mann von einer schwarz verhüllten, tragischen Alten angesprochen wurde, die er nie zuvor gesehen hatte – dem weiblichen Oberhaupt einer der beiden Familien – und die ihm mitteilte, er sei nun das überlebende Familienoberhaupt und müsse die Pflichten der rituellen Blutrache übernehmen für einen entfernten Vetter, von dem er noch nie etwas gehört hatte ...«[3] Lewis beschreibt einen festen Bestandteil des Rituals, der in verschiedenen Gegenden Italiens beobachtet wurden: »Das Küssen, ja sogar die Geste des Aussaugens der Wunden des Opfers durch die Mutter, die Gattin oder den Bruder, und die darauf folgende Formel: ›So will ich das Blut des Mannes trinken, der dich getötet hat.‹«[4]

Diese theatralische Geste vermittelte allen Menschen im nächsten Umkreis eindringlich die Botschaft, daß die Familie nicht dulden werde, daß der Mord an einem Mitglied ihres Clans ungesühnt bliebe. Auf diese Weise rettete die Familie ihre Ehre, bis sie die Untat rächen konnte (wenn das überhaupt jemals möglich war). Der laute Ruf der Witwe nach Rache war gleichzeitig ein Appell an das Schamgefühl des Sohnes, wenn sie spürte, daß er an seine Pflicht erinnert werden mußte. In Neapel saß ich einmal am Küchentisch einer Frau, deren ältester Sohn mit 26 Jahren von ihrem ehemaligen Liebhaber ermordet worden war. Sie war in tiefer Trauer. Tränen hatten den schwarzen Kajal um ihre kleinen Augen verschmiert. Rechts und links von ihr saßen ihre Tochter und deren Freund. Plötzlich sprang sie vom Eßtisch auf und stieß vor dem Bild ihres toten Sohnes einen Schrei aus. Sie küßte sein unscharfes Bildnis, vergoß heiße Tränen und setzte sich dann wieder, als wäre nichts geschehen.

Die Frau, die ihren Ehemann zur Blutrache treibt, ist ein populäres Klischee. Es verstärkt die geheimnisvolle Aura der Mafia-Frauen und wird nur selten als strafbare Handlung ernstgenommen.

Victoria Gotti, die Ehefrau des berüchtigten Dapper Don, des ehemaligen Oberhaupts der Gambino-Sippe, lebte in Amerika jahrelang im Untergrund. Sie galt als eine Frau, mit der nicht zu spaßen ist. Obwohl sie behauptete, nichts von den illegalen Geschäften ihres Mannes zu wissen (der Polizei erklärte sie: ›Ich weiß nicht, was er macht. Ich weiß lediglich, daß er uns versorgt.‹[5]), zeigt ein Vorfall, daß sie bereit war, nach Bedarf seine Methoden anzuwenden. Frank, der zwölfjährige Sohn des Ehepaares, spielte an einem Tag des Jahres 1980 auf der Straße, als er von einem zurücksetzenden Auto erfaßt wurde. Der Fahrer, ein Nachbar namens John Favara, hatte den Jungen nicht gesehen, weil er plötzlich hinter ihm hervorgeschossen kam. Er überfuhr ihn und schleifte ihn noch einige Meter weit die Straße entlang. Als er schließlich merkte, daß etwas nicht stimmte, war der Junge bereits tot.

Die Gerichte entschieden, daß es ein Unfall war. Victoria Gotti wollte jedoch nicht akzeptieren, daß Favara schuldlos gewesen sein sollte. Während der darauffolgenden Wochen erhielt er haßerfüllte Briefe und Drohanrufe von einer Frau, die mit verstellter Stimme sprach. Jemand sprühte das Wort »Mörder« auf seinen Wagen.[6] Eines Tages ging Victoria Gotti mit einem Baseballschläger auf ihn los. Favara fand, daß es höchste Zeit sei, umzuziehen. Doch noch bevor er Howard Beach verlassen konnte, verschwand er spurlos.

Später deckten zwei Kronzeugen auf, was mit Favara geschehen war. Er war in einen Lieferwagen verfrachtet und bei John Gotti abgeliefert worden. Gotti knüpfte ihn auf und schnitt ihn bei lebendigem Leib mit einer Kettensäge in zwei Hälften. Der Mord wurde einem ehemaligen Komplizen Gottis zufolge nicht von dem Mafia-Boß, sondern von seiner Ehefrau, der Mutter des getöteten Jungen, in Auftrag gegeben. »Sie befahl, den Mann umzubringen... Seine Frau sagte: ›Ich will diesen Mann tot sehen.‹ Und ihr Befehl wurde ausgeführt.«[7]

Das Bild der Frau, die nach Vendetta schreit, hat mit besonderer Intensität der sizilianische Schriftsteller Leonardo Sciascia gezeichnet. Er bebt förmlich vor Zorn, wenn er die Mafia-Frauen beschreibt, die ihre Söhne zur Rache anstacheln: »Wieviel Unglück, wie viele Tragödien im Süden wurden von Frauen verursacht, insbesondere von den Müttern. Die süditalienischen Frauen sind furchtbar in dieser Hinsicht. Wie viele Verbrechen aus Leidenschaft wurden von Frauen provoziert, verursacht oder unterstützt!«[8]

Seine schärfste Kritik sparte Sciascia für jene Mütter auf, die das Selbstwertgefühl und die Selbstachtung ihrer Söhne an den gewaltsamen Racheakt binden. Eine sizilianische Kronzeugin, Giacomina Filippello, antwortete auf die Frage des Gerichts, was ein echter Mafioso sei: »Ein Mann, der seinen Wert beweisen kann.«[9] Eine Möglichkeit, den eigenen Wert zu beweisen und als Mafia-Boß an Status zu gewinnen, besteht für einen Mann darin, Unrecht zu rächen, das ihm oder seiner Familie zugefügt wurde. Bis 1975 war dieses Prinzip sogar im Gesetz verankert: Ein Mann, der seine Frau, Schwester oder Tochter tötete, weil er herausgefunden hatte, daß sie illegitime sexuelle Kontakte pflegte, erhielt eine Freiheitsstrafe von lediglich drei bis sieben Jahren. Der Mord war gerechtfertigt, wenn seine Ehre auf dem Spiel stand.[10] Die Camorra-Patin Pupetta Maresca beraubte ihren Sohn der Chance, sich als Mann zu beweisen, indem sie den Mord an ihrem Ehemann selbst rächte. Ihr Sohn wurde immer gewalttätiger und empfindlicher. Er prahlte damit, wie er seine Rache ausführen werde, doch er hatte keinerlei Status in der Organisation.

Eine andere Frau vernichtete durch das Verlangen, ihren toten Mann zu rächen, ihren eigenen Sohn. Serafina Battaglias zweiter Ehemann Stefano Leale, Besitzer eines Kaffeehauses im alten Zentrum Palermos, war Mitglied eines in eine langandauernde Fehde verwickelten Mafia-Clans. Der Streit soll 1958 begonnen haben; Ursache war die Verführung eines jungen Mädchens: Der Verführer hatte sich geweigert, sie zu heiraten, und wurde deshalb von einem Mitglied der Familie der Entehrten erschossen. 24 Männer starben bei den darauffolgenden Morden nach dem alttestamentlichen Motto Auge um Auge, Zahn um Zahn. Eines Abends im April 1960 ließ Stefano Leale die schweren Metallrolläden vor seinem Laden hinunter. Das Rattern der Rolläden übertönte das Geräusch von vier sich nähernden bewaffneten Männern. Als Leale sich umdrehte und die Killer auf sich zukommen sah, zog er seine Pistole und versuchte, sich zu verteidigen. Doch die maskierten Angreifer waren schneller und erschossen ihn.

Battaglias Sohn aus erster Ehe, Salvatore Lupo Leale, ein gutaussehender Mann, war glücklich verheiratet und hatte zwei Kinder. Bei der Beerdigung trug er den Sarg seines Stiefvaters. Doch in den Augen seiner Mutter war dies erst der Anfang seiner Pflicht dem Toten gegenüber. Battaglia, eine tief religiöse, mächtige Frau, wurde zur rachsüchtigen Furie. »Battaglia war eine Verfluchte, eine dieser Frauen, die zur Rache anstacheln und sie schüren. Nach der Ermordung ihres Mannes brüllte sie ihren Sohn jeden Morgen an: ›Steh auuuuf! Sie haben deinen Vater ermordet! Steh auuuuf! Du mußt raus und sie töten!‹ Jeden Morgen ohne Ausnahme. Doch ihr Sohn wollte nicht aufstehen. Er wollte niemanden umbringen. Er war verheiratet und glücklich. Er wollte sein eigenes Leben leben und mit der Fehde nichts zu tun haben … Aber sie nörgelte ständig an ihm herum. Sie tyrannisierte ihn und ließ ihm keine Ruhe.«[11]

Battaglia engagierte einen Leibwächter für ihren Sohn und beschaffte ihnen Schußwaffen. Fast zwei Jahre nachdem Stefano Leale vor dem Kaffeehaus ermordet worden war, willigte Salvatore schließlich ein, den von seiner Mutter so heiß ersehnten Racheakt auszuführen. Er heuerte einen Killer an, doch bevor sie etwas unternehmen konnten, erfuhr das Opfer von dem Plan. Einige Aussagen lassen darauf schließen, daß Salvatore von seinem Leibwächter verraten wurde.[12] Eines Morgens im Januar 1962, während der Schnee die Berge um Palermo verhüllte, wurde Salvatore auf einem einsamen Gang durch die Stadt in aller Frühe erschossen.

Serafina Battaglia hatte miterlebt, wie zwei Menschen, die sie liebte, von der Mafia ermordet wurden. Nun gab es niemanden mehr, den sie damit hätte betrauen können, die Toten zu rächen. Es blieb nur eine Möglichkeit: Sie mußte es selbst erledigen. Battaglia willigte ein, gegen die Männer auszusagen, die ihren Mann und ihren Sohn ermordet hatten. Sie wußte eine Menge über die langdauernde Fehde zwischen den Familien und wurde gebeten, im Prozeß gegen mehrere wichtige Personen der Mafia als Zeugin der Anklage aufzutreten. Im Gerichtssaal bot sie ein beeindruckendes Bild: Sie erschien in einem schwarzen Mantel mit Kapuze und umklammerte mit beiden Händen ein riesiges Kruzifix. Im Zeugenstand weinte und klagte sie, zeigte mit dem Finger auf die Mörder und flehte zu Gott um Gerechtigkeit.

Battaglia war eine der ersten, die gegen die Cosa Nostra aussagten, doch der Richter hielt sie für eine unglaubwürdige Zeugin. »Woher wollen Sie das alles wissen?« fragte der Richter während des Kreuzverhörs ungläubig. Sie antwortete: »Mein Mann war ein Mafioso, der Alcamo-Clan und der Baucina-Clan hielten in seinem Laden immer Versammlungen ab. Sie saßen stundenlang um den

Tisch herum und diskutierten über ihre Geschäfte. Auf diese Weise lernte ich sie kennen. Ich kenne ihre Bedeutung, ihre Stellung innerhalb der Organisation und die Verbrechen, die sie begangen haben. Mein Mann hat mir immer alles erzählt, ich weiß alles. Wenn die Ehefrauen von Mordopfern nur den Mund aufmachen würden, so wie ich, nicht aus Haß oder Rache, sondern weil sie sich nach Gerechtigkeit sehnen, könnte die Mafia in Sizilien heute längst ausgelöscht sein.«[13]

Battaglia wäre glücklich gewesen, wenn sie durch einen tödlichen Racheakt Gerechtigkeit erlangt hätte. Doch da es niemand gab, der die Angelegenheit für sie erledigen konnte, beschloß sie, sich durch das Gesetz zu rächen. Unglücklicherweise ließ das Gesetz sie im Stich. Nachdem neun Jahre lang in verschiedenen Teilen Italiens Prozesse, Berufungen und Anhörungen vor dem Obersten Gerichtshof stattgefunden hatten, wurden alle zwanzig Angeklagten freigesprochen. Dieses Urteil ermutigte andere Mafia-Frauen nicht gerade, an die Öffentlichkeit zu treten und auszusagen. Es verwundert kaum, daß andere Mafia-Frauen eine ähnlich ambivalente Haltung dem Gesetz gegenüber an den Tag legten: Sie versuchten als letzten Ausweg, sich durch den Instanzenweg Gerechtigkeit zu verschaffen, hatten aber nicht allzuviel Vertrauen in das System. Diese Ambivalenz hat ihren Ursprung in dem alten Mißtrauen Süditaliens gegenüber der Regierung. Das Milieu, in dem die Mafia-Kultur gedeihen konnte, entstand in einer Zeit, als es keine staatlichen Instrumente gab, die dem Volk dienten. Im Sizilien des 19. Jahrhunderts wurde Gerechtigkeit von den Reichen gekauft, die Armen wurden von ihr heimgesucht: »Die Vendetta«, schreibt Norman Lewis, »war die einzige Waffe, die den Armen und Wehrlosen innerhalb einer Gesellschaftsordnung zur Verfügung stand, in der es kein Recht gab und in der Rechtsprechung gleichbedeutend war mit dem Gerichtshof des Barons und dessen Folterkammer.«[14]

In Kalabrien ist die Blutfehde eine traditionelle Methode, Gerechtigkeit zu üben. Einen Menschen aus Rache zu töten, als Teil einer *faida* oder Fehde, gilt in Kalabrien als verzeihliche Handlung. Doch nicht nur das. Wer ein Unrecht erleidet und keine Rache nimmt, verliert den Respekt der Gemeinschaft. Und seine Familie verliert ihre Ehre. »In Kalabrien gibt es keine Vergebung oder dergleichen«, sagt der Historiker Enzo Ciconte. »Vergebung ist ein Zeichen von Schwäche.«[15] Die 'Ndrangheta hat sich diese Sichtweise zu eigen gemacht: Unter dem Deckmantel der Tradition hat sie, wie es auch in anderen Regionen für die Mafia typisch ist, die einfachen Menschen davon überzeugt, daß sie für Gerechtigkeit kämpft und daß sie ihre Interessen besser vertritt als der unzuverlässige, ferne Staat.

Man weiß von Blutfehden in Kalabrien, die jahrzehntelang andauerten, sich von einer Generation zur nächsten fortsetzten, obwohl alle Beteiligten die Beleidigung, die den ersten tödlichen Racheakt auslöste, längst vergessen hatten. Derartige Fehden enden gewöhnlich erst, wenn das letzte Mitglied einer der kriegführenden Familien tot ist. Die Frauen sind dafür verantwortlich, die Flamme der Vendetta am Leben zu erhalten und nachfolgende Generationen unter theatralischen Bekundungen ihres Schmerzes an die Pflicht den Toten gegenüber zu erinnern. Sie wehklagen am Totenbett und schwören über den offenen Wunden Blutrache.

Die 'Ndrangheta-Clans werden von verwandtschaftlichen Banden zusammengehalten. Ihr Gebiet ist in kleine Feudalherrschaften aufgeteilt, die einzelnen Familien gehören. »Traditionelle Werte werden zu Hause weitergegeben, nicht in der Schule, und das Zuhause wird von Frauen geführt. Deshalb können wir davon ausgehen, daß auch die Aufgabe, die Mafia-Werte an die nächste Generation weiterzuvermitteln, Frauensache ist.«[16]

Das Gesetz der Vendetta kennt keine andere Form von Gerechtigkeit. Ein Mann, der eine Haftstrafe wegen Mordes verbüßt, wird sich, wenn er nach vielen Jahren aus dem Gefängnis kommt, der Familie seines Opfers gegenüber sehen. Ein Mann, dessen Familie angegriffen wurde, kann sich weigern, der Polizei den Urheber des Verbrechens zu nennen, weil er die Untat mit eigenen Händen rächen und auf diese Weise seine Ehre retten will.[17] Den Kindern wird von klein an eingeimpft, wie wichtig Ehre ist und auf welche Weise ein Mann seinen Wert unter Beweis stellt. »In Kalabrien ist die Familie die kriminelle Zelle«, sagt der Ankläger Salvatore Boemi. »Diese Menschen sind vom Tag ihrer Geburt an Mafiosi.«[18]

Wird ein Mitglied einer in eine Fehde verwickelten Familie erschossen, verschanzen sich die übrigen in ihren Häusern und planen den nächsten Schritt. »Die Familienmitglieder bewaffnen sich, setzen keinen Fuß mehr vor die Tür und ziehen sich für eine Weile völlig aus der Öffentlichkeit zurück«, erklärt Nicola Gratteri, Ermittlungsrichter im Anti-Mafia-Dezernat von Reggio Calabria. »Die Frau geht hinaus, verfolgt den Feind, registriert jeden seiner Schritte und erkundet den Zeitpunkt, wann er am besten zu fassen ist. Sie entwirft einen Plan und sagt den anderen, wann sie am besten ›auf die Jagd gehen‹ können. Viele Frauen wurden wegen solcher Umtriebe verhaftet, doch nur die wenigsten wurden auch verurteilt. Es ist einfacher, jemanden beim Schmuggeln von Drogen zu erwischen als beim Aushecken eines Mordplans in den eigenen vier Wänden. Wir sprechen hier übrigens nicht über Ereignisse in ferner Vergangenheit. Der letzte Mord im Zusammenhang mit einer Blutfehde wurde vor drei Wochen begangen.«[19]

Der Mord, auf den sich Nicola Gratteri bezieht, ereignete sich in Africo, einer häßlich grauen, von nacktem Beton beherrschten Kleinstadt an der ionischen Küste. Am Stadtrand steht ein großes, von einer hohen Mauer abgeschirmtes Haus. Der Eigentümer des Hauses war in eine Fehde mit einem anderen Clan der Gegend verwickelt und hatte extreme Maßnahmen ergriffen, um das Haus zu sichern: Wachhunde, Videokameras, Alarmanlagen und Stacheldraht. Wenn er, was selten genug vorkam, das Haus verließ, fuhr er einen kugelsicheren Wagen. Hundertachtzig Meter weit entfernt wurde ein neues Haus gebaut. Zwischen Gerüstbrettern und Betonbauteilen lauerte ein Scharfschütze des rivalisierenden Clans und spähte durch das Zielfernrohr eines Schnellfeuergewehrs. Er beobachtete sein Opfer ein paar Tage lang, und als es sich einem im oberen Stockwerk gelegenen Fenster näherte, schoß er ihm den halben Kopf weg.

Die traditionelle kalabrische Blutfehde wurde zur Verteidigung der Familienehre ausgetragen, und die Vendetta der 'Ndrangheta hat sich dieser Ideologie bemächtigt. Fehden zwischen 'Ndrangheta-Clans können sich entzünden, wenn eine Familie versucht, im Revier eines anderen Clans Schutzgeld zu erpressen, oder wenn sie eine Vereinbarung über ein Drogengeschäft nicht respektiert. Salvatore Boemi weist darauf hin, daß ein Mafia-Clan eine Fehde auch einfach vom Zaun brechen kann, als Teil einer militärischen Strategie: »Hinter dem ursprünglichen Gewaltakt, der das ganze Morden auslöst, steckt der Versuch einer Gruppe, sich der anderen Gruppe zu entledigen, das eigene Territorium zu verteidigen. Zwei Gruppen bekriegten sich zwölf Jahre lang, um das lukrative Gebiet um Palmi unter ihre Kontrolle zu bringen.«

»Bandenkriege dauern zehn oder zwanzig Jahre«, sagt Richter Nicola Gratteri. »Es gibt keinen Weg zu einer friedlichen Lösung, weil es um die Frage der Führung geht. Ein Boß darf sich eine Brüskierung von seiten eines anderen Clans nicht gefallen lassen. Der Ausgleich ist nur möglich, wenn die Übeltäter dem Boß vorgeführt werden und er sie höchstpersönlich hinrichtet.«

Ein kalabrischer Kronzeuge schilderte, wie im Jahr 1991 eine Versammlung von 'Ndrangheta-Führern einberufen wurde, um über ein Ende des sechsjährigen Krieges zwischen den wichtigsten Clans zu verhandeln. Die Bosse, alle unter starker Bewachung, fuhren von Kalabrien nach Mailand, trafen dort mit hochrangigen Vertretern der sizilianischen und der amerikanischen Cosa Nostra zusammen und hörten sich an, welche Regeln diese festgelegt hatten. »Sie sagten, sollte ein weiterer Mord geschehen, werde die Familie des Killers ausgelöscht. In Kalabrien wurden innerhalb von sechs Jahren mehr Morde begangen als in Amerika in fünfzig Jahren. Das Gemetzel mußte ein Ende haben.«[20] Die einzige Gegenstimme bei dieser hochkarätigen Mafia-Konferenz kam von der Witwe des kalabrischen Bosses Domenico Serraino, einem Opfer des Bandenkriegs. »Sie wollte nichts von Frieden hören.«

Blut spielt eine zentrale Rolle bei einer Fehde. In der kalabrischen Folklore ist viel von Blut die Rede, das murmelnd, flüsternd oder laut schreiend Rache fordert. *Sangue chiama sangue*: Der Ruf des Blutes, das nach Blut schreit, soll den Verwandten des Getöteten in den Ohren klingen. Und es kann nur durch das Blut, das bei einem tödlichen Racheakt vergossen wird, zum Schweigen gebracht werden.

Es gibt noch eine weitere Möglichkeit, eine Blutfehde zwischen verschiedenen Clans zu beenden und den Frieden wiederherzustellen: Man arrangiert eine Heirat zwischen einem Mädchen und einem Jungen der kriegführenden Parteien. In der derben Symbolik, an der die 'Ndrangheta soviel Gefallen findet, wird das Blut des ersten in der Fehde ermordeten Mannes mit dem Blut der jungfräulichen Braut »bezahlt«: »Die Frauen kommen als wichtige Personen – und als Güter, die ausgetauscht werden – ins Spiel, wenn die Familien eine Fehde beenden wollen. Das Opfer des jungfräulichen Blutes einer Frau aus dem gegnerischen Lager entschädigt für das in der Fehde vergossene Blut.«[21]

Im modernen Sizilien läßt sich die Vendetta rein pragmatisch verstehen, ohne Rückgriff auf Symbolisches. Der Mafia-Boß herrscht aufgrund des Ansehens, das er bei den einfachen Leuten in seinem Gebiet genießt. Eine Familie, der ein Unrecht widerfahren ist und die nicht darauf reagiert, verliert an Respekt. Man weiß von Machtkämpfen um ein Territorium, die jahrelang andauerten und in denen jede Seite ihre Toten so schnell und so brutal wie möglich rächte, um nicht an Boden zu verlieren. Oftmals ist die angebliche Blutfehde in Wahrheit ein strategischer Krieg.

Für den Möchtegern-Boß ist das Rächen von Toten ein Mittel, um Status zu gewinnen – tut er es nicht, bedeutet dies das Ende seiner Karriere. In solchen Fällen ist die Mutter, die ihren Sohn zum Mord anstachelt, mehr als ein Racheengel; sie ist die Königsmacherin.

Der Historiker Salvatore Lupo hat sich bei allen, die der Mythologie vom Ehrenkodex der Mafia anhängen, sehr unbeliebt gemacht. Er glaubt, die sizilianische Kultur der Vendetta werde als Mordmotiv weit überschätzt. »Die Mafia ist groß im Hervorbringen von Mythen. Es gibt keine Blutfehde oder dergleichen. Die Vendetta entbehrt jeder logischen Grundlage.«[22] Lupo zufolge wird ein tödlicher Racheakt in den seltensten Fällen ausschließlich um des Prinzips willen ausgeführt. Er ist vielmehr Teil eines militärischen Plans und wird nur dann vollzogen, wenn es den Interessen der Familie dient. Der Clan muß zudem über ausreichende Stärke verfügen, da er möglicherweise Vergeltungsmaßnahmen provoziert. »Wenn die Vendetta überhaupt einem Muster folgt, dann ist es ein Muster des Kriegs:

zwei Feinde, die sich gegenübertreten. Eine Familie, die nicht stark genug ist, um einen Bruder zu rächen, muß seinen Tod hinnehmen. Sie kann nicht einmal die Möglichkeit der Rache in Betracht ziehen.«

So gesehen spielen die sizilianischen Frauen in den Bandenkriegen der Mafia als militärische Strateginnen eine wichtige Rolle. Die Fußsoldaten respektieren sie, und sie kennen das Territorium ganz genau.

Die 52jährige Grazia Ribisi, eine Witwe aus Südsizilien, wird von Leuten, die nichts gegen sie haben, als klein, dick und häßlich beschrieben, mit gewaltsam in Form gebrachten Augenbrauen, schwarzen Haaren, die wie ein Helm geschnitten sind, und – in einem Teil der Welt, in dem man sich sehr anstrengen muß, um nicht braun zu werden – einem blassen, wächsernen Gesicht. Fünf ihrer sechs Brüder (der jüngste war fortgezogen) bildeten den bewaffneten Flügel eines Mafia-Clans, der vom Agrigenter Boß Giuseppe Di Caro angeführt wurde. Sie hießen »die schrecklichen Brüder« und waren berüchtigte Killer. Einer von ihnen soll seinen einhundertfünfzigsten Mord mit einer großen Party gefeiert haben.[23]

Palma de Montechiaro, an der Südküste Siziliens unweit von Agrigents »Tal der Tempel« gelegen, ist eine kleine, aus honiggelbem Stein erbaute Stadt. Die Häuser drängen sich um jene prächtige Barockkirche, die in Viscontis Film *Der Leopard* eine herausragende Rolle spielt. Doch nach und nach kamen Spekulanten mit von der Mafia eingefädelten Verträgen in die Stadt. Ohne Baugenehmigung wurden Wohnblocks errichtet, wo sich einst Schulhöfe und Parkplätze der Polizei befunden hatten. Die malerische Altstadt ist von Villen aus nacktem Beton eingerahmt, die über Felsen und Flußbetten wuchern und sich an die Ränder der Gebirgshänge klammern.

Die »schrecklichen« Ribisi-Brüder (alle mit denselben furchtbaren kartoffelförmigen Köpfen und platten Nasen gestraft) brachten 1984 das organisierte Verbrechen in Palma unter ihre Kontrolle. Sie ermordeten den führenden *capo* und rissen die Herrschaft an sich, arbeiteten aber auch weiterhin als Topkiller und nahmen Aufträge von den höheren Rängen der Cosa Nostra entgegen. Mindestens einer von ihnen war 1988 an der Ermordung des Richters Antonio Saetta und seines behinderten Sohnes beteiligt; er war von der Cosa

Nostra zum Tode verurteilt worden, weil er sich geweigert hatte, einen Prozeß zu manipulieren.

Etwa um die Zeit von Richter Saettas Tod tauchte in Palma eine neue Bande aggressiver Jugendlicher auf, bewaffnete Räuber und Diebe, die den Menschen ihre Pistolen vors Gesicht hielten und von Geschäftsleuten, die bereits Schutzgeld an die Ribisi-Familie bezahlten, Geld forderten. Die Brüder schlugen zurück und verteidigten ihre Herrschaft mit Waffengewalt. Innerhalb von drei Jahren wurden in Palma de Montechiaro 150 Menschen in regelrechten öffentlichen Hinrichtungen ermordet: Alle Opfer starben an einem öffentlichen Ort, die meisten am hellichten Tag.

Am 6. August 1989 aß Gioachino Ribisi mit seiner Familie eine Pizza, als zwei Männer mit Motorradhelmen in das überfüllte Restaurant stürmten und ihn erschossen.

Die Rache der »schrecklichen Brüder« folgte auf dem Fuß: Gleich am folgenden Tag wurde ein Mitläufer des rivalisierenden Clans erschossen. Die Feinde schlugen in einem wilden Feuergefecht zurück, dabei wurde Rosario Ribisi von mehreren Schüssen an den Beinen getroffen. Rosario, der mächtigste und reichste der Brüder und Anführer des Clans, wurde wegen seiner Verletzungen im Krankenhaus behandelt; sein Bruder Carmelo hielt bei ihm Wache, im Nachttisch lag griffbereit eine Pistole. Am 4. Oktober 1989 drangen Killer in das Krankenzimmer ein. Sie eröffneten das Feuer aus Maschinengewehren und erschossen Rosario, der mit seinem Streckverband um die Beine wehrlos dalag. Carmelo ließen sie mit dem Gesicht auf dem Fußboden in einer Blutlache liegen.

Die übrigen zwei Brüder tauchten unter, wohl auch um Zeit für eine Umgruppierung zu gewinnen. Die Polizei in Palma vermutete, daß Grazia Ribisi, die ihren Brüdern sehr nahestand und mit einem Mitglied des verbündeten Clans verheiratet war, während ihrer Zeit im Untergrund Kontakt zu ihnen hielt. Der Verdacht der Ermittlungsbeamten erhärtete sich, als Grazia allein in Palma blieb, nachdem ihr Ehemann ausgewiesen worden und an einen 150 Kilometer entfernten Ort an der Westküste gezogen war.

Der Polizeichef von Palma de Montechiaro beschreibt Grazia Ribisi als eine kluge Frau, die, auch wenn sie nicht über die Volksschule hinauskam, zu intelligenter Planung fähig sei. »Sie hat vielleicht keine Ausbildung, aber sie ist nicht dumm. Sie ist zwar keine attraktive Frau, weiß Gott nicht, aber sie ist auf ihre Weise clever. Ignorant, ungebildet, derb – aber gefürchtet und respektiert. Sie war der einzige Mensch, dem die Brüder vertrauten. Und sie war sehr geschickt im Gelände: Sie kam viel herum und fand Leute, die ihren Brüdern Nachrichten oder Lebensmittel brachten. Das war außerordentlich schwierig, wenn man bedenkt, daß sie auf keinen Fall Spione beauftragen oder eine Verfolgung riskieren durfte.«

Grazia Ribisi wurde von der Polizei, die ihre Familie hinter Gittern sehen wollte, ebenso streng beschattet wie von der rivalisierenden Gruppe, die ihre Familie tot sehen wollte – und sie entkam beiden. Die Polizei war überzeugt, daß sie im Auftrag ihrer Brüder Schutzgelder kassierte, und konzentrierte ihre Ermittlungen auf sie.

»Grazia Ribisi hatte zu diesem Zeitpunkt die Zügel der Organisation mehr oder weniger in der Hand«, erklärt Teresa Principato vom Anti-Mafia-Dezernat in Palermo, die nach dem Tod von Richter Paolo Borsellino im Juli 1992 die Ermittlungen übernommen hatte.

»Sie führte die Geschäfte des Clans und regelte das Leben ihrer untergetauchten Brüder. Sie deckte sie und hielt sie auf dem laufenden.«[24]

Weil Ermittlungsrichterin Principato ganz sicher war, daß Grazia Ribisi zu diesem Zeitpunkt alle Fäden in der Hand hielt, hörte die Polizei ihr Telefon ab und versteckte eine Abhörwanze in ihrem Schlafzimmer.

Als der Ribisi-Clan unter Dauerbeschuß geriet, begann die Allegro-Familie, durch Grazias Ehemann Pasquale Allegro mit den »schrecklichen Brüdern« verwandtschaftlich verbunden, zu meutern. Sie hatten schwere Verluste erlitten und beschlossen, ihre Familienmitglieder vor weiteren Angriffen zu schützen, indem sie sich aus dem Konflikt zurückzogen. Grazia Ribisi erfuhr von dem Verrat und geriet außer sich. Sie erzählte ihrem Mann am Telefon davon, bezeichnete seine Verwandten als Feiglinge und Verräter, die sie in der Stunde der Not im Stich gelassen hätten. Die Polizei hörte gespannt mit. Grazia Ribisi verfluchte die Männer, die ihre Brüder ermordet hatten, und schwor Rache.[25]

Dem Polizeichef von Palma zufolge war Grazia Ribisi entschlossen, die Familie aufrechtzuerhalten, ihre Macht und ihr Prestige in Palma wiederherzustellen, so daß sie den Mord an ihren Brüdern rächen konnte. Wenn sie Rosarios Tod nicht rächten, würden sie ihre Vormachtstellung in Palma verlieren. Doch sie besaßen nicht die nötige Kampfstärke, um Rache üben zu können.

Der Krieg tobte immer heftiger, und immer mehr Mitglieder des Ribisi-Clans starben. Man konnte nicht mehr sicher sein, woher der Angriff kommen würde, einstige Verbündete griffen sich gegenseitig an. Ermittler und Mafiosi waren gleichermaßen verwirrt. In der Allegro-Gruppe wurde gemunkelt, daß Grazia Ribisi von ihrem Mann über geplante Schritte informiert werde und die Informationen an die Feinde der Allegros weitergebe.[26]

Abgehörte Telefongespräche Grazia Ribisis überzeugten die Ermittlungsbeamten, daß sie als erste erkannte, was vor sich ging. Teresa Principato erzählt: »Sie begriff, daß ›Die Hand‹, wie sie es ausdrückte [d.h. die Hand des Todes], von einer neu gebildeten Splittergruppe kam. Sie hatte mehrere Zeichen beobachtet, und wir hörten, wie sie diese beschrieb. Sie schloß aus einer Reihe von Situationen, die sie beobachtet hatte, daß es eine neue Gruppe gab, von deren Existenz keiner etwas ahnte. Diese Gruppe dezimierte offenbar die älteren Mafia-Familien. Wir verwendeten Grazia Ribisis Informationen als Basis für unsere Ermittlungen.«

Bei einem von der Polizei mitgehörten Telefongespräch sagte Pasquale Allegros Onkel, der nach Grazias aggressiven Schikanen und ihrer Forderung, seine Familie solle ihren Brüdern zu Hilfe kommen, die Geduld verloren hatte: »Wir müssen diesen Baum fällen. Es ist die einzige Möglichkeit, die Maschine zu stoppen.«[27]

Die Ermittler sahen darin den Beweis, daß Grazia Ribisi der Dreh- und Angelpunkt der Familie war. Räumt sie aus dem Weg, schien das zu heißen, dann sind alle anderen unschädlich. Auf der Grundlage dieser Interpretation wurde Grazia Ribisi verhaftet und angeklagt.

Grazia protestierte lautstark, als sie in den Polizeitransporter verfrachtet wurde, und sie schrie aus ihrer Zelle heraus, sie sei doppelt verfolgt worden: erst von den Killern, jetzt von der Polizei. Die Ermittlungsrichter fanden sie uneinsichtig, aggressiv und stur, doch als es dann zum Prozeß kam, werteten die Richter die aufgezeichneten Gespräche anders als die Ermittler: Grazia weckte zwar keine Sympathien, aber sie fanden keinerlei Beweise dafür, daß sie der »Baum« war, der ihren angeheirateten Verwandten im Weg stand. Zur großen Bestürzung von Teresa Principato wurde Grazia Ribisi freigesprochen. »Diese merkwürdigen Richter glauben nicht, daß Frauen etwas mit der Mafia zu tun haben«, sagt sie verbittert. Grazia Ribisi wurde nicht nur freigesprochen, sondern sie erhielt für die zwei Jahre, die sie im Gefängnis gesessen hatte, noch eine Haftentschädigung von umgerechnet rund 80 000 DM.

Grazias Ehemann starb (eines natürlichen Todes), während sie im Gefängnis saß. Sie kehrte trotzdem nach Palma de Montechiaro zurück, zusammen mit ihren beiden zehn- und dreizehnjährigen Töchtern, die dort zur Schule gingen. Ihre Wohnung ist alles andere als luxuriös: Die Außenwände bestehen ebenso wie die der anderen Häuser aus nacktem Beton, weder verputzt noch gestrichen, und die Inneneinrichtung ist von erstaunlicher Schlichtheit. Niemand kann sich erinnern, Grazia jemals anders als schwarz gekleidet gesehen zu haben. Sie trägt ein Medaillon für ihren toten Gatten – nur dieses eine Medaillon: Würde sie für jedes Familienmitglied, das in den langen Jahren des Mafia-Krieges ums Leben kam, ein Medaillon tragen, dann würde sie bimmeln wie eine Kuh mit einer Kuhglocke. Nun, da der Krieg vorbei – und verloren – ist, sieht man sie manchmal in der Stadt. Sie hat nichts zu befürchten, weil niemand mehr etwas von ihr zu befürchten hat.

6
DIE SÜNDEN DER MUTTER

Am 23. Mai 1996, während fast ganz Italien vor dem Fernseher saß und einen Film über die Ermordung des Richters Giovanni Falcone ansah, stürmte eine Sondereinheit der Polizei ein Haus in der Nähe von Agrigent in Sizilien. Die Polizisten kamen mit zwei Festgenommenen heraus: dem aufgedunsenen, bärtigen Giovanni Brusca und seinem langhaarigen jüngeren Bruder Vincenzo. Die beiden Brüder und ihre Freundinnen hatten sich ebenfalls den Fernsehfilm angeschaut, obwohl ihnen die Geschichte besser vertraut gewesen sein dürfte als dem übrigen Publikum: Giovanni Brusca soll die Bombe zur Explosion gebracht haben, die den Richter, seine Ehefrau Francesca Morvillo und drei Leibwächter tötete. Die Ermittler waren auf Brusca gekommen, nachdem sie ein unterirdisches Waffenversteck mit Boden-Luft-Raketen, Raketenwerfern und Panzerfäusten entdeckt hatten. Die Polizisten waren überglücklich, als sie den Mann abführten, der beschuldigt wurde, ihre Kollegen umgebracht zu haben; sie jubelten und schwangen ihre Waffen in der Luft.

Der erste Mensch, der sich zugunsten der Verhafteten zu Wort meldete, war nicht der Anwalt, sondern die Mutter. Antonina Brusca, 63 Jahre, eine kleine Frau mit rotblond gefärbten Haaren, schüchterte die Journalisten mit kalten Augen und zynischen Bemerkungen ein. Ihr Ehemann Bernardo Brusca, der Mafia-Boß von San Giuseppe Iato, verbüßt eine Strafe von dreimal lebenslänglich; ihre drei Söhne, einer davon ebenfalls im Gefängnis, sind des Mordes, Drogenhandels und der Zugehörigkeit zu einer Mafia-Organisation angeklagt.

»Ich habe meine Söhne anständig erzogen und ihnen Respekt vor der Religion beigebracht«[1], erklärte sie den Journalisten vor dem Polizeirevier, in dem ihre Söhne festgehalten wurden. Sie beschwor das Bild einer gottesfürchtigen Familie, die großzügig für wohltätige Zwecke spendet. Gott kam in ihrer Rede häufig vor: Sie sagte, die Messe versäume sie nur, wenn sie effektiv am Kirchgang verhindert sei, und die Familie Brusca stehe unter Seinem ganz besonderen Schutz. »Wenn der heilige Geist eure Gedanken erleuchtet und die Gedanken der Richter erleuchtet, werden meine Söhne nicht verurteilt werden.«

Signora Brusca warf den Polizisten vor, sie hätten ihre Söhne im Gewahrsam geschlagen und getreten und bezeichnete dabei den kräftig gebauten 28jährigen Enzo als »den Kleinen«. Sie wollte die Unschuld ihrer Jungen beteuern, aber die Rolle der Bittstellerin entspricht nicht ihrer Natur, und so wies das Bild der demütigen, gottesfürchtigen Familie bald Risse auf. Für Presse und Justiz hatte sie nur Verachtung übrig (»alles Kommunisten, die Leute einsperren und den Schlüssel wegwerfen«). Die Ermordung des Richters Falcone nannte sie einen »Unglücksfall«, und dunkel andeutend fügte sie hinzu: »Es ist schon gut, ja, sehr gut, daß die Menschen in San Giuseppe Iato die Bruscas mit Respekt behandeln.«

»Wir wissen ganz genau, wann es für die Cosa Nostra schlecht steht«, sagt der Ankläger Antonio Laudati. »Wenn es eng wird, schieben sie die Frauen vor.«[2] Signora Brusca nahm den Kampf auf und verteidigte ihre Söhne gegen alle Vorwürfe. Diese Rolle haben die Mafia-Frauen zu allen Zeiten gespielt: Sie bedecken ihre Häupter mit schwarzen Tüchern und erfüllen die Straßen mit ihrem Wehklagen, wenn die Polizei kommt und ihre Männer abholt. Das einzige, das sich verändert hat, ist, daß mittlerweile Fernsehkameras und Reporter mit Kassettenrecordern zur Stelle sind und jedes Wort aufzeichnen.

Doch im selben Atemzug, mit dem Antonina Brusca lautstark die Unschuld ihrer Kinder beteuerte, deckte sie auch – wohl unbeabsichtigt – den kriminellen Stammbaum ihrer Söhne auf, indem sie daran erinnerte, daß die Bruscas Erben eines Namens seien, der in bestimmten Kreisen von Sizilien sehr viel gelte. »Respekt« ist ein Wort, das ganz eindeutig in den Dunstkreis der Mafia-Kultur gehört. Sie wollte ihre Zuhörer davon überzeugen, daß ihre Jungen des Namens, den sie tragen, würdig sind – und wer sollte das besser wissen als sie. Ihr Ehemann stammt aus einer alten Mafia-Familie; sie alle waren Arbeiter, Leute vom Land, und sie hatten ein unbedingtes Ziel: sich Respekt zu erwerben. Bernardos Vater, der Patriarch Don Emanuele, gehörte zu den Mafiosi, die in den vierziger Jahren mit dem Banditen Salvatore Giuliano gemeinsame Sache machten bei dem Unterfangen, Sizilien vom übrigen Italien zu lösen. Die Söhne der Bruscas reihten sich früh in die Familientradition ein, bedrohten jedermann in San Giuseppe Iato, der kein Schutzgeld bezahlen wollte, und steckten Autos in Brand und ließen den beißenden Gestank brennenden Gummis für sich sprechen.

Antonina Brusca behauptet, ihre Söhne würden wegen ihres Namens verfolgt, doch in ihren eigenen Worten enthüllt sie unfreiwillig, daß sie stolz auf das Mafia-Erbe ist. Wenn die Sünden des Vaters in den Kindern offenbar werden, wen genau trifft dann die Verantwortung?

Für die italienischen Ermittlungsbehörden war es schwierig, einzelnen Tätern etwas nachzuweisen, das für einen Schuldspruch ausreichte; das änderte sich mit dem La-Torre-Gesetz vom September 1982, das die Mafia als eine illegale Organisation behandelte. Bis dahin wurde die Rolle der Frau in der Mafia-Kultur – zum Beispiel die Tatsache, daß sie ihre Kinder in dem Bewußtsein erzog, Blutrache für ihre Familie sei eine Pflicht – als Teil der Tradition betrachtet und nicht als etwas, das nach dem Gesetz strafbar war. Wie sich bereits gezeigt hat, hinderte die Bereitschaft, die Blutrache als Teil des Ehrenkodexes der Mafia zu romantisieren, die Ermittler an der Erkenntnis, daß Frauen in der Kampfstrategie der Mafia eine aktive Rolle spielen.

Dem sizilianischen Historiker Salvatore Lupo zufolge setzt sich erst jetzt in Sizilien langsam die Einsicht durch, daß die Mafia-Familie sozial gesehen eine ausgesprochen gefährliche Umgebung darstellt, eine Brutstätte für die nächste Generation von Kriminellen. »Die Justiz hat bei der Aufgabe, dieses Problem in einer ernsthaften Weise anzugehen, total versagt. Sie schenkte der Familie als der Umgebung, in der ein Mafioso heranwächst, keine Beachtung, und übersah darum die einzige Möglichkeit, die Bande zu zerschneiden, die diese Organisation zusammenhalten. Es gibt zwei Stufen in der Entwicklung eines Mafioso: Das eine ist seine Erziehung, das, was er in der Familie lernt (die weibliche Seite); das andere ist seine offizielle Aufnahme in eine (männliche) Struktur mit einem Initiationsritus und einem eigenen Normensystem. Der familiäre Aspekt dieser Entwicklung wurde sträflich unterschätzt.«[3]

Aber schließlich geriet die Verantwortung der Mutter für die charakterliche Formung eines jungen Mafioso doch noch ins Blickfeld der Ermittler und wurde auch zum Gegenstand einer intensiven, schmerzlichen Debatte in den Medien. Einer der Gründe, warum es so lange dauerte, bis das Thema an die Oberfläche kam, ist darin zu sehen, daß die meisten Sizilianer negative Seiten der Mutter-Kind-Beziehung nicht zur Kenntnis nehmen wollen. Es sind Jahre vergangen, seit Leonardo Sciascia einen Sturm der Entrüstung auslöste mit dem Satz, Mafia-Frauen seien schlimmer als Männer, weil sie die Männer dazu anstachelten, Blutrache zu üben; mittlerweile wird sein Standpunkt, daß die Mutter das Denken ihrer Kinder vergiftet, endlich ernst genommen.

Liliana Ferraro trat nach der Ermordung von Giovanni Falcone im Jahr 1992 seine Nachfolge im Justizministerium an und steht seitdem beunruhigend weit oben auf der Abschußliste der Mafia. Die Gefahr, in der sie lebt, hat sie bis zu einem gewissen Grad in die Isolation getrieben; sie ist geschieden, hat keine Kinder und wird auf Schritt und Tritt von Leibwächtern begleitet. Liliana Ferraro sieht in dem Band zwischen Mutter und Kind in der Mafia-Familie eine besonders heimtückische Kraft am Werk. Bei unserem Gespräch in ihrer großzügigen, gemütlichen Wohnung im Zentrum von Rom, die sie allein bewohnt, umgeben von Gemälden und viktorianischen Vasen, erklärte sie mir, während sie sich einen Zigarillo nach dem anderen anzündete: »Wir tun uns schwer damit, die subtile Rolle zu verstehen, die die Frauen seit jeher spielen – die Mutter, die das Unbewußte des Kindes prägt, die ihm schon mit der Muttermilch die Normen der Mafia einflößt. Die Verankerung der Mafia-Werte bei den Kindern – die Denkweise der Mafia: die harte Vorstellung von Gerechtigkeit, das Überleben der Stärksten, die Rechtfertigung ihrer Taten, und seien sie noch so schrecklich – erfolgt in erster Linie und zum größten Teil nicht durch den Mann, den Vater, sondern durch die Frau, die Mutter.

All diese Mafia-Dynastien könnten nicht von Generation zu Generation fortbestehen, wenn es nicht den fruchtbaren Boden gäbe, der sie nährt. Dieser fruchtbare Boden ist die Lebensweise, die Tradition, das Schweigen – die Lebensweise einer bestimmten Umwelt. Aber das ist nicht alles. Jede Umwelt wird von Menschen geschaffen – und das schließt die Frauen ein.

Sie müssen nur Giovanni Bruscas Mutter zuhören, und Sie werden verstehen, daß diese Frau, die mit der Presse spricht, und Totò Riina, der Boß, der niemals sprechen wird, ein und dasselbe sind. Sie haben den gleichen Hintergrund, sie fühlen das gleiche. Totò Riinas engster Verbündeter ist Bruscas Mutter. Es ist unglaublich, aber wahr.«[4]

Riina und Mamma Brusca sind nicht nur Seelenverwandte, sondern auch Kampfgefährten: Die beiden Familien taten sich unter der Flagge von Corleone zusammen, als Riina sich daran machte, die Führung der Cosa Nostra zu übernehmen. Zur Stärkung der Familienbande trägt auch bei, daß Giovanni Brusca Totò Riinas Patensohn ist, sein Zögling im kriminellen Gewerbe.

Riinas eigene Kinder wuchsen abgeschieden von der übrigen Welt auf. 1969 wurden Riina und der Mafia-Boß von Corleone, Luciano Leggio, des Mordes angeklagt; Riina entkam knapp einer Verhaftung und ging in den Untergrund. 1971 wurde seine bildhübsche Verlobte Antonietta Bagarella (genannt Ninetta) in Palermo vor Gericht geladen. (Sie war schon einmal in Schwierigkeiten geraten, als die Nonnen der Schule, an der sie unterrichtete, ein Führungszeugnis von ihr wollten. Die Polizei weigerte sich, ihr ein solches auszustellen, und so gaben die Nonnen ihr den Laufpaß.) Sie stand in dem Verdacht, ein Nachrichtennetz zu unterhalten zwischen den verschiedenen untergetauchten und gefangenen Mitgliedern der Mafia von Corleone: Luciano Leggio, ihren Brüdern Leoluca und Calogero Bagarella, Totò Riina und den jeweiligen Anwälten. Im Fall eines Schuldspruchs hätte man sie als erste Frau wegen Mafia-Verbrechen ausgewiesen.

Auf dem Weg zum Gerichtssaal stellte sich Ninetta Bagarella den Fotografen. Sie trug ein einfaches geblümtes Kleid, die dunklen Haare fielen ihr lose über die Schultern. Dies blieb bis 1993 das einzige Foto, das es in den Pressearchiven von ihr gab, und es erwies ihr keinen schlechten Dienst. Vor der Journalistenschar zog sie eine großartige Show ab: »Ich liebe ihn, ich bin nun einmal eine Frau. Habe ich denn nicht das Recht, einen Mann zu lieben, ist das etwa nicht das Gesetz der Natur? Sie fragen, warum ich einen Mann wie ihn gewählt habe, einen Mann, über den die Menschen so schreckliche Dinge erzählen. Verstößt es denn gegen das Gesetz, einen Mann wie Salvatore Riina zu lieben? Ich liebe ihn, weil ich weiß, daß er unschuldig ist.« Sie war überzeugend in ihrer Treuherzigkeit: Er versteckte sich, also spielte sie die liebeskranke Braut, die zweifelt, ob die Gefühle ihres Geliebten noch dieselben sind. »Ich habe Riina seit zwei Jahren nicht mehr gesehen, ich weiß nicht einmal, ob er mich überhaupt noch liebt.«[5] Die gesamte Presse von Palermo war verliebt. Und diese Liebe sollte Jahre dauern.

Riina und seine junge Braut wurden 1974 in einem heimlichen Gottesdienst getraut, Sie ging mit ihm in den Untergrund, und sie lebten in verschiedenen konspirativen Wohnungen in und um Palermo. Er festigte seine Stellung innerhalb der Organisation, schmiedete Verbindungen zu Industriellen, hetzte seine Konkurrenten gegeneinander auf und erkämpfte sich den Weg ganz nach oben an die Spitze der Mafia, in die *cupola* oder Kommission. Ninetta brachte in Palermos teuerster Privatklinik vier Kinder zur Welt und ließ sie unter ihren richtigen Namen standesamtlich registrieren. Die meistgesuchte Familie von ganz Sizilien hatte wohlmeinende Freunde an höchster Stelle, trotzdem überwachte Ninetta jeden Schritt ihrer Kinder. Gelegentlich nahm sie sie mit zum Einkaufen in die Stadt, aber sie ließ sie keine Sekunde aus den Augen. Da die Kinder keine Schule besuchen konnten, unterrichtete Ninetta, die ehemalige Lehrerin, sie selbst.

Die Geburt eines Sohnes und Erben, ihres zweiten Kindes, wurde groß gefeiert. Als Gianni (die Kurzform für Giovanni) fünf war, nahm sein Vater ihn im Kreise einer Gruppe von Mafia-Kumpanen und Bewunderern auf den Schoß und drückte dem Jungen seine Waffe in die Hand. »Zeig mal, wie kräftig du am Abzug bist«, sagte er.[6] Es gab schallendes Gelächter.

Im Januar 1993 wurde Totò Riina von seinem ehemaligen Fahrer, dem *pentito* Baldassare Di Maggio, verpfiffen. Zwei Tage nach der Verhaftung des Bosses, während Zeitungen und Fernsehen noch ausführlich über die Umstände seiner Festnahme und seine Verbrechen berichteten, nahm seine Frau mit ihren vier Kindern ein Taxi nach Corleone. Sie zogen in das Haus der Großmutter im alten Stadtzentrum, wo sich am Fuß der Berge die Häuser mit den dunklen Dächern eng zusammendrücken. Es war der erste offizielle öffentliche Auftritt. Die erste Familie von Corleone war nach Hause zurückgekehrt, und alle Welt sollte wissen, daß Ninetta Bagarella und die Ihren nichts zu fürchten hatten.

Die Kinder bekamen zum ersten Mal in ihrem Leben Ausweise und gingen in die Schule. Das soll freilich nicht heißen, daß sie nun auf einmal wie eine normale Familie lebten. Wenn Ninetta die Lehrer aufsuchte, fuhr sie immer im Konvoi vor: Zwei Autos postierten sich vor der Schule, und ihre Leute gingen hinein, um zu überprüfen, ob alles sicher war. Der halbwüchsige Gianni, kräftig gebaut und mit breitem Gesicht wie sein Vater, jagte mit seinem Motorrad dröhnend durch die Straßen, schrie herum und machte ziemlich viel Theater; die friedliebenden Bürger von Corleone sollten wissen, daß der Junge wieder da war. Er besuchte ein paarmal den Unterricht, doch es frustrierte ihn, daß er soviel älter war als seine Klassenkameraden, und so gab er die Schule bald auf.

Von Tony Calvaruso, einem der Familie des Bosses nahestehenden Mitglied des Corleone-Clans, der später gegen die Mafia aussagte, wissen wir, daß Gianni um diese Zeit herum bei Treffen des Clans auftauchte und in die Cosa Nostra eingeführt wurde. Ebenfalls um diese Zeit herum begann der Sohn und Erbe des Bosses den Verdacht zu hegen, daß er verfolgt wurde. Das Haus seiner Tante, in dem sie alle lebten, wurde von der Polizei überwacht, und eines Abends registrierte die Polizei einen Anruf Giannis bei seiner Mutter, in dem er die Vermutung äußerte, daß er beschattet werde. Seine Mutter war entsetzt, weil sie eine Entführung fürchtete, und wies ihn an, nicht den üblichen Weg nach Hause zu nehmen und bei Verwandten zu übernachten.

Ein paar Tage später kam der vermeintliche Entführungsversuch bei einem Treffen zur Sprache, das sein Onkel Leoluca Bagarella einberufen hatte. Man beschloß, die Möchtegern-Kidnapper zu bestrafen. »Ich werde mich drum kümmern«, sagte der junge Riina.

»Du wirst gar nichts«, erwiderte sein Onkel, »die Sache erledige ich.«[7]

Kurz darauf wurde ein junger Mann aus Corleone namens Giuseppe Giammona erschossen. Vierundzwanzig Stunden später schossen Killer auf Giammonas Schwager Fransceso Saporito, als er am Steuer seines Wagens saß, töteten seine Frau Giovanna Giammona und verfehlten knapp ihr einjähriges Kind, das sie in den Armen hielt. Onkel Leoluca hatte die Sache erledigt.

Gianni trat nicht nur wie ein Nachwuchsgangster auf, er übernahm auch erste Aufgaben innerhalb des Clans. In einem Brief an einen gewissen Salvo, in krakeliger Handschrift und voller Rechtschreibfehler, vereinbarte er ein Treffen mit anderen Mafiosi und forderte sie auf, Geld für einen Deal zu beschaffen. »Salvo« war Informanten zufolge der Deckname für Giovanni Brusca, den Boß von San Giuseppe Iato, Patensohn von Totò Riina. Die Polizei fand den Brief bei der Durchsuchung von Bruscas Haus.

Eines Tages im Jahr 1996, der stämmige, zwanzigjährige junge Mann hielt gerade ein Mittagsschläfchen, kamen Carabinieri ins Haus der Familie in Corleone. Gianni rieb sich erst noch einen Klecks Gel ins dicke schwarze Haar und ging dann ohne eine Wort mit den Carabinieri davon.

So jung verhaftet zu werden, war eine Katastrophe für den ältesten Sohn des Bosses. Seine Mutter schickte einen offenen Brief an die Presse – ihre erste öffentliche Äußerung nach mehr als 25 Jahren. Im vollen Bewußtsein, daß ihre Geschichte die Italiener faszinierte, plazierte sie eine perfekt berechnete Bombe. In dem Brief schilderte sie ihren Jungen als unschuldiges Opfer eines Rachefeldzugs gegen ihre Familie; nur weil er den Namen Riina trage, werde er für schuldig gehalten.

»Ich habe mich entschlossen, mein Herz zu öffnen, das Herz einer

Mutter, das nach der Verhaftung ihres Sohnes überfließt vor Kummer … Wir vermissen ihn alle schrecklich, unser Familienleben ist zu einem Alptraum geworden, wir können es nicht fassen, daß ein Junge von gerade einmal zwanzig Jahren, ohne jegliche Vorstrafe, verhaftet und nach zwei Tagen Verhör weggebracht und eingesperrt wird …

Um der Gerechtigkeit willen müssen die Menschen wissen, daß Giovanni ein normaler, offener, fröhlicher, unkomplizierter Junge ist. Er arbeitet in der Landwirtschaft, und wenn er abends nach Hause kommt, trifft er sich mit seinen Freunden in einer Bar … Er sammelt CDs, Auto- und Motorradzeitschriften und kennt alle Marken und Modelle …

In den Augen der Welt sind meine Kinder schuldig geboren. Niemand macht sich klar, daß ich *(la mamma)* bei ihrer Geburt eine freie Bürgerin war und mein Mann lediglich gegen Bewährungsauflagen verstoßen hatte. Wir haben enorme Opfer gebracht, um unsere Kinder großzuziehen, haben unvorstellbare Schwierigkeiten überwunden und ihnen all unsere Liebe und jede nur erdenkliche Unterstützung gegeben. Wir haben sie dazu erzogen, die Familie zu achten und ihre Nächsten zu lieben … In der Familie Riina gilt das Motto: ›Achte jeden und alles.‹ …

Zum Glück kann niemand Gottes Gesetz aufheben: Das Gebot ›Du sollst deinen Vater und deine Mutter ehren‹ muß von jedermann befolgt werden, auch von unseren Kindern, die uns verehren und für uns, ihre Eltern, leben.«[8]

Der Brief ist ein meisterliches Beispiel für Mutterliebe. Die Wörter »mamma« und »figlio« (Sohn) werden gebetsmühlenhaft wiederholt, als könnte die Liebe der Mutter den Sohn von jedem Verbrechen reinwaschen. Implizit wird damit ausgedrückt, daß jeder, der den Sohn einsperren möchte, das sakrosankte Band der Mutterliebe angreift. Die Wendung »die Familie achten«, eine Kernvorstellung der Mafia-Kultur, wird als bürgerlicher Allgemeinplatz eingestreut. Keine Rede ist vom ausufernden Strafregister des Ehemannes, in dem ein Lebenslänglich sich an das andere reiht. Wie Mamma Brusca wischt auch Ninetta Bagarella das irdische Gesetz beiseite und beruft sich gleich auf das himmlische.

Nicht nur einmal verteidigte sich die Familie Riina in dieser Weise. Nach so vielen Jahren des Schweigens waren nun Pressemitteilungen aus dem Hause des Bosses an der Tagesordnung.

Die älteste Tochter Maria Concetta ging mit 19 Jahren nach der Rückkehr der Familie nach Corleone im Jahr 1993 zum ersten Mal in eine Schule. Sie war eine traurige Gestalt, ein häßliches Mädchen mit dem breiten Gesicht ihres Vaters und vielen Pickeln, das sich verzweifelt einen Freund wünschte. Die Klassenkameradinnen spotteten durchaus gutmütig, daß sie einen Freund für sie suchen wollten – aber welcher junge Mann würde schon an die Tür von Signora Riina klopfen und sagen, daß er mit ihrer Tochter ausgehen wolle? Da Maria Concetta soviel älter war als ihre Klassenkameradinnen, wurde sie häufig um Rat gefragt: Sie wurde so etwas wie eine ältere Schwester für die Mädchen, ließ sich zur Klassensprecherin vorschlagen und wurde tatsächlich gewählt.

Die Ermittlungsrichterin Ilda Boccassini, bekannt für ihre unverblümten Angriffe auf die sentimentalen Mythen der Mafia, ergriff die Gelegenheit und stellte die Frage, ob die Tochter von Totò Riina sich nun, da sie Klassensprecherin war, öffentlich von der Mafia lossagen werde. Maria Concetta antwortete mit einem sorgfältig arrangierten Interview in einer angesehenen Wochenzeitschrift. Sie nutzte die verständnisvolle Haltung des Journalisten aus, verdrehte geschickt die Fragen und verwahrte sich dagegen, daß man von ihr verlange, ihren eigenen Vater zu verleugnen.

»Wovon soll ich mich denn lossagen? Von der Zuneigung und der Liebe, die Papa mir vom Tag meiner Geburt an geschenkt hat? Wie könnte ich es aufgeben, ihn zu besuchen, wenn ich doch weiß, daß er nach jedem Besuch die Tage bis zum nächsten Mal zählt? Wie könnte ich aufhören, ihn zu lieben? Meine Erinnerungen an ihn sind von herzzerreißender Zärtlichkeit ...«[9]

Sie beschrieb ein Familienleben wie es eine amerikanische Fernsehserie nicht besser könnte: Der Vater kommt abends um sechs nach einem harten Tag im Büro nach Hause, die Kinder stürzen zur Tür und fallen ihm um den Hals, dann schaut sich die Familie gemeinsam die Fernsehnachrichten an, die Mutter bügelt unterdessen die Wäsche. Die Kinder, soviel ließ sie durchblicken, ahnten vage, daß die Familie sich vor der Justiz versteckte (in den Fernsehnachrichten tauchte gelegentlich sein Name auf vor dem Hintergrund zerbombter Autos und durchsiebter Körper). Dem Augenblick der Wahrheit waren sie am nächsten, als die jüngere Schwester Lucia bei einem Fernsehbericht über einen Mord, in dem das Gesicht ihres Vaters kurz zu sehen war, sich zu ihm umdrehte und voller Staunen sagte: »Ich hab's gewußt! Ich hab gewußt, daß Bellomo nicht unser richtiger Name ist!« Doch obgleich die Wahrheit jeden Tag in ihrem luxuriösen Versteck aufblitzte, dachten sich die Kinder nichts Böses. Es zählte nur, daß sie zusammen waren.

Bei aller unfreiwilligen Ironie war Maria Concettas Interview ein Propagandacoup erster Güte für die Mafia. Es brachte die Justiz in Schwierigkeiten: Etliche Kollegen griffen Ilda Boccassini an, warfen ihr Grausamkeit vor und verlangten, den Kindern eines Mafioso müsse jede Gelegenheit gegeben werden, ihre Unschuld unter Beweis zu stellen.

Nach der Verhaftung ihres Bruders im Juni 1996 erschien Maria Concetta wieder auf der Bildfläche und versicherte den Journalisten von *La Repubblica,* daß ihr Bruder nicht schuldig sein könne. Sie kenne ihn, sagte sie, sie seien schließlich zusammen aufgewachsen. Wieder einmal wurde die Liebe einer Frau als Beweis für die Unschuld des Mannes angeführt.

Boccassini sah das anders. Sie hob hervor, daß Gianni Riina, der Sohn eines Mafia-Bosses, in einer hermetisch abgeschlossenen Umgebung aufgewachsen war, abgeriegelt von der gesetzestreuen Gesellschaft. Für ihn gab es keinen anderen Weg, als ebenfalls ein Mafioso zu werden. »Wenn es stimmt, was die Abtrünnigen sagen, dann hat man den Jungen zu einem Mitglied der Ehrenwerten Gesellschaft gemacht. Was mich nicht im mindesten überrascht. Es geht gar nicht anders, als daß die Mafia-Kultur, ihre Sitten und Gepflogenheiten und ihr Familienkodex für die Mafia-Mitglieder wichtiger sind als alles übrige. Alles, was sie sonst erleben und erfahren, ordnen sie diesen Dingen unter. Das liegt auf der Hand. Ich glaube nicht, daß Giovanni Riina gezwungen wurde, ein Ehrenmann zu werden. Der Junge hat ganz einfach den einzigen Weg eingeschlagen, der ihm im Leben offen stand. Deswegen betone ich seit jeher, daß es keinen Mittelweg gibt: Es gibt keinen Kompromiß zwischen der familienzentrierten Kultur der Mafia und einem Sinn für die Gemeinschaft, für den Staat.«[10]

Ilda Boccassinis Worte waren klar und unmißverständlich, doch Maria Concetta und ihre Mutter hatten den Nerv der Menschen getroffen. Sie wußten, daß die Vorstellung, eine Frau, und schon gar eine Mutter, könnte kriminell eingestellt sein, nicht beliebt war. Die meisten Sizilianer fühlen sich in erster Linie ihrer Familie verpflichtet und nicht dem Staat. Im Kampf um die moralische Überlegenheit machte die Mafia einige Punkte, indem sie sich als Verteidigerin der Familienwerte darstellte.

Die Propaganda ist eine machtvolle Waffe im Krieg zwischen der Mafia und dem Staat, und die Mafia hat Anfang der neunziger Jahre einige Schlachten verloren. Seit den Morden an den Richtern Falcone und Borsellino, die beide zu Märtyrern der Anti-Mafia-Bewegung machten, hat die Cosa Nostra viel an Sympathie in der Öffentlichkeit eingebüßt. Die Mafia braucht aber, um funktionieren zu können, den Rückhalt der einfachen Leute, für die der lokale Mafia-Boß jemand ist, der ihnen Arbeit garantiert, der für Ordnung sorgt, der ihre Probleme löst. In einer durch und durch konservativen Gesellschaft verkörpert die Mafia Stabilität.

Das Band zwischen Mutter und Kind stellt für Sizilianer das Urbild der Verläßlichkeit dar. (Diese Bindung hat auch einen Namen: *mammismo.)* Wenn ein Mafioso auf sein öffentliches Image bedacht ist, hebt er die Beziehung zu seiner Mutter besonders hervor. Dem Biographen des Corleone-Bosses Luciano Leggio entging diese Ironie nicht. Er schildert Leggio als einen Mann, der auch nach jahrzehntelangem Leben im Untergrund den Gefallen am Töten und die Lust an der Macht ungebrochen empfand. Doch die Tatsache, daß er einer der meistgesuchten Verbrecher Italiens war, konnte ihn nicht daran hindern, seine Mamma aufzusuchen: »Einmal kehrte er heimlich nach Corleone zurück, um seine Mutter zu sehen, denn wie alle Mörder betete er seine Mutter an.«[11]

Die Ausbeutung der familiären Bindung zu dem Zweck, der Mafia ein menschliches Antlitz zu verleihen, ist eine zugespitzte Version des untreuen Politikers, der sich in der Öffentlichkeit mit Frau und

Familie zeigt, ein dünnes Lächeln auf den Lippen. Während in Palermo Mitte der achtziger Jahre der Maxiprozeß gegen Mafia-Angehörige lief, wurde der elfjährige Claudio Domino erschossen. Sein Vater hatte den Zuschlag für die Reinigung des hochgesicherten Gerichtssaales erhalten, und die Polizei ging davon aus, daß der Mord geschah, damit eine Mafia-Firma in den Vertrag eintreten konnte. Der Kommission der Cosa Nostra war klar, welche Katastrophe der Mord unter PR-Gesichtspunkten bedeutete, und handelte sofort. Am Tag nach der Tat bat einer der Angeklagten, der Mafioso Giovanni Bontate, um die Erlaubnis, vor Gericht eine Erklärung abgeben zu dürfen. »Herr Vorsitzender, wir haben mit der Ermordung von Claudio Domino nicht zu tun«, versicherte er. »Dieses Verbrechen verletzt uns, aber noch verletzender ist der Versuch der Presse, die Schuld den Männern hier in diesem Gerichtssaal zuzuschieben.

Auch wir haben Kinder.«[12]

Während Hunderte von Mafiosi in ihren Zellen auf das Urteil warteten, versuchte Bontate, möglicherweise auf Anweisung der Kommission, die Behauptung zu untermauern, daß die Mafia Frauen und Kindern niemals ein Haar krümme. Dieses abgedroschene Klischee hat sich erstaunlicherweise bis heute gehalten, obwohl es eine Fülle von Gegenbeweisen gibt. Kinder sind der Cosa Nostra so lange heilig, bis sie der Organisation in irgendeiner Weise in die Quere kommen oder eine Bedrohung darstellen. Im Jahr 1948 wurde der Gewerkschafter Placido Rizzotto von dem aufstrebenden Jung-Mafioso Luciano Leggio aus Corleone ermordet. Ein zwölfjähriger Junge wurde zufällig Augenzeuge des Mordes, und das Gesehene entsetzte ihn so, daß er einen Schock erlitt. Seine Mutter brachte ihn ins Krankenhaus; dort bekam er eine Beruhigungsspritze und war auf der Stelle tot. Es war kein Irrtum: Die Spritze wurde vom Klinikdirektor Michele Navarra höchstpersönlich verabreicht, und Navarra stand damals an der Spitze des Corleone-Clans.[13]

Der Einheit Familie gebührt mehr Loyalität als dem Staat. Liliana Ferraro hat tief ins Herz der Mafia-Kultur geblickt und dort als Kern die amoralische Mutter-Kind-Beziehung entdeckt.

»Die Aufgabe einer Mafia-Mutter ist es, ihre Kinder zu rechtfertigen in allem, was sie tun«, erklärt sie mit rauher Stimme. Diese Aufgabe hat natürlich überhaupt nichts mit der Erziehung selbstbewußter Staatsbürger zu tun: Hier wird die Mutter-Kind-Beziehung über alles andere gestellt.

»Giovanni Brusca ist in den Augen seiner Mutter kein Krimineller. Aus ihrer Sicht ist er lediglich das Vehikel für die richtigen, ehrenwerten Familienwerte; er lebt ein normales, rücksichtsvolles Leben, die Bösen sind die anderen. Seine Mutter sagt zu ihm: ›Geh zur Arbeit.‹ Wenn Arbeit bedeutet, jemanden umzubringen, dann ist es richtig, daß er das tut. Diese Menschen glauben, daß sie aus richtigen Grundsätzen heraus handeln, und das ist etwas viel Schlimmeres als Ungehorsam gegen den Staat. Sie glauben nicht einmal an den Staat. Sie können sich ein Leben nicht vorstellen, in dem andere Instanzen als ihre Ehemänner – die Polizei, die Justiz oder die Politik – die Regeln festlegen.«

Nach italienischem Recht kann eine Frau nicht dafür belangt werden, daß sie ein Mitglied ihrer Familie schützt und unterstützt. Wenn die Mafia-Werte tatsächlich mit der Familie stehen und fallen, dann müßte man an dieser Stelle ansetzen, um das gesamte Gebäude zum Einsturz zu bringen. Liliana Ferraro hält trotz allem daran fest, daß es ein Ideal gesunder Familienbeziehungen gibt und daß dies durch die sogenannte bürgerliche Gesellschaft vorgelebt werden muß. »Wir können nicht verlangen, daß die Kinder bezahlen, weil ihre Eltern schuldig sind. Unsere Kultur erlaubt uns nicht zu sagen, daß ein Kind eine schlechte Entwicklung nimmt, weil seine Eltern schlecht sind. Diese Folgerung lehne ich ganz und gar ab.«

Als Ninetta Bagarellas Brief in *La Repubblica* erschien, überboten sich die Kommentatoren darin, ihre Mutterliebe zu preisen. Niemand wollte in die Falle tappen und etwas gegen die sakrosankte Mutter-Kind-Beziehung sagen. »Dies ist der Brief«, Palermos stellvertretender Chefankläger Guido Lo Forte zögert ein wenig, »nun ja, der Brief einer Mutter.« Nur eine einzige Justizangehörige, die Ermittlungsrichterin Teresa Principato, verurteilte ihn geradeheraus als ein perfektes Produkt der Mafia-Kultur.

Besonders alarmierend an dem Brief ist Principato zufolge die systematische Rechtfertigung der Handlungen des Vaters vor dem

Sohn. »Sie müssen eine geschlossene Front aufbauen, für sich selbst und für die Kinder, um sich nach außen den Anschein der Wohlanständigkeit zu geben. Salvatore Riinas Frau hat ihre Kinder in scheinbarer Normalität aufgezogen, während die Familie hinter der Fassade vollkommen abnormal ist.

Es ist die Pflicht der Mafia-Ehefrau, die Kinder nach den Prinzipien der Mafia zu formen, nach ihren verlogenen Wertvorstellungen, und das in einem Maß, bis beide Welten verschmelzen und schließlich nicht mehr zu unterscheiden sind: Kindesliebe und Respekt vermischen sich mit der Notwendigkeit, die Gewalttaten des Vaters zu verteidigen.

Die Aufgabe der Frau ist es, die Kontinuität der Mafia-Werte sicherzustellen, weil sie für die Erziehung der Kinder verantwortlich ist und die Kinder die Zukunft der Organisation sind.«

Wir haben es nicht mit einer Organisation zu tun, die sich nach dem Vorbild der Familie strukturiert, sondern mit einer Familienstruktur, die nach dem Vorbild der Mafia gestaltet ist. Das Verhältnis ist genau umgekehrt. Und die Familienstruktur ist die Brutstätte der nächsten Generation.

7
DIE BRUTSTÄTTE

Zwei Dinge sind einem Mafioso wichtig: Geld und Kinder.

Die sizilianische Mafia gedieh in einem Umfeld trostloser ländlicher Armut, oftmals bot sie einem jungen Mann die einzige Aussicht, seine finanzielle Situation zu verbessern. Während er eine Stufe der Organisation nach der anderen erklimmt, werden die Macht und das Geld, das seine Söhne einmal erben sollen, zum Mittelpunkt seines Lebens. Totò Riina, der aus einer Bauernfamilie stammte und bis an die Spitze der Kommission gelangte, erwarb für seine Kinder ausgedehnte Ländereien in der Gegend von Corleone. Bernardo Provenzano, der mit Riina zusammen aufgewachsen war, schickte seine Söhne auf deutsche Privatschulen. Der Vater schafft die materielle Grundlage für den sozialen Aufstieg des Sohnes; die Mutter, die für die moralische Erziehung zuständig ist, sorgt dafür, daß der Sohn der Aufgabe gewachsen ist.

In den USA verwendeten Mafia-Mitglieder wie etwa Angelo Bruno, der Don von Südphiladelphia mit den Umgangsformen eines Gentleman, ihren angehäuften Wohlstand und ihre Macht in der Regel dazu, ihre Kinder aufs College zu schicken und ihren Familien eine bessere Zukunft außerhalb der Organisation zu ermöglichen. Doch der Mitgliedschaft in der Cosa Nostra haftet mittlerweile ein Makel an, der durch keine Geldsumme beseitigt werden kann. Einer von John Gottis Männern, ein Mitglied der Gambino-Familie, der »Foxy« genannt wurde, versuchte seine Schwester davor zu bewahren, daß sie in den Armen eines Gangsters landete. Er erklärte seinem Komplizen Tommy De Simone: »Hör zu, du und ich, wir stehen auf derselben Seite. Aber schlag dir ein für allemal den Gedanken aus dem Kopf, mit meiner Schwester auszugehen. Ich will nicht, daß sie mit jemandem wie uns verkehrt.«[1] (De Simone hat Fovy später erschossen und sich damit bei dessen Schwester wahrscheinlich nicht gerade beliebt gemacht.)

Nicky Scarfo, der kleine, grimmige Boß von Südphiladelphia, hatte drei Söhne. Der älteste, Nicky junior, wollte ein Boß wie sein Vater werden, und verschaffte sich damit Respekt, daß er jeden Schritt seines Vaters imitierte. Der mittlere Sohn, Christopher, wollte mit dem Bandenleben nichts zu tun haben. Er verleugnete seinen Vater, zog von Philadelphia fort und nahm den Mädchennamen seiner Frau an. Aus dem jüngsten Sohn, Mark, wollte der Vater mit aller Gewalt einen Gangster machen, doch die Mühe war vergebens. Philip Leonetti, ein Abtrünniger aus Nicky Scarfos Bande, sagte später: »Mark wollte arbeiten, er wollte ein normaler Junge sein. Er wollte in der Schule Sport treiben, doch sein Vater sagte: ›Wenn du in der Schule Sport machst, bist du ein Wichser.‹ Er wollte nicht, daß Mark für irgend jemanden arbeitete. In seinen Augen bedeutete das, sich zu erniedrigen. Der Junge wollte einfach arbeiten, was ist schon dabei? Doch der Vater behandelte ihn, als wäre er bereits ein Mitglied der Cosa Nostra.«[2]

Während der Vater wegen Schutzgelderpressung vor Gericht stand, versuchte der damals 17jährige Mark Scarfo sich zu erhängen. Seine Mutter fand ihn und brachte ihn ins Krankenhaus. Aber er liegt seither im Koma. Die Spötteleien seiner Mitschüler, die seinen Vater einen Banditen und Mörder nannten, und der ständige Druck seines Vaters, er solle denken, reden und handeln wie ein Gangster, haben den Jungen zu seiner Verzweiflungstat getrieben.[3]

Die Sizilianer behalten die Macht gerne in der Familie. Ganze Generationen von Bruscas, Vernengos und Madonias haben die Herrschaft des Clans weitergeführt. Bereicherung ist nicht das einzige Ziel der Organisation. Abgesehen vom Geld verspüren sie das Bedürfnis, die Macht zu bewahren und das nahezu göttliche Recht, das der Clan in seinem Territorium ausübt.

Innerhalb von 20 Jahren schuf Nitto Santapaola, der Boß von Catania – offiziell war er Besitzer eines Autohauses – eine Organisation, deren Einfluß in jedem Bezirk der ostsizilianischen Stadt spürbar war, von den kleinsten Läden, die Schutzgelder bezahlten, bis hin zu großen Geschäftsleuten, die Gelder wuschen. Es war ein unangefochtenes Imperium – Politiker und Industrielle hielten auf höchster Ebene schützend ihre Hand darüber –, und es vergrößerte sich noch, während Santapaola zehn Jahre untergetaucht lebte, weil eine Anklage wegen Mordes über ihm schwebte.

Santapaolas Frau Carmela Minniti war eine elegante, tüchtige und gebildete Frau, die die drei Kinder allein aufzog und zwischen ihrer Wohnung in Catania, dem Büro ihres Anwalts und dem Versteck ihres Ehemannes weit draußen auf dem Lande hin und her pendelte. Selbst während der Zeit, als Santapaola sich versteckt hielt, ging er regelmäßig mit wichtigen lokalen Honoratioren auf die Jagd und lud Politiker und Industrielle ein. Die Wahrung seiner finanziellen Interessen stand dabei nicht einmal im Vordergrund. Santapaola wie seine Frau hatten den brennenden Wunsch, vom Bürgertum Catanias akzeptiert zu werden. Der ehemalige Schuhverkäufer schickte seine Kinder auf Privatschulen und wollte unbedingt, daß sie Positionen in der Wirtschaft oder in akademischen Berufen erreichten und damit den Sprung in die Mittelklasse der sizilianischen Gesellschaft schafften.

»Sie hatten ein Verhältnis zueinander, um das sie jeder beneiden würde«, erzählt der Anwalt des Ehepaares, Giuseppe Napoli. »Es ist natürlich nicht so, daß Signora Minniti sich mir anvertraut hätte.« Wenn man nicht weiß, daß Napoli Rechtsanwalt ist, könnte man ihn auch für einen LKW-Fahrer halten. Er ist nervös, spielt mit Schlüsseln und Zigaretten herum und verlangt, daß ich ihm meinen Presseausweis zeige. Seine Haare sind zu einem Borstenschnitt geschoren und stehen von seinem runden Kopf ab. Heute trägt er anstatt einer seiner berühmten roten Krawatten ein gestreiftes Sporthemd mit Reißverschluß. »Sie war eine schöne Frau, eine kultivierte Dame, adrett gekleidet und redegewandt. Sie bot einen angenehmeren Anblick als die meisten, die wir hier zu Gesicht bekommen.«

Santapaolas Frau wurde scheinbar spielend mit der Verhaftung ihres Mannes fertig. Sie besuchte ihn regelmäßig und ging häufiger als bisher zu ihrem Anwalt. Als jedoch auch ihre Söhne, der 24jährige

Vincenzo und der 21jährige Francesco, verhaftet und der Mitgliedschaft in einer Mafia-Organisation angeklagt wurden, brach die Fassade zusammen. »Sie war sehr unglücklich nach der Verhaftung ihrer Söhne«, erinnert sich Napoli, »regelrecht außer sich. Sie hatte sie von jeglichen Mafia-Aktivitäten ferngehalten. Ich vertrete diese Menschen nun seit 20 Jahren. Minniti vertraute mir. Sie kam jeden Tag zu mir, weil sie über ihre Söhne sprechen wollte, weil sie überhaupt jemanden zum Reden brauchte, der ihr einen gewissen Trost spenden konnte, irgend etwas, woran sie sich klammern konnte. Sie kam zu mir und weinte sich richtig aus, nur um ein wenig moralische Unterstützung zu bekommen.«

Eines Tages im Januar 1994 brach Minniti beim Verlassen des Gerichtssaals in Tränen aus und richtete einen spontanen Appell an die Fernsehkameras. »Es sind nur zwei Kinder, die nichts mit den Geschäften ihres Vaters zu tun haben. Ich habe sie ganz alleine aufgezogen. Ich war für ihre Erziehung verantwortlich, und ich kann Ihnen versichern, daß es nur zwei unschuldige Kinder sind. Außerdem geht es meinem Sohn Francesco nicht gut.«[4]

Das spontane Interview schlug ein wie eine Bombe. Journalisten bezeichneten die Gattin des Bosses als würdevoll und elegant, eine Mutter, die aus Liebe zu ihren Kindern Tränen vergoß. »Sie wußte, daß sie möglicherweise einige Sympathien wecken und die öffentliche Meinung zu ihren Gunsten beeinflussen konnte«, sagt ihr Anwalt.

Carmela Minnitis Lebensaufgabe bestand darin, die weiße Weste ihrer Söhne zu verteidigen und sie auf den sozialen Sprung vorzubereiten, auf den ihr Vater hinarbeitete und den er sorgfältig plante. Und nun ging es plötzlich mit ihrer Familie bergab. Sie wurden zu Kriminellen gestempelt, gebrandmarkt. Nach dem Versuch, die Öffentlichkeit in ihrer Rolle als Mutter zu rühren, wurde Minniti zusehends frommer, und sie begann, dem Erzbischof von Catania regelmäßige Besuche abzustatten. Es wurde gemunkelt, Minniti plane, vom Erzbischof beeinflußt, als Kronzeugin aufzutreten oder versuche ihren Ehemann zu einer Aussage zu überreden – und das alles nur, um ihre Söhne aus dem Gefängnis zu holen.

Am 1. September 1995 öffnete Carmela Minnitis Tochter Cosima einem Mann, der sich als Polizeibeamter ausgab, die Tür zu ihrer Wohnung in Catania. Drei Bewaffnete drängten sich an ihr vorbei und erschossen ihre Mutter.

Die Stadt wartete gespannt auf einen Racheakt des hinterbliebenen Nitto Santapaola, des obersten Bosses von Catania, genannt »der Jäger«. Doch nichts geschah. Daraufhin gingen in Catania Gerüchte um, Santapaola müsse, da er keine Rache genommen habe, den Mord an seiner Frau wohl selbst in Auftrag gegeben haben, um sie an einer Aussage zu hindern. Möglicherweise hätte sie aus Verzweiflung über die Katastrophe ihrer Söhne den Kopf verloren, vielleicht sogar die Organisation verraten.

Ein Geständnis von unerwarteter Seite machte den Spekulationen schließlich ein Ende. Im September 1996, ein Jahr nach dem Mord, sagte der *pentito* Alberto Ferone, ein hochgewachsener, knochiger Mann und einstiger Killer der Mafia, aus, er habe Santapaolas Frau getötet und damit den Mord an seinem eigenen Vater und an seinem Sohn gerächt.

Vielleicht hätte Nitto Santapaolas älterer Sohn tatsächlich die Nachfolge seines Vaters antreten sollen, aber mit seiner Karriere ist es nun vorüber. Vielleicht ist aber auch die Behauptung der Mutter, der kränkliche jüngere Sohn sei während seiner Kindheit und Jugend von Mafia-Verbrechen ferngehalten worden, nicht ganz aus der Luft gegriffen.

Es gibt eine Theorie, derzufolge die Mafia-Familien versuchen, eines ihrer Kinder aus ihren Machenschaften herauszuhalten. Wie immer stecken pragmatische Gründe dahinter. In Westsizilien wird gewöhnlich der jüngste Sohn fortgeschickt, meist nach England, um dort zu studieren. Er wächst heran, ohne der Polizei aufzufallen und ohne Vorstrafen. Dann kann er unbemerkt die Macht übernehmen, wenn alle seine männlichen Verwandten hinter Gittern sind.

Carla Cottone, eine Universitätsabsolventin aus der Mittelschicht, Inhaberin einer Apotheke in Palermo, heiratete Aldo Madonia, der wie sie Pharmazie studiert hatte. Er war der jüngste Sohn von Francesco »Ciccio« Madonia, einem Mitglied der Kommission der Cosa Nostra. Don Ciccio hatte durch Kokaingeschäfte mit Kolumbien ein Vermögen angehäuft. Bei seiner Verhaftung im Jahr 1993 beschlagnahmte die Polizei 250 Bankkonten, 202 Gebäude und 62 Unternehmen.[5] Giuseppe, Aldos älterer Bruder, wurde wegen des Mordes an dem Polizeichef Emanuele Basile zu lebenslanger Haft verurteilt. Er gehörte außerdem zu jenen hochrangigen Mitgliedern der Cosa Nostra, die direkten Kontakt zu Salvo Lima hatten, dem Politiker, den die Mafia sich »hielt«.[6]

Aldo Madonia wurde im Januar 1993 verhaftet und beschuldigt, für den Familienclan zu arbeiten. Am 29. März tat Carla Cottone einen spektakulären Schritt und beteuerte zur besten Sendezeit in Maurizio Costanzos Talkshow die Unschuld ihres Mannes. »Er hat nichts getan. Er bezahlt den Preis für den belastenden Namen, der ihm aufgebürdet wurde... Aldo hat nie den Weg seiner Brüder und seines Vaters eingeschlagen, er hat mit ihnen nichts gemein... Ich würde keinen Augenblick zögern und meinen Schwiegervater und meine Schwäger beschuldigen, daß sie Verbrechen begangen haben, aber Aldo ist unschuldig.«[7]

Daß eine Frau ihrem Ehemann zu Hilfe kam, war nicht überraschend. Schockierend jedoch war das Eingeständnis, daß die übrigen Mitglieder der Madonia-Familie eine kriminelle Vergangenheit hatten. Carla Cottone hatte zugegeben, was die Mafia nie öffentlich zugibt, nämlich daß die Familie ein kriminelles Element war. Im Juli 1993 explodierte eine Autobombe, die, wie sich später herausstellte, dem Gastgeber der Sendung, Maurizio Costanzo, gegolten hatte. Entweder sollte sie ihn töten oder ihn warnen, seinen Gästen in Zukunft nicht mehr derart gefährliche Aussagen vor der Kamera zu entlocken.

Carla Cottones Eingreifen verfehlte seinen Zweck: Ein Kronzeuge bezichtigte Aldo Madonia, offiziell Mitglied des Mafia-Clans zu sein, und im Dezember 1995 wurde er wegen Mitgliedschaft in einer Mafia-Vereinigung zu sechseinhalb Jahren Haft verurteilt.

Die Frage, ob ein Mafia-Boß und seine Frau ein Kind zu einem Leben in der gesetzestreuen Gesellschaft erziehen können, wird möglicherweise bald den Europäischen Gerichtshof für Menschenrechte beschäftigen, wenn über den Antrag des Camorra-Bosses Raffaele Cutolo verhandelt wird, der zu mehrfach lebenslänglich verurteilt in Einzelhaft sitzt und durch künstliche Befruchtung mit seiner Frau ein Kind haben will.

Zu Beginn der achtziger Jahre hatte der Kult um Cutolo geradezu messianische Ausmaße angenommen, und obwohl man ihn mit seinem verkniffenen Mund und den eng beieinander liegenden Augen nicht gerade als gutaussehend bezeichnen kann, besaß er zweifellos Charisma. Immacolata Iacone, eine junge Frau von 20 Jahren mit dunklen Augen, hohen Backenknochen und einer Adlernase, besuchte ihren Bruder im Gefängnis und sah dabei Cutolo zum erstenmal. Er war 22 Jahre älter als sie und verbüßte eine lebenslange Freiheitsstrafe. Am 1. Mai 1983 heirateten sie, durch dickwandiges Sicherheitsglas getrennt, im Hochsicherheitsgefängnis Asinara.

Man könnte sagen, daß sie zu einer solchen Ehe erzogen worden war: Ihr Vater und ihr Onkel wurden beide während einer lange andauernden Camorra-Fehde ermordet, ihr 20jähriger Bruder wurde 1992 erschossen. Ihr jüngerer Bruder schlug seiner Frau an dem Tag des Jahres 1996, als er aus dem Gefängnis entlassen wurde, vor den Augen ihrer kleinen Kinder auf brutale Weise einen Hammer auf den Kopf und ließ sie sterbend zurück.

Einer anderen Version der Geschichte zufolge wurde Immacolata dem Camorra-Boß Cutolo von ihrem Bruder angeboten. Der tyrannische »Professor« verkündete, er wolle eine Frau, und Immacolata wurde wie ein Lamm zur Schlachtbank geführt. »Es war eine arrangierte Heirat«, sagt Amato Lamberti, der Präsident der Region Kampanien. »Sie hatte Raffaele Cutolo nie zuvor gesehen. Ihre Familie brachte sie ins Gefängnis. Cutolo hatte die Absicht bekundet, sich eine Frau zu nehmen, und zwischen den Familien Iacone und Cutolo bestanden bereits gute Beziehungen. Die Iacone-Familie wurde ausgewählt, und sie gewann durch die Beziehung an Bedeutung.«[8]

Mehr als hin und wieder ein verstohlener Kuß im Gericht, wenn er aus der Zelle auf die Anklagebank oder wieder zurück geführt wurde, war den beiden nicht beschieden, bis heute ist die Ehe nicht vollzogen. Die Jungfrau Immacolata, die still den Tag der Entlassung ihres Ehemannes erwartet, wurde zu einer legendären Gestalt.

Sieben Jahre nach der Hochzeit richtete Cutolos Anwalt ein Gesuch ans Innenministerium, in dem er für Raffaele Cutolo und seine

Frau um die Erlaubnis bat, ein Kind zu bekommen. Cutolo schrieb außerdem einen Brief an Don Riboldi, einen Priester, der als Kämpfer gegen die Mafia berühmt wurde. »Meine Frau hat sich nichts zuschulden kommen lassen. Warum sollte ihr verweigert werden, was jeder Frau zusteht?«

Cutolos erster und einziger Sohn Robertino, ein gutaussehender junger Mann mit klassischem Profil, war einer der Stellvertreter seines Vaters in der Nuova Camorra Organizzata. Er wurde im Alter von 25 Jahren erschossen und hinterließ eine Frau und zwei Kinder. Er war mehrmals verhaftet worden, obwohl sein Vater immer erklärt hatte, er sei zu dumm, um Verbrechen zu begehen.

Da Cutolo in Einzelhaft sitzt und seine Besucher nur durch eine dicke Glaswand sehen darf, schlug er zunächst eine künstliche Befruchtung für seine Frau vor. Ein halbes Jahr später jedoch, nach Berichten, daß sie sich dagegen sträubte, bat er darum, auf »natürliche« Weise Vater werden zu dürfen.[9] Die Behörden waren entsetzt über die Propagandaoffensive des charismatischen ehemaligen Bosses und lehnten das Gesuch immer wieder ab. Cutolos Anwalt Paolo Trofino beabsichtigt, in der Sache den Europäischen Gerichtshof für Menschenrechte anzurufen.

Die Vorstellung, daß dem Boß gestattet wird, einen Sohn nach seinem Bild hervorzubringen und damit möglicherweise den schrecklichen Stammbaum einer Organisation zu verlängern, die Neapel das Herz herausriß, ist für einige Justizangehörige entsetzlich, und sie werden hartnäckig dagegen kämpfen. »Ich denke nicht, daß wir zusehen wollen, wie diese unerwünschte Linie sich fortsetzt«, sagte ein Abgeordneter, Mitglied des Ausschusses für Strafangelegenheiten. Während eine erstaunlich große Anzahl hochrangiger Camorra-Mitglieder abtrünnig geworden ist, gehört Cutolo zu den letzten Bossen der Camorra, die sich nicht zur Kooperation mit den Behörden entschlossen haben. Diese Hartnäckigkeit verstärkt den Eindruck, daß er noch immer den Idealen der Mafia anhängt, und man kann wohl mit einiger Sicherheit annehmen, daß er sein eigenes Kind in diesem Geist großziehen würde.

»Einerseits ist es verständlich, daß ein Mensch sich nach einem Kind sehnt – und daß ein Mann, der eine jüngere Frau geheiratet hat, ihr die Chance geben möchte, ein Kind zu haben«, meint der Ankläger Antonio Laudati. »Aber der Staat muß versuchen zu verhindern, daß sich der Mythos eines berüchtigten Verbrechers weiter ausbreitet.«

Obwohl die Menschen empfindlich reagieren, wenn das Mutter-Kind-Verhältnis in Frage gestellt wird, besteht offenbar wenig Zweifel daran, daß die meisten Mafia-Eltern ihre kriminelle Denkweise zwangsläufig an ihre Kinder und Enkel weitergeben. Ein Richter aus Kalabrien kam, nachdem er fünfzehn Jahre lang Prozesse gegen Mafiosi geführt hatte, zu dem Schluß, daß es nur einen Weg gebe, die Mafia auszulöschen: »Sterilisiert sie.«

8

DER KAMPF UM DIE SEELEN DER KINDER

Östlich von Palermo, im Schatten einer Bergkuppe, liegt Villabate, ein schmaler Streifen Grün zwischen den Felsen und der verbauten Küste. Zwischen den Bäumen liegt eine Reitschule, die Kinder trotten auf ihren Pferden auf einer Sandbahn im Kreis. Giuseppe Di Matteo fuhr an jedem Wochenende mit seinem Moped zum Reitstall und verbrachte den ganzen Tag damit, sich um seine beiden Pferde zu kümmern und mit ihnen zu trainieren. Giuseppe war dreizehn, und er liebte Pferde über alles. Manchmal setzte er voller Stolz seine Reiterkappe auf, wenn er in die Schule ging, und hin und wieder brachte er von einem Springreiterturnier eine Siegerschleife nach Hause.

Am 23. November 1993 rieb Giuseppe sein Pferd nach einem nachmittäglichen Ausritt ab, als ein Auto im Hof vorfuhr. Drei Männer in Polizeijacken stiegen aus und riefen ihm zu: »Komm, steig ein, wir fahren zu deinem Vater.« Giuseppes Vater, Santino Di Matteo, ein abtrünniger Mafioso, der inzwischen mit der Polizei zusammenarbeitete, lebte unter Polizeischutz an einem geheimgehaltenen Ort. Giuseppe hatte ihn seit Wochen nicht gesehen. Bei den Worten der Männer strahlte der Junge, er ließ den Striegel fallen und lief zu ihnen hinüber. *»Sangue mio, sangue mio«* (»Mein Blut, mein Fleisch und Blut«) trällerte er und kletterte auf den Rücksitz. »Fahren wir.«[1]

Irgendwann während der Fahrt begriff Giuseppe Di Matteo, daß sie nicht auf dem Weg zu seinem Vater waren. Die Männer packten seine Arme und zogen ihm eine Kapuze über den Kopf. Schließlich hielt das Auto, sie zerrten ihn vom Rücksitz und drängten ihn ein paar Stufen hinab in einen abgedunkelten Raum. Dort ketteten sie ihn mit Händen und Füßen an die Wand. Und dann überließen sie ihn sich selbst.

Santino Di Matteo, der wegen seiner platten Boxernase Mezzanasca, »Halbnase«, genannt wurde, war Mitglied des vom Mafia-Boß Giovanni Brusca geleiteten *mandamento* (Bezirks); am 4. Juni 1993 wurde er verhaftet. Di Matteo hatte zu Bruscas treu ergebener Killertruppe gehört, und der Boß hatte sich monatelang bei ihm versteckt gehalten. Gemeinsam hatten sie auf einem Hügel oberhalb der Autobahn hinter Palermo gestanden und auf die Wagenkolonne gewartet, die Richter Giovanni Falcone zum Flughafen bringen sollte. Einer der beiden hatte auf den Knopf gedrückt und die Bombe zur Explosion gebracht, die Fahrzeuge und Fahrbahn in ein Chaos aus Metallteilen und Betonstücken verwandelte.

Knapp fünf Monate nach seiner Verhaftung entschloß sich Di Matteo zur Zusammenarbeit mit der Justiz. Er wurde an einen geheimen Ort geschafft, und dort nahmen die Ermittler seine ersten Aussagen auf. Di Matteos Ehefrau Francesca Castellese wurde von seiner Entscheidung unterrichtet. »Sie weinte«, erzählt Rechtsanwalt Luigi LiGotti, der sich auf die Verteidigung von abtrünnigen Mafiosi spezialisiert hat. »Zuerst sagte sie, sie verstehe seine Entscheidung. Später änderte sie dann ihre Meinung. Sie ist sehr verbittert. Sie gibt ihm die Schuld für das, was geschehen ist.«[2]

Man sicherte Di Matteos Ehefrau und ihren Söhne Giuseppe und Nicola Polizeischutz zu. Das Risiko eines Racheakts gegen die Familie war groß, sobald durchsickern würde, daß ihr Mann auspakken wollte. Brusca, der an ihrem Tisch gegessen und unter ihrem Dach geschlafen hatte, wußte, wo er sie aufspüren konnte. Man legte Francesca Castellese nahe, ihre Arbeit beim örtlichen Gesundheitsdienst aufzugeben und nach Norditalien zu ziehen, in eine Stadt, in der niemand sie kannte und in der nicht einmal ihre Familie sie finden würde.

Doch sie weigerte sich wegzugehen. Statt dessen verließ sie mit ihren Kindern das Haus auf dem Land und zog nach Altofonte, eine kleine, abweisend wirkende, von der Mafia beherrschte Stadt in den Bergen, zu ihrer Mutter und ihrem Bruder, dem ehemaligen Bürgermeister. Jeden Tag ging sie weiter zur Arbeit. Durch den Umzug in den Schoß ihrer Familie sagte sie sich öffentlich von ihrem abtrünnigen Ehemann los.

Aber das war nicht genug.

Als Giuseppe an jenem Nachmittag im November nicht zur üblichen Zeit nach Hause kam, rief seine Mutter im Reitstall an. Der Leiter sagte ihr, der Junge sei um Viertel vor fünf mit seinem Moped weggefahren. Daraufhin telefonierte sie alle Krankenhäuser der Umgebung durch, aber nirgendwo war ein Verunglückter eingeliefert worden, auf den ihre Beschreibung paßte. Um neun Uhr abends fand ihr Schwiegervater an der Haustür eine Nachricht. Sie lautete: »Wir haben den Jungen. Sag deinem Sohn, er soll den Mund halten.« Auf keinen Fall dürften sie die Polizei einschalten.

Am nächsten Tag setzte Giuseppe Di Matteos Mutter ihren jüngeren Sohn Nicola vor der Schule ab und ging wie gewohnt zur Arbeit in die Ambulanz. Weder sie noch der Junge verlor ein Wort darüber, daß Giuseppe nicht da war. Die Lehrer wunderten sich. Es war allgemein bekannt, daß Giuseppes Vater mit der Justiz zusammenarbeitete. Wenn sie Giuseppe zu seinem eigenen Schutz weggebracht hatten, warum dann nicht auch seinen kleinen Bruder?

Irene Ianello, die Direktorin der Mittelschule von Altofonte, ist eine lebhafte Frau mit leuchtendem Lippenstift, kastanienrotem Haar und einer Stimme, die ihr jederzeit in einem großen Auditorium Gehör verschafft. An der Wand hinter ihrem Schreibtisch hängt ein Foto von Giuseppe Di Matteo: Er setzt gerade auf seinem Braunen über ein Hindernis und hat schon das nächste im Visier. Er hatte ihr das Foto geschenkt; später erschien es auf den Titelseiten aller Zeitungen des Landes.

Irene Ianello erzählt in warmen Worten von Giuseppe: ein aufgewecktes Kind, intelligent, begabt und willensstark. Sie erinnert sich: »Nachdem Giuseppe drei Tage gefehlt hatte, rief ich seine Mutter an. Sie sagte, er sei krank und werde wieder zur Schule kommen, sobald es ihm besser gehe. Aber wir merkten bald, daß er überhaupt nicht zu Hause war. Nicola, dem jüngeren Bruder, ging es nicht gut, er klagte dauernd über Bauchschmerzen und sah sehr blaß aus. In den nächsten Tagen mußte ich seine Mutter mehrfach anrufen, damit sie ihn abholte. Nach ungefähr zwei Wochen erhielt ich Besuch von der DIA [der Direzione Investigativa Antimafia, einer Spezialeinheit der Polizei zur Bekämpfung der Mafia]. Sie sagten mir, daß Giuseppe verschwunden sei und daß seine Mutter sich weigere, ihnen bei den Nachforschungen zu helfen.

Als Giuseppe einen Monat lang nicht zur Schule gekommen war, rief ich seine Mutter wieder an und sagte ihr, ich müsse es melden, daß er nicht zum Unterricht erscheine. Sie erwiderte, ich solle mir keine Gedanken machen, sie werde ein ärztliches Attest beibringen, das ihn entschuldigte.

Ich muß sagen, wir fanden alle, daß sie sich sehr seltsam benahm – wir wußten ja, daß Giuseppe nicht zu Hause war –, was wollte sie nun mit einem ärztlichen Attest? Wir hielten sie allmählich für einen schlimmeren Mafioso als all die anderen. Aber in Wahrheit hatte sie einfach schreckliche Angst. Sie wußte, mit wem sie es zu tun hatte, und wahrscheinlich wollte sie nur Zeit gewinnen.«

Der Sportlehrer Nino Bruno reagierte entsetzt auf das Verhalten der Mutter: »Sie wußte, was gespielt wurde – schließlich waren diese Leute ihre Freunde. Wenn sie nur irgend jemandem davon erzählt hätte, vielleicht hätten wir etwas tun können.« Tränen stiegen ihm in die Augen. »Vielleicht hätte man den Jungen gefunden.«

Auf die Nachricht von der Entführung seines Sohnes hin floh Santino Di Matteo aus dem Gewahrsam der Polizei und schlug sich in einem verzweifelten Versuch, etwas über den Verbleib des Jungen zu erfahren, nach San Giuseppe Iato durch, der kleinen Stadt in Sizilien, die vom Brusca-Clan kontrolliert wird. Zwei Tage später stellte er sich wieder der Polizei.

Am 1. Dezember fand Santino Di Matteos Vater eine weitere Nachricht unter seiner Tür. Sie bestand nur aus vier Wörtern: »Stopf ihm den Mund.« Beigefügt waren zwei Polaroidfotos, auf denen der entführte Jungen eine Zeitung vom 29. November in der Hand hielt. Die Entführer wußten, daß Giuseppes Großvater seinen Enkel abgöttisch liebte, und sie rechneten damit, daß er das schwache Glied in der Kette sein würde, und seinen Sohn dazu bringen könnte, seine Aussagen zu widerrufen.

»Ich wollte, daß mein Sohn seine Aussagen zurückzog«, erzählte der alte Mann später, »wir alle wollten es, um den Jungen zu retten.«[3] Doch Santino Di Matteo redete weiter. Als nächstes tauchte ein Videoband vor der Haustür seines Vaters auf. Weinend schaute sich der alte Mann Bilder seines Enkels an, aufgenommen in einem schmutzigen Verlies. Der Junge bat inständig darum, sein Vater möge alles widerrufen, damit er freikomme.

Im Februar 1996 schloß sich Giuseppe Monticciolo, auch er ein Mitglied von Bruscas Gruppe, der wachsenden Schar der Überläufer an, und dank seiner Aussagen konnte Giuseppe Di Matteos Schicksal endlich aufgeklärt werden. Am 11. Januar 1996 hatte Giovanni Brusca aus den Fernsehnachrichten erfahren, daß er wegen Mordes an dem Industriellen Ignazio Salvo in Abwesenheit zu lebenslanger Haft verurteilt worden war.[4] Außer sich vor Wut, gab Brusca den Befehl, den Jungen umzubringen.

Die Entführer zwangen Giuseppe, einen Abschiedsbrief an seinen Großvater zu schreiben. Mit krakeligen Buchstaben schrieb er: »Ich halte es nicht mehr aus. Ich habe schon einmal versucht, mir das Leben zu nehmen. Euch allen bin ich sowieso egal.«

Dann drehten sie den Jungen mit dem Gesicht zur Wand. Monticciolo hielt seine Füße fest, Enzo Brusca, der jüngere Bruder von Giovanni Brusca, packte seine Arme. Der dritte Mann, Vincenzo Chiodo, nahm ein kurzes Stück Seil und schlang es um den Hals des Jungen. Giuseppe weinte und wimmerte, aber er wehrte sich nicht. Nach zwei Jahren, die er an die Wand gekettet in abgedunkelten Verliesen verbracht hatte, konnte er seine Muskeln nicht mehr gebrauchen. »Ich glaube, er hat bis zum letzten Augenblick nicht begriffen, was geschah«, sagte Chiodo später.

Als der Junge tot war, steckten die Männer den kleinen Leichnam in ein Faß voll Säure. Seine Kleider und die Matratze, auf der er geschlafen hatte, verbrannten sie. Als Chiodo das Seilstück ins Feuer werfen wollte, fragte ihn Enzo Brusca lachend: »Willst du das nicht lieber als Andenken behalten?« Chiodo schleuderte das Seil in die Flammen.

Obwohl sich die Entführer soviel Mühe gemacht hatten, ihre Spuren zu verwischen, waren sie nervös, denn sie wußten, was sie erwartete, wenn sie gefaßt würden. Die Mafia hatte zu Propagandazwecken stets die »Regel« hochgehalten, daß Kinder nichts zu fürchten hätten; dieser Mord würde einen Sturm der Entrüstung gegen die Cosa Nostra auslösen.

Bald nach dem Tod des Jungen fand die Polizei den unterirdischen Bunker, in dem er gefangengehalten worden war. Vincenzo Chiodo, dem das Gebäude gehörte, tauchte unter. Ein paar Tage später erschienen Mafia-Angehörige bei seiner Frau und hinterließen eine Nachricht für ihn: er solle sich keine Sorgen machen, sie würden ihn nicht im Stich lassen. Dann drückten sie ihr noch ein Bündel Geldscheine in die Hand für die schwierige Zeit, solange er sich versteckt hielt. Ein paar Tage später fand seine Frau eine weitere Nachricht für ihn, die man unter der Tür durchgeschoben hatte. Sie lautete: »Wenn du festgenommen wirst und redest, werden wir das Blut eurer Kinder trinken.« Am Tag darauf stellte sich Chiodo in der Zentrale der DIA von Palermo. Er sagte, er werde über die Cosa Nostra auspacken, wenn der Staat seine Familie schützte.

Nachdem Giuseppes Mutter vom Tod ihres Sohnes erfahren hatte, ging sie weiter jeden Tag zur Arbeit in die Klinik. Öffentlich sagte sie kein Wort. Ihr jüngerer Sohn ging weiter zur Schule.

Die Schuldirektorin organisierte eine Kundgebung in Altofonte, und zweitausend Menschen zogen durch die engen, verwinkelten Straßen und schwangen Leintücher, die mit Anti-Mafia-Parolen beschrieben waren. Anstatt die Türen zu verschließen, blieben die Frauen von Altofonte im Türrahmen stehen und beobachteten den Demonstrationszug. Giuseppes Mutter war nicht darunter.

»Ich sah sie ein paar Tage später an ihrem Arbeitsplatz in der Klinik«, sagt die Direktorin. »Sie winkte mich beiseite und dankte mir dafür, daß ich die Demonstration organisiert hatte. Sie sagte, sie habe nicht geahnt, daß die Menschen aus dem Ort so sehr Anteil nahmen. Ich umarmte sie.« Die Mutter, die ihren Sohn verloren hatte, die Frau eines Mafioso, der von der Gemeinschaft erst Mißtrauen und jetzt Mitleid entgegengebracht wurde, brach in Tränen aus. Die energische, tüchtige Schulleiterin, eine Stütze der Gemeinschaft, klopfte ihr auf die Schulter und redete ihr ins Gewissen. »Ich sagte ihr, sie solle ihrem Ehemann verzeihen, ihn unterstützen. Sie schaute mich an und sagte nur: ›Oh?‹ Ich sagte, er brauche ihre Unterstützung, es sei auch sein Sohn gewesen … Ich weiß, das war ziemlich gewagt von mir … Egal, sie hat sowieso nicht geantwortet.«

Die beiden Frauen verharrten eine Weile in ihrer unbeholfenen Umarmung. Zwischen ihnen gähnte die Kluft, die die Mafia-Gesellschaft von der »zivilisierten« Welt trennt.

Santino Di Matteo hatte sich in den Augen der gesetzestreuen katholischen Bürger durch seine Entscheidung, mit der Justiz zusammenzuarbeiten, von der moralischen Schuld, die seinen Verbrechen anhängt, gereinigt, doch in den Augen seiner Frau hatte er unehrenhaft gehandelt und seine gesamte Familie in Gefahr gebracht. Als seine Frau den Polizeischutz ablehnte, waren die gesetzestreuen Bürger der Ansicht, daß sie das Leben ihrer Söhne aufs Spiel setze, und verurteilten sie dafür.

In einer seltsamen Umwertung der Werte wurde der »reuige« Mafia-Boß zum Opfer. Die erschütterte Mutter, die nach außen hin kein Zeichen der Trauer zeigte, galt als unnatürlich, weil sie ihren Schmerz nicht mit den vielen Menschen teilte, die um ihren Sohn trauerten. Sie war von der Mafia-Kultur gezeichnet. Die Menschen betrachteten sie als Teil jener Kultur, die derart entsetzliche Verbrechen zuläßt.

Während die Mutter schwieg, ließ der Vater im Zeugenstand seiner Verzweiflung freien Lauf. Nach Giovanni Bruscas Verhaftung schleuderte ihm Santino Di Matteo im Gerichtssaal von einem Bildschirm, auf den seine Aussage per Video übertragen wurde, entgegen: »Wenn ich dich zu fassen kriege, bringe ich dich eigenhändig um. Warum bist du nicht zu mir gekommen, dann hätten wir sehen können, wer sterben muß, du oder ich?«[5]

Die Menschen im Gerichtssaal waren schockiert über den Ausbruch, aber irgendwie auch erleichtert. Diesen Ausdruck des Schmerzes konnten sie nachfühlen. Das Schweigen von Giuseppes Mutter hingegen war verwirrend und beängstigend.

Francesca Castellese war in Altofonte aufgewachsen, der kleinen Stadt, die seit der Befreiung Siziliens von der faschistischen Herrschaft Ende des Zweiten Weltkriegs von der Mafia kontrolliert wurde. Francescas Bruder wurde Bürgermeister, und sie wuchs mit den

Privilegien auf, die sie dank der machtvollen Position ihrer Familie genoß. Sie heiratete einen Ehrenmann, der bekannt war und respektiert wurde. Sie hatten Geld und waren angesehen, ihre Kinder hatten die besten Ausgangsbedingungen.

Hätte Francesca nach dem Entschluß ihres Mannes, mit der Justiz zusammenzuarbeiten, ihr Heim verlassen und sich in Polizeischutz begeben, hätte sie all dem den Rücken gekehrt. Vielleicht glaubte sie nicht daran, daß der Staat ihre Kinder tatsächlich vor der Mafia schützen könnte, aber wahrscheinlicher ist es, daß sie nicht bereit war, sich von der Cosa Nostra zu trennen. Die Macht der Organisation, die ihre gesamte Familie im Bann ihrer Wertvorstellungen hielt, war größer als die des Staates.

»Viele Frauen haben das Gefühl, daß die Welt um sie herum zusammenstürzt, seit es immer mehr reuige Mafiosi gibt. Das kommt daher, daß die Frauen bereitwillig die Werte der Mafia-Kultur mittragen. Im Rahmen dieser Kultur ist ›Reue‹ eine Form des Verrats an der Mafia. Die Mafia ist eine Geheimgesellschaft, eine gegen den Staat gerichtete Organisation, und ihre Existenz darf niemals zugegeben werden, nicht einmal dann, wenn die Beweise erdrückend sind. Der Verrat eines abtrünnigen Mafiosi ist ein Akt der Kapitulation vor dem Staat. In den Augen derjenigen, die diesen Kodex und diese Kultur gutheißen, ist die Mafia unschuldig.«[6]

Eine Frau, die die Entscheidung ihres Mannes, sich von der Mafia zu lösen und gegen sie auszusagen, rundweg verurteilt, hat zwei Beweggründe: Zum einen bedroht er damit die Organisation, zum anderen bringt er ihre Kinder in Gefahr.

Die Camorra-Patin Pupetta Maresca, die mit achtzehn Jahren den Mörder ihres Ehemannes erschoß, zog nach der Entlassung aus dem Gefängnis mit dem Kokain-Dealer Umberto Ammaturo zusammen und bekam ein paar Jahre später Zwillinge von ihm. 1984 entschloß sich Ammaturo zur Zusammenarbeit mit der Justiz, in der Folgezeit trennten sie sich, und heute empfindet sie ihm gegenüber nur noch Abscheu.

Pupetta Maresca hat einen tadellosen Mafia-Stammbaum: Sie wuchs in einer bedeutenden Familie auf, ihre Brüder mischten im Geschäft mit geschmuggelten Zigaretten mit, und im Alter von siebzehn Jahren heiratete sie einen Mafia-Boß. Sie verachtet den Mann, der bei ihr nur noch *»dieser* Ammaturo« heißt, weil er als Preis für Haftverkürzung die Sicherheit ihrer Kinder aufs Spiel gesetzt hat. »Nachdem dieser Ammaturo beschlossen hat auszusagen, haben sie mir die Kinder weggenommen für den Fall, daß jemand versucht, ihnen etwas anzutun. Ich kann nicht zu ihnen und sie besuchen, weil man mich erkennen könnte, und jemand könnte mir folgen ... Ich habe solche Angst, daß ich sie nicht mehr sehen kann – meine eigenen Kinder. Ein Mann, der sich entschließt auszusagen, verleugnet seine Gefühle. Ich wüßte nicht, wie er sonst dazu in der Lage sein könnte.

Ich weigere mich, von hier wegzugehen. Als dieser Ammaturo auspackte, habe ich gesagt, mit diesem Mann lebe ich nicht länger zusammen. Jeder weiß es, das Gesetz weiß es, sogar die Steine auf der Straße wissen es, daß ich mit ihm nichts mehr zu tun habe. Ich habe gesagt: Wenn sie mich umbringen wollen, sollen sie mich umbringen, aber ich werde nirgendwo anders hingehen.«[7]

Von zu Hause fortzugehen bedeutet für Mafia-Frauen mehr als lediglich eine Veränderung der täglichen Routine. Guido Lo Forte, Stellvertretender Chefankläger in Palermo, erklärt es so: »Sie müssen ihre Umgebung verlassen, sie müssen ihre Lebensweise und ihre Denkweise ändern. Solange sie die Ehefrauen von Ehrenmännern waren, wurde ihnen fast genausoviel Respekt entgegengebracht wie ihren Männern – und das gefiel ihnen gut. Wenn ihre Männer abtrünnig werden, finden sich die Frauen auf einmal am Rand der Gemeinschaft wieder, wenn nicht sogar in Lebensgefahr.«[8]

Eine Frau, die aus einer Mafia-Familie stammt, kann in allen Bereichen des Lebens auf die Fürsorge und den Schutz der Familie bauen. Sie nutzt die Verbindungen der Familie, ihren Einfluß, ihre Macht. Wenn ihr all das weggenommen wird, empfindet sie dies als Verrat.

Abtrünnige Mafiosi, die das Aufnahmezeremoniell für neue Mitglieder der Cosa Nostra beschrieben haben, haben auch deutlich gemacht, daß niemand die Organisation lebend verlassen darf. Im Jahr 1991 bot das Gesetz einen Ausweg an. Den Familien der Mafiosi wurde die Möglichkeit eröffnet, sich in den Schoß einer anderen mächtigen Organisation zu begeben: in den Schoß des Staates. Wenn die Männer ihre Macht innerhalb der einen Organisation verloren hatten und ihren engsten Verbündeten nicht mehr trauen konnten, war es für sie die einzige Möglichkeit zu überleben, daß sie in einem Zeugenschutzprogramm verschwanden. Doch in dieser anderen Machtstruktur, derjenigen, in der die staatlichen Gesetze herrschen, befindet sich die Ehefrau eines Mafioso in einem sozialen Vakuum. Außerhalb der Mafia ist sie ein Nichts.

Materielle Erwägungen spielen eine große Rolle in dem Tauziehen zwischen der Mafia und der zivilisierten Welt. In den armen Regionen von Süditalien ist die Zugehörigkeit zur Mafia der einzige Weg, wie ein Mann sozial und finanziell nach oben kommen kann. Ein Mafioso, der illegale Geschäfte betreibt, um seinen Kindern eine finanziell gesicherte Zukunft zu bieten, und dann alles aufgibt und zur Polizei geht, kann nicht erwarten, daß seine Kinder begeistert sind, denn für sie bricht alles zusammen, worauf sie glaubten bauen zu können.

Der soziale Status ist ganz besonders wichtig bei sizilianischen Emigranten, die sich an die Spielregeln der alten Welt klammern, während sie darum kämpfen, in der neuen Welt Fuß zu fassen. Frank Friel, ein amerikanischer Spezialist für die Bekämpfung der Organisierten Kriminalität, ist auf dieses Phänomen gestoßen, als er mit Mario Riccobene zu tun hatte, einem Mafioso aus Süd-Philadelphia, der sich zur Zusammenarbeit mit der Justiz bereit erklärt hatte.

Riccobene packte bei der Polizei aus, fürchtete sich aber vor der Reaktion seiner Familie. Er wollte erst sicher sein, daß sie ihn unterstützte, bevor er vor Gericht gegen seine ehemaligen Freunde und Komplizen aussagte. Seine Ehe war zwar zerbrochen, und nicht seine Frau, sondern seine Freundin war mit ihm ins Zeugenschutzprogramm gegangen, dennoch brauchte er das Einverständnis seiner Familie. Friel arrangierte ein Treffen in einem sicheren Haus irgendwo auf dem Land in New Jersey.

»Die Tochter stürmte wutentbrannt herein. Sie lehnte den Entschluß ihres Vaters vehement ab. Sie meinte, dann wäre sie mit dem Stigma gebrandmarkt, daß sie eine Ratte in der Familie hatte –

sie sagte, sie könnte sich im Kosmetiksalon nicht mehr sehen lassen. Ihrem Vater drohte lebenslänglich, aber sie beschäftigte nur, was die Nachbarn über sie denken würden. Sie sagte zu ihm, er könne nicht erwarten, daß die Familie ihn unterstützen würde, wenn er ›ausflippte‹. [Im Wort »Ausflippen«, dem amerikanischen Begriff dafür, daß jemand als Zeuge der Staatsanwaltschaft aussagt, schwingt die Vorstellung von Verrücktheit mit. Der italienische Begriff, *pentirsi,* bereuen, hat hingegen eine religiöse Konnotation. Beide Begriffe sind von der Realität gleich weit entfernt.]

»Ich führte ihr vor Augen, daß die Alternative war, ihren Vater womöglich sein Leben lang hinter Gittern zu sehen. Darauf erwiderte sie, es sei seine Entscheidung gewesen, so zu leben, und das sei nun seine Sache. Aber sie werde es nicht dulden, daß er ihr Leben ruiniere.«

Friel, der in der Freizeit begeistert Haie fotografiert, ist selbst Familienvater und hängt sehr an seinen beiden Töchtern. Miss Riccobenes Worte schockierten ihn. »Ich beendete die Begegnung, als mir klar war, daß sie ihn sehr unter Druck setzte.«[9]

Die Mafia hat ihre Mitglieder davon überzeugt, daß sie immer recht hat und die Anklage immer unrecht. Damit hat sie amoralische Monster geschaffen, Eltern und Kinder, die zur Verteidigung der verqueren Mafia-Werte aufeinander losgehen.

Für die Kinder von Überläufern kann der Verrat eine unerträgliche Schande sein. Alfredo Galli, Mafia-Boß aus Castellammare di Stabia in der Gegend von Neapel, erklärte sich bereit zu kooperieren, wurde unter Polizeischutz in Norditalien untergebracht und erläuterte dort der Polizei detailliert die Verflechtungen zwischen den Camorra-Familien.

Die Nachricht, daß Galli auspackte, drang auch nach Neapel. Seine Tochter Monica war damals mit dem Neffen eines Camorra-Bosses von Secondigliano befreundet – einer der wenigen Clans, die noch wirklich Macht hatten. Vielleicht übte der Freund Druck auf die 23jährige Monica Galli aus, vielleicht war es auch tatsächlich schrecklich für sie, daß ihr Vater seine Ehre verloren hatte. Vielleicht fürchtete sie, daß ihr Freund sie verlassen würde, wenn er erführe, daß ihr Vater ein Verräter war. Wie auch immer, sie meinte jedenfalls beweisen zu müssen, daß der Gesinnungswandel ihres Vaters sie mit Abscheu erfüllte. Monica flog nach Turin und suchte ihn in der anonymen Wohnanlage auf, in der er zu seiner eigenen Sicherheit untergebracht worden war. Auf dem Weg dorthin kaufte sie ein Messer, und als ihr Vater ihr die Tür öffnete und sie in die Arme schließen wollte, stieß sie ihm das Messer in die Brust.[10]

Enrico Incognito war nicht unbedingt ein Sohn, wie ihn sich eine Mutter erträumt: Er neigte zu dramatischen Auftritten, war unberechenbar, schnupfte Koks, hatte einen Anflug von Paranoia und war der charismatische Führer einer kriminellen Bande mit Verbindungen zur Mafia in Catania. Mit seiner Mutter wechselte er kaum ein Wort, und sie sah ihn höchstens einmal im Monat, obwohl sie nur wenige Straßen voneinander entfernt wohnten. 1994, er war damals dreißig, trennte er sich von seiner Frau und zog in die oberste Wohnung in einem Apartmenthaus in Bronte, einer Vorstadt von Catania an der Flanke des Ätna.[11]

Incognitos Gruppe hatte Verbindungen zur einflußreichsten Mafia-Familie von Catania, dem Santapaola-Clan. Er verkehrte mit etlichen Politikern und mischte bei allen möglichen schmutzigen Geschäften mit – Schutzgelderpressung, Vergabe von Bauaufträgen, Drogenhandel und so weiter. Aufsehen erregte er, als er nach einer Verhaftung unter Sonderbewachung durch die Polizei gestellt wurde und sich als Protest dagegen im Gerichtssaal selbst anzündete. Doch trotz seiner offensichtlichen Verachtung für die italienische Justiz erwog er, mit den Ermittlern zusammenzuarbeiten und wandte sich an einen Hauptmann der Carabinieri, um die Bedingungen auszuhandeln.

Trotz seines Namens konnte Enrico Incognito sich mit dem Zeugenschutzprogramm nicht anfreunden, weil es bedeutete, daß er verschwinden und irgendwo weit weg als unscheinbarer Durchschnittsmann wieder auftauchen würde. Bevor er mit der Polizei zusammenarbeitete, wollte er etwas Spektakuläres tun: Er beschloß, seine Geschichte vor laufender Videokamera zu erzählen und aufzunehmen.

Ein Freund kam mit zwei Kameras in Enricos Wohnung und filmte tagelang, wie Enrico, in einen dunkelroten Seidenpyjama gehüllt, auf und ab schritt und über seine Beziehungen zur Unterwelt von Catania berichtete. Auf dem Filmmaterial, das schließlich in die Hände der Polizei gelangte, ist auch Enricos letzter Lebenstag dokumentiert.

Als die Videoaufnahmen schon einige Tage liefen, erfuhr Enricos Familie davon, allesamt Mitglieder der Unterwelt von Catania, und es bereitete ihnen großes Kopfzerbrechen, was der exzentrische Sproß vorhatte. Es kam zu einem heftigem Zusammenstoß zwischen Enrico und seinem Bruder, und zu allem Überfluß erzählte Enrico auch davon vor laufender Kamera. Am 24. März 1994 besuchte ihn seine Mutter. Er ließ sie herein, doch um ihr zu zeigen, daß er nicht umzustimmen war, machte er mit der Aufnahme einfach weiter. Sie saß ruhig in dem L-förmigen Zimmer, beobachtete ihn, wie er herumstolzierte, und warf allenfalls hin und wieder eine Bemerkung ein.

Da läutete es erneut an der Haustür. Enrico meldete sich über die Sprechanlage. Es war sein Bruder. »Du kannst nicht heraufkommen!« schrie Enrico ihn an. »Ich will dich nicht sehen!« Sein Vater, der ebenfalls unten stand, versuchte ihn umzustimmen, doch er weigerte sich, die beiden hereinzulassen, und knallte den Hörer auf. Seine Mutter bemühte sich, ihn zu beruhigen.

Ein paar Minuten später läutete es wieder, diesmal direkt an der Wohnungstür, und Enrico Incognito ging zur Tür, ohne seinen Redefluß für die Videoaufnahme zu unterbrechen. Er schaute durch den Türspion: Draußen stand sein Nachbar. Enrico öffnete die Tür. Der Nachbar machte einen Satz zur Seite, hinter ihm stand Enricos Bruder mit einem Revolver. Er schoß zweimal aus nächster Nähe. Enrico stürzte zu Boden. Die Kameras liefen weiter.

Während sich dank der wachsenden Zahl von *pentiti* Fortschritte im Kampf gegen die Cosa Nostra abzeichneten, reagierte eine alarmierend große Zahl von Frauen sehr feindselig auf die Entscheidung ihrer Männer – sie schwiegen nicht wie die Ehefrau Santino Di Matteos, sondern meldeten sich mit dramatischen öffentlichen Erklärungen zu Wort. Und die meisten zwangen ihre Kinder, sich ebenfalls gegen den Abtrünnigen zu stellen.

»Die Frau eines Ehrenmannes ist unweigerlich tief in der Mafia-Kultur verwurzelt«, sagt der Ankläger Guido Lo Forte. »Genauso ist es bei seiner Tochter und seiner Mutter. Wenn er sich entschließt auszusagen, stürzt das die Frauen in eine Krise. Sie müssen eine Entscheidung treffen. Entweder sie folgen dem Mann, und das bedeutet, daß sie mit ihrem Umfeld, ihrer Denkweise brechen müssen, oder sie bleiben, wo sie sind, und dann müssen sie sich öffentlich von dem Abtrünnigen lossagen. Sie müssen ihn offen als Lügner brandmarken, als Verräter, als *infame*. Sie müssen es tun, wenn sie weiter in ihrer gewohnten Umgebung leben wollen.«[12]

Für das Wort *infame* gibt es keine adäquate Übersetzung, es beschreibt ein moralisches Vakuum, das mehr ist als die äußerste Sanktion zum Schutz des Schweigens: »Ein Mann, der redet, ist ein Verräter, er ist unwürdig, *infame,* ehrlos, er hat jeden Anspruch auf Respekt verloren.«[13]

Im Hauptquartier der Spezialeinheit, die aussagewillige Mafiosi schützt, erläutert Antonio Manganelli, welche Konflikte entstehen, wenn eine Frau vor der Entscheidung steht, ob sie einen abtrünnigen Ehemann schützen soll. »Die Ehe bringt Menschen zusammen, die tief in diesem Umfeld verwurzelt sind: Die Frau eines Mafioso ist nicht nur die Ehefrau, sondern auch die Tochter eines Mafioso. Wenn sie sich auf die Seite ihres abtrünnigen Ehemannes stellt, muß sie ihre Familie verraten. Hinter einer Frau, die sich von ihrem Mann lossagt, steht sehr oft ein Vater, der ein Mafioso ist.«

Vincenzina Marchese zerbrach an einem solchen Konflikt. Die Frau mit dem feingeschnittenen Gesicht und den hohen Wangenknochen heiratete im April 1991 den Mafia-Boß Leoluca Bagarella unmittelbar nach seiner Entlassung aus dem Gefängnis; sie waren fünfzehn Jahre lang verlobt. Ihre Referenzen waren untadelig: Ihr Vater, Vincenzo Marchese, spielte in der Mafia von Palermo eine bedeutende Rolle, und ihr Bruder Pino war ein Patensohn des Mafia-Bosses Totò Riina. Kurz nach ihrer Hochzeit tauchten Vincenzina und Leoluca unter.

Im August 1992 wurde Pino Marchese, bis dahin ein getreuer Soldat der Organisation, von Totò Riina hereingelegt (Riina hatte ihm einen Mord befohlen und gleichzeitig sein Alibi auffliegen lassen). Als Marchese begriff, daß Riina ihn nicht schützen würde, arbeitete er mit der Justiz zusammen und sagte gegen seinen früheren Beschützer und Mentor aus. Die Schande, einen Verräter in der Familie zu haben, erschütterte den Marchese-Clan zutiefst.

Leoluca Bagarella wurde schließlich im Juni 1995 in seinem Haus verhaftet. Von seiner Frau war keine Spur zu sehen, lediglich ein Bild von ihr stand auf der Kommode und davor ein Blumenstrauß, ein Zeichen der Trauer um einen Verstorbenen. Leoluca Bagarella trug ein Medaillon mit ihrem Bild bei sich – ein weiteres Zeichen der Trauer. Die Leute flüsterten, er habe seine Frau umgebracht, weil er die Schande nicht ertragen habe, mit der Schwester eines *infame,* eines Verräters, verheiratet zu sein.

Um die Zeit von Bagarellas Festnahme hatten etliche seiner früheren Verbündeten, darunter auch die Brüder Di Filippo, auszupacken begonnen, und in den folgenden Monaten rekonstruierten Ermittler und Journalisten schrittweise, welche Ereignisse zu Vincenzinas Tod geführt hatten. Ein Informant sagte aus, sie habe sich aus Scham über den Schritt ihres Bruders erhängt. Ein anderer erzählte, sie sei nach mehreren Fehlgeburten in eine Depression verfallen. Im Haus des Ehepaares fand man einen Zettel mit dem Satz: »Verzeih mir, Luca, es ist alles meine Schuld.«[14]

Bagarella wurde mit Hilfe seiner einstigen Getreuen Emanuele Di Filippo und dessen Bruder Pasquale verhaftet. Emanuele war im Februar 1994 festgenommen worden und hatte sich kurz darauf zur Kooperation bereit erklärt. Pasquale wurde am 21. Juni desselben Jahres festgenommen und sagte, ermutigt durch das Beispiel seines Bruders, von Anfang an aus.

Die italienische Nachrichtenagentur ANSA hatte kaum die Meldung herausgegeben, daß zwei weitere Mafiosi mit der Justiz zusammenarbeiteten – nicht einmal ihre Namen waren genannt worden –, da läutete in ihrem Büro in Rom schon das Telefon. Am Apparat war Giusy Spadaro, die Ehefrau von Pasquale Di Filippo. Bei ihr war ihre Schwägerin Angela Marino, die Frau von Emanuele Di Filippo. Die beiden Frauen wollten eine Erklärung abgeben. »Männer der DIA sind zu uns gekommen. Sie haben uns Schutz angeboten, aber wir haben abgelehnt. Schreiben Sie das. Wir haben nichts

Falsches getan, wir sind gute Leute, keine *pentiti*, denn wir haben nichts getan. Wir haben nichts zu bereuen …«[15]

Die Worte der Frauen richteten sich weniger an die bürgerliche Gesellschaft als an den inhaftierten Boß Leoluca Bagarella; sie wollten ihn davon abhalten, daß er sich an ihnen für ihre verräterischen Ehemänner rächte. Tatsächlich schienen sie nicht die geringste Ahnung zu haben, wie die bürgerliche Gesellschaft über Gesetze und deren Einhaltung denkt. Die Frauen behaupteten, sie hätten nichts Falsches getan, und im selben Atemzug reihten sie sich öffentlich in die Mafia ein.

Als nächstes beriefen sie eine Pressekonferenz in ihrem Haus in der Nähe der Piazza Magione ein, einem trostlosen Viertel von Palermo, das noch von den Bombenabwürfen der alliierten Luftangriffe des Jahres 1943 gezeichnet ist und dessen Bewohner bis in jüngste Zeit Trinkwasser von Tankwagen holen mußten. In jedem Satz der beiden Frauen schwangen Begriffe der Mafia-Kultur mit: Ehrlosigkeit sei schlimmer als der Tod, schrie Giusy Spadaro. »Es wäre besser, wenn sie tot wären, wenn unsere Ehemänner getötet worden wären. Als die Polizei an unsere Tür kam, dachte ich: ›Sie werden mir sagen, daß mein Mann erschossen wurde.‹ Aber nein, es war schlimmer als das. So bin ich ehrlos. Es wäre besser, wenn er getötet worden wäre.«[16]

Als Beweis, daß ihnen der Tod lieber wäre als ihre gegenwärtige Lage, schluckte die Schwester der Abtrünnigen eine ganze Packung Beruhigungspillen. Sie wurde eilig ins Krankenhaus gebracht und eine Stunde später genauso eilig wieder nach Hause, blaß und noch wacklig auf den Beinen.

»Theater«, sagte der sizilianische Schriftsteller und Politiker Claudio Fava, dessen Vater, ein Journalist, von der Mafia ermordet wurde. »Alles Theater. Sie spielen genau die Rolle, die ihnen von jeher zugeschrieben wird. Es geht in erster Linie gar nicht darum, daß diese Frauen Verachtung für ihre Ehemänner bekunden: Es ist eher wie in einem Theaterstück. Sie tauchen theatralisch in die einzige Welt ein, die sie kennen, in die einzige Ordnung, die sie kennen, und das ist die Mafia.«[17]

Die dramatische Szene, daß Frauen weinen, wehklagen und sich an die Brust schlagen, ist aus Filmen wie Francesco Rosis *Salvatore Giuliano* vertraut. In dem Film gehen Frauen aus Protest gegen die Polizei, die ihre Männer verhaftet hat, in schwarzen Schleiern auf die Straße, klagen laut und klammern sich aneinander fest. Das gehört mit zu einem Muster von Aufstand und Ungehorsam und soll zeigen, daß die Arbeiterschicht sich durch den Staat nicht vertreten sieht. Es ist auch ein Werben um Sympathie: In einer Gesellschaft, in der die Beziehung zwischen Mutter und Sohn etwas Heiliges ist, kommt der öffentlichen Geste einer Mutter großes Gewicht zu.

Für Claudio Fava ist die Geste der Frauen der beiden Di Filippos ein Zeichen eines bewußten Rückschritts, mit dem die Möglichkeit eines Fortschritts oder einer Umkehr abgeschnitten wird. Für ihn, einen Mann aus Catania in Ostsizilien, ist die Botschaft klar: Wir werden uns niemals ändern.

Mafia-Frauen, die die Entscheidung ihrer abtrünnig gewordenen Männer ablehnen, bemühen sich sofort, die Kinder auf ihre Seite zu ziehen: Pasquale Di Filippos Ehefrau Giusy Spadaro, deren Vater Tommaso Oberhaupt des La-Kalsa-Clans in Palermo ist und gegenwärtig eine Haftstrafe von dreißig Jahren wegen Heroinhandels verbüßt, erklärte, daß sie die Scheidung von ihrem Mann eingereicht habe: »Ich habe den Kindern gesagt, ihr habt keinen Vater mehr, kümmert euch nicht um ihn, vergeßt ihn.«

Vielleicht will sie sich und ihre Kinder vor Racheakten der Mafia schützen. Es kommt häufig vor, daß die Kinder von abtrünnigen Mafiosi in der Schule zusammengeschlagen werden, daß am Auto der Familie die Reifen zerstochen werden, daß die Angehörigen bedroht, schikaniert und sozial isoliert werden. Die öffentliche Distanzierung kann die Bitte ausdrücken, in Ruhe gelassen, nicht durch Schikanen verjagt zu werden. Aber es geht hier nicht nur um Angst, es geht auch um Loyalität. Viele Frauen, die im Mafia-Milieu aufgewachsen sind, glauben fest, daß der Mafia-Boß ihnen hilft. Ohne ihn haben sie niemanden mehr, der sie vor einer feindlichen Gesellschaft beschützt. Und wenn ihre Ehemänner die Mafia verraten und mit der Justiz zusammenarbeiten, dann kämpfen die Frauen um die Seelen der Kinder.

Fünfzig Jahre nachdem die Mafia praktisch die Kontrolle über Sizilien übernommen hat, stellt sich der Staat zum Kampf.

Während ganz Sizilien sich noch erschüttert zeigte vom schrecklichen Schicksal Giuseppe Di Matteos, erklärte der Jugendrichter Nino Scarpulla vor Journalisten, es gebe nur eine richtige Maßnahme, wenn die Ehefrau eines *pentito* sich weigere, mit ihren Kindern ins Schutzprogramm zu gehen: »Wir müssen ihr die Kinder wegnehmen, nicht allein zu ihrer Sicherheit, sondern damit sie aus dem Mafia-Milieu herauskommen.«[18]

Scarpulla zufolge haben die Kinder keine Wahl, ob sie sich der Cosa Nostra anschließen und nach ihren Regeln leben wollen, wenn sie in einer Mafia-Familie bleiben. Er schlägt Rettungsaktionen aus ethischen Gründen vor: Durchsuchungen im Morgengrauen, ähnlich dem Vorgehen gegen Eltern, die des sexuellen Mißbrauchs verdächtigt werden, mit dem Ziel, die Kinder aus der Familie herauszuholen.

Scarpullas Worte lösten natürlich im italienischen Süden, wo die Familie ein hoher Wert ist, einen Sturm der Entrüstung aus. Die für den Schutz von abtrünnigen Mafiosi zuständige Abteilung schlug daraufhin eine entsprechende Gesetzesänderung vor. Das Problem war dringlich: Im Frühjahr 1996 standen bereits 955 Kinder unter zehn Jahren und 728 Kinder zwischen elf und achtzehn Jahren unter Schutz.

»Die Eltern eines sechsjährigen Mädchens, Verwandte eines abtrünnigen Mafiosi, ließen sich nicht ins Schutzprogramm aufnehmen, weil sie nicht wußten, wie sie ihrem Kind all die Veränderungen, beispielsweise auch die Änderung des Familiennamens, erklären sollten – aber auch, weil sie an der Tradition und Kultur festhalten wollten, in der die Familie verankert war ... Es ist verständlich, daß die Menschen solche Skrupel haben, aber es ist schwierig, einen Weg zu finden, wie wir das mit der Notwendigkeit vereinen können, Personen zu schützen, die durch Racheakte unmittelbar bedroht sind.

Häufig tritt der Fall ein, daß die Eltern sich trennen, wenn die Ehefrau des abtrünnigen Mafiosi das Schutzprogramm ablehnt und weiter zu Hause lebt ... Die Frage ist, ob die für das Schutzprogramm Verantwortlichen eigenständige Entscheidungen treffen und den Eltern gegenüber durchsetzen dürfen.«[19]

In dem Diskussionspapier wurde angeregt, die Kinder an einen Ort zu bringen, wo man sie nicht nur vor körperlichem Schaden, sondern auch vor einer moralisch gefährlichen Umgebung schützen könnte. Für die Mehrheit der Sizilianer wäre dies eine Lösung, die kaum weniger schlimm ist als eine Entführung.

Bisweilen veranlassen die Eltern ein häßliches Tauziehen um die Kinder: Sie werden zu Schachfiguren im Kampf der beiden Welten – der »moralischen« Welt und der Mafia-Welt.

Im Jahr 1993 fügte Claudio Severino Samperi mit seiner Zeugenaussage der Cosa Nostra in Catania schweren Schaden zu. Er enthüllte Nitto Santapaolas Verbindungen zu Politikern.

Samperi war ein reicher Mann, er hatte mit illegalen Spielhöllen ein Vermögen gemacht, doch seinem Anwalt zufolge stieß ihn die sinnlose Brutalität der Cosa Nostra immer mehr ab. Weil man seine Loyalität auf die Probe stellen wollte, erhielt er den Auftrag, seinen eigenen Bruder umzubringen, einen Ehrenmann, der in Ungnade gefallen war, allem Anschein nach weil er seine Frau mit wechselnden Geliebten betrogen hatte. Samperi sollte auch seine Schwester töten, weil man, so wurde ihm gesagt, ihre Promiskuität nicht dulden könne. Samperi konnte sich nicht weigern, aber er suchte einen Weg, sich dem Auftrag zu entziehen, und fand ihn, indem er seine Verhaftung arrangierte. Er fädelte es so sein, daß er bei einer Razzia in einer seiner Spielhöllen festgenommen wurde. Das war Anfang 1990, und er erklärte sich sogleich zur Kooperation bereit.

Samperis Aussagen brachten auch sein eigenes turbulentes Liebesleben ans Licht. Der stellvertretende Chefankläger von Catania, Nicolo Marino, beschreibt eine Szene, die einer Komödie von Feydeau entstammen könnte: »Samperi beschließt also auszusagen … und wir müssen seine Familie informieren. Erst taucht seine Ehefrau auf, und dann eine zweite Frau – seine Geliebte. Wir müssen einen Ort finden, wo Samperi bleiben kann, wir müssen ihn so schnell wie möglich wegbringen. Seine Frau kommt mit den beiden Kindern. Wir finden eine Wohnung mit zwei Zimmern. Er sagt, prima, dort gehen wir alle hin. Und so müssen wir, moralische Menschen, wie wir sind, dieses höchst unorthodoxe Arrangement absegnen, daß er mit Frau und Geliebter in derselben Wohnung lebt. Einmal fragte der Leiter des Sondereinsatzkommandos ihn: ›Sagen Sie, wie kommt denn Ihre Frau mit der Situation zurecht?‹ Und er erwiderte: ›Wissen Sie, meine Frau ist auch nur ein Mensch.‹«[20]

Die unerfreuliche Situation mit den beiden Frauen auf engstem Raum und Samperi, der sich, so kann man vermuten, auf dem Sofa einrichtete, dauerte nur ein paar Tage, dann organisierte die Polizei getrennte Wohnungen, und Samperi zog mit seiner Geliebten zusammen. Kurz darauf holte seine Frau die Kinder von der Schule ab und verschwand mit ihnen.

Da Samperis Frau Maria Iannone nun einmal nur ein Mensch war, wollte sie Rache für die öffentliche Demütigung. Sie ging mit den Kindern zurück nach Catania, zurück zu den Mafiosi, die ihren Mann verraten hatten, lieferte sich der Gnade der ehemaligen Verbündeten ihres Mannes aus und tauchte schließlich da unter, wo sie früher gelebt hatten. Um sich an ihrem Mann zu rächen, war sie bereit, das Leben ihrer Kinder aufs Spiel zu setzen: »Sie wußte, daß Samperi sich Sorgen machen würde, die Kinder könnten zur Zielscheibe von Racheakten werden«, sagt sein Anwalt, »und sie hoffte, ihn so auf Mafia-Territorium zurückzulocken.« In dem Fall wäre Samperi zur Zielscheibe geworden. Samperi war klar, daß seine Frau dem Santapaola-Clan in die Hände arbeitete. Die Santapaolas hatten bereits seine luxuriöse Villa dem Erdboden gleichgemacht, und nun spielten sie mit dem Leben seiner Kinder.

Maria Iannones Plan ging schief. Zwei oder drei Monate nachdem sie untergetaucht war, stürmte die Polizei das Versteck eines weiteren Mafioso namens Salvatore Pappalardo, der zufällig Samperis Vetter war. Bei ihm fand die Polizei auch Maria Iannone.

Heute steht sie unter Anklage, Salvatore Pappalardo gedeckt und ihm Beihilfe geleistet zu haben. Ihr Ex-Ehemann Claudio Severino Samperi, ehedem Mitglied der Mafia, hat seine Beteiligung an Mafia-Verbrechen wie Schutzgelderpressung und unerlaubtem Glücksspiel gestanden und »bereut«. Nach diesem Akt der moralischen Reinigung wurde ihm das Sorgerecht für die Kinder zugesprochen.

9
DROGENHANDEL: EIN METIER FÜR FRAUEN

Als sich ein neapolitanischer Polizeibeamter im Jahr 1989 in einem Krankenhaus unweit des Poggioreale-Gefängnisses zum Wachdienst meldete, fand er eine höchst ungewöhnliche Szenerie vor. Bei seinem Schützling handelte es sich um Raffaele Stolder, einen Camorrista, der wegen Drogenhandels und Mordes angeklagt war und zur Behandlung eines Nierenleidens vom Gefängnis in ein privates Krankenzimmer verlegt worden war. Obwohl der Patient isoliert untergebracht und rund um die Uhr bewacht werden sollte, stand die Tür sperrangelweit offen, die Polizisten zogen sich diskret in ein anderes Zimmer zurück, während die Besucher kamen und gingen. Stolders Ehefrau Patrizia Ferriero blieb manchmal mehrere Tage lang. Sie hatte sogar einen Schlüssel für ein anderes Zimmer, in dem das Paar gemeinsam nächtigen konnte. »Es wurde uns immer wieder ans Herz gelegt, daß Stolder extrem gefährlich sei und daß wir sehr gut aufpassen müßten«, sagte der Polizeibeamte Rocco Santoro viel später. »Wir schenkten diesen Worten keine Beachtung.«[1]

Stolders Bewacher wurden für ihre aufgeklärte Einstellung mit Kokain belohnt, das der Camorrista extra mitgebracht hatte. »Alle schienen mit der Situation rundum zufrieden«, sagte Santoro. »Ich hatte nicht den Eindruck, daß es meine Aufgabe sei einzugreifen.«

Abends empfing Stolder Komplizen zum Essen, das in Aluminiumbehältern von einem erstklassigen Restaurant geliefert wurde. Ein Komplize brachte das Geschäftsbuch mit, und Santoro zufolge fiel den Polizeibeamten immer irgend etwas ein, was sie in ihrem Nebenraum dringend erledigen mußten, während die Camorristi die Liste mit den abgeschlossenen Deals und den Außenständen durchgingen. »Die Polizisten wechselten sich alle zwei Wochen mit den Carabinieri ab«, erklärte Santoro. »Die Carabinieri erwiesen sich als unbestechlich, ein Rückschlag, den Stolder als ausgesprochen ärgerlich empfand.« Wenn ein Polizist nicht mitspielte, wurde er rasch versetzt.

Nachdem Stolder zwei Jahre im Krankenhaus zugebracht hatte, bestanden die Justizbehörden auf einer Untersuchung, die zeigen sollte, ob sein Nierenleiden wirklich so schlimm war, daß man ihm die Haft nicht zumuten konnte. Seine Ehefrau gab später zu, daß sie mit Hilfe eines weiteren »zahmen« Polizeibeamten namens Nicodemo Boccia die Ärzte erfolgreich getäuscht hatte. Sie beschaffte sich von einem anderen Dialysepatienten einen Blutbeutel, befestigte ihn am Rücken ihres Mannes und verband ihn durch einen Schlauch mit seinem Dialyse-Apparat. Als ein Arzt das Blut untersuchte, das scheinbar von Stolder stammte, stellte er fest, daß die Nieren tatsächlich die Giftstoffe nicht mehr ausschwemmten. Stolder durfte weiterhin in seinem Fünf-Sterne-Krankenhausbett bleiben.

»Sie ist sehr clever, eine sehr kluge Frau«, sagt Patrizia Ferrieros ehemaliger Anwalt Saverio Senese. »Sie ist klüger als er.« Senese schildert, daß sie nicht nur für komfortable Haftbedingungen sorgte, sondern auch seine Verteidigung vorbereitete – besonders umsichtig ging sie bei einer Anklage wegen bewaffneten Raubüberfalls auf einen Juwelier ans Werk. Nach der Verhaftung ihres Mannes betrat sie in Trauerkleidung jenes Juweliergeschäft, zeigte dem Juwelier eine Fotografie ihres Mannes und gab zum Gedenken an den lieben Verstorbenen ein goldenes Medaillon in Auftrag, in das sein Bild eingraviert werden sollte. Der Juwelier fertigte das Kunstwerk ihrem Wunsch entsprechend an, ohne die Ähnlichkeit des Mannes mit einem der bewaffneten Räuber zu erwähnen. Als er später im Gerichtssaal aufstand und Raffaele Stolder als jenen bewaffneten Räuber identifizierte, der in seinen Laden eingedrungen war, sprang Ferriero auf und schwenkte ihr Medaillon. »Sie haben kein Wort davon gesagt, daß Sie ihn erkennen, als ich Ihnen sein Foto vorlegte! Wie können Sie jetzt behaupten, daß Sie ihn erkennen, wenn Sie gerade erst sein Bild auf ein Medaillon für einen Toten eingraviert haben?«

1989, kurz nach der gefälschten Blutuntersuchung, floh Stolder aus dem Krankenhaus und tauchte unter. Er mußte für eine Weile aus Neapel verschwinden und betraute deshalb seine Frau mit der Führung seiner Geschäfte. Giuseppe Narducci zufolge, dem stellvertretenden Chefankläger im Anti-Mafia-Dezernat von Neapel, der die Ermittlungen gegen den Stolder-Clan leitete, war Patrizia Ferriero ihrem Gatten ebenbürtig. Stolders Männer hatten keine Probleme damit, sie in seiner Abwesenheit als Chefin zu akzeptieren. Stolder importierte über Holland und Belgien riesige Mengen Kokain aus Südamerika. Seine Frau reiste mehrfach in die Niederlande zu Verhandlungen mit internationalen Drogenhändlern, und sie übernahm auch die Verteilung der Drogen. Sie arrangierte Treffen mit Stolders Geschäftspartnern, dem mächtigen Contini-Clan, und verteilte mit ihnen zusammen die Ware. Angesichts der nicht sehr stabilen Beziehungen zwischen den Familien und der großen Mengen an Kokain, um die es ging, war das eine Aufgabe, die sehr viel Fingerspitzengefühl verlangte.

»Viele Frauen mischen beim Drogenhandel mit«, sagt Narducci, »aber keine spielte eine derart entscheidende Rolle wie die Ferriero. Es ist ein schwieriger und komplizierter Prozeß: die Drogen beschaffen – und Waffen importieren. Denn Drogen und Waffen kommen immer durch dieselben Kanäle. Und die Verhandlungen mit den anderen Clans. Sie mußte sich auch Freunde in Justiz und Polizei kaufen, die ihren Mann schützten und verhinderten, daß Ermittlungen über den Stolder-Clan angestellt wurden. Für diese Aufgabe braucht man jemanden, der sehr intelligent ist, der weder vorbestraft ist noch dem üblichen Klischee des cleveren Camorra-Verbrechers entspricht. Eine Frau, noch dazu eine Frau wie Patrizia Ferriero, die sehr viel klüger ist als ihr Mann, ist wie geschaffen für diesen Job.«

Ferriero und ihre drei Kinder hatten reichlich Geld zur Verfügung, doch sie standen in ihrer Gegend in einem solchen Ruf, daß sie nur selten für etwas bezahlen mußten. Nachdem Stolder untergetaucht war, unterzog er sich mehreren plastischen Operationen, damit er unerkannt nach Neapel zurückkehren konnte. Dennoch blieb seine Frau weiterhin »der Kopf der Organisation«, wie Narducci es ausdrückte.

Im Winter 1990 kaufte Ferriero ein Apartment in der Via Niutta, in Stolders neapolitanischem Territorium, unweit des alten Gerichtsgebäudes. Der Aussage des ehemaligen Polizeibeamten Rocco Santoro zufolge wurde unter Ferrieros Aufsicht ein unterirdischer Bunker gebaut, mit verstärkten Stahltüren, einem Garagentor, das mit Fernsteuerung bedient wurde, und Gängen, die nach oben in die Wohnung und hinunter in die Abwasserkanäle führten. Aus den Niederlanden trafen Autos ein mit Kokainbeuteln hinter den Türverkleidungen; in der Garage wurden sie auseinandergenommen. Die Drogen wurden dann gewogen und in Zellophan und Styropor verpackt, um die Feuchtigkeit abzuhalten. In einem Tresor unter dem Fußboden des Apartments lagerten Drogen und Waffen. Ferriero hatte als einzige die Schlüssel und die Fernbedienung in Verwahrung. Niemand konnte sich ohne ihre Erlaubnis Zugang zu dem Bunker verschaffen.

Der Polizeibeamte Santoro war binnen kurzem kokainabhängig. Er schied bei der Polizei aus und bot Patrizia Ferriero seine Dienste an. »Sie traf sich einige Male mit mir und gab mir kleinere Aufträge, bevor sie entschied, daß man mir trauen konnte«, sagte er später aus. Er wurde ihr Chauffeur und Leibwächter. Einmal fuhren sie gemeinsam nach Rom zu einem Gespräch mit einem Anwalt. Zu Santoros Aufgaben gehörte unter anderem, dafür zu sorgen, daß die Polizisten in ihrem Gebiet Schmiergeld bekamen: Ferriero hatte mit mehreren bestechlichen Beamten Kontakt aufgenommen, und jeden Monat gab sie Santoro eine bestimmte Geldsumme und eine Liste mit Namen.

Im November 1991 nahm die Polizei Stolder und seine gekauften Polizisten fest und drang auch in die Wohnung in der Via Niutta ein, wo sie fünf Kilogramm reines Kokain, mehrere Schußwaffen und die unterirdischen Gänge entdeckte, die nach bewaffneten Raubüberfällen als Fluchtwege gedient hatten. Die Beamten fanden Notizbücher, die detailliert über die Einnahmen und Ausgaben des Clans Aufschluß gaben: Einkünfte aus Raubüberfällen und Drogengeschäften, die zwischen Partnern aufgeteilt wurden; Gelder, die den Familien von inhaftierten Mitgliedern des Clans zustanden; ausstehende Zahlungen für Drogen. Die Zahlen, die sich auf Drogen bezogen, waren in Patrizia Ferrieros Handschrift geschrieben.[2] Die Polizei fand auch Unterwäsche von ihr in der Wohnung. Ferriero erklärte, sie habe sich dort heimlich mit ihrem Mann getroffen, während er auf der Flucht war. Doch den Ermittlungsbeamten zufolge ist das Verhältnis zwischen Ferriero und ihrem Mann seit seinem Untertauchen nicht mehr sonderlich gut. Das Ehepaar habe zu lange getrennt voneinander gelebt. »Es wäre nur verständlich«, meint einer der Beamten höflich, »wenn sich in der Zwischenzeit etwas entwickelt hätte.«

Bei einem außergewöhnlichen Treffen in dem prächtigen, im Art-déco-Stil errichteten Grand Hotel des Palmes in Palermo im Jahr 1957 legten die Bosse von New York eine Vereinbarung über Heroingeschäfte mit der sizilianischen Kommission nieder, das sogenannte Heroinprotokoll. Von da an hing das Gleichgewicht innerhalb der Cosa Nostra entscheidend davon ab, welche Familie den Drogenhandel beherrschte. Die Bosse alten Stils, die Heroin ablehnten, wie etwa der Corleone-*capo* Michele Navarra, wurden bald von jüngeren, ehrgeizigeren Mafiosi wie Luciano Leggio aus dem Weg geräumt.

Der Drogenhandel veränderte den Wirkungskreis der Organisation, denn die Cosa Nostra stieg ins Geschäftsleben ein, um Milliarden von Rauschgift-Dollars zu waschen. Waren die Geschäfte der Mafia früher auf offizielle Mitglieder beschränkt, so öffnete der Drogenhandel nun auch Personen, die keine Beziehung zu der Organisation hatten, Ausländern, ja sogar Frauen die Türen zur Mafia.

Die sizilianischen Clans taten sich in den siebziger Jahren mit den Camorra-Familien Zaza und Nuvoletta zusammen und schufen ein mächtiges Bündnis. Die Camorra-Clans stellten enge Verbindungen zu südamerikanischen Kartellen her und importierten Kokain; eine Zeitlang bezogen sie eine Tonne pro Woche aus Kolumbien.[3] Der plötzliche Zugriff auf Kokain veränderte die neapolitanische Mafia: Ihre Mitglieder wurden phantastisch reich und anmaßend, bei den jüngeren Generationen der Camorra-Familien griff die Kokainsucht um sich. Neue Clans tauchten aus dem Nichts auf oder gingen aus Nebenlinien der kriegführenden Familien hervor.

Die Neapolitaner, insbesondere die Camorristi, sind bekannt für ihr bewegtes Liebesleben, und die meisten Drogendealer der Camorra scheinen ihre Mätressen früher oder später in ihre Geschäfte miteinzubeziehen. Maria Cristina Pinto war eine junge Neapolitanerin mit harten Gesichtszügen, die stets eine Schußwaffe bei sich führte und ein Faible für Gangster besaß. Im Alter von 19 Jahren heiratete sie einen ehemaligen Sträfling und bekam eine kleine Tochter. 1989 wurde sie mit 22 Jahren die Geliebte von Mario Perrella, einem Camorrista aus einer Verbrecherdynastie in Fuorigrotta, einem Viertel am Stadtrand. Er war verheiratet und hatte Familie, doch Pinto gefiel sich außerordentlich gut in der Rolle der Gangsterbraut. Als sich der Clan spaltete, übernahm sie die Rolle seines persönlichen Leibwächters. Bei Kämpfen zwischen den beiden rivalisierenden Gruppen um das aus Südamerika stammende Kokain (beide Gruppen wurden, wie es bei der Camorra üblich ist, von derselben Person – Perrellas Bruder – beliefert) arteten die Feindseligkeiten oftmals in Feuergefechte aus, und Pinto stand immer in vorderster Front. Giuseppe Narducci zufolge versorgte sie die Gruppe auch mit Waffen, die sie Dealern aus der Gegend unter der Hand abkaufte, insbesondere einem kokainabhängigen Mittelsmann, der Waffen gegen Koks tauschte.

Als der Krieg zwischen den Gruppen eskalierte, wurde Pinto zu einer Berühmtheit. Sie hieß »Signora Killer« oder bisweilen auch »Nikita«.[4] Polizeiberichten zufolge wurden sie und ihr Geliebter während einer Autofahrt durch Neapel aus dem Hinterhalt überfallen. Auf ihren Geliebten wurden Schüsse abgefeuert, Pinto öffnete mit einer Waffe in der Hand die Wagentür und schoß zurück. Ein anderes Mal schoß sie – offenbar im Auftrag Perrellas – auf einen Dealer der rivalisierenden Gruppe und verletzte ihn. Pinto war stolz auf ihre Position in der Gruppe; ihre markanten Gesichtszüge unterstrichen ihre aggressive Art. In der Rolle als Mätresse des Bosses war sie mehr als nur ein Killer: Sie war seine Stellvertreterin und Leibwächterin.

Die Anklage gegen Pinto umfaßte unerlaubten Waffenbesitz, Drogenhandel, Verschwörung und Mordversuch. Als ein neapolitanischer Carabiniere sie im Dezember 1991 verhaften wollte und die

Tür zu ihrer Wohnung aufbrach, blickte er in die Mündung ihres 38er Colts.[5]

Während der stürmischen Entwicklung des Drogenhandels in den siebziger Jahren gerieten zahlreiche Frauen, die sich von braungebrannten Muskeln und Schmuck ködern ließen, ins Netz der Drogengeschäfte. Sie reisten nach Rom, Mailand, Amsterdam und New York. Eine dieser Frauen war die 23jährige Esmerelda Ferrara aus den Slums von Palermo. Ihr junger Ehemann Filippo Ragusa bescherte ihr, wie eine Zeitung es ausdrückte, »ein Baby und eine Menge Schwierigkeiten«.[6] Sie war Sängerin mit mittelmäßigem Erfolg; Ragusa versprach, einen internationalen Star aus ihr zu machen, und reiste mit ihr in die Vereinigten Staaten. Sie nahm ein Album auf *(The Two of Us on the Grass)* und ging auf Tournee. Er, der Freund, der sie bewunderte und managte, arrangierte Konzerte in Amerika und schickte ihre Schallplatten von Sizilien aus in die USA. Irgendwann entdeckten Zollbeamten 40 Kilogramm Heroin zwischen den Plattenhüllen versteckt. Die Richter entschieden später, daß Esmerelda ein unwissendes Opfer gewesen sei, und sprachen sie frei.

Im Maxi-Prozeß von 1986 konnten lediglich vier Frauen von über 400 Angeklagten verurteilt werden, die alle wegen Drogenhandels vor Gericht standen. Die Nützlichkeit der Frauen im Drogengeschäft lag zum Teil darin, daß sie gewissermaßen unsichtbar waren. Bis in die achtziger Jahre schienen sie über jeden Verdacht erhaben, und es waren nur selten weibliche Zollbeamte zur Stelle, die Verdächtige durchsuchten. Den unschätzbaren Wert dieses Vorurteils erkannte 1986 eine Gruppe von Heroinhändlern. Sie nahmen die kleine, arme Stadt Torretta in einer abgelegenen Gegend Westsiziliens ins Visier und warben Hausfrauen als Kuriere an. Sie boten den Frauen umgerechnet 30 000 DM an, wenn sie bereit waren, mit einem heroingepolsterten Korsett von Palermo nach New York zu fliegen. In New York wurden sie von einem Komplizen abgeholt, der sie in ein Hotel brachte, ihnen die Stadt zeigte und zumindest den jüngeren ein paar schöne Stunden bereitete. Einige Tage später flogen die Frauen mit dem Geld nach Italien zurück.

Die Frauen, die den Job annahmen, träumten nicht von einem

Luxusleben: Sie bekamen den Gegenwert eines mittleren Lotteriegewinns angeboten. In den wenigsten Fällen war Geldgier die Triebfeder ihres Handelns. Vielmehr sahen sie darin eine Chance, der tristen Monotonie eines Lebens in Armut zu entgehen, wenigstens für kurze Zeit. Sie bezahlten ihre Schulden oder richteten ihre Küchen neu ein – mit Marmorfußböden, neuen Einbauelementen, alles aufeinander abgestimmt –, und schon war das Geld weg. Sie waren wieder dort, wo sie angefangen hatten, und häuften in einem verschlafenen Nest in Sizilien neue Schulden an.

Vincenza Calì hatte acht Kinder zu versorgen und nahm den Kurierjob mehr als einmal an. Auf ihrer zweiten oder dritten Reise fuhr sie mit ihrem Ehemann zum Flughafen. Sie trug ein Korsett, das mit zweieinhalb Kilogramm Heroin vollgestopft war. Sie hatte Verwandte in den USA und gab vor, diesen einen Besuch abstatten zu wollen. Die Ermittler wurden stutzig, weil auf einmal so viele Frauen aus Torretta das Bedürfnis verspürten, verschollen geglaubte Cousins und Cousinen in New York zu besuchen. Sie zapften Vincenza Calìs Telefon an und hörten mit, wie eines ihrer Kinder aufgeregt erzählte: »Mamma geht nach Amerika und bringt viele Dollars mit nach Hause!«

Calì wurde am 24. Mai 1986 am Flughafen festgehalten, als sie einchecken wollte. Eine Zollbeamtin durchsuchte sie und fand die Heroinpäckchen, die in ihre Unterwäsche eingenäht waren. Calì wurde verhaftet und des Drogenhandels angeklagt, ihr Mann wurde beim Verlassen des Flughafens verhaftet.

Die Verantwortung für die Familie lag nun bei Calìs ältester Tochter, der 26jährigen Piera Mattiolo. Ich traf sie in der Kanzlei ihres Anwalts in Palermo. Sie hatte ihre kleine Nichte mitgebracht, die mit den silbernen Gegenständen auf dem Couchtisch spielte und dann munter das Schminktäschchen ihrer Tante demolierte. Piera ist eine großgewachsene und schöne Frau, mit langem schwarzen Haar und dunklen Augen. Trotz ihrer bitteren Erfahrungen lacht sie gerne und oft.

Sie erinnerte sich an den Tag, als das Urteil verkündet wurde. »Es war im Februar 1988 und bitterkalt. Der Prozeß lief seit einem Monat jeden Tag. Es war schreckliches Wetter. Wir warteten stundenlang, daß die Richter endlich mit dem Urteil zurückkommen würden, und wir hatten alle den ganzen Tag nichts gegessen. Die Atmosphäre war deprimierend. Als die Richter schließlich kamen, wurde es draußen dunkel, das weiß ich noch. Der Himmel überzog sich schwarz, und im Saal war es völlig dunkel.« Vincenza Calì wurde zu zehn Jahren Haft verurteilt, ihr Mann zu dreizehn.

»Wir konnten das Urteil nicht fassen. Alle weinten; sogar mein Vater weinte auf der Anklagebank. Es macht mich ganz krank, wenn ich daran denke.«[7]

Eine Zeitlang stand ihre Mutter unter Hausarrest, was eine Tortur für sie war. Denn die Kinder kamen und gingen, wie es ihnen gerade paßte. Sie trieben sich herum und gerieten in Schwierigkeiten, doch die Mutter war machtlos. »Wenn ich sie fragte, wohin sie gingen, antworteten sie nur ›weg‹ und lachten mir ins Gesicht.«[8] Nach acht Monaten wurde sie wieder ins Gefängnis gesteckt, und Piera hatte plötzlich die Verantwortung für sieben jüngere Geschwister. »Die ganze Verantwortung fiel auf meine Schultern. Ich kann sie nicht alleinlassen – ich bin ihnen allen eine Mutter. Sogar um die Verheirateten muß ich mich noch kümmern.«

Sobald die Mutter im Gefängnis war, zerfiel die Familie: Eines der Kinder sitzt wegen Drogenschiebereien ebenfalls im Gefängnis. Zwei Teenager brannten mit ihren Freunden durch und brachten Schande über die Familie. Die Verwandten waren unfreundlich: Zunächst wurden die Kinder bei Tanten und Onkels untergebracht, doch alle kehrten rasch wieder nach Hause zurück, nachdem sie stundenlange Moralpredigten über sich hatten ergehen lassen müssen.

Piera macht ihrer Mutter keine Vorwürfe. »Wir steckten in ernsthaften finanziellen Schwierigkeiten, bevor meine Mutter nach Amerika ging. Sie hat es für uns getan, sie wollte uns eine Ausbildung ermöglichen, ein besseres Leben.«

Der Beweggrund ist für den Großteil der weiblichen Kuriere in ganz Süditalien derselbe: Die meisten übernehmen den Job nicht, um reich zu werden, sondern um zu überleben. Die Mafia bietet mit ihrem Monopol auf den Drogenhandel zahlreichen Menschen eine Einkommensquelle.

»Die Arbeitslosigkeit ist das größte Problem in dieser Stadt«, sagt Amato Lamberti, der Präsident der Region Kampanien. »Neapel hat eine Bevölkerung von knapp über einer Million. Die offizielle Arbeitslosenzahl liegt bei 300 000, doch der Großteil dieser Menschen geht irgendeiner illegalen Tätigkeit nach. Die Camorra versorgt sie mit illegalen Geldquellen.«[9]

In den ärmeren Vierteln von Neapel hausen die Menschen noch immer in den alten, fensterlosen *bassi fondi*, den Kellergeschossen, die halb unter den engen, belebten Straßen begraben liegen und wohin kaum ein Sonnenstrahl dringt. Die reicheren Neapolitaner bewohnen die oberen Stockwerke der Häuser und genießen die Luft und die Aussicht. In den Souterrainwohnungen hingegen werden die an der Wand hängenden Bilder von der Erstkommunion der Kinder lediglich von einem schmalen Streifen Neonlicht sowie dem Licht aus dem offenen Kühlschrank erleuchtet. In diesen überfüllten Gegenden haben Ehepaare bis zu zehn Kinder, weil das die Bedeutung und die wirtschaftliche Leistungskraft der Familie verstärkt. Die Eltern handeln mit harten Drogen; die Kinder verkaufen geschmuggelte Zigaretten, Raubkopien von Videofilmen und weiche Drogen.

In einem unerhörten Schritt führte eine Gruppe von Frauen, *Mamme Coraggio*, »Mütter Courage«, genannt, in Neapel eine Protestaktion durch. Sie gingen auf die Straße und sagten laut, daß ihre Kinder heroinsüchtig seien, daß der Drogenhandel die Stadt vergifte und daß sie Hilfe benötigten. Es war ein Protest der Basis; bei den Demonstrantinnen handelte es sich um Dealerinnen, Prostituierte, kleine Kriminelle, die Angst um ihre Kinder hatten.

Auslöser für die Demonstrationen der »Mütter Courage« war die Tatsache, daß die Kinder in ihren eigenen Wohnungen zu dealen anfingen. Um sie daran zu hindern, zeigten einige Mütter ihre Söhne bei der Polizei an – eine zutiefst schockierende Vorstellung im Süden, wo die Familien bei Problemen zusammenrücken und sich nach außen abschotten. Es schien ein revolutionärer Moment für Neapel, doch tatsächlich war es mehr ein Protest gegen die Armut als eine Auflehnung gegen den Drogenhandel.

»Die *Mamme Coraggio* waren keine Anti-Camorra-Bewegung«,

erläutert Salvatore Esposito, der in der Gegend von Neapel ein Rehabilitationsprojekt für Drogensüchtige leitet. »Sie forderten Hilfe für ihre abhängigen Kinder, aber sie wollten öffentliche Einrichtungen, Institutionen, die sich um Drogensüchtige kümmern, Orte, wo die Kinder hingebracht werden konnten, wenn sie von ihren Familien getrennt wurden. Es bedeutete nicht, daß sich in den Bezirken der Innenstadt irgend etwas verändern sollte.«[10]

Im Jahr 1996 wurde eine dieser Mütter, Maria d'Elia, wegen Drogenhandels in Neapel verhaftet und unter Hausarrest gestellt. Sie war nicht die erste aus dem Kreis dieser historisch bedeutsamen Protestbewegung, die verhaftet wurde, weil sie, von Armut oder Abhängigkeit getrieben, Rauschgift verschoben hatte.

Das Problem ist nicht auf Neapel beschränkt. Anna Puglisi, die sich mit der sizilianischen Mafia befaßt, berichtet, daß es in den ärmeren Teilen Palermos Mütter gab, die ihre Kinder mit Drogenpäckchen in die Schule schickten. Sie sollten die Drogen dort verkaufen. »Als die Mütter von den Lehrern gefragt wurden, was es mit den Drogen auf sich habe, antworteten sie, daß sie nur auf diese Weise genug Geld verdienen könnten, um durchzukommen.«[11]

Eine Matriarchin aus Palermo gründete ein Familienunternehmen. Sie handelte in großem Stil mit Heroin und beschäftigte drei Generationen – die Jüngsten liefen durch die Straßen und hielten nach Käufern Ausschau. Angela Russo wurde 1908 als Tochter eines Mafioso aus Palermo geboren, eines respektierten Mannes, den sie bewunderte und verehrte. Alle Söhne, die seine Frau zur Welt brachte, wurden krank und starben, und Angela, das älteste von fünf Mädchen, schien am ehesten geeignet, sein Erbe anzutreten. Er nahm sie mit auf die Jagd, an seiner Seite lernte sie das Schießen. Bereits als Heranwachsende verlangte sie, wie sie selbst sagt, Respekt und Autorität. (Später wies sie die Beschuldigung, sie habe als Kurier gearbeitet, entrüstet zurück. »Unmöglich«, sagte sie. *Sie* sei schließlich der Boß. »Ich habe immer die Befehle gegeben. Warum sollte ich anfangen, Botengänge für andere zu machen?«[12])

Während der Wintermonate 1981 wurden mehrere Familien, die ein Verteilernetz für ganz Italien für Heroin sowie Kokain betrieben, von der Polizei überwacht. Eine dieser Familien war der Coniglio-

Clan, dessen Anführer, Salvino Coniglio, diverse Operationen leitete, einen teuren BMW fuhr und dauernd nach Mailand und Rom flog. Er war ein Sohn der mittlerweile 74jährigen Angela Russo. Die Familie – vier Generationen, angefangen bei Urgroßmutter Angela – wohnte im Zentrum Palermos. Ihr Haus war der Schauplatz von Zusammenkünften und Verabredungen, Tag und Nacht klingelte das Telefon, Anrufer hinterließen verschlüsselte Nachrichten. Die Matriarchin bürgte für ihren Sohn, beschaffte das für den Kauf der Drogen nötige Kapital und arrangierte die Übergabe des Rauschgifts.

Salvino mochte zwar dem typischen Klischee eines Drogenhändlers entsprechen, doch seine Mutter und die anderen Frauen des Haushalts waren über jeden Verdacht erhaben: Sie hatten keine Vorstrafen und kamen und gingen unbehelligt. Die alte Dame übernahm häufig Kurierdienste und fuhr in ihrem auffälligen, schwarzweiß karierten Mantel und mit ihrem zerbeulten Koffer mit dem Zug aufs Festland – bis die Ermittler eines Tages hörten, wie Salvino am Telefon sagte: »Ich schicke dir meine Mutter. Kümmere dich um sie, sie ist nicht mehr die Jüngste. Bring sie in einem guten Hotel unter. Sie wird einen schwarzweiß karierten Mantel tragen.«

»Klar«, sagt der Carabiniere, der sie verhaftete, und lacht, bis er fast an seiner Zigarre erstickt, »wir haben sie in diesem furchtbaren karierten Mantel geschnappt, als sie ein Kilo Heroin von Palermo nach Salerno schmuggelte.« Acht Mitglieder der Familie wurden verhaftet, darunter vier Frauen aus drei Generationen. Die »Heroin-Oma«, wie die Presse Angela Russo während des Prozesses nannte, wurde beschuldigt, mit hochreinem Rauschgift gehandelt zu haben, spielte aber die naive Hausfrau. »Bei der Verhaftung«, erzählt der Carabiniere hinter seinem riesigen Schreibtisch und gluckst wieder, »fragte sie: ›Kokain, was ist das? Ein Waschmittel?‹ Stellen Sie sich vor, ein Waschmittel!«

Vor dem Richter zeigte die Heroin-Oma das typische Verhalten von Mafia-Angehörigen: Sie weigerte sich, auf die Fragen der Richter zu antworten. Ihren Sohn Salvino, der, so konfus er auch war, offenbar das Familienunternehmen geleitet hatte, verfluchte sie als *infame*, nachdem er sich entschlossen hatte, mit der Justiz zu kooperieren. »Verräter, Idiot!«, schrie sie durch den Gerichtssaal. »Judas, Nichtsnutz! Verrückt, er ist verrückt! Euer Ehren, er bekam im Alter von vier Jahren eine Hirnhautentzündung, und der Arzt sagte mir, daß etwas zurückbleiben würde.«[13] Als Salvino die Beherrschung verlor, drohte seine Mutter, ihn umzubringen. In einer typischen Mafioso-Formel berief sie sich auf ihr Recht, das zu tun: »Ich habe dich gemacht, ich kann dich auch vernichten.«[14]

Die 'Ndrangheta, die Mafia in Kalabrien, hat ihren Drogenhandel in den letzten zehn Jahren gewaltig gesteigert. Sie expandierte in die gesamte Welt, um ihre Territorialkriege im eigenen Land zu finanzieren. In einem frühen Stadium eines legendären Prozesses gegen 150 kalabrische Drogenhändler, der noch immer im Gange ist, wurden zahlreiche Frauen beschuldigt, führende Rollen bei Drogengeschäften gespielt zu haben.

Im Juli 1992 verhaftete die Polizei in Portugal den kalabrischen Drogenhändler Emilio Di Giovine. Nach mehreren spektakulären Gefängnisausbrüchen war er der italienischen und der spanischen Polizei bestens bekannt. Seine Rauschgiftgeschäfte erstreckten sich über ganz Europa von Marokko bis England und überspannten den Atlantik von Kolumbien bis Mailand. Seine britische Ex-Frau Patricia Reilly und ihre gemeinsame Tochter Marisa wurden nach einer internationalen Polizeiaktion in Großbritannien verhaftet. Bankunterlagen von Nat West and Coutts zeigten, daß Marisa Di Giovine Summen von umgerechnet mehr als zwei Millionen DM auf einmal eingezahlt hatte. Marisas Mutter wurde freigesprochen, Marisa selbst wurde wegen Geldwäsche verurteilt.

Doch erst im darauffolgenden Jahr kam die ganze Wahrheit ans Licht: Es handelte sich um einen mächtigen Ring von Drogendealern, der von Emilios Mutter, der 62jährigen Maria Serraino, geleitet wurde. Sie versorgte ihre Verwandten in der 'Ndrangheta seit über einem Jahrzehnt mit Geld und Waffen. Emilios Schwester, Santa Margherita Di Giovine, genannt Rita, wurde am 31. März 1993 im Alter von 36 Jahren wegen unerlaubten Besitzes von 1000 Ecstasy-Pillen in Verona verhaftet. Kurz darauf trat sie als Kronzeugin auf. Während der folgenden Monate sagte sie mehrmals als Belastungszeugin gegen führende Mitglieder des Serraino-Clans sowie gegen ihre Mutter, ihre Brüder und ihren Ex-Mann aus.

»Es erfüllte sie mit großer Angst«, erzählt der Ankläger Maurizio Romanelli, der sie im Gerichtsgebäude in Mailand verhörte. »Nur mit allergrößter Willenskraft gelang es ihr, hinauszugehen und zu sprechen. Ihre ganze Familie war dort versammelt, die Atmosphäre im Gerichtssaal war zum Zerreißen gespannt. Ihre Aussage wurde auf Video aufgezeichnet und in den Gerichtssaal übertragen, dennoch hatte sie so große Angst, daß es sie krank machte. Die Serraino-Familie hatte gedroht, sie würden sie aufspüren und umbringen.«[15]

Trotz ihrer Angst betrat Rita am 9. Mai 1996 den Zeugenstand. Zunächst erzählte sie, wie ihre Mutter 1963 ihre acht Kinder genommen, ihre Familie in Reggio Calabria verlassen hatte und nach Mailand gezogen war. Als Rita zwölf war, meldeten ihre Eltern sie von der Schule ab. »Sie sagten, es sei besser, wenn ich zu Hause blieb und arbeitete. Da ich ein Mädchen sei, habe es für mich ohnehin keinen Sinn, die Schule zu besuchen. Sie importierten damals geschmuggelte Zigaretten, und ich und meine Schwester wurden immer über die Grenze in die Schweiz geschickt, um die Kartons zu holen.«[16]

Während Maria Serrainos Kinder geschmuggelte Zigaretten verkauften, handelte sie selbst mit Hehlerware. Zigeuner und Drogenabhängige brachten ihr Autoradios, Fernseher, Videorecorder, goldene Uhren – kurzum alles, was sie tragen konnten. Rita war noch ein Teenager und lebte mit ihrem Freund in der Wohnung ihrer Mutter, als sie begann, den Drogensüchtigen, die ins Haus kamen, Heroin zu verkaufen. Mit dem Geld, das die Junkies in dem einen Zimmer von der Mutter erhielten, kauften sie der Tochter in einem anderen Zimmer Heroin ab. Rita lernte, das Pulver abzuwiegen, und verschnitt es mit anderen Substanzen, damit es länger reichte. »Wir hatten unglaubliche Streitereien, weil mein Freund die jungen Leute ausnahm und weniger in die Beutel füllte. Deshalb füllte ich immer mehr hinein.

Als meine Mutter herausfand, daß wir mit Heroin handelten, wurde sie wütend. Sie wollte nicht, daß hinter ihrem Rücken etwas geschah, worüber sie keine Kontrolle hatte. Von diesem Augenblick an bezahlte sie die Drogenabhängigen, die ihr gestohlene Radios oder anderes Zeug brachten, mit Heroin.«

Die Familie zog in einen Wohnblock am Stadtrand von Mailand und verteilte sich auf vier oder fünf Wohnungen innerhalb des Gebäudes, das nach und nach den Bedürfnissen der Familie Di Giovine angepaßt wurde. In der Küche lagerten in Hohlräumen unter den Fußleisten und dem Heizkörper Schußwaffen. Die Nachbarn wurden dafür bezahlt, daß sie Drogen in ihren Wohnungen aufbewahrten. Im Badezimmer eines Ehepaars verbarg eine lose Fliese ein tiefes, schmales Loch. Nur Rita hatte so lange und dünne Arme, daß sie hineingreifen konnte, und so wurde immer sie geholt, um einen Beutel Heroin oder eine Pistole herauszuangeln. Eine andere Hausbewohnerin nahm eingehende Telefonate für die Familie entgegen, da die Polizei ihre Leitung nicht abhörte. Sehr viel später, als Rita selbst dealte, bewahrte sie Heroinbeutel in einer Packung Waschpulver auf einem Regal im Badezimmer ihrer Nachbarin auf.

Rita schilderte die Arbeit mit ihrem Vater: Sie leerten die Verpakkungen von Shampoo und Badezusätzen, stopften mit Tesafilm verschlossene Heroinpäckchen hinein und füllten dann mit Shampoo oder Schaumbad auf. Sie erzählte, wie ihr Bruder Emilio untertauchte, nachdem er 1981 einen Mord begangen hatte, und wie kurz darauf Autos aus New York eintrafen. Wenn wieder ein neuer Wagen angekommen war, arbeitete Rita mit ihrem Vater in der Garage, entfernte Türverkleidungen und Räder. Dahinter und darunter waren vielleicht hundert Zellophanpackungen mit Heroin versteckt, jede ein Kilogramm schwer.

Die Familie wuchs – es waren mittlerweile zwölf Geschwister – und weitete ihre Geschäfte immer mehr aus. Sie übernahm die Kontrolle über einen öffentlichen Platz in Mailand, die Piazza Prealpi. Niemand außer der Familie durfte auf der Piazza mit Drogen handeln oder Schutzgeld kassieren. Rita sagte später aus, daß zwei Männer ermordet worden seien, weil sie das Territorium der Familie nicht respektiert hätten.

Sie lockten besonders heruntergekommene Jugendliche aus Mailands Drogenszene an und ließen sie wie Sklaven für sich arbeiten.

Ein Junge namens Mimmino wohnte bei Ritas Mutter und half ihr bei der Hausarbeit, nachts schlief er in einem Schuppen in einer Ecke im Garten. Er diente ihnen auch als Versuchskaninchen für neue Heroinlieferungen: Seine Reaktion auf den »Schuß« zeigte ihnen, ob sie den Stoff noch weiter verschneiden konnten (er starb an einer Überdosis). Rosolino, ein aidskranker Heroinsüchtiger, bewohnte den Speicher des Hauses von Ritas Bruder Antonio und verdiente sich seine tägliche Heroinspritze damit, daß er die Hausarbeit erledigte.

Ritas Darstellung der Machtstrukturen im Clan Serraino-Di-Giovine war verblüffend. Sie bezeichnete ihren ältesten Bruder Emilio als Boß des Clans. Mitte der achtziger Jahre hatte er Kuriere, die ihm Kokain aus Frankreich, Spanien und Deutschland sowie Ecstasy aus Holland mitbrachten. Zudem lieferte er große Mengen Haschisch nach England. Die beiden Brüder Emilio und Antonio waren offenbar die einzigen, die viel Geld verdienten. Sie fuhren schnelle Autos und wohnten in luxuriösen Häusern. Antonio investierte in Restaurants, Bars und Geschäfte. Rita und ihre Mutter arbeiteten pausenlos und saßen immer mal wieder im Knast. Eine Zeitlang zahlte Rita zweimal pro Woche rund 100 Millionen Lire bei der Bank ein. Doch weder ihr eigener Lebensstil noch der ihrer Mutter spiegelte die riesigen Geldbeträge wider, die sie umsetzten.

Zu Beginn ihrer Kooperation mit der Justiz versuchte Rita, wie sie später gestand, ihre Mutter zu decken. Doch nach und nach wurde deutlich, daß Maria Serraino, die Mutter dieses Drogenimperiums und Bindeglied der Familie zum mächtigen 'Ndrangheta-Clan in Kalabrien, den Dreh- und Angelpunkt des ganzen Unternehmens bildete.

Maria Serrainos Wohnung war die Drehscheibe des Unternehmens: Jede Transaktion, jede Versammlung, jeder neue Kontakt fand in der Wohnung der Matriarchin statt. In Marias Wohnung lagerte so viel Heroin, daß der Hund des Nachbarn anfing, sich merkwürdig zu verhalten. Sein Besitzer war überzeugt, der Hund sei von den Ausdünstungen regelrecht unter Drogen gesetzt worden.

Als rivalisierende Banden Emilio bedrohten, engagierte seine Mutter höchstpersönlich einen Leibwächter aus Kalabrien. Ein junger Komplize wurde von den Brüdern bedroht und suchte Schutz bei ihrer Mutter. Ein anderer Dealer wurde ertappt, wie er Kunden von der Piazza Prealpi fortlockte, und der Komplize, der den Platz »verwaltete«, informierte Maria Serraino. Rita, die wie immer in Reichweite war, erinnerte sich: »Meine Mutter sagte zu ihm: ›In Ordnung. Mach dir keine Sorgen, wir werden ihn umbringen lassen.‹ Dann bat sie [ihre Nachbarin], ihr die Pistole zu bringen, die sie im Badezimmer versteckt hatte.«

Bei diesen Worten wurde die Zeugin von Geschrei aus dem Käfig der Angeklagten unterbrochen. Maria Serraino rief von der Anklagebank aus verschiedene Schimpfnamen.

»Hat hier gerade jemand ›gemeine Hure‹ gesagt?« fragte der Richter.

»Ich glaube, das Wort ›Gemeinheit‹ gehört zu haben, Euer Ehren«, antwortete der Ankläger.

Maria Serraino wurde verwarnt, die Gerichtsverhandlung nicht mehr zu stören, indem sie die Zeugin einschüchterte oder beleidigte. »Aber es ist meine Tochter, Euer Ehren«, rief sie, bevor sie aus dem Gerichtssaal gebracht wurde.

»Die Mutter sieht sehr viel älter aus, als sie tatsächlich ist«, erzählt Ermittlungsrichter Maurizio Romanelli. »Sie versuchte besser wegzukommen, indem sie sich auf ihren schlechten Gesundheitszustand berief, und ließ sich meistens auf einer Tragbahre zum Verhör bringen. Aber sie ist sehr clever und weiß, wie man jemanden einschüchtert. Nicht selten schrie sie quer durch den ganzen Gerichtssaal, ihre Tochter sei eine Lügnerin.«

Sechs Angeklagte, darunter Maria Serraino und ihre Söhne Antonio und Emilio Di Giovine, wurden der Mitgliedschaft in einer Mafia-Vereinigung angeklagt. Sie wurden beschuldigt, den Serraino-Clan (und dessen Verbündete, die Condello-Imerti-Familie) im Mafiakrieg in Kalabrien mit Geld aus Drogengeschäften und mit Waffenlieferungen unterstützt zu haben.

Zwischen 1985 und 1991 wurde der Kampf zwischen dem Serraino-Condello-Imerti-Bündnis auf der einen Seite und dem De-Stefano-Clan auf der anderen Seite in den Bergen und in den Städten ausgetragen; beide Clans erlitten schwere Verluste. Rita Di

Giovine erzählte, daß sie ihren Sommerurlaub immer in Kalabrien verbrachte und deshalb mit ihren Onkeln und Vettern engen Kontakt hatte. Drei ihrer Onkel kamen in dem Krieg ums Leben, einer von ihnen, Domenico, wurde nur wenige Minuten, nachdem sie sich von ihm verabschiedet hatte, erschossen. Sie hatte ihn besonders gern gehabt: »Wenn er aus dem Haus gehen mußte, fuhr er in einem kugelsicheren Wagen mit bewaffneten Männern, oder er ging mit seiner Frau aus und trug eine Perücke, einen falschen Bart und eine Sonnenbrille ... Er erzählte mir, er habe im Krieg jemanden getötet ... Er war ein hervorragender Schütze und liebte seine Waffen über alles.«

Ritas Bruder Emilio hatte die Waffen besorgt, und Rita hatte einige selbst benutzt. »Er hatte Maschinengewehre, Jagdgewehre, Pistolen und Revolver sowie kugelsichere Westen. Es war unglaublich, was er alles hatte, sogar Panzerfäuste – mit einer sprengten sie ein kugelsicheres Auto in die Luft. Alles wurde meinem Onkel nach Kalabrien hinuntergeschickt. Meine Tante war der Kurier.«

Die Familie beherrschte die Piazza Prealpi in Mailand mit der militärischen Stärke, die für 'Ndrangheta-Clans typisch ist. Sie fuhren in kugelsicheren Autos herum und führten stets Schußwaffen mit sich. Häufig kam es zu Feuergefechten zwischen rivalisierenden Gruppen.

Jeder, der mit der Familie in Kontakt kam, schien ein Teil des ständig wachsenden Imperiums zu werden. Rita heiratete einen Mann aus Kalabrien namens Salvatore Morabito. »Er war gerade erst nach Mailand gezogen, und mein Vetter hatte gesagt, er solle doch einmal bei uns vorbeikommen. Er war solide, hatte einen anständigen Job. Genau so jemanden brauchten wir. Er begann, für meine Brüder in die Staaten zu reisen und Heroin zu transportieren. Ich erinnere mich, daß ich ihn nach seiner dritten Amerika-Reise mit meiner Mutter vom Flughafen abholte. Damals begann unsere Beziehung.« Rita bekam drei Kinder. Der älteste Sohn, Massimiliano, arbeitete bereits in jungen Jahren als Dealer auf dem Platz.

Im September 1987 wurden Rita Di Giovine und ihr Ehemann verhaftet und wegen Heroinhandels zu jeweils sechs Jahren Gefängnis verurteilt. Im Berufungsverfahren fielen die Urteile jedoch erheblich milder aus: Morabito wurde in Kalabrien unter Hausarrest gestellt, und Rita kam auf freien Fuß. So konnte sie zwischen Kalabrien und Mailand hin und her pendeln und ihre Geschäfte wie gewohnt fortsetzen.

Zahlreiche Staatsdiener arbeiteten für die Familie. Während Maria Serraino in Mailand unter Hausarrest stand, kam sie mit Ezio Dorigatti ins Gespräch, einem Carabiniere, der dafür sorgen sollte, daß sie sich an die Auflagen hielt, die mit der Entlassung aus der Untersuchungshaft verbunden waren. Er beklagte sich über seine schlechte Bezahlung. Und es dauerte nicht lange, da hatte er eine Gehaltsaufbesserung von der Familie angenommen. Er versteckte in seiner Wohnung Schußwaffen für sie und informierte sie, wenn ein Haftbefehl drohte.

Andere Carabinieri lieferten der Familie Informationen über Ermittlungen ihrer Kollegen und wurden dafür mit Geschenken überhäuft: »Schmuck, goldene Armbänder und Halsketten, Uhren, Champagner, Liköre, alles, was wir im Hause hatten.« Rita besuchte einen Carabiniere, der Informationen über Ermittlungen gegen einen ihrer Brüder hatte. »Ich nahm mein Armband ab – eine schwere Gliederkette für Männer, aus reinem Gold – und gab es ihm.«

In klassischer Mafia-Manier gelang es Emilio, sich aufgrund irgendeiner mysteriösen Krankheit von einer Gefängniszelle in eine Klinik in Parma verlegen zu lassen. »Jeder konnte hingehen und ihn besuchen«, sagte Rita. »Er lebte sehr gut, er hatte alles, was das Herz begehrte, alle Frauen, die er wollte, Mahlzeiten mit Champagner, Kaviar, Hummer… Ich wohnte in Mailand, aber ich mußte jeden Abend nach Parma hinüberfahren und ihm Geld oder Geschenke für seine Freundinnen bringen. Ich arbeitete damals für ihn und erledigte die Buchhaltung. Ich führte Buch über das Heroin, das ich verkauft hatte, sowie über ausstehende Geldbeträge.«

Obwohl die Familie sich weigerte, mit Menschen zusammenzuarbeiten, die Heroin nahmen – »man konnte ihnen nicht trauen, das wußte jeder« –, ging viel Geld für Koks drauf. Ritas Schwester Angela war mit einem Kokaindealer verheiratet, der einen großen Teil der Ware selbst konsumierte und immer tagelang im Bett lag. Rita selbst schluckte Schlankheitspillen, die Amphetamin enthielten:

»Gerade so viel, daß man die normalen Dinge, die an einem Tag so anfallen, erledigen kann.«

Der Drogenhandel forderte einen schrecklichen Preis. Zwei von Ritas Schwestern und einer ihrer Brüder starben an einer Überdosis Heroin. Maria Serraino erklärte nach dem Tod der ersten Tochter, sie wolle nicht mehr mit Heroin handeln. »Emilio sagte, okay, dann versuchen wir es mit Hasch. Im Augenblick gibt es hier nicht viel davon, das heißt, wir können eine Menge Geld damit verdienen. Und es bringt niemanden um.« Also begann die Mutter des toten Mädchens, mit Haschisch zu dealen, um ihr Gewissen zu beruhigen, gab aber den Heroinhandel keineswegs auf.

Der wachsende Reichtum der Familie vergiftete die Atmosphäre zusehends. »Emilio traute niemandem mehr. Er hatte eine Maschine zum Geldzählen gekauft – so eine, wie sie auch von den Banken verwendet wird –, und nahm sie zur Strafe wieder weg.« Die Brüder stritten darüber, wer wem die Kunden abspenstig machte, die Nachbarn stritten darüber, wer mehr Arbeit von der Familie bekam, Mutter und Söhne beschuldigten sich gegenseitig des Diebstahls.

Ein letzter heftiger Streit mit ihrem Bruder Antonio beschleunigte das Ende von Rita Di Giovines krimineller Laufbahn. Anfang des Jahres 1993 wurden ihr 12 Kilogramm hochwertiges Haschisch und 3000 Ecstasy-Pillen gestohlen. Sie hatte eine Bar besucht, um einen Kunden zu treffen. Nachdem sie fast den ganzen Tag gewartet hatte, ging sie in ihr Zimmer zurück und stellte fest, daß jemand eingebrochen war und alles gestohlen hatte. Antonio wurde böse. Seine holländischen Ecstasy-Lieferanten wollten Geld von ihm, und er glaubte Ritas Geschichte von dem Diebstahl nicht. Sie hatte ihn immer gehaßt, und sie hatte Angst vor ihm. Sie versuchte, Geld aufzutreiben und wollte ihren gesamten Goldschmuck weggeben. Doch niemand wollte ihn haben, und so gab sie schließlich alles Antonios Ehefrau. Sie verkaufte ihr Auto, doch das reichte noch lange nicht aus, um bei ihrem Bruder ihre Schulden abzuzahlen. Am 31. März 1993 wurde Rita mit 1000 Ecstasy-Pillen in der Tasche verhaftet. Sie hatte sie Antonio gestohlen, um ihre Schulden zu bezahlen. Sie war endgültig ganz unten angekommen.

Seit ihrer Verhaftung hat Rita Di Giovine in mehreren Prozessen in ganz Norditalien als Zeugin ausgesagt, und das Gerichtsverfahren gegen ihre Familie ist noch immer im Gange. Im Mai 1996 wurde Rita in einem Gerichtssaal in Mailand vom Staatsanwalt gefragt, warum sie sich zur Aussage entschlossen habe. »Ich konnte so einfach nicht weiterleben«, antwortete sie. »Ich konnte es nicht länger ertragen.« Ihr Bruder Antonio und ihre Mutter hörten auf der Anklagebank zu.

»Die Verhaftung hat mich gerettet.«

10
NICHTS GEHT ÜBER EINE GESCHÄFTSFRAU

Es wird um Ruhe im Gerichtssaal gebeten. Der Richter kommt herein, gefolgt von zwei Beisitzern. Zwei Rechtsanwälte, ein oder zwei Journalisten und eine Handvoll Zuschauer erheben sich. Der Angeklagte steht langsam und mühsam auf und streckt sich dann zu seiner vollen Größe. Diese Respektbekundung zeigt, wie sehr ihm der Aufenthalt hinter Gittern zugesetzt hat. Sein Anzug scheint für einen viel kräftigeren Mann gemacht, er schlottert um seinen Körper. Der lange, weiße Bart, einst so unverwechselbar, ist struppig und gelblich verfärbt, die lockigen schwarzen Haare kleben im Nacken. Achtzehn Monate im Gefängnis haben bei dem 63jährigen Giuseppe Mandalari Spuren hinterlassen.

Mandalari ist Buchhalter. Kein herausragender Buchhalter, sagen die Ermittler, nicht der beste, der für Geld zu haben ist, aber er hat ganz spezielle Talente. Er ist Freimaurer, und das bedeutet, daß er seine Klienten nicht nur beraten kann, wie sie am besten ein Unternehmen aufziehen oder unter einem neuen Namen weiterführen, sondern daß er auch exzellente Kontakte anzubieten hat, speziell zu Politik und Justiz. Zu seinen Klienten zählen Topleute der Cosa Nostra: Riina, Bagarella, Vernengo, Badalamenti. Nach Ansicht der Ermittler hat Mandalari durch Verbrechen erworbenes Geld gewaschen und damit aktiv an Mafia-Operationen mitgewirkt, und er hat gelegentlich seinen Einfluß spielen lassen, um politische Entscheidungen und den Ausgang von Prozessen zu beeinflussen. Mandalari, ein respektabler Angehöriger der Mittelschicht, ist den Ermittlungsbehörden zufolge ein wichtiges Glied zwischen der Cosa Nostra und der gesetzestreuen Welt.

Im Gerichtssaal kommt Unruhe auf. Ein Justizangestellter eilt zur Richterbank und flüstert dem Richter etwas zu. Der weißhaarige, väterlich wirkende Richter wirft dem Angeklagten über seine goldgeränderte Lesebrille hinweg einen prüfenden Blick zu. »Es geht Ihnen nicht gut? Sollen wir Ihnen etwas bringen lassen? Ein Glas Wasser vielleicht?«

Der Angeklagte, der aussieht, als bräuchte er eher eine Trage als ein Glas Wasser, nickt mit übertriebener Dankbarkeit.

»In Anbetracht des schlechten Gesundheitszustandes des Angeklagten«, verkündet der Richter nach langem Überlegen, »braucht er in Zukunft nicht die Treppe heraufzusteigen, er kann den Aufzug nehmen.«

Mandalaris Ehefrau Maria Concetta Imbraguglia muß sich mit ihm zusammen vor Gericht verantworten. Ihr wird Verschwörung und Zugehörigkeit zur Mafia vorgeworfen, sie soll die Finanzen hochrangiger Mitglieder der Cosa Nostra verwaltet haben. Mandalari und seine Frau wurden beide im Dezember 1994 verhaftet, sie wurde allerdings drei Wochen später wieder aus der Haft entlassen. Im Gerichtssaal sitzt sie am anderen Ende eines langes Tisches und beobachtet ihn aufmerksam; gelegentlich stellt sie ihm leise eine Frage. Sie dürfen nicht miteinander sprechen, und so wechseln sie nur verstohlen ab und zu ein paar Worte, wie ungezogene Kinder, die im Klassenzimmer nicht mehr nebeneinander sitzen dürfen.

»Er sieht schrecklich aus«, sagt sie später zu mir, während die Sitzung unterbrochen ist, weil das Gericht auf den Anwalt des Ehepaares wartet. »Dieser Anzug hat ihm einmal gepaßt.« Sie ist klein und adrett, sieht sehr jung aus für ihre achtundfünfzig Jahre, wirkt konzentriert, intelligent und hält den Blick ihrer hellbraunen Augen auf mich gerichtet. Ihr Auftreten ist gewandt und sicher. Wir sitzen auf einer Marmorbank in dem großen, von hallenden Geräuschen erfüllten Wartezimmer im zweiten Stock des Gerichtsgebäudes von Palermo, einem Bauwerk für Riesen, in dem normale Menschen herumstolzieren wie Liliputaner, die sich unbedingt bemerkbar machen wollen.

Die Polizei stand damals im Morgengrauen mitten im Winter vor ihrer Wohnung in der Viale Strasburgo im eleganten modernen

Wohnviertel von Palermo. »Ich hätte nie gedacht, daß sie von mir etwas wollen könnten. Es war ein richtiger Schock. Wir haben zugesehen, wie sie das Haus auf den Kopf stellten – sie haben es vom Keller bis zum Dach durchsucht, alles aufgemacht… Sie waren nicht besonders unangenehm, nur sehr gründlich. Dann öffneten sie den Schrank, in dem wir die Sammlung von Kostümpuppen aufbewahrten, die meiner Tochter gehört hatte. Meine Tochter war fünf Jahre zuvor gestorben, an Krebs, mit neunzehn. Seit ihrem Tod hatte ich die Puppen nicht mehr angerührt, sie lagen noch genau wie damals da. In dem Moment verlor ich die Fassung. Ich konnte es nicht ertragen, daß Fremde die Sachen meiner Tochter durchwühlten. Ich stieß sie beiseite und sagte, ich würde die Puppen selbst herausholen, eine nach der anderen, wenn sie das wollten. Sie sagten, es sei in Ordnung, und rührten die Puppen nicht an.

Später nahmen sie uns mit aufs Polizeirevier, wir wurden in getrennten Zellen untergebracht. Ich hatte keine Ahnung, was mit mir geschehen würde, und weinte den ganzen Tag. Um halb acht abends brachten sie mich ins Frauengefängnis.

Es war entsetzlich – ich darf gar nicht daran denken. Seitdem habe ich nicht mehr richtig geschlafen. Sie waren nicht unfreundlich, sie merkten, daß ich kein böser Mensch bin, und kümmerten sich anständig um mich – nicht daß ich irgendwelche Vergünstigungen erhalten hätte, weiß Gott nicht.«

Nach drei Wochen wurde einem Gesuch um Haftentlassung von Maria Concetta Imbraguglia mit der Begründung, sie habe für ihren Ehemann gearbeitet und stelle daher allein keine Gefahr für die Öffentlichkeit dar, stattgegeben. Seit dem Tag pilgert sie jede Woche ins Gericht, um wenigstens einen Blick auf ihren Mann werfen zu können.

Maria Imbraguglia, die eine Handelsschule besucht hatte, begann 1971 für ihren Ehemann zu arbeiten; damals waren sie nur zu dritt: sie beide und ihre Sekretärin Francesca Camarda. Zu ihren Klienten zählten in dieser ersten Zeit die Mafiosi, die den Heroinhandel mit den USA kontrollierten: Gaetano Badalamenti, der Boß von Cinisi, der sich Anfang der fünfziger Jahre ein großes Stück von Handel mit Schmuggelware gesichert hatte und später ins Drogengeschäft eingestiegen war; Luciano Leggio, vertreten durch seinen ehrgeizigen zweiten Mann Totò Riina, und die führenden Heroinimporteure der Cosa Nostra, der Madonia- und der Vernengo-Clan. Etliche Liegenschaften, die auf Mandalaris Firmen eingetragen waren, standen der Cosa Nostra zur Verfügung, insbesondere als Versteck für untergetauchte Mafiosi. Bei einer Razzia in einer dieser Wohnungen fand die Polizei kleine Päckchen gezuckerter Mandeln, weiß verpackt, und Dankeschön-Briefchen: In dieser Wohnung hatten der aufstrebende Mafia-Boß Totò Riina und seine Frau Ninetta Bagarella heimlich ihre Flitterwochen verbracht.[1]

In den siebziger Jahren spülte der Heroinhandel so unvorstellbare Geldsummen in die Kassen der Cosa Nostra, daß sie sich zum Finanzimperium entwickeln mußte. Zur Finanzierung von Transportkosten und zur Risikoabdeckung wurde Kapital gebraucht, zur Verschleierung der so unverhofft sprudelnden Geldquellen waren aber auch einfallsreiche Anlagestrategien vonnöten. Mandalari hatte für alles eine Lösung. Über Nacht entstanden Firmen, die auf dem Papier großartig aussahen, aber keinerlei Infrastruktur besaßen, die sie hätte funktionsfähig machen können. Aus den Büchern einer Firma ging hervor, daß sie mehrere größere Aufträge für Erdarbeiten abgewickelt hatte, dabei gehörte ihr gerade ein Lastwagen, und ihre Mitarbeiter waren so jämmerlich schlecht mit Werkzeugen ausgerüstet, daß sie höchstens einen Sandkasten hätten bauen können. Dank Mandalaris politischer Kontakte erhielten diese Scheinfirmen Bauaufträge.

Der Boom endete 1974, als gegen Mandalari Anklage wegen Beihilfe erhoben wurde, die er Leoluca Bagarella, dem Boß der Mafia von Corleone und Schwager von Totò Riina, geleistet haben sollte. Die Presse bezeichnete Mandalari, mit seinem arroganten Blick und dem kleinen Spitzbart, bald als Buchhalter der Cosa Nostra, und diesen Titel bestätigten viele bedeutende Abtrünnige, darunter auch Tommaso Buscetta, der Mandalari als Schlüsselfigur des Wirtschaftsimperiums der Mafia beschrieb.[2]

Maria Imbraguglias Leben an der Seite des Buchhalters der Mafia wurde immer wieder von Phasen der erzwungenen Trennung unterbrochen. Als er ausgewiesen wurde, lebte er bei ihrer Schwester in Genua. »Mein Bruder und meine Schwester waren beide nach Genua gezogen. In der Stadt hatte mein Vater eine Zeitlang gelebt, er arbeitete im Hafen. Mein Mann wohnte bei meiner Schwester und ihrer Familie, und das war eine gute Lösung, aber Sie wissen ja, wie so etwas geht: Eine Zeitlang funktioniert es, und dann wird es zu eng. Man schläft auf dem Sofa, sie wollen ihr Wohnzimmer wieder für sich allein haben, es ist alles ein bißchen schwierig ...« Er schlug vor, sie und die Kinder sollten zu ihm nach Genua kommen, sie könnten neu anfangen, ganz aus Sizilien weggehen, die ganzen Schwierigkeiten hinter sich lassen. Aber sie wollte nicht, sie hing zu sehr an ihrer Heimatstadt. »Heute mache ich mir große Vorwürfe. Mein Mann hätte sich mit weißer Weste etwas Neues aufgebaut, und all das wäre nicht passiert. Aber ich erklärte ihm, daß ich nicht fortgehen wollte. Es war meine Entscheidung.«

In den siebziger Jahren weiteten sich die Geschäftsinteressen der Mafia von Prostitution zu Schmuggel und Drogenhandel aus, und sie beschäftigte ein buntes Gemisch von Helfern. »Das Netz konnte nicht allein aus Mafiosi bestehen. Tunesier machten mit, Amerikaner, Neapolitaner, Marseiller, Chinesen, Glücksritter, ehrenwerte Männer und unehrenwerte, Frauen, Bankrotteure und Banker.«[3] Die neuen Geschäfte nahmen einen solchen Umfang an, daß die Mafia bei Firmengründungen auf Außenstehende zurückgreifen mußte, auch auf Frauen. Frauen waren überhaupt ideal, stellte der Buchhalter der Mafia fest: Auf dem Papier wurden sie unsichtbar. Aus den Listen mit den Namen von Firmendirektoren, die der Polizei in die Hände fielen, geht hervor, daß ein Mafioso sämtliche weibliche Mitglieder seiner Familie einschließlich seiner Schwiegermutter aufbot, damit er selbst im Hintergrund bleiben konnte.[4] Etliche der Unternehmen, die auf den Namen Mandalari laufen, weisen seine Frau und seine Sekretärin als die einzigen Anteilseigner aus.

Es ist ein undurchsichtiges Gebiet und mit juristischen Mitteln nur schwer aufzuhellen: Viele der aufgeführten Frauen sind lediglich Namen auf einem Formular und in keiner Weise selbst aktiv; gleichzeitig übernahm die Cosa Nostra ganze Geschäftszweige von legalen, funktionierenden Unternehmen, um auf diese Weise Gelder zu waschen, und bezog immer mehr Menschen in ihre Machenschaften ein: »Als enge Vertraute oder Komplizen von Heroinhändlern tauchen in den Gerichtsakten kaufmännische Angestellte, Beamte und [Bank-]Manager auf, Angehörige der beruflichen Mittelschicht und Leiter von Behörden.«[5]

In jüngster Zeit konzentrieren sich in Amerika und in Italien die Ermittlungen im Zusammenhang mit Geldwäsche auf Frauen. »Die Frauen spielen in der Wirtschaftskriminalität eine wichtige Rolle«, sagt Antonio Laudati, der die Ermittlungen in Neapel leitete und nun im Anti-Mafia-Dezernat in Rom tätig ist. »Sie arbeiten im Börsengeschäft, in Unternehmen, im Bankwesen ... oft machen sie die Arbeit besser als die Männer, weil sie talentierter sind und weniger auffällig.«[6]

Antoinette Giancana, die Tochter des Chicagoer Gangsters Sam Giancana, berichtete von einer Organisation, die von italienischstämmigen Amerikanern aufgebaut worden war und deutlich an die Methoden der Freimaurer erinnerte. Dieser »Italian Welfare Council of Chicago«, der »Italienische Wohlfahrtsrat von Chicago«, gab sich als wohltätige Organisation aus, die Spenden sammelte, und rühmte sich gegenüber seinen Mitgliedern, darunter Kongreßabgeordnete, Bundesbeamte und Richter, seiner guten Taten. Er bot Zugang zu einem eindrucksvollen Netzwerk und übte enormen politischen Einfluß aus. Zu den offiziell nicht in Erscheinung tretenden Leitern des Rates gehörte Sam Giancanas Ehefrau Angeline DeTolve.[7]

Die Mafia ist ganz und gar nicht die festgefügte Geheimgesellschaft, als die sie oft beschrieben wird, sondern hat sich vielmehr als sehr flexibel erwiesen – wenn das ihren Zielen dient. Damit sie als Unternehmen in den neunziger Jahren funktionieren kann, darf sie nicht ausschließlich auf Männer bauen. »Die Cosa Nostra spiegelt das Macho-Denken wider, das auch in anderen Bereichen der Gesellschaft existiert, mehr nicht«, sagt Umberto Santino vom Giuseppe-Impastato-Forschungszentrum in Sizilien. »Im Gegenteil: Die Mafia ist sogar vergleichsweise fortschrittlich. Denken Sie nur daran, wie viel Totò Riina, ein ungebildeter Bauer, von internationalen Geschäften versteht. Die Mafia muß sich entwickeln können, muß mit der Zeit gehen. Sie hat sich genauso schnell – wenn nicht sogar schneller – entwickelt wie der Rest der Welt.«[8]

Lange Zeit profitierte die Mafia davon, daß Frauen in der italienischen Gesellschaft als zu kriminellem Verhalten nicht fähig galten. Hunderte von Firmen, die auf die Namen von Frauen liefen, blieben auf diese Weise unangetastet. Erst 1982 brachte das Rognoni-La-Torre-Gesetz für die Ermittler den Durchbruch. Das nach den beiden Verfassern benannte Gesetz ermöglichte es ihnen, Vermögenswerte zu beschlagnahmen, wenn der Verdacht bestand, daß sie einem Mafioso gehörten, unabhängig davon, auf welchen Namen sie eingetragen waren.

Das Gesetz war längst überfällig. Widerstand der Betroffenen und Angst hatten es lange aufgehalten. Die Angst erwies sich als begründet, denn im April 1982 wurde einer der beiden Verfasser, Pio La Torre, zusammen mit seinem Fahrer Rosario Di Salvo erschossen.

»Abtrünnige Mafiosi haben uns gesagt, daß dieses Gesetz die Mafia in ziemliche Schwierigkeiten gebracht hat«, sagt der Ermittlungsrichter Giacomo Travaglino aus Neapel. »Deshalb mußte Pio La Torre sterben. Wenn etwas so wichtig ist, daß dafür ein Gesetz gemacht wird, muß in Italien erst jemand sterben, bevor es verabschiedet wird.

Der Ehrenkodex der Mafia verlangt, daß ein Ehrenmann die Möglichkeit eines Gefängnisaufenthalts als Teil des Lebens akzeptiert – in dem Sinn, daß er Teil einer kriminellen Vereinigung und damit dauernd in Gefahr ist, seine Freiheit zu verlieren. Der Verbrecher kennt die Regeln: Er begeht ein Verbrechen, er wird verhaftet. Kein Problem. Aber er kann nicht dulden, daß die ungeschriebenen Regeln der Justiz über den Haufen geworfen werden und der Staat auf einmal damit droht, seinen Besitz zu beschlagnahmen. Denn er begeht die Verbrechen ja in erster Linie, um zu eben diesem Besitz zu kommen.«[9]

Nach dem neuen Gesetz wurde allein schon die Zugehörigkeit zu einer Mafia-Organisation strafbar. Die Justiz konnte von nun an Anklage erheben, wenn jemand über einen gewissen Zeitraum für die Mafia und ihre Ziele arbeitete. Schlagartig gerieten damit all die Frauen ins Rampenlicht, die als *prestanomi* mitgespielt hatten – die erlaubt hatten, daß sie als Firmenchefinnen von Geldwaschanlagen eingetragen wurden – und die man bis dahin nicht hatte belangen können.

Kaum war das La-Torre-Gesetz verabschiedet, ging es Schlag auf Schlag. Am 1. März 1983 klopfte die Polizei in Palermo frühmorgens an die Haustür der Mandalaris und präsentierte ihm einen Haftbefehl wegen Zugehörigkeit zur Mafia. Auf dem Weg zum Streifenwagen warf er den Fotografen finstere Blicke zu.

Nach dem Prozeß wurde er erneut aus Sizilien ausgewiesen und wählte als Wohnsitz den nächstgelegenen Ort auf dem Festland, Villa San Giovanni in Kalabrien mit einer direkten Fährverbindung nach Messina. Seine Frau fuhr zu ihm, wann immer sie konnte; am Wochenende nahm sie ihre kleine Tochter mit, in den Schulferien im Sommer blieb sie für Monate bei ihm. »Es ist ein schrecklicher Ort«, sagt sie lächelnd, »es gibt nichts dort. Mein Mann fing an zu angeln, nur damit er etwas zu tun hatte. Ich begleitete ihn, er angelte, und ich saß daneben und las. Mein Sohn brachte ihm Arbeit aus dem Büro in Palermo mit.«

Dann bekam ihre Tochter Krebs. Maria fuhr mit ihr nach Paris zur Chemotherapie, jedesmal für eine Woche. Nach drei Jahren qualvoller Behandlung starb das Mädchen. Maria war am Boden zerstört. Sie ging nicht mehr aus dem Haus, verkroch sich mit ihrem Schmerz vor der Welt. Nach einigen Monaten versuchte ihr Ehemann, sie aus ihrem Kummer herauszuholen und schlug ihr vor, sie solle wieder für ihn arbeiten.

Sie kannte die Klienten von früher und war schnell wieder auf dem laufenden. Der Klientenstamm ihres Ehemannes hatte sich vergrößert, alle möglichen Menschen kamen und gingen. Irgendwann vermietete Mandalari einen Raum in seinem Büro an einen Gynäkologen, der dort Sprechstunden für die Ehefrauen der Topleute der Ehrenwerten Gesellschaft abhielt.[10]

»Sie war immer im Büro, während die Klienten kamen und gingen«, sagt der Ermittler Maurizio Delucia. »Sie ist im Vorstand von etlichen Unternehmen. Wenn man im Vorstand ist, weiß man einfach, was vor sich geht. Natürlich kann jemand nur nominell im Vorstand sein, aber in dem Fall ist das sehr unwahrscheinlich. Wir haben die Telefone abgehört und festgestellt, daß sie aktiv an der Leitung der Firma mitwirkte. Sie hatte Handlungsfreiheit und traf Entscheidungen. Vom Abhören wissen wir, daß sie die Mafia-Klienten ihres Mannes und seine Freunde aus der Politik persönlich kannte. Wenn sie anriefen und er war nicht da, konnte immer sie ihnen eine Antwort geben oder eine Entscheidung treffen. Ihre Rolle in der Firma war die gleiche wie seine: Sie wußte, daß man Konten in einer bestimmten Weise führen muß, damit es so aussieht, als wäre das Geld in bestimmte Kanäle geflossen.«[11]

Einige ehemalige Klienten sind inzwischen abtrünnig geworden, und sie haben bestätigt, daß immer, wenn sie anriefen und Mandalari nicht im Büro war, Maria Imbraguglia sich um ihre Angelegenheiten kümmerte.

In den Jahren 1992 und 1993 überwachte die Polizei Maria Imbraguglia. »Es ist ein bißchen unheimlich, sich vorzustellen, daß wir die ganze Zeit unter Beobachtung standen«, sagt sie. »Sie wissen ja, was man am Telefon alles bespricht... Einmal oder zweimal habe ich sicher mit Freundinnen über ihr Privatleben gesprochen, vielleicht über dies oder jenes, was ihre Ehemänner getan hatten oder was eine von uns machte. Und wenn Sie dann hinterher erfahren, daß jemand zugehört hat...«

Maria Imbraguglia beteuert, daß sie von den Geschäften ihres Mannes nichts wußte. Sie beharrt darauf, daß sie keine aktive Rolle in der Leitung der Unternehmen gespielt habe, deren Vorstandsmitglied sie den Unterlagen nach war. »Ich habe überhaupt nichts gemacht. Mein Mann wußte, wie ich dachte, bei Versammlungen stimmte er für mich ab. Mein Mann hat mich in den Vorstand geholt, weil er meinte, das würde in meinem Lebenslauf gut aussehen.«

Sie hatte Kontakt zu seinen interessanten, einflußreichen Freunden. Ihr Mann ist gesellig und beliebt, die beiden waren gerngesehene Gäste. »Mein Mann gehört zu der Sorte Menschen, die mit allen gut auskommen. Er kann anspruchsvolle Gespräche mit gebildeten Leuten führen und mit einfacheren Leuten locker plaudern. Er weiß viel und hat philosophische Gedanken, die ich nicht annähernd verstehe, für die ich ihn aber bewundere.«

Maria Imbraguglia erzählt mir, daß das Haus in der Viale Strasburgo, das zusammen mit Mandalaris übrigen Vermögenswerten zurückgegeben wurde, versteigert werden soll, sie werde sich eine kleinere Mietwohnung suchen müssen. Sie vermisse ihren Mann schrecklich – während sie das sagt, werden ihre Augen rot und füllen sich mit Tränen –, denn ohne ihn sei es so schwer, mit dem Tod der Tochter fertigzuwerden. Wenn sie zusammen seien, könnten sie über ihre Tochter sprechen und sich gegenseitig trösten. Ihre Lippen beben, während sie in ihrer Handtasche nach einem Taschentuch wühlt. Mit zitternden Händen zieht sie ein Foto ihrer Tochter aus ihrer Brieftasche und streckt es mir entgegen.

Maria Concetta Imbraguglia arbeitete seit Anfang der siebziger Jahre für die Firma ihres Mannes; erst zwanzig Jahre später begann die Polizei sich für ihre Rolle bei seinen Geschäften zu interessieren. Mit dem La-Torre-Gesetz bekamen die Ermittler zwar eine neue Waffe in die Hand, die es ihnen erlaubte, das Geschäftsimperium der Mafia aufzubrechen, doch nur wenige hielten die Frauen für so wichtig, daß sie diese Waffe gegen sie einsetzten. Lange Zeit wollte oder konnte die Justiz nicht einsehen, daß Frauen in der Lage sind, selbständig zu denken und zu handeln – insofern hinkt die gesetzestreue Gesellschaft der Cosa Nostra hinterher. Nicht einmal ein Jahr nach Verabschiedung des La-Torre-Gesetzes wurde Anklage gegen den Mafia-Boß von Palermo, Giovanni Bontade, und seine Frau Francesca Citarda erhoben mit der Begründung, über die im Besitz des Paares befindlichen Firmen würden Drogengelder gewaschen. Wegen der gleichen Anklage mußten sich neben anderen auch Anna Maria Di Bartolo und ihr Ehemann Domenico Federico verantworten, ein der Familie Bontade eng verbundener Bauunternehmer.

Die beiden Frauen wurden freigesprochen. Das Gericht wies in seinem Urteilsspruch zwar auf die Verbindungen der Familien zur Cosa Nostra hin, befand aber, daß Frauen keine aktive Rolle in Mafia-Geschäften spielen:

> ... Eine Frau in einer Familie von Mafiosi hat noch keinen solchen Grad von Emanzipation und Autonomie erreicht, daß sie aus der untergeordneten und passiven Rolle, die sie von jeher ihrem »Mann« gegenüber innehat, heraustreten und gleichberechtigt – oder aus eigenem, freien Willen – an den Handlungen der männlichen Clan-Mitglieder mitwirken könnte.

…In dieser Region ist es üblich und vollkommen rechtmäßig, daß ein Geschäftsmann eine Konzession oder eine geschäftliche Partnerschaft auf eine Frau eintragen läßt – insbesondere seine eigene Ehefrau. Aber daraus kann man nicht notwendigerweise folgern, daß die Frau in Einzelheiten über die legalen und illegalen Geschäfte der Firma ihres Mannes Bescheid weiß, zumal wenn man bedenkt, daß Frauen selbst grundlegende Kenntnisse über finanzielle Zusammenhänge fehlen und ihnen von Natur und durch Tradition die schwierige Welt der Geschäfte fremd ist.[12]

Die anmaßende Bevormundung, die in diesem Urteilsspruch zum Ausdruck kommt, schützte beteiligte Frauen vor Verfolgung, denn sie galten schlichtweg als zu dumm, um Verbrechen zu begehen. Mit der Feststellung, daß Frauen sklavisch dem Willen ihrer Ehemänner unterworfen sind, sagten die Richter zugleich, daß Frauen keine Verantwortung für ihr Handeln tragen; folglich könne man auch nicht erwarten, daß eine Frau ein moralisches Urteil darüber fällt, auf welche Weise ihr Ehemann den Lebensunterhalt verdient. Der Urteilsspruch wurde nicht nur als eine Beleidigung für die Frauen verstanden, sondern auch als eine Einladung an die Männer, weiterhin von der »untergeordneten« Rolle ihrer Frauen zu profitieren.[13] Er ist um so überraschender, wenn man bedenkt, daß 1983 eine Frau, Elda Pucci, Palermo als Bürgermeisterin regierte und daß der Name Margaret Thatcher auch in Italien nicht ganz unbekannt war.

Die Cosa Nostra bewies schon bald, daß sie anders dachte als die Richter. Am 28. September 1988 wachte Giovanni Bontade frühmorgens davon auf, daß jemand an der Haustür seines Betonschlosses in Villagrazia, einem Vorort von Palermo, läutete. Vor der Tür standen ein paar Freunde, und Bontade führte sie in die Küche, wo seine Frau Francesca Citarda, die ebenfalls aufgewacht war, Kaffee kochte. Sie plauderten und tranken ihren Kaffee, und auf einmal setzten die frühmorgendlichen Besucher ihre Tassen ab, zogen Revolver hervor und erschossen Bontade und seine Frau.

Es wird immer wieder das alte Klischee wiederholt, die Mafia verschone Frauen, aber es heißt auch, die Mafia töte niemals ohne Grund. Bontade hätten sie ohne weiteres erschießen können, als er ihnen allein die Tür öffnete. Francesca Citarda war diejenige, die sterben sollte. Entweder war sie direkt in die Geschäfte ihres Mannes verwickelt, oder aber sie wußte zuviel darüber.

Die Sicherheitsregeln der Mafia verlangen, daß nichts schriftlich festgehalten wird. Es gibt zwar einige bemerkenswerte Ausnahmen (wie das berühmte Hauptbuch der Camorra-Ehefrau Patrizia Ferriero, in dem sie ihre Kokain-Geschäfte verzeichnete), aber meistens findet die Buchführung in den Köpfen der Beteiligten statt. Der Top-Kronzeuge Tommaso Buscetta sagte in Palermo vor Gericht: »Niemand wird jemals Listen von Mitgliedern der Cosa Nostra finden, auch keine Verträge oder Quittungen.«[14] Diese Art, Geschäfte zu machen, setzt nicht nur ein gutes Gedächtnis voraus, sondern auch ein hohes Maß an Vertrauen.

Wenn ein Mafioso untergetaucht ist, muß er sich darauf verlassen können, daß die Leute um ihn herum sich um seine Geschäfte kümmern, ihn auf dem laufenden halten und so gut wie möglich in seinem Sinne handeln. Manchmal verdient niemand soviel Vertrauen wie die Ehefrau, die darüber hinaus auch noch den Vorteil hat, daß die Ermittler sich nicht für sie interessieren.

Saveria Palazzolo, die Ehefrau des Corleone-Bosses Bernardo Provenzano, ist eine gutaussehende, stets elegant gekleidete Frau. Sie ist mittlerweile fast sechzig, doch anders als andere Mafia-Ehefrauen läßt sie sich die Haare nicht färben und trägt auch nicht übermäßig viel Schmuck. Zusammen mit ihren beiden Söhnen führt sie ein bescheidenes Leben in Corleone, obwohl ihr Ehemann mit Heroingeschäften Millionen verdient hat. Sie fährt einen Fiat Tipo und nicht, wie viele Leute es sich im Zusammenhang mit der Mafia vorstellen, ein Mercedes-Sportcoupé. Wenn man sie sieht, würde man nie auf die Idee kommen, daß ihr Ehemann so mächtig war.

Provenzano, einer der zielsichersten Killer der Mafia von Corleone (mit dem Spitznamen *'u trattori*, der Traktor, weil er alles niederwalzte, was sich ihm in den Weg stellte), tauchte 1969 unter. Lange Zeit gab es kein Lebenszeichen von ihm, und man munkelte allerlei: Manche erzählen, er sei schwerkrank, von Krebs ist die Rede. Andere sagen, er erfreue sich bester Gesundheit und kontrolliere die Cosa Nostra aus seinem Versteck. Wieder andere meinen, er habe Sizilien verlassen und warte auf den Tag, an dem er unbehelligt zurückkehren könnte; vermutlich halte er sich in den Vereinigten Staaten auf. Es gibt ein Foto von ihm aus den fünfziger Jahren, das ihn mit jugendlich glattem Gesicht und stark hervortretenden Wangenknochen zeigt, die Haare über den runden Kopf zurückgekämmt, den Blick verwegen und selbstsicher auf die Kamera gerichtet.

Provenzano und Riina wurden im Gefolge von Luciano Leggio groß, dem durch nichts aufzuhaltenden Chef des Corleone-Clans. Sie waren beide jung und ehrgeizig und hießen als Killerteam »die Bestien«.[15] Leggio war im Zweifel, wen von den beiden er zu seinem Stellvertreter machen sollte; einmal sagte er: »Provenzano schießt wie ein Gott, schade, daß er nur ein Spatzenhirn hat.«[16]

Im Jahr 1969 wurde gegen Provenzano ein Haftbefehl wegen Mordes erlassen, und er tauchte unter. Seine Ehefrau verschwand zunächst mit ihm, doch da sie nicht von der Polizei gesucht wurde, konnte sie kommen und gehen, wie sie wollte. In der Folgezeit nahm sie die finanziellen Angelegenheiten ihres Mannes in die Hand und leitete seine verschiedenen Firmen. Die Angehörigen der Cosa Nostra in Westsizilien bleiben, auch wenn sie unermeßlich reich geworden sind, üblicherweise in ihrer Heimatregion und investieren das Geld auch dort, anstatt es ins Ausland zu schaffen. Die wenigsten gehen weit von zu Hause fort, denn wenn sie den Kontakt zur Heimat verlieren, wenn sie für die Menschen nicht mehr präsent sind, schwindet die Basis ihrer Macht. Auch Provenzano blieb in der Gegend, und da er sofort verhaftet worden wäre, wenn er einen Fuß in eine Bank gesetzt hätte, übertrug er seine Geschäfte seiner Frau.

Saveria Palazzolo war klug und tüchtig und schien stolz zu sein auf ihr Doppelleben. Als die Polizei sie über den Verbleib ihres Ehemannes befragte, behauptete sie, keine Ahnung zu haben. Wenig später tauchte sie in der Stadt auf, unübersehbar schwanger. »Sie sahen, daß ich einen dicken Bauch hatte, und ließen mich sofort holen«, erzählte sie dem Priester in ihrer Gemeinde. »Sie fragten mich: ›Wie können Sie behaupten, daß Sie nicht wissen, wo Provenzano sich versteckt, in Anbetracht Ihres Zustandes?‹ Ich erwiderte: ›Moment mal, kann eine Frau denn nicht von einem anderen Mann schwanger sein als von ihrem Ehemann?‹«[17]

Provenzano mußte seiner Frau in sexuellen Dingen genauso vertrauen wie in geschäftlichen. Wer illegale Geschäfte betreibt, hat keine Garantien, keine Sicherheiten und schreibt in den seltensten Fällen alles säuberlich auf wie auf einer Einkaufsliste. Pino Arlacchi, der sich mit der Geschichte der Mafia beschäftigt hat, erläutert, warum die Organisation auf Familienstrukturen gründet oder sie imitiert: »Auf der Suche nach Menschen, die sich an Vereinbarungen halten, die sich auch dann nicht mit ungeheuer wertvollem Besitz und Geld davonmachen, wenn das ohne weiteres möglich wäre, und die im Fall einer Festnahme schweigen, mußte sich die Mafia an die halten, die durch Verwandtschaftsbande gebunden sind – seien es natürliche oder künstliche Bande.«[18]

Im Jahr 1983 wurde Haftbefehl gegen Saveria Palazzolo erlassen. Carabinieri fuhren zu ihrem Haus in Cinisi östlich von Palermo, aber sie konnten sie nirgends finden. Wieder einmal war sie dem Gesetz einen Schritt voraus: Sie war untergetaucht und erschien die nächsten zehn Jahre nicht mehr in der Öffentlichkeit. Der Haftbefehl wurde später in Hausarrest umgewandelt, doch sie blieb verschwunden.

Nun konnte sie die Geschäfte nicht mehr weiterführen, doch bevor sie untergetaucht war, hatte sie noch einige bedeutende Investitionen getätigt, Aktien gekauft und einen größeren Anteil an einer Baufirma erworben. Auf Fragen der Guardia di Finanza, der Finanzpolizei, erklärte sie, es handle sich um ihr eigenes Geld; doch in Anbetracht der Tatsache, daß sie keinerlei Erwerbstätigkeit ausübte,[19] gingen die Finanzermittler davon aus, daß sie das Geld im Auftrag ihres Ehemannes investiert hatte. Da er keine Transaktionen mehr vornehmen konnte, so argumentierten sie, war es Aufgabe seiner Frau, die Drogengelder in Grundbesitz anzulegen, was sie auch tat – mit der Hilfe ihres Finanzberaters Giuseppe Mandalari.

Saveria Palazzolo wurde in Abwesenheit zusammen mit Giuseppe Mandalari angeklagt wegen Zugehörigkeit zur Mafia und Geldwäsche für die Mafia. Sie wurde für schuldig befunden und zu drei Jahren Haft verurteilt; allerdings hatte die Strafvollzugsbehörde keine Ahnung, wie sie ihrer habhaft werden konnte.

Im Verlauf des Prozesses gab es einige komische Szenen. Zum ersten Mal überhaupt mußten Mafiosi Rechenschaft über ihre finanzielle Situation ablegen, und einige Angeklagte präsentierten interessante Erklärungen, wie sie zu ihren Millionen gekommen waren. Francesco Aglieri und seine Frau Laura Brambillo, denen vorgeworfen wurde, sie hätten 100 Millionen Lire aus Heroingeschäften investiert, gaben an, bei dem Geld habe es sich um ihre Ersparnisse gehandelt. »Der Angeklagte ist Arbeiter«, merkte der Staatsanwalt trocken an, »und seine Frau arbeitet zur Aufbesserung ihres bescheidenen Haushaltseinkommens als Kindermädchen.«[20]

Jahre nach dem Urteilsspruch wurde Saveria Palazzolo eine Amnestie gewährt. 1992 war sie wieder eine freie Bürgerin und kehrte nach Corleone zurück zusammen mit ihren Söhnen, dem 14jährigen Angelo und dem 9jährigen Paolo. Sie meldete sich bei der Polizei und sagte, sie wolle nun für immer bleiben. Die Söhne, zwei ernsthafte, wohlerzogene Jungen, hatten wenig Ähnlichkeit mit Traktoren und anderen landwirtschaftlichen Geräten, sie sprachen fließend Englisch und Deutsch. Ausweise und Geburtsurkunden besaßen sie nicht – nach dem italienischen Personenstandsregister existierten Provenzanos Söhne nicht. Es stellte sich heraus, daß sie die letzten Jahre bei einem Onkel in Deutschland gelebt und eine Privatschule besucht hatten. Sie waren zu ordentlichen Mittelschichtkindern herangewachsen, ihre Mutter hatte sie im Triumph nach Corleone zurückgebracht und machte sie nun zu legitimen italienischen Staatsbürgern.

Reichtum bedeutet nicht immer schnelle Autos und teure Anzüge. Vor allem für den sizilianischen Mafioso bedeutet Geld zu haben, daß er seine bäuerliche Herkunft hinter sich lassen kann. Er kann seine Kinder nach England oder Amerika schicken – nicht als Immigranten ohne eine Lira, sondern als Studenten –, oder sie studieren Jura in Mailand und finden einen Platz in der bürgerlichen Gesellschaft. »Es ist kein schneller Aufstieg, er findet in Etappen statt, eine Generation nach anderen klettert ein Stück höher bis ganz hinauf.«[21]

Geld und Kinder, die beiden Dinge, die, wie es heißt, für einen Mafioso am wichtigsten sind, hängen untrennbar zusammen, denn daß seine Kinder im Wohlstand leben, ist für einen Gangster der größte Lohn. Saveria Palazzolo hat ihren Kindern die Bildung und Erziehung mitgegeben, die sie befähigen, die nächste Stufe der Leiter zu erklimmen.

11
FRAUEN IM ZEUGENSTAND

Am 25. September 1979 brachte Richter Cesare Terranova seiner Frau eine Tasse Kaffee ans Bett und ging dann hinunter an die Haustür, wo sein Fahrer Lenin Mancuso auf ihn wartete. Sekunden später hörte Giovanna Terranova Schüsse. Sie stürzte hinunter auf die Straße. Ein Polizist hielt sie fest und hinderte sie daran, den durchsiebten Leichnam ihres Mannes anzuschauen. Cesare Terranova, Mitglied der Anti-Mafia-Kommission, hatte sieben Jahre im Parlament in Rom gesessen und war erst kurz zuvor als hochangesehener Strafrichter wieder nach Palermo zurückgekehrt. Cesare Terranova war einer der ersten von vielen »cadaveri eccellenti«, prominenten Mafia-Opfern aus dem Justizwesen, die im langen, blutigen Krieg zwischen der Mafia und dem Staat ihr Leben verloren.

Die neue Welle der Gewalt traf Palermo unvorbereitet. Von 1979 bis 1982 tötete die Mafia reihenweise hochrangige Vertreter des Staates, Richter, Politiker und Polizeichefs. Die Morde weckten die Stadt aus ihrer Lethargie. Giovanna Terranova erinnert sich: »Der Mord an meinem Mann stürzte mich in eine tiefe Krise. Ich verlor meine Stärke, meinen Lebenswillen. Ich verließ das Haus nicht mehr – ich brachte einfach die Energie nicht mehr auf hinauszugehen. Schließlich sah ich mich nach anderen Frauen um, die sich in der gleichen Situation befanden wie ich, teils weil ich mich nicht mehr so allein fühlen wollte, aber auch, weil mein Kummer nicht nur mein eigener Schmerz war, sondern in gewisser Weise von der ganzen Gesellschaft geteilt wurde, von allen, die diesem Land eine Zukunft wünschten. Ich war es Cesare schuldig, etwas zu tun.«[1]

Giovanna Terranova lebt in einer eleganten Wohnung in Palermo. Bücherregale reichen bis an die Zimmerdecke, viele Kunstgegenstände, die sie im Laufe der Jahre liebevoll mit ihrem Ehemann zusammengetragen hat, und ein Flügel schmücken den Salon. Ein schwarzer Diener in einer Livreejacke mit ein wenig zu kurzen Ärmeln bringt Tee in einer silbernen Kanne. Giovanna ist nicht verbittert geworden wie so viele Mafia-Witwen. Sie erfüllt den Raum mit ihrem Charme.

Nach der Ermordung ihres Mannes reichte Giovanna Terranova zusammen mit den Angehörigen von Lenin Mancuso parallel zu dem Strafprozeß gegen Luciano Leggio, den Boß von Corleone, Zivilklage ein. Doch Leggio wurde freigesprochen – ein Urteil, das ihr alle Hoffnungen auf rechtsstaatliche Gerechtigkeit raubte. In einem Protestschreiben an den Staatspräsidenten, das großes Aufsehen erregte, prangerte sie die offensichtliche Unfähigkeit der Strafverfolgungsbehörden an. Aus der Sicht der Regierung waren es die vom Schmerz diktierten Worte der Witwe eines der angesehensten Richter Italiens.

Unterdessen nahm Giovanna Kontakt mit der Witwe von Gaetano Costa auf, dem Generalstaatsanwalt, der mutig Haftbefehle gegen etliche mächtige Drogenhändler aus den Reihen der Mafia ausgestellt hatte und im August 1980 im Stadtzentrum von Palermo erschossen worden war, als er auf dem Weg war, sich eine Zeitung zu kaufen. Im April 1981 sammelten Giovanna Terranova und Rita Costa 30 000 Unterschriften für eine Petition, in der sie Entschlossenheit im Kampf gegen die Mafia forderten, reisten an der Spitze einer Delegation von Mafia-Witwen nach Rom und verlangten Taten vom Staat. »Die Mafia ist mit Billigung der bürgerlichen Gesellschaft groß geworden«, sagt Giovanna Terranova. »Die Gesellschaft hat vielleicht nicht gerade mitgemacht, aber sie hat tatenlos zugesehen. Mir wurde klar, daß wir aufbegehren mußten.«

Ende 1982 hatte die Initiative der Frauen zwar großes Interesse gefunden, aber eine konkrete Reaktion der staatlichen Institutionen ließ auf sich warten. Die erste richtige Kraftprobe kam mit der Eröffnung eines Mafia-Prozesses in Palermo. Die Vereinigung Frauen gegen die Mafia klagte auf Schadenersatz, ihre Klage wurde abgewiesen. Diese Form des zivilen Protests war neu in Sizilien, und die Richterschaft von Palermo – mit bemerkenswerten Ausnahmen wie zum Beispiel Richter Falcone – konnte sich nicht mit dem Gedanken befreunden, daß einfache Leute auf rechtlichem Weg Wiedergutmachung vom organisierten Verbrechen verlangten.[2]

Die Vereinigung der Frauen hatte eine neue Quelle der Stärke erschlossen. Rita Costa beschreibt es so: »Die Einstellung der Frauen hatte sich gewandelt. Sie wollten frei sein. Wenn eine Frau anderer Meinung war als ihr Mann, sagte sie es ihm. Sie nahm nicht mehr alles hin im Namen der Ehe. In Palermo bedeutete Freiheit auch die Befreiung von der drückenden, quälenden Mafia. Die Frauen ließen sich zu Hause nicht mehr schikanieren, und sie waren entschlossen, sich auch im öffentlichen Leben nicht mehr herumstoßen zu lassen.«[3]

Die Cosa Nostra mordete weiter, und die Vereinigung der Frauen reichte weitere Schadenersatzklagen ein, die jedoch allesamt abgewiesen wurden. Anläßlich des Maxi-Prozesses im Jahr 1985 wechselte die Vereinigung dann ihre Taktik und forderte die Witwen und Mütter von Mafia-Opfern auf, sich öffentlich zu Wort zu melden und Schadenersatz zu verlangen. In einem bis dahin einzigartigen Brückenschlag über die soziale Trennlinie hinweg appellierten sie an die Frauen der Mafia-Familien, die Mörder ihrer geliebten Angehörigen vor Gericht zu bringen, und sie kämpften dafür, daß diese Frauen staatliche Prozeßkostenhilfe erhielten.

Michela Buscemi war eine der ersten Frauen, die mit den Mitteln des Rechtsstaats Wiedergutmachung von der Cosa Nostra verlangte. Ihre Brüder waren am Rand des organisierten Verbrechens von Palermo aktiv gewesen und dann auch gestorben, ermordet durch die Mafia. Michela, aufgewachsen in den Slums der Stadt, hatte miterlebt, wie ihre Brüder in den Treibsand der Mafia hineingerieten, und ihre Versuche, sie auf festen Grund zurückzuholen, waren gescheitert.

Michelas Bruder Salvatore Buscemi hatte unten am Hafen gelebt, in dem von der Mafia beherrschten Viertel Sant'Erasmo, wo vor dem Morgengrauen die Fischerboote einliefen und ihre heimliche Fracht aus geschmuggelten Zigaretten abluden.

Michela fährt mich durch das verfallene Viertel. Die Ausläufer der städtischen Slums wurden dem Erdboden gleichgemacht, damit zwanzigstöckige Miethäuser in Billigbauweise errichtet werden konnten. Zwischen den Betontürmen erinnern vereinzelte Relikte noch an das alte Stadtviertel: Ein paar Schlackensteine, mit Zement zusammengekleistert, und ein Stück verrostetes Eisen ergeben einen Dachvorbau; eine Tür wurde mit Hilfe eines Vorschlaghammers so weit verbreitert, daß ein Lieferwagen hindurchpaßt. Michela stellt ihr Auto vor dem Haus ab, in dem Salvatore und seine Frau Benedetta gelebt haben, ein kleiner Fleck Land, der ins Meer hinausragt. Sie zeigt auf die Wohnung im ersten Stock: vom Balkon dort oben habe sie immer auf das tiefblaue Wasser geblickt.

Salvatore war groß und kräftig und prügelte sich dauernd mit irgend jemandem. »Die Leute merkten, daß er zuschlagen konnte, und bald hatte er seinen Ruf weg. Wenn ein Freund von ihm in eine Auseinandersetzung geriet, holten sie immer Salvatore, daß er die Sache regelte.« Salvatore kämpfte verzweifelt um Anerkennung. Er gab Drinks aus und mischte sich in Prügeleien ein für Leute, die er kaum kannte. »Die Umgebung hat ihn verändert«, sagt seine Schwester. »Als Kind war er ängstlich und anhänglich, als Mann gewalttätig, ein Schläger.«

Der Handel mit geschmuggelten Zigaretten ist eine wichtige Erwerbsquelle in den Armenvierteln der süditalienischen Städte. Es ist eine ökonomische Grauzone, am Rand des organisierten Verbrechens; arbeitslose Jugendliche verdienen sich ihren Lebensunterhalt damit, daß sie an Straßenecken importierte Marlboros und Merits verkaufen. In den sechziger Jahren ist die Mafia damit reich geworden, und die Geldquelle tröpfelt stetig weiter, denn jeder Zigarettenverkäufer zahlt eine Abgabe an den lokalen Mafia-Boß. Salvatore Buscemi kaufte die Marlboros kartonweise direkt im Hafen und verkaufte sie dann päckchenweise auf der Straße – ohne sich die Erlaubnis zu holen und ohne »Steuern« zu zahlen.

»Ich hab Salvatore gesagt, daß er sich Ärger einhandelt, wenn er ohne Erlaubnis verkauft, aber er hat nicht auf mich gehört. ›Was soll ich denn sonst machen?‹ hat er gefragt. ›Hier machen das alle.‹ Er wußte, daß er es mit der Mafia zu tun hatte, aber er begriff nicht, wie mächtig sie war.

Wir standen uns sehr nahe, wir haben uns immer gegenseitig um Rat gefragt. Meine Mutter hatte so viele Kinder, und ich war die Älteste, ich habe meine Geschwister praktisch aufgezogen. Ich hab mir große Sorgen um Salvatore gemacht. Wir trafen uns immer sonntags hier, ich brachte das Mittagessen mit, und dann waren wir den Nachmittag über zusammen.«

Eines Abends im April 1979 saß Salvatore mit Freunden in einer Trattoria in seinem Viertel beim Essen, als zwei maskierte Männer hereinstürmten und das Feuer eröffneten. Die Kugeln trafen Salvatore am Kiefer und in den Magen, er starb auf dem Fußboden des Lokals in einer Blutlache aus seinen Eingeweiden.

Der damals 18jährige Rodolfo, einer der jüngeren Brüder, hing sehr an Salvatore. Er tat alles, was sein großer Bruder tat – er heiratete sogar eine Schwester von Salvatores Frau und zog in eine Wohnung in einer Seitenstraße von Sant'Erasmo, nur ein paar Ecken vom Hafen entfernt. »Ich war strikt dagegen, daß Rodolfo hierher zog«, sagt Michela. »Ich wußte, daß seine Frau mit *diesen Leuten* zu tun hatte …« Die Wohnung lag an einem kleinen Stück Grün in einem an drei Seiten von Häusern umgebenen Hof, einem Gewirr von Türen und Balkonen und Fenstern, die wenigstens einen schmalen Streifen Himmel einfangen wollten. Michela zeigt zum Balkon von Rodolfos Wohnung hinauf. Eine Frau beugt sich aus einem der oberen Fenster und starrt herunter.

Rodolfo erzählte herum, daß er herausfinden wolle, wer seinen Bruder umgebracht hatte. Vincenzo Sinagra, ein Mafioso aus dem Viertel, der später als Kronzeuge aussagte, warnte ihn, er solle sich ruhig verhalten. Michela erzählt: »Ich flehte ihn an: ›Wir haben schon einen Bruder verloren, ich will nicht noch einen verlieren.‹ Aber er sagte immer, er werde dafür sorgen, daß sie für Salvatores Tod bezahlten. Manchmal hatte er richtig Angst. Er hatte eine Frau und ein Baby, und seine Frau war wieder schwanger, im fünften Monat.« Eines Abends im Mai 1982 besuchte Rodolfo Benedetta, Salvatores Witwe. Sinagra kam vorbei und wollte ihn sprechen. Benedetta sagte später, das Telefon habe geläutet und sie sei hingegangen. Als sie wieder zurückgekommen sei, sei Rodolfo verschwunden gewesen. Man sah ihn nie wieder.

Nach Rodolfos Verschwinden fuhr Michela ziellos herum und hielt nach ihm Ausschau. »Ich sah ihn überall. Ich sah jemanden auf der Straße, der die gleichen Haare hatte wie er, und rief: ›Da ist er! Da ist er!‹ Aber es war nicht Salvatore.«

Viel später sagte Vincenzo Sinagra aus, daß Rodolfo in einen fensterlosen Keller in einer Gasse von Sant'Erasmo gebracht wurde. Dort wurde er gefoltert und schließlich erdrosselt, der Leichnam sollte in Säure aufgelöst werden. Doch die Säure war von minderwertiger Qualität, und nach vielen Stunden schwamm der Leichnam noch immer in der trüben Brühe. Die Mörder steckten ihn in einen Sack, beschwerten ihn mit einem Betonbrocken, verfrachteten den Sack in ein Boot und warfen ihn draußen an einer Stelle, wo das Meer besonders tief ist, über Bord.

Das Gebäude, in dem Salvatore und Benedetta gewohnt haben, steht heute leer und verfällt. Die Haustür ist zugemauert, Fensterläden schlagen im Wind. Auf der anderen Straßenseite spritzen Fischhändler ihre Stände ab, die direkt vor einem alten, von Menschen förmlich überquellenden Wohnblock aufgebaut sind. Hinter dem Haus, in einer schmalen Sackgasse, liegt die Folterkammer der Mafia. Pausenlos fahren offene und geschlossene Transporter vor und wieder weg, beladen mit Anstreicherutensilien, Fischfangausrüstungen oder Sprudelkästen. Fischer schleppen eingesalzene Ware in die Keller und verriegeln Metallgitter vor den Türen. Hinter einer solchen Tür befindet sich die »Todeszelle«. Um den kleinen Hof gruppieren sich Balkone und Dachterrassen. Die Fenster gähnen leer, die Türen sind vernagelt.

Rodolfos Frau Rosetta suchte mit ihrer kleinen Tochter an der Hand Sinagra auf, weil sie wissen wollte, was mit ihrem Mann geschehen war. Er verjagte sie. »Was willst du hier, dumme Ziege?« fuhr er sie an. »Ist das deine Tochter? Dann wohnst du hier in der Gegend?« Nach der Geburt ihres zweiten Kindes hungerte sich Rosetta aus Trauer um ihren Mann zu Tode.

Ende 1985 erfuhr Michela, daß man gegen die Cosa Nostra klagen konnte, und sie beschloß, gegen die Mörder ihrer Brüder auszusagen. Zu Anfang sicherte ihre Mutter ihr Unterstützung zu. »Aber meine Geschwister verbündeten sich gegen mich und brachten meine Mutter von ihrem Entschluß ab. Meine Mutter rief mich an, um mir zu sagen, daß sie es sich anders überlegt hatte, und dabei hörte ich sie im Hintergrund alle sprechen. Meine Mutter gab Reportern gegenüber eine Stellungnahme ab und sagte, ich sei verrückt; was ich tue, sei allein meine Entscheidung. Sie hatte Angst vor der Mafia, aber was hätten sie uns schon anhaben können, wenn wir alle zusammengehalten hätten? Sie hätten wohl kaum fünfzig von uns töten können.«

Michela vertraute einem lokalen Polizeibeamten an, daß die Witwe ihres Bruders Salvatore wahrscheinlich wisse, wer ihn ermordet habe. Benedetta wurde umgehend zum Verhör bestellt, doch sie verweigerte auf alle Fragen die Antwort. Kurz darauf ging vor der Bar, in der Michela und ihr Mann arbeiteten, eine Bombe hoch. Sie erinnert sich noch genau, wie sie in jener Nacht, im achten Monat schwanger, die Glassplitter vom Pflaster auflas. »Es war eine Warnung. Benedetta hatte wohl irgend jemandem erzählt, daß ich zur Polizei gegangen war.«

Michela Buscemi ließ sich nicht beirren und sagte vor Gericht aus. Nur sie und eine andere Frau namens Vita Rugnetta, deren Sohn man erdrosselt im Kofferraum eines Autos gefunden hatte, vertraten Opfer aus den Randbereichen der Mafia, junge Männer, die wegen eines geringfügigen Verstoßes gegen die Regeln der Ehrenwerten Gesellschaft kurzerhand umgebracht worden waren. Die anderen Kläger waren Witwen und Kinder von Staatsdienern. Die Verhandlung fand in einem speziell dafür konstruierten Raum statt, einem Bunker mit Käfigen entlang der Wände, aus denen Hunderte von Mafiosi das Geschehen beobachteten. »Als ich zwischen den Käfigen hindurchging, riefen sie mir Flüche zu und entsetzliche Schimpfwörter. Hure war noch das harmloseste ... Ich mußte mich vorne hinstellen, vor die Richter und die Mafiosi in ihren Käfigen, und sagen, wer Rodolfo umgebracht hatte und warum.«

Noch vor Abschluß des Prozesses wurde entschieden, daß Geld aus dem nationalen Fonds, aus dem die Prozeßkosten der Kläger beglichen wurden, nur an die Hinterbliebenen von Staatsdienern fließen sollte und nicht an Frauen wie Michela Buscemi. Umberto Santino, ein Kämpfer gegen die Mafia, kommentierte verbittert die gleichgültige Reaktion von Staat und Presse: »Die Entscheidung dieser Frauen sollte als bedeutender Schritt begrüßt werden, als wertvolles Beispiel für die vielen Menschen, die sich noch nicht zu Wort gemeldet haben, als Ermutigung, bei nächster Gelegenheit genauso zu handeln. Statt dessen wurden sie isoliert und abgewiesen.«[4] Die Anwälte der Frauen verzichteten auf ihre Honorare, finanzielle Unterstützung erhielten die Frauen nur aus privaten Quellen: Geld, das vom Impastato-Zentrum,[5] einer sehr kleinen Organisation, und von der Vereinigung Frauen gegen die Mafia gesammelt wurde.

Am 16. März 1989 – der Mafia-Prozeß befand sich zu diesem Zeitpunkt in der Berufung – sagte eine Stimme auf Michela Buscemis Anrufbeantworter, wenn sie ihre Aussage nicht zurückziehe, werde ihre sechsjährige Tochter noch vor Ostern tot sein.

»Sie fragte uns, was sie tun sollte«, erinnert sich Giovanna Terranova. »Sie war darauf eingestellt, weiterzumachen. Sie ist außerordentlich tapfer. Wir mußten sie davon überzeugen, daß sie das Leben ihrer Kinder nicht aufs Spiel setzen durfte.«

»Ich kochte vor Wut, und zugleich war ich tief bekümmert, als ich ins Gericht ging und erklärte, daß ich nicht mehr aussagen könnte«, erzählt Michela. »Es kam mir vor, als würde ich mich selbst betrügen. Der Richter sah mich an und sagte: ›Signora, was wäre, wenn wir alle aufgeben würden, sobald die ersten Schwierigkeiten auftauchen?‹«

Diese verständnislose Reaktion traf Michela Buscemi genauso tief wie ihr Zorn darüber, daß sie die Klage zurückziehen mußte. Seit diesem Tag hat sie es sich zur Aufgabe gemacht, gegen die Mafia zu kämpfen. Sie spricht in Schulen, hält Vorträge und hat ein Buch über ihr Leben geschrieben. Während andere über politische Strategien diskutieren und Konferenzen besuchen, muß Michela Buscemi sich mühsam über Wasser halten. Seit sie gegen die Mafia ausgesagt hat, bekommt ihr Ehemann keine Arbeit mehr. Nach langen Jahren der Arbeitslosigkeit hat er jegliches Selbstvertrauen verloren, sitzt den größten Teil des Tages am Küchentisch, raucht und beobachtet, wie ausländische Kamerateams sich die Klinke in die Hand geben und sich von seiner Frau erzählen lassen, wie sie gegen die Mafia kämpfte und verlor.

»Die Frauen, die sich aus der Mafia-Welt befreit haben, in der sie aufgewachsen sind, stehen vollkommen schutzlos da«, sagt Giovanna Terranova. »Sie stammen aus Familien, in denen es üblich ist, daß man sich selbst Gerechtigkeit verschafft. Sie haben einen anderen Weg gewählt und für sich entschieden, daß es richtig ist, Gerechtigkeit beim Staat zu suchen – und dafür haben sie einen hohen Preis bezahlt. Ihre Familien haben sie verstoßen, und sie haben ihr Auskommen verloren.«

Giovanna setzte sich dafür ein, daß Frauen, die gegen die Mafia aussagten, finanzielle Unterstützung vom Staat erhalten sollten, aber die Vereinigung Frauen gegen die Mafia war gespalten, und eine Fraktion meinte, Gelder sollten nur an die Familien der Staatsdiener fließen, die in Ausübung ihrer Pflicht ihr Leben verloren hatten. Sie hielten hartnäckig an der Überzeugung fest, daß Sizilien gespalten ist in die Mafia und die »bürgerliche« Gesellschaft, und daran wäre die Vereinigung fast zerbrochen. Rita Costa ist in diesem Punkt unnachgiebig: »Michela Buscemis Brüder waren Killer. Ich will keine Diskussion über Wert oder Unwert daraus machen, aber auf jeden Fall haben sie sich selbst in diese Situation gebracht. Mein Mann ist bei der Aufgabe gestorben, die Gesetze der demokratischen Gesellschaft zu verteidigen. Natürlich haben auch Mörder ein Recht auf Verteidigung: Aber niemand darf von mir erwarten, daß ich dazu beitrage.« Das Thema trieb einen Keil zwischen Signora Costa und die übrigen Frauen der Vereinigung. »Diese Leute sind mit Killern verheiratet«, sagt sie schroff. »Sie sind Mütter von Killern. Warum sollte der Staat sie unterstützen?«

Die Geschichte von Pietra Lo Verso gibt eine Antwort auf Signora Costas Frage. Pietra versuchte die Mörder ihres Mannes vor Gericht zu bringen. Anschließend war sie ruiniert, und ihre Söhne, ohne Aussicht, auf ehrliche Art Geld zu verdienen, wurden kriminell.

Pietra Lo Verso wohnt in einem heruntergekommenen Mietshaus am Rand von Palermo, ein Treppenhaus mit stechendem Gestank und Schmierereien an den Wänden führt zu ihrer Wohnung im obersten Stock. Vorsichtig öffnet sie mir die Tür. Sie ist klein und dick, ein Zahn fehlt, ihre Stimme klingt rauh. Das gelblichblonde Haar ist zu einem dünnen Pferdeschwanz zusammengebunden.

Sie führt mich in die gute Stube, das Zimmer, das auch im ärmsten Haushalt jeden Tag geschrubbt und poliert wird, bis der Fußboden glänzt, das Zimmer, das nie benutzt wird. Überall steht Nippes herum, Zuckerfiguren und kitschige Hochzeitsgeschenke. Auf der Anrichte leuchtet eine vergoldete Uhr, um das Zifferblatt herum sind Schäferinnen gemalt, oben prangt ein nachgemachtes Fabergé-Ei. An einer goldenen Zacke hängt noch das Garantieschild.

Pietra lernte ihren Ehemann Cosimo Quattrochi in Sant'Erasmo kennen, wo sie aufgewachsen ist. Als Teenager brannten sie zusammen durch. Er brachte es als Metzger in Palermo zu bescheidenem Wohlstand. Sie bestreitet, daß er jemals etwas mit der Mafia zu tun gehabt habe, aber nach ihrer Erzählung hing er mit jedem Schritt im Geschaftsleben, von der Konzession bis zur Lieferung der Schlachttiere, von der Hilfe von »Freunden« ab. Schließlich steckte er fest in den Fängen eines Kartells, suchte einen Ausweg, konnte den »Freunden« aber nicht mehr entkommen.

»Eines Tages rief mein Mann mich an.« Pietra spricht hastig, mit rauher Stimme. »Er sagte: ›Ich bringe ein paar wichtige Gäste zum Abendessen mit.‹ Ich ging schnell einkaufen, besorgte Meerestiere und bereitete ein üppiges Mahl zu. Sie kamen zu fünft, mein Mann stellte mich einem großen, seriös aussehenden Herrn namens Fisichella vor. Er und mein Mann freundeten sich in der nächsten Zeit richtig an. Mein Mann nannte ihn ›Onkel Ninu‹. Wenn er anrief, war er immer sehr freundlich zu mir.«

Während sie Pasta mit Meeresfrüchten aßen, schloß Cosimo Quatrocchi einen Vertrag mit dem Pferdehändler aus Catania: Die Verbindung gewährte ihm Schutz, aber von nun an durfte er keine Geschäfte mehr mit anderen Händlern machen. Antonino Fisichella begann ihm Fleischteile zu liefern, was ein Verstoß gegen eine Verordnung war, die besagte, daß nur Fleisch von Tieren verkauft werden durfte, die direkt vor Ort geschlachtet wurden. Cosimo Quatrocchi mußte die Lieferungen abnehmen. Irgendwann wurde ihm die Konzession entzogen, aber die Lieferungen kamen weiter.

»Mein Mann rief Fisichella an und versuchte die Lieferungen zu stoppen. Ich hörte ihn am Telefon sprechen. Seine Hände zitterten. Er sagte: ›Onkel Ninu, du mußt mir glauben. Ich habe meine Konzession verloren. Wenn du mir weiter Fleisch schickst, kann ich es nicht verkaufen, du ruinierst mich.‹ Der Arme hatte wirklich Angst.

Ein paar Tage später kam er mit sehr zufriedenem Gesichtsausdruck nach Hause. Er hatte sich mit Fisichella in einem Restaurant getroffen, sie hatten alles besprochen und die Sache geklärt. Jetzt waren sie wieder Freunde – Fisichella schenkte ihm sogar das da.« Pietra deutet auf die vergoldete Uhr.

Nachdem die akute Krise vorüber war, schreckte Cosimo allerdings davor zurück, weiter Geschäfte mit jemandem zu machen, dem er nicht ganz trauen konnte. Er fuhr zu einem Pferdezüchter aufs Festland, nach Bari, und vereinbarte eine erste Lieferung Fohlen. In seiner Abwesenheit erhielt Pietra einen Anruf von Fisichella. »Er rief morgens um halb neun an und fragte nach meinem Mann. Ich sagte, der sei nach Bari gefahren. Was hätte ich denn sonst sagen sollen? Ich dachte nicht, daß wir etwas zu verbergen hätten.«

Bisher hat Pietra in einem gereizten, abwehrenden Tonfall gesprochen. Jetzt wird ihre Stimme leise, unsicher: »Manchmal denke ich, wenn ich Fisichella nicht gesagt hätte, daß mein Mann in Bari war, wäre das alles nicht passiert.«

In der Nacht im Oktober 1984, in der die Fohlen geliefert werden sollten, kam Cosimo nicht nach Hause. Um zwei Uhr morgens rief die Ehefrau eines seiner Angestellten an: Ihr Mann sei nicht zu Hause. Pietra sagte, sie solle sich keine Sorgen machen, vielleicht sei die Lieferung erst spät eingetroffen. Am nächsten Morgen schickte sie ihren halbwüchsigen Neffen zu den Ställen. Der Junge fand acht Männer tot im Stroh. Cosimo Quatrocchi und seine sämtlichen Angestellten waren erschossen worden.

Die Morde wurden als »Piazza-Scaffa-Massaker« bekannt. In dem Prozeß gegen die Täter trat Pietra als einzige der Hinterbliebenen als Nebenklägerin auf. »Mein Mann war unschuldig. Er hatte es nicht verdient zu sterben. Ich mußte etwas tun, um seinen Namen reinzuwaschen.« Vor Gericht wurde sie Fisichella direkt gegenübergestellt und gefragt, ob sie ihn identifizieren könne. »Er stand genau vor mir und sagte: ›Ich habe diese Frau noch nie gesehen.‹ Ich erwiderte: ›Was? Sie haben an meinem Tisch zu Abend gegessen. Ich kann sogar genau sagen, was Sie gegessen haben.‹ Er blieb dabei, daß er mich noch nie gesehen habe. Vor all diesen Leuten. Er sagte, ich sei verrückt.«

Der Richter befand, daß die kleine Frau vor ihm Märchen über ihren angeblich unschuldigen Ehemann erzähle; ihre Geschichte sei eine maßlose Übertreibung und nicht glaubwürdig. Antonino Fisichella wurde freigesprochen.

Seit dem Tod ihres Mannes hatte sich Pietra allein um die Metzgerei gekümmert. Nach ihrer Aussage vor Gericht mieden die Leute sie und kauften in anderen Geschäften ein. Eine Zeitlang sah sie hilflos mit an, wie jede Woche ganze Kühltruhen voll Fleisch verdarben, dann machte sie den Laden zu.

Die Wohnungstür fällt mit einem Krachen ins Schloß, und Pietra signalisiert mir ungeduldig, daß ich Notebook und Kassettenrecorder einpacken soll. »Jetzt, wo die Kinder groß sind, wollen sie nicht, daß ich mit der Presse spreche. Meine Söhne würden mich kein zweites Mal vor Gericht aussagen lassen. Sie wollen nichts mehr von der Sache hören. Sie sagen: ›Mamma, unser Vater ist tot, wir können es nicht mehr ändern.‹ Ich habe mich immer wieder mit ihnen darüber gestritten. Sie sagen, ich hätte mit meiner Aussage ihr Leben kaputt gemacht.«

Pietra ist heftig und aufbrausend, und wenn sie sich in Fahrt geredet hat, ist sie unbarmherzig und hart. Aber sie lebt in ständiger Angst um ihre Kinder. »Sie haben sich mit den falschen Leuten eingelassen – nun ja, sie sind halt noch Kinder, dauernd ist die Polizei hinter ihnen und ihren Freunden her … sie ziehen mit Drogenhändlern herum.«

Nach dem Prozeß wurden zwei ihrer Söhne wegen Besitz von Haschisch verhaftet, einer hatte außerdem verbotenerweise eine Schußwaffe bei sich. Presseberichte im Anschluß an ihre Verhaftung lösten einen öffentlichen Aufschrei der Empörung über Pietras Notlage aus, und sie bekam rasch eine Stelle als Putzfrau im Rathaus. Die finanzielle Unterstützung, auf die Pietra als Zeugin der Anklage gehofft hatte, wurde gestrichen, weil ihr Mann eine unbedeutende Vorstrafe hatte. Pietra sah es so, daß die »bürgerliche« Gesellschaft sie fallengelassen hatte. Sie zog sich ganz auf ihre Familie zurück und brach den Kontakt zur Anti-Mafia-Bewegung in Palermo ab.

Die Not der Witwen lenkte die Aufmerksamkeit auf den langsamen, schwerfälligen und manchmal korrupten Gang des Strafverfolgungssystems. Felicia Impastato war eine der ersten Frauen, die als Klägerin in einem Mordprozeß auftraten. Ihr Sohn, der unermüdlich gegen die Mafia gekämpft hatte, wurde 1978 ermordet. Fast zwanzig Jahre sind vergangen, seit sie alles aufs Spiel setzte, um die Täter vor Gericht zu bringen, und die Beweise, mit denen sie überführt werden könnten, liegen immer noch tief in einer geheimen Schublade der Justiz vergraben.

Felicia Impastatos Wohnung in Cinisi vor den Toren von Palermo war ein Schlachtfeld. Ihr Ehemann unterhielt enge Beziehungen zum lokalen Cosa-Nostra-Clan, der Badalamenti-Sippe. Ihr Sohn Giuseppe war Kommunist und ein lautstarker Kritiker der Mafia-Herrschaft über die lokale Wirtschaft. Giuseppe war ein Stachel im Fleisch der Mafia – und seinem Vater ein Dorn im Auge. Felicia stand zwischen den Fronten, sie verteidigte ihren Sohn und wehrte ihren gewalttätigen Ehemann ab.

Heute ist sie über achtzig, aber immer noch adrett, hellwach, und sie hat ihren ausgeprägten Sinn für Humor nicht verloren. Sie sitzt am Küchentisch, eine zerbrechliche alte Dame, eingeschlossen in ein dunkles Haus voller Erinnerungen, und wettert gegen die Feinde ringsherum.

»Sie haben meinen Sohn wegen seiner politischen Haltung umgebracht. Nicht weil er ein Dieb war, ein Schwuler oder ein Taugenichts.«[6]

Als Teenager kämpfte Giuseppe Impastato, genannt Peppino, bei Auseinandersetzungen zwischen kommunistischen und faschistischen Gruppen in vorderster Front. Einmal ging seine Mutter dazwischen und zerrte einen faschistischen Schläger an den Haaren von ihrem Sohn weg. Auf einer Rednertribüne sah sie Peppino zum ersten Mal, als sie mit ihrem Mann im Auto an einer Veranstaltung vorbeifuhr. Peppino schrie in ein Megaphon, doch sein Vater blickte mit der selektiven Blindheit, die er gelegentlich an den Tag legte, um sich und seinen Sohn zu schützen, stur geradeaus auf die Demonstranten und bemerkte nur, wie jung sie alle seien.

Giuseppes Vater konnte die Augen indes nicht lange verschließen: Wenig später schaute einer seiner Freunde vorbei und warnte ihn, daß sein Sohn ein gefährliches Spiel treibe. Felicia stand hinter der Tür und lauschte. »Wenn er mein Sohn wäre«, sagte der Mafioso, »würde ich ein Grab für ihn schaufeln.«

»Er kam wütend nach Hause, wenn er wieder einmal mit angehört hatte, was seine Mafia-Freunde für seinen Sohn planten«, sagt Felicia. »Er hat mir alles Wort für Wort erzählt, nur um mich vor lauter Angst um den Verstand zu bringen. Mir schlug jedesmal das Herz bis zum Hals. Wenn ich meinen Mann an der Tür hörte, durchfuhr mich ein Schmerz im Bauch, und ich mußte ins Bad gehen.«

Felicias Ehemann schrie und warf Teller an die Wand, er steigerte sich in Raserei hinein. Sie schloß Türen und Fenster, damit die Nachbarn nichts mitbekamen. Sie gab nicht klein bei und schrie zurück, wenn er seine wilden Drohungen ausstieß, aber ihre Angst blieb. »Als es wirklich schlimm wurde, hätte ich meine Sachen pakken, meine Söhne nehmen und gehen müssen – aber wohin hätte ich gehen können? Was hätte ich tun können?«

Felicia heiratete im Jahr 1947. Sie wußte, daß ihr Mann ein Mafioso war, aber sie sagt, sie habe nicht gewußt, was das bedeutete. »Damals haben die Leute über so etwas nicht gesprochen. Erst später habe ich begriffen, was für ein übles Gangsterpack sie waren.«

Peppino vertrat seine politischen Überzeugungen immer nachdrücklicher; er hatte einen eigenen Sendeplatz bei einem Piratensender, Radio Aut, und dort berichtete er aus der Stadt, die er »Mafiopoli« getauft hatte. Während ihr Mann gegen den mißratenen kommunistischen Sohn wetterte, stellte Felicia fest, daß sie genauso dachte wie ihr Sohn. »Ich hörte von Dingen, die sie getan hatten. Ich sagte zu meinem Mann: ›Wenn du einen von deinen Mafia-Freunden in dieses Haus bringst, gehe ich.‹ Von da an hat keiner mehr unser Haus betreten. Sie kamen vorbei und fragten nach ihm, aber sie warteten draußen. Sie wußten, daß ich keinen hier drin duldete.«

Luigi Impastato war es wichtig, beim örtlichen Mafia-Boß gut angeschrieben zu sein, und darum konnte er solche Widersetzlichkeit in der eigenen Familie nicht dulden. Um seine Ehre reinzuwaschen, warf er Peppino aus dem Haus. »Er schaffte Peppinos Bücher fort«, erinnert sich seine Mutter. »Er wußte, wenn die Bücher verschwunden waren, würde auch Peppino verschwinden.«

Peppino zog zu Verwandten, aber seine Mutter fand einen Weg, den widernatürlichen Bann zu durchbrechen: Jeden Tag, wenn ihr Mann zur Arbeit gegangen war, kochte sie Mittagessen für ihren Sohn. »Ich wollte nicht zulassen, daß mein eigener Sohn aus unserem Haus verbannt würde. Aber ich hatte auch Angst, daß sein Vater es herausfinden könnte. Es stand immer alles auf dem Tisch, wenn Peppino um zwölf Uhr durch diese Tür kam. Wir aßen zusammen und unterhielten uns. Mit ihm konnte ich reden. Mein Mann besprach mit mir nichts.«

Peppinos Vater kam nie mittags nach Hause. Seine Mafia-Freunde hatten ihn gezwungen, seinen Sohn aus dem Haus zu werfen, aber jetzt tat er so, als würde er von diesem heiligen Ritual nichts sehen und nichts hören. »Er war ein brutaler, gewalttätiger Mann, doch tief im Innern liebte er seinen Sohn.«

Aber Luigi Impastato war auch ein Ehrenmann, und keiner seiner Kumpane in der Cosa Nostra hätte zu Luigis Lebzeiten Peppino ein Haar gekrümmt. 1977 starb Luigi bei einem Autounfall, und von da an hatte Felicia Alpträume. Nun konnte nichts mehr ihren Sohn schützen.

Am 8. März 1978 waren entfernte amerikanische Verwandte bei ihr zu Besuch. Sie hatte ein Abendessen gekocht, und alle warteten auf Peppino. »Doch er kam nicht … er kam nie mehr.«

Peppino Impastato verließ den Radiosender und machte sich auf den Heimweg. Unterwegs wurde er überfallen und bewußtlos geschlagen. Die Mörder banden ihm ein paar Pfund Sprengstoff um den Körper und legten ihn auf die Schienen der Bahnstrecke von Palermo nach Trapani. Sein Tod sollte aussehen wie ein mißglückter Sprengstoffanschlag auf eine Bahnlinie.

Peppinos Freunde und Kollegen durchkämmten Gebüsch und Gras auf dem Bahndamm und sammelten seine sterblichen Überreste in schwarzen Plastiksäcken. Unter den vielen Leichenteilen befanden sich auch seine Hände, unversehrt – der Beweis, daß er im Augenblick seines Todes keine Bombe in der Hand gehabt haben konnte.

»Wie konnten sie ihm das antun?« fragt seine Mutter, noch immer überwältigt vom Schmerz, obwohl seither fast 20 Jahre vergangen sind. »Wie konnten sie ihm das umbinden? Seine Freunde mußten ihn in Plastiksäcke einsammeln, lauter kleine Stücke. Wie soll ich mit dem Gedanken leben?«

Im Jahr 1978 wurde ein Verfahren gegen die unbekannten Mörder von Peppino Impastato eingeleitet. Felicias jüngerer Sohn Giovanni kam mit der Mitteilung nach Hause, daß die Familie auf Schadenersatz klagen könne. Felicia wollte nichts davon hören, daß ihr Sohn vor Gericht aussagte. »Ich werde sprechen«, sagte sie zu ihrem Sohn. »Einer alten Frau werden sie nichts tun.«

Trotz aller Bemühungen von Peppinos Kollegen und Mitstreitern blieb das Verfahren in einem Morast von Korruption und Vertuschung stecken, es wurde niemand verurteilt. Heute noch, so viele Jahre später, tauchen immer neue Indizien im Mordfall Peppino Impastato auf, aber bis heute wurde niemand verhaftet.

Felicia Impastato lebt allein, umgeben von ihren Erinnerungen. Die einzigen regelmäßigen Besucher in ihrem Haus sind ihr Sohn Giovanni und dessen Frau. »Es kommt niemand mehr hierher. Seit dem Tod meines Mannes besucht mich niemand. Sie wissen, daß sie nicht willkommen sind. Ich habe für meinen Sohn die Stimme erhoben, und das hat ihnen ganz und gar nicht gefallen. Tja, so ist das. Ich werde meinen Sohn verteidigen, bis ich für immer die Augen schließe.

Damals haben alle gesagt, Peppino sei verrückt gewesen. Heute sagen sie, wir bräuchten Hunderte wie ihn. Nun ist es zu spät.«

Felicia Impastato erwartet ihren Sohn Giovanni zum Mittagessen und deckt den Tisch. Wenn er nicht pünktlich zur Tür hereinkommt, räumt sie alles wieder ab. Sie kann es nicht ertragen, am gedeckten Tisch auf einen Sohn zu warten, der womöglich nie mehr kommt.

12
LEBEN MIT DEM TOP-KRONZEUGEN

Es muß eine aufwühlende Szene gewesen sein: Calogero Ganci, der harte, bärtige, zweieinhalb Zentner schwere Killer stand an der Tür seiner Gefängniszelle und brüllte, daß er seine Frau sehen wolle.

Obwohl Ganci einen langen Mafia-Stammbaum hatte – sein Vater, Don Raffaele, war der Patriarch einer mit dem Corleone-Clan eng verbundenen Mafia-Dynastie –, war er nach drei Jahren Isolationshaft in einem Hochsicherheitsgefängnis ein gebrochener Mann. Er hatte zugestimmt, mit den Justizbehörden zusammenzuarbeiten, aber zuerst mußte er seiner Frau etwas sagen.

Isabella Anselmo wurde hereingelassen, und dann führte man die beiden in einen Raum, wo sie miteinander sprechen konnten. In den Ecken standen Gefängniswärter und schauten schweigend zu, wie der bullige Mann zitterte, das Gesicht in den Händen vergrub und schluchzte. »Isabella, verzeih mir«, stieß er hervor, »ich habe deinen Vater getötet.«[1]

Sie sprang auf, trat einen Schritt zurück und starrte ihn an, Tränen rannen ihr die Wangen herab. »Wie konntest du das all die Jahre vor mir geheimhalten? Wie soll ich das den Kindern beibringen, daß ihr Vater ihren Großvater umgebracht hat?«

Gancis Schwiegervater hatte zu einem Mafia-Clan gehört, den die Corleonesi bekämpften, und Ganci erhielt den Auftrag, ihn in die Falle zu locken. Damit stellten sie den jungen Mafioso – er war damals zwanzig – auf die Probe. Er war der einzige, dem der alte Mann vertraute, und nun mußte er beweisen, daß seine Loyalität zur Mafia stärker war als Gefühlsbande.

Ganci war der Top-Killer der Corleonesi in den Mafia-Kriegen der Jahre 1980–82, als Totò Riina im Kampf um die Macht einen spektakulären Schlag gegen die Clans von Palermo führte. Gancis Geständnis verschlug den Ermittlern die Sprache: Er hatte über hundert Morde ausgeführt, auf sein Konto gingen etliche der »berühmten Verbrechen« in Palermos dunkelsten Jahren, unter anderem 1982 die tödlichen Schüsse auf General Carlo Alberto Dalla Chiesa und seine Frau Emanuela Setti Carraro und der Mord an Richter Rocco Chinnici, dem Begründer des Anti-Mafia-Verbundes der Ermittler.

Gancis Entschluß auszupacken fiel seiner Anwältin zufolge nach monatelanger Überlegung. Er war zusammen mit seinem Vater verhaftet worden, und das machte ihm die Entscheidung noch schwerer: er würde gegen seine eigene Familie aussagen müssen. Doch in drei Jahren Isolationshaft hatte er genug Zeit zum Nachdenken gehabt.

Gancis Rechtsanwältin Lucia Falzone ist jung, klug, hübsch und ehrgeizig. Da sie zu den wenigen Rechtsanwälten gehört, die sich auf die Verteidigung abtrünniger Mafiosi spezialisiert haben, wächst die Zahl ihrer Mandate stündlich, und sie arbeitet sieben Tage in der Woche bis spät in die Nacht.

Wir trafen uns an einem Sonntagnachmittag in Caltanissetta in Mittelsizilien. Sie hatte ihre Arbeit unterbrochen und saß mir kettenrauchend gegenüber, die unreine Gesichtshaut mit einer dicken Schicht hellen Make-ups überdeckt, während die Menschen um uns herum bereits die ersten Spuren von Sommerbräune zeigten. Vor uns toste der Verkehrslärm, wir saßen im trockenen, staubigen Wind und rührten in unseren Getränken.

Falzones Bewunderung für ihren Klienten war schwer erträglich. Sie beschrieb ihn als belesen, intelligent und höflich; wäre er nicht Mafioso geworden, hätte er ein erfolgreicher Geschäftsmann werden können. Er dachte moderner als die meisten anderen Mafiosi: Er ließ sich von einer Frau vor Gericht vertreten, und das zeigte doch schon eine gewisse fortschrittliche Einstellung.

Ganci zeigte sich enttäuscht und abgestoßen von der Cosa Nostra, insbesondere vom »Boß aller Bosse« Totò Riina. Dessen despotische Herrschaft wurde für seine Fußsoldaten zunehmend unerträglich. »Die jüngere Generation, die Leute zwischen zwanzig und dreißig, sind sehr irritiert. Sie fühlen sich betrogen. Sie finden die Regeln der Cosa Nostra beklemmend; anstatt als Ehrenmänner Freiheit und Macht zu gewinnen, sehen sie sich einer Tyrannei unterworfen. Es wird ihnen befohlen, immer schlimmere, sinnlose Verbrechen zu begehen, und sie haben immer weniger das Gefühl, daß der Grund für diese Verbrechen irgend etwas mit ihnen zu tun hat. In den frühen achtziger Jahren, während der Mafia-Kriege, wußten sie, wer der Feind war, und sie wußten, daß sie töten mußten, weil sonst sie getötet worden wären. Jetzt wissen sie nicht mehr, wofür sie töten.«

Ganci wurde 1980 mit gerade zwanzig Jahren in die Ehrenwerte Gesellschaft aufgenommen. Da er aus einer Mafia-Dynastie stammte, hatte er kaum Wahlmöglichkeiten. »Die Söhne seines Vaters mußten Mafia-Mitglieder werden. Seine Entscheidung, mit der Justiz zusammenzuarbeiten, ist zum Teil dadurch motiviert, daß er seine eigenen Söhne aus der Familientradition befreien will. ›Selbst wenn meine Frau mit meiner Entscheidung nicht einverstanden ist und nichts mehr mit mir zu tun haben will‹, sagte er mir, ›werden meine Jungs jedenfalls für immer als Söhne eines *pentito* gebrandmarkt sein, und damit bleibt die Mafia für sie verschlossen.‹«

Nachdem Ganci seiner Frau gestanden hatte, daß er der Mörder ihres Vaters war, sagte er zu ihr: »Du kannst mich verlassen. Ich würde es verstehen.«

Isabella, die ihrem Mann drei Jahre lang von einem Hochsicherheitsgefängnis zum nächsten gefolgt und einmal im Monat auf den unzugänglichsten und unwirtlichsten Inseln Italiens aufgetaucht war, brach zusammen und schluchzte: »Was haben sie uns nur angetan?«

Als Tochter und Enkelin eines Mafioso muß sie gewußt haben, was ihr Ehemann war. Wahrscheinlich hatte sie sogar vermutet, daß er etwas mit dem Mord an ihrem Vater zu tun hatte. »Schon möglich, daß sie es wußte«, stimmt seine Rechtsanwältin mir zu. »Aber es aus seinem Mund zu hören war doch etwas anderes. Die Ehefrauen von Mafiosi sind Komplizinnen. Sie stellen keine Fragen, die meisten billigen alles stillschweigend. Es ist besser, nicht darüber zu sprechen, dann weiß man es auch nicht so genau. Aber wenn der Mann verhaftet wird, muß sie sich dem stellen, wer er ist und was er getan hat. Nach Gancis Geständnis sagte seine Frau nur einen Satz: ›Ich unterstütze die Entscheidung meines Mannes.‹ Sie war unglaublich stark. Sie liebt ihn wirklich.«

Wenn ein Mafia-Killer gesteht und bereut, geht eine Verwandlung vor sich, die zum Teil eine Folge des katholischen Erbes ist, und er wird in den Augen der gesetzestreuen Gesellschaft zum Helden. Doch für die Frau, die über all die Jahre des Jagens und Tötens an seiner Seite stand, geht die Verwandlung genau in die umgekehrte Richtung: Wenn er gesteht, sieht sie zum ersten Mal, wie schlecht er in Wahrheit ist.

Die Cosa Nostra hat ihre eigene, hermetische »Logik«, mit der sich noch der Mord am besten Freund oder gar an einem Kind rechtfertigen läßt. Angesichts von Tod, Verrat und Geständnis scheinen die Männer und Frauen der Mafia aus einer Art tiefer Trance zu erwachen. Frauen, die wußten, daß ihre Männer Killer sind, sind schockiert, wenn sie es mit eigenen Ohren hören. Männer, die glaubten, sie würden recht handeln, brechen zusammen, wenn sie erkennen müssen, daß es nicht so war.

Für Ganci, den es von Berufs wegen mit großer Befriedigung erfüllt haben muß, wenn er sah, wie Blut aus dem Kopf eines Menschen spritzte, war die Entführung und Ermordung des 13jährigen Giuseppe Di Matteo der Wendepunkt. Die Nachricht von dem sinnlosen, brutalen Verbrechen veränderte den Blick aus seiner Hochsicherheitszelle vollkommen. »Ich weiß, wie es ist, jemanden zu erdrosseln, weil ich es mit meinen eigenen Händen getan habe«, sagte er seiner Anwältin. »Wie könnte ich meinem Sohn jemals wieder in die Augen schauen, wenn ich ein Kind erdrosselt hätte?«

Ironischerweise nahm Gancis Sohn den Gesinnungswandel seines Vaters sehr schlecht auf. Die Kinder von abtrünnigen Mafiosi werden oft zu Außenseitern, die Mitschüler hacken auf ihnen herum und machen ihnen das Leben schwer. Bevor Ganci auspackte, profitierten seine Kinder, ein 11jähriger Junge und ein 14jähriges Mädchen, von dem Ruhm, einen Mafia-Boß zum Vater zu haben. Der

Junge konnte es nicht fassen, daß sein angebeteter Vater, für ihn ein Held, nun ein *infame* war, ein Verräter, ein Aussätziger.

Der erste italienische Mafioso, der abtrünnig wurde, war der unglückliche Leonardo Vitale. Nach seiner Verhaftung 1974 beschloß er auszupacken (siehe Kapitel 2). Man glaubte ihm nicht, er wurde für verrückt erklärt und in eine Anstalt eingewiesen, wo ihn seine ehemaligen Komplizen endgültig zum Schweigen brachten.

Ein großer Durchbruch gelang den italienischen Spezialisten im Kampf gegen das organisierte Verbrechen, als Richter Giovanni Falcone 1984 den Sizilianer Tommaso Buscetta aus Brasilien zurück nach Italien brachte und mitteilte, der einst mächtige Boß der Cosa Nostra habe beschlossen zu reden.

Als Buscetta in Brasilien verhaftet wurde, war er auf der Flucht vor der Mafia und vor der amerikanischen Justiz. Seine Rivalen in der Mafia hatten, da sie ihn nicht fassen konnten, damit begonnen, systematisch seine Familie auszurotten. Brasilianische Polizisten hatten ihm die Fingernägel herausgerissen, um ihn zu dem Geständnis zu bringen, daß er der Kopf eines international agierenden Heroinhändlerrings war, aber sie hatten kein Wort aus ihm herausbekommen. Erst als Falcone persönlich hinflog und Buscetta verhörte, begann er langsam zu reden. Menschen aus dem Umkreis von Buscetta sagten, eine Person habe eine Schlüsselrolle gespielt bei seiner Entscheidung, mit den Behörden zusammenzuarbeiten – seine Frau.

Bereits als aufstrebender junger Mafioso in Palermo hatte sich Buscetta geradezu als zwanghafter Frauenheld gezeigt, später bekam er deswegen Schwierigkeiten mit der Kommission. Mit sechzehn war er ehrgeizig und ruhelos und umwarb ein schönes Mädchen aus der Nachbarschaft namens Melchiorra Cavallaro. Sie trafen sich heimlich, Melchiorra wurde schwanger, und 1946 heirateten sie. Doch schon nach vier Monaten langweilte Buscetta das Eheleben, und er ging nach Turin. Im Dezember kehrte er wieder nach Palermo zurück, gerade rechtzeitig zur Geburt seiner Tochter.[2]

Aber er hielt es nicht lange an einem Ort aus. Mit achtzehn war er bereits offizielles Mitglied der Cosa Nostra und handelte mehr oder weniger nach seinem eigenen Kopf. Mitte der fünfziger Jahre reiste er unter verschiedenen Decknamen zwischen Italien und den Vereinigten Staaten hin und her, knüpfte Kontakte zu Heroinhändlern – und zu anderen Frauen. Unter einem falschen Namen ließ er sich in Mexiko nieder, seine sizilianische Geliebte Vera Girotti folgte ihm. Von Mexiko zogen die beiden nach New York, in den Stadtteil Queens. Eines Tages stand unerwarteter Besuch vor der Tür: seine Frau Melchiorra mit den Kindern. Buscetta ließ sich nicht aus der Ruhe bringen, er suchte für seine Frau eine Wohnung in New York und blieb weiter bei seiner Geliebten.

Die Mafia sieht so etwas nicht gern; eine langjährige Geliebte gilt als Sicherheitsrisiko. Gelegentliche Beziehungen zu schönen Frauen, die den Mund halten, sind in Ordnung und eigentlich ein unerläßliches Statussymbol für einen Gangster, aber längere Beziehungen können zum Problem werden, vor allem, wenn sie zerbrechen und die verlassene Geliebte auf die Idee kommt, über den Umgang ihres Ex-Liebhabers zu plaudern. Die andere, häufig zitierte Mafia-Regel, eine Frau dürfe nicht öffentlich von ihrem Ehemann gedemütigt werden, hat ebenfalls wenig mit Respekt und Rücksicht zu tun, sondern vor allem mit der Angst, daß die Frau aus Wut reden könnte.

Später hieß es, die Mafia-Führung habe Buscetta wegen seines turbulenten Liebeslebens fallengelassen, aber dafür gibt es keinen Anhaltspunkt. Buscettas Anwalt Luigi LiGotti sagt, Buscetta habe sich nie um Regeln gekümmert. »Buscetta ist ein außergewöhnlicher Mensch. Seit jeher tut er, was er will. Er hat nie um Erlaubnis gefragt: Er wußte, er würde sie nicht bekommen, und so hat er einfach gehandelt und ist damit durchgekommen. Er hat Geliebte gehabt, es gab Eifersuchtsszenen, die Frauen stritten sich um ihn – und trotzdem gehörte er immer zur Cosa Nostra.«[3]

Nachdem Buscetta in Italien und Amerika auf den Fahndungslisten stand, fuhr er nach Mexiko und ließ sich von Chirurgen ein neues Gesicht verpassen. Wenn man Fotos von »vorher« und »nachher« vergleicht, ist kaum ein Unterschied zu erkennen. Nicht einmal seine Kinder merkten eine Veränderung. Aber die Sache begründete einen Mythos: Er wurde zu dem Unsichtbaren, dem Meister der tausend Verkleidungen. Sein Ruf verbreitete sich rasch.

Während der Mafia-Kriege in Palermo, als die Mitglieder seiner Familie systematisch abgeschlachtet wurden, munkelten die Menschen, er werde unerkannt nach Palermo zurückkehren und seine Feinde vernichten, womöglich sei er schon mitten unter ihnen.

Im Jahr 1971 wurde Buscetta aus den Vereinigten Staaten ausgewiesen, doch er betrieb seine Drogengeschäfte weiter und dehnte sie sogar noch aus. Er reiste häufig nach Paraguay und ließ sich schließlich in Brasilien nieder. Cristina Guimaraes lag eines Tages am Strand von Copacabana in der Sonne, als sie merkte, daß ein Mann sie anstarrte. Sie war damals neunzehn, blond und hübsch, er war fünfundvierzig, untersetzt, mit breitem Gesicht und hervortretenden Augen. Sie war die Tochter eines erfolgreichen brasilianischen Anwalts, sprach fünf Sprachen und studierte Jura. Er gefiel ihr, und ihre Familie nahm ihn mit offenen Armen auf. Sie zogen zusammen, er arbeitete für ihren Bruder, einen Versicherungsmakler. Später fand sie heraus, daß er verheiratet war, nicht mit einer Frau, sondern mit zwei Frauen. Und daß er mehrere Kinder hatte.

Kurze Zeit lebten sie in luxuriösen Verhältnissen zusammen. Doch im darauffolgenden Jahr wurde Buscetta von der brasilianischen Polizei verhaftet und auf der Grundlage einer Anklage wegen Mordes nach Italien überstellt. Er saß fünf Jahre im Ucciardone-Gefängnis in Palermo, wohin ihm sein Ruf bereits vorausgeeilt war: Als hochrangiger Mafioso genoß er komfortable Haftbedingungen; so wurde das Essen für ihn von den Spitzenrestaurants der Stadt geliefert, und die anderen Gefangenen bedienten ihn. Während der Haft heiratete er Cristina.

Nach der Haftentlassung ignorierte er die Bewährungsauflagen und floh mit einem falschen Paß nach Brasilien, bevor seine Feinde ihn aufspüren konnten. Cristina und die Kinder folgten ihm, und sie ließen sich auf einer Farm im Amazonasbecken nieder.

Der blutige Mafia-Krieg endete damit, daß die Corleonesi die Macht über die Clans von Palermo übernahmen; das galt auch für Buscettas Familie aus Porta Nuova. Während Buscetta in Südamerika ein angenehmes Leben führte, rotteten seine Feinde in Sizilien seine Familie aus. Im September 1982 verschwanden seine beiden Söhne Benedetto und Antonio. Dann wurden sein Schwiegersohn, sein Lieblingsbruder und sein Neffe in Palermo erschossen. Als Buscetta von den systematischen Morden an seinen Familiemitgliedern erfuhr, tauchte er mit seiner neuen Familie unter. Auf der Flucht vor den Killern der Cosa Nostra wurde er von der brasilianischen Drogenfahndung festgenommen.

Die Vereinigten Staaten und Italien stritten um seine Auslieferung, die Brasilianer folterten ihn. Cristina sprach unterdessen immer wieder bei der amerikanischen Botschaft vor und bat darum, daß er nicht nach Palermo zurückgeschickt würde, wo die Mafia auf ihn lauerte und ihn mit Sicherheit umbringen würde und wo sie und ihre Kinder aller Wahrscheinlichkeit nach ebenfalls in Gefahr wären.

Cristina wird immer als eine kluge Frau beschrieben. Sie muß gewußt haben, auf was sie sich einließ, als sie Tommaso Buscetta im Hochsicherheitsgefängnis von Palermo heiratete. Einer Quelle zufolge stammt sie aus ähnlichen Verhältnissen wie er: Ihr Vater, der Anwalt »mit mächtigen politischen Freunden und zweifelhaftem Ruf«, trug immer eine Waffe bei sich.[4]

Von der Polizei und der Mafia gleichermaßen in die Enge getrieben, begann Buscetta schließlich über den Schutz seiner Familie nachzudenken. Doch zu Hause in Sizilien setzte er sich moralisch aufs hohe Roß und behauptete, dies sei nicht mehr die Ehrenwerte Gesellschaft, der er sich als junger Mann angeschlossen habe. Warum sollte er mit seinem Schweigen eine Organisation schützen, die vergessen habe, was der Begriff Ehre bedeute?[5] Die Mafia, so sagte er, werde »nicht mehr von den Prinzipien der Ehrlichkeit und moralischen Aufrichtigkeit geleitet, wie ich einst glaubte, sondern ist in Wahrheit nur eine Verschwörung mit dem einzigen Ziel, zu verhindern, daß ihre Mitglieder erwischt werden, wenn sie Verbrechen begehen«.[6]

Antonio Manganelli war damals Ermittler bei der Polizei und arbeitete mit Falcone zusammen, später übernahm er die Leitung der für den Schutz der *pentiti* zuständigen Spezialabteilung. (Inzwischen ist er Polizeichef von Palermo.) Das Phänomen des *pentitismo* hatte eine derart große Bedeutung gewonnen, daß man Manganelli nur mit einer Sondergenehmigung des Innenministeriums besuchen konnte – eine bürokratische Odyssee mit Stapeln von Formularen. Sein Büro in einem öden Betonbau hinter der südlichsten Haltestelle der U-Bahn von Rom wurde von Polizisten mit Maschinengewehren bewacht.

Manganelli ist freundlich, sonnengebräunt, sehr gepflegt und äußerst zuvorkommend. Er zweifelt nicht daran, daß Cristina für Buscettas Gesinnungswandel verantwortlich war. »Hinter Buscetta, dieser charismatischen Persönlichkeit, steht eine wirklich bemerkenswerte Frau. Sie hat begriffen, daß die Zusammenarbeit mit der Justiz die einzige Möglichkeit ist, und sie hat ihn gebeten, es zu tun. Sie ist eine außergewöhnliche Frau, ohne Zweifel viel gebildeter als die meisten Mafia-Ehefrauen ... Sie denkt rational, konkret und effizient – für ein Problem muß es eine klare Lösung geben.

Sie hat viel für ihn getan. Sie hat seine Kinder aus früherer Ehe adoptiert, sie nach Brasilien geholt in ein neues Leben, und sie hat ihre eigenen beiden Kinder großgezogen – sehr gut, wie ich finde ... Die ganze Zeit, als er in Brasilien war und in Italien, mußte sie allein zurechtkommen ... Als ich sie kennenlernte, hielt sie seine verstreute Familie zusammen, und sie lebte genau wie jede andere amerikanische Ehefrau. Sie sprach perfekt Englisch, studierte und arbeitete als Übersetzerin.«

Das amerikanische Zeugenschutzprogramm ist dazu da, Menschen verschwinden zu lassen. Es funktioniert hervorragend, solange jemand kein berühmtes Gesicht hat. Buscetta war so bekannt, daß seine Frau so gut wie keine Chance hatte, ein neues Leben anzufangen.

»Vor kurzem lebte sie in einer amerikanischen Kleinstadt, wo niemand je von der Mafia gehört hatte und wo es eigentlich hätte ausgeschlossen sein sollen, daß jemand herausfinden könnte, wer sie war. Es ging ihr gut dort. Eines Abends lief im Fernsehen eine Sendung über die Mafia. Zu Beginn und am Ende der Werbeunterbrechung wurde ein Logo eingeblendet, ein einziges Bild: Buscettas Gesicht. Noch am selben Abend rief die farbige Nachbarin von gegenüber an: ›Hallo, wir haben Ihren Mann im Fernsehen gesehen! Er ist ja berühmt!‹ Am nächsten Tag mußte Cristina mit ihrer Familie die Stadt verlassen.«

Buscetta wurde der berühmteste Kronzeuge aller Zeiten. Doch allmählich verblaßt sein Ruhm, und andere, jüngere Abtrünnige treten hervor. »Buscetta liebt das Rampenlicht«, erzählt sein Anwalt Luigi LiGotti. »Er sagt immer: ›Am schlimmsten wird der Tag sein, wenn sie die Scheinwerfer ausmachen.‹ Andere *pentiti* sind mittlerweile wichtiger als er. Er hat alles gesagt, was er zu sagen hatte.«

Buscetta ist ein Meister der Selbstdarstellung, und lange Zeit pflegte er die Aura des Geheimnisvollen. Vor kurzem zeigte ein populäres italienisches Magazin ein Bild von ihm »nach zehn schmerzhaften Stunden« unter dem Messer des plastischen Chirurgen – die Operation diente eindeutig mehr der Verjüngung als der Veränderung seines Aussehens.

Cristina, die über Jahre die Familie zusammengehalten hat, leidet heute an nervöser Erschöpfung. Im Jahr 1995 war sie krank, sie hatte Schwierigkeiten beim Gehen. Ihr Mann beschloß, mit ihr und ihrem Sohn eine Kreuzfahrt zu unternehmen, damit sie auf andere Gedanken käme. Ebenfalls an Bord war ein Reporter des Klatschblattes *Oggi;* er entlockte dem vermeintlich anonymen Top-Kronzeugen ein Interview und Fotos – und löste damit einen landesweiten Skandal aus. Kaum hatte das Schiff angelegt, hievte ein Polizeihubschrauber drei Passagiere von Bord und entschwebte mit ihnen an einen sicheren Ort.

Der Gott der Mafia ist durch und durch der Gott des Alten Testaments. Die Cosa Nostra stand immer über Blutsbanden, und gelegentlich muß ein Mafioso seine Loyalität durch die Ermordung eines geliebten Familienmitglieds unter Beweis stellen. Doch wenn der Mafia-Clan nicht mehr vertrauenswürdig ist, wendet sich der Mafioso in der Regel Frau und Kindern zu. Wenn er begriffen hat, daß er sein ganzes Leben lang ein Sklave war, will er nicht, daß seine Kinder genauso versklavt werden. Unglücklicherweise gelangen die meisten Mafia-Mitglieder zu diesem Schluß erst dann, wenn ihre kriminelle Laufbahn zu Ende ist.

Nino Calderone war ein mächtiger Mafioso. Sein Bruder Pippo leitete die Kommission, und das sicherte Nino Respekt in Catania. Nino besaß zwei Tankstellen und einen Ersatzteilhandel für Automotoren und betrieb eine Reihe illegaler Importgeschäfte, mit denen die Drogengeschäfte des Clans finanziert und die Gewinne daraus gewaschen wurden. Nino und seine Frau Margherita Gangemi verbrachten die Sonntage und die Ferien regelmäßig mit ihren Freunden Nitto Santapaola, dem *capo* von Catania, und seiner Frau Carmela Minniti. Die beiden Ehepaare waren wechselseitig Taufpaten ihrer Kinder und damit quasi miteinander verwandt.

Im Jahr 1978 wurde Pippo bei Kämpfen um die Vorherrschaft umgebracht. Nino Calderone machte zunächst weiter wie bisher, er hoffte, seine Freundschaft mit Santapaola würde ihn schützen. Eines Abends, nicht lange nach Pippos Tod, schauten die Calderones bei den Santapaolas vorbei, wie üblich unangekündigt. Carmela war zu Hause, doch sie wirkte seltsam verschlossen und nervös. Sie sagte, ihr Mann sei weggegangen und es tue ihr leid, sie könne sie nicht zum Abendessen einladen, weil Handwerker da seien, und überdies habe sie nichts zum Essen im Haus.

Der ungewohnt kühle Empfang bestätigte Calderones schlimmste Befürchtung: daß sein Freund seinen Bruder getötet hatte. Er begriff, daß Santapaola ihn nun ebenfalls töten würde. »Und nicht nur mich. Mir wurde klar, daß Nitto, mein Freund, dessen Frau die Freundin meiner Frau war, mich gut kannte und wußte, daß er, wenn er die Sache richtig machen wollte, meine Frau ebenfalls umbringen mußte. Es war offensichtlich, daß ich ihr immer alles erzählte.«[7]

Nino beschloß zu fliehen. Er machte sich auf nach Südfrankreich. Seine Frau blieb noch in Catania, regelte die finanziellen Angelegenheiten, kümmerte sich um die Kinder, packte dann das Allernötigste zusammen und bemühte sich dabei, niemanden merken zu lassen, daß die Familie ihre Zelte abbrach.

Sie ließen sich in Nizza nieder. Der ehemalige Mafia-Boß mietete einen Laden und eröffnete eine Wäscherei – nun wusch er Kleidungsstücke, nicht mehr Drogengeld. Trotz ihrer finanziellen Schwierigkeiten und ihres bescheidenen Lebensstils war er unwahrscheinlich glücklich. Vielleicht wollte er nicht darüber nachdenken, was es bedeutete, daß seine Mafia-Karriere zu Ende war, er war einfach stolz darauf, daß er seine Familie aus einem Leben im Banne der Mafia befreit hatte. Auf die Frage seiner Tochter, wann sie wieder nach Hause zurückkehren würden, antwortete er: »Du bist doch jetzt ein großes Mädchen, du weißt, wer ich in Catania war. Wenn wir dort geblieben wären und jemand wie ich, ein Mafioso, um deine Hand gebeten hätte, hätte ich einwilligen müssen ... nun kannst du heiraten, wen du willst. Du mußt keinen Mafioso heiraten, mußt nicht immer auf der Flucht sein, versteckt leben, immer Angst haben.«[8]

In ihrem neuen Leben gab es auch Schreckensmomente. Eines Tages betrat Pino Greco, ein bekannter Killer aus Palermo, der damals in Nizza lebte, ihre Wäscherei und brachte eine Hose. Calderone duckte sich schnell hinter die Waschmaschine. Er hatte keine Ahnung, ob Greco seinetwegen kam oder ob er einfach nur seine Hose reinigen lassen wollte. Die Hose sollte am Donnerstag fertig sein, und Calderone machte sich den ganzen Tag hinten im Geschäft unsichtbar. Schließlich tauchte Greco auf, Margherita warf die Hose auf den Tresen und berechnete ihm einen lächerlich hohen Preis für die Reinigung. »Was«, protestierte Greco, »soviel für eine einzige Hose? Hierher komme ich nicht mehr.«

»Das ist mir egal«, erwiderte Margherita. »Soviel kostet es, und wenn Ihnen das nicht paßt, brauchen Sie nicht mehr zu kommen.« Und er kam nicht wieder.[9]

Im Jahr 1984, während Calderone und seine Frau sich in Nizza mühsam ehrlich durchs Leben schlugen, enthüllte Tommaso Buscetta die Geheimnisse der jüngsten Geschichte der Cosa Nostra. Wenig später wurde gegen Calderone Haftbefehl erlassen. Die Polizei war dem Ehepaar auf der Spur und hörte die Telefongespräche ihrer Verwandten in Sizilien ab. Bei einem Gespräch mit ihrer Mutter erwähnte Margherita ein paar Dinge, die Rückschlüsse auf ihren Aufenthaltsort zuließen. Im Jahr 1986 wurde Calderone festgenommen und kam in Marseille in Auslieferungshaft.

Die Mafia spürte Calderone in Marseille auf. Nach etlichen deutlichen Morddrohungen, darunter dem Versuch, ihn in seiner Zelle bei lebendigem Leib zu verbrennen, war er mit den Nerven am Ende. Es war klar, daß er nach der Auslieferung an Italien den Weg von seiner Zelle ins Gerichtsgebäude nicht überleben würde. Margherita und die Kinder waren unterdessen aus ihrer Wohnung in Nizza geflohen, denn auch ihnen hatten sich die Killer der Mafia an die Fersen geheftet. Im Dezember 1986 erhielt Richter Giovanni Falcone einen Anruf aus Frankreich. Eine Frau meldete sich: »Mein Name ist Margherita Gangemi. Mein Mann, Antonino Calderone, möchte mit Ihnen sprechen.«

Ein paar Tage später trafen Manganelli und Richter Falcone zum Verhör des jüngsten Abtrünnigen in Frankreich ein. Manganelli wußte, daß es von entscheidender Bedeutung war, das Vertrauen der Ehefrau eines Aussagewilligen zu gewinnen, und so arrangierte er ein Treffen mit Margherita am Abend zuvor. Sie war in erkennbar schlechter Verfassung. Die Frau eines einst mächtigen Mafioso mußte jetzt die Treppen von Wohnblocks schrubben, damit ihre Kinder etwas zu essen hatten.

Am nächsten Tag gingen Manganelli und Falcone zu Nino Calderone, doch der wollte, bevor er etwas sagte, erst mit seiner Frau sprechen. Da niemand wußte, wo sich Margherita aufhielt, saßen sie den ganzen Tag, Stunde um Stunde, in drückendem Schweigen zusammen, bis man sie schließlich fand. Nino und seine Frau führten ein langes, ernstes Gespräch, und dann erklärte Calderone, daß die Zusammenarbeit nun offiziell beginnen könne.

Dies alles geschah lange bevor es ein Gesetz gab, das aussagewilligen Mafiosi ein Grundeinkommen und eine Unterkunft sicherte, und so mußten Manganelli und seine Mitarbeiter improvisieren. »Wir verhörten Calderone jeden Monat eine Woche lang. Eines Tages, kurz vor der Abreise aus Frankreich, wohin wir erst in drei Wochen wieder zurückkehren würden, wurde uns auf einmal klar, daß wir Signora Calderone mit drei Kindern und einem Hund buchstäblich ohne jeden Bissen zurückließen. Sie ist sehr stolz und hätte uns ohne ein Wort gehen lassen. Ich sagte zu ihr: ›Hier ist ein Vorschuß für die nächste Unterredung mit Ihrem Mann.‹ Es war gar kein Vorschuß, es war Geld aus unserer Tasche.«[10]

Calderone wurde nach Italien gebracht, wo er als Zeuge aussagen und den Rest seiner Strafe verbüßen sollte. Er war deprimiert, verbittert und haderte mit sich. Jedesmal, wenn er zum Verhör aus dem Gefängnis in ein sicheres Haus gebracht wurde, erwartete ihn dort seine Frau mit ihrem jüngsten Kind. »Daß sie kam, war jedesmal ein Zeichen des Vertrauens, es gab ihm wieder Auftrieb«, erinnert sich Manganelli.

Das Geld blieb ein Problem, Margherita hielt die Familie mit eiserner Willenskraft über Wasser. »Sie arbeitete tagsüber als Kindermädchen, und abends ging sie zu einem alten Ehepaar. Nach der Arbeit kochte sie zu Hause Abendessen für die Kinder, und dann war sie die ganze Nacht auf den Beinen, kümmerte sich um alte Leute, die sie keine zehn Minuten alleine lassen konnte. An den Wochenenden kochte sie in einem Pfadfinderlager für 200 bis 300 Leute. Und am Montag ging alles wieder von vorne los. Sie hatte keine Minute Ruhe und schlief buchstäblich nie.«

Nach Calderones Entlassung aus dem Gefängnis wollten sie in die USA gehen. Es war bereits alles vorbereitet, Papiere und Flugtickets lagen bereit, da sagten übereifrige Kriminalbeamte ihnen, sie dürften ihren Hund nicht mitnehmen. Doch ohne den Hund wollten sie nicht gehen. Manganelli kümmerte sich persönlich darum, daß die Familie, wie geplant, ein neues Leben beginnen konnte, mit ihrem Hund. »Man kann sich gar nicht vorstellen, wie schlimm es für die Leute ist, wenn sie alles zurücklassen müssen und in eine ungewisse Zukunft gehen in einem unbekannten Land. Natürlich konnten sie sich von dem Hund nicht trennen, nach allem, was sie durchgemacht hatten.

Inzwischen haben die Kinder dank Margheritas unermüdlichen Anstrengungen alle ihren College-Abschluß gemacht«, erzählt Manganelli. »Für mich sind sie das beste Beispiel, wie eine Mafia-Familie sich ein normales Leben aufgebaut hat.«

Es war ein langer Weg vom rauschenden gesellschaftlichen Leben der Mafia-Kreise von Catania, den Ferien am Ionischen Meer, den großen Festen bei Hochzeiten und Taufen. Anstatt im Kreis von 500 luxuriösen Gästen zu speisen, kocht Margherita Gangemi heute für 300 Leute und wird nach Stunden bezahlt. Der Entschluß ihres Ehemannes, mit der Justiz zusammenzuarbeiten, stellte auch sie vor einige schwierige Entscheidungen. Vor kurzem starb ihre Mutter, und sie fuhr nicht nach Catania zur Beerdigung: Sie wußte, daß ihre Anwesenheit der Verwandtschaft nur Schwierigkeiten bereitet hätte.

Margherita Gangemi scheint von Natur aus eine bescheidene, hart arbeitende Frau zu sein. Was bedeutete für sie das Leben an der Seite eines mächtigen Mafia-Bosses? »Er war ja kein Killer, der abends das Haus verläßt und jemanden umbringt«, meint Manganelli. Er hatte seine Tankstellen und seine Bar – es war ja nicht so, als hätte sie einen Gangster geheiratet –, sie war die Ehefrau eines Geschäftsmannes. Er hat die Drogengeschäfte des Clans finanziert. Das ist saubere Arbeit – das heißt, es schien saubere Arbeit zu sein, er lief nicht herum und erwürgte Leute.

Ja, ihr war schon klar, daß die Mafia hinter all dem stand, sie wußte, daß er ein wichtiger Mann war. »Aber es ist anders, als wenn man mit einem Dieb verheiratet ist, der sich jeden Abend auf den Weg macht und in Häuser einbricht. Es ist leichter, so zu tun, als sähe man das Böse nicht, das sich dahinter verbirgt.«

Die italienische Version des Zeugenschutzprogramms hinkt, wie Manganelli einräumt, dem amerikanischen Marshal Service um Jahre hinterher. In den späten achtziger Jahren, als immer mehr desillusionierte Mafiosi der Organisation den Rücken kehrten, steckte der Zeugenschutz noch in den Kinderschuhen. Um die Frage, wie mit »reuigen« Mafiosi zu verfahren ist, gibt es eine Kontroverse. Warnende Stimmen weisen darauf hin, daß eine Kronzeugenregelung von bequemen Ermittlern mißbraucht werden kann, die allzu leicht bereit sind, einem Abtrünnigen, auch wenn er eigennützige Ziele verfolgt, jedes Wort zu glauben und ihre Ermittlungen ausschließlich darauf aufzubauen. In einigen Fällen wurde Ermittlern vorgeworfen, sie seien in ihrer verbohrten Jagd nach Beweisen unnötige Risiken eingegangen.

Im September 1978 heiratete Francesco Marino Mannoia, ein harter, ehrgeiziger Mafioso aus Palermo, Rosa, die Tochter des Mafia-Bosses Giuseppe Vernengo. Es war nichts Außergewöhnliches, daß ein aufstrebender junger Mafioso seine Aussichten durch die Einheirat in eine der großen Dynastien verbesserte. Eher außergewöhnlich war an diesem Fall, daß Marino Mannoias langjährige Freundin Rita Simoncini ihm kurz vor der Hochzeit eröffnet hatte, daß sie schwanger war. Marino Mannoia hatte nicht die Absicht, seine Geliebte aufzugeben, und begann ein Doppelleben. Seine Freundin lebte in seiner Nähe, seine Frau in Palermo, und nach der Geburt der Tochter Cristina wurde die Beziehung zwischen ihm und Rita noch enger. Rita hatte einen festen Platz in seinem Leben: Marino Mannoias Mutter liebte sie sehr, seine jüngere Schwester Enza war ihre beste Freundin und Vertraute in einer Zeit, die für sie sehr schwer gewesen sein muß.

Marino Mannoia raffinierte mit großem Geschick Heroin für die *cosca* oder Zelle von Palermo – angeführt von dem Triumvirat Rosario Spatola, Stefano Bontade und Salvatore Inzerillo –, die beinahe ausgerottet worden wäre, als Totò Riina 1982 die Macht übernommen hatte. Marino Mannoia gelang es, dem Massaker zu entkommen, und mit kalter Professionalität wechselte er in Riinas Dienste. Riina fand in ihm einen hervorragenden Soldaten: hart, ernsthaft, unergründlich – ein Mafioso der alten Schule. Und ein ausgezeichneter Chemiker.

Den Putsch hatte Marino Mannoia unbeschadet überstanden, doch im Januar 1985 wurde er verhaftet. Im Frühjahr 1989, immer noch im Gefängnis, erfuhr er, daß sein Bruder Agostino – sein engster Verbündeter und Informant innerhalb der Mafia – verschwunden war. Die Polizei fand sein Auto, die Sitze über und über mit Blut besudelt, von Agostino keine Spur. Als man der Familie die Nachricht überbrachte, zuckte seine Mutter, eine harte Frau mit einem instinktiven Mißtrauen gegenüber der Polizei, mit keiner Wimper. Sie schwieg lange, und dann sagte sie nur: »Wenn er zurückkommt, gut. Wenn nicht, Geduld.«[11]

Die Schwester und die Tante von Francesco Marino Mannoia waren beide in Machenschaften der Mafia verwickelt: Wenn ein Mord vorbereitet wurde, versteckten die Killer ihre Waffen gern zwischen ihren Putzlappen oder in der Schublade mit der Unterwäsche. Nach Marino Mannoias Verhaftung besuchte ihn seine Schwester jede Woche im Gefängnis und hielt ihn über alle Vorgänge in der Nachbarschaft auf dem laufenden. Sie kannte alle und jeden und konnte ihm genau erzählen, welche Allianzen in seiner Abwesenheit geschlossen und welche Pläne geschmiedet wurden.

Marino Mannoias Anwalt berichtet, Rita habe, während er im

Gefängnis saß, kontinuierlichen, subtilen Druck auf ihn ausgeübt. Sie habe ihn aus der Mafia-Familie, in die er eingeheiratet hatte, und aus dem Morden, das um ihn herum geschah, herausholen wollen. Die Corleonesi lauerten unterdessen auf das geringste Anzeichen, daß er beabsichtigen könnte auszupacken. Schließlich traf er die Entscheidung dann tatsächlich – eine schreckliche Qual für einen Mafioso mit seinen Skrupeln, seiner Disziplin, seiner harten Haltung –, und er ließ sie Falcone durch die einzige Person mitteilen, der er vertraute.

Es war ein Spätnachmittag im September 1989, als Rita Simoncini in das Gebäude kam, in dem die Polizeichefs Gianni De Gennaro und Antonio Manganelli ihre Büros hatten. »Diese Frau tauchte auf und sagte, sie wolle mit uns sprechen. Sie hatte ihre Tochter bei sich. Wir begriffen, daß die Situation ziemlich ernst war, und so baten wir die Sekretärin, mit dem Mädchen eine Pizza essen zu gehen. Wir redeten bis spät in den Abend. Sie ging erst, nachdem wir ihr zugesichert hatten, daß alles strikt geheim bleiben und daß Richter Falcone ihren Mann so bald wie möglich persönlich verhören würde. Im Hinausgehen fragten wir sie, was sie jetzt vorhabe, ob sie nach Sizilien zurückfahren werde, und sie antwortete: ›Nein, ich habe mir ein Hotelzimmer in der Nähe des Bahnhofs genommen, dorthin gehe ich jetzt.‹

Uns gefiel das nicht, denn vielleicht hatte sie jemandem erzählt, wohin sie gehen wollte. So brachten wir sie und ihre Tochter in ein Haus, das wir bei verdeckten Ermittlungen verwendeten. Dort stand ein Bett, Bettzeug holte ich bei mir zu Hause. Am nächsten Morgen begleiteten zwei unserer Männer Rita Simoncini zu dem Hotel, damit sie ihr Gepäck holen konnte. Der Mann am Empfang sagte zu ihr: ›Ach, Signora, Sie sind gestern abend nicht zurückgekommen. Zwei Männer haben nach Ihnen gefragt. Sie haben die ganze Nacht auf Sie gewartet.‹«

Marino Mannoias Zusammenarbeit mit Giovanni Falcone begann schleppend und dauerte dann mehrere Monate. Dabei enthüllte er Schritt für Schritt, wie Riinas Kriegsmaschinerie funktionierte. Zu seiner Entscheidung, bei den Ermittlungsbehörden auszusagen, hatte beigetragen, daß er sich von seiner Frau trennen und Rita Simoncini heiraten wollte. Seine Frau, die in erster Linie eine Vernengo war und erst in zweiter Linie die Ehefrau Marino Mannoias, willigte in eine Scheidung ein, nachdem ihr Vater seinen Segen gegeben hatte.

Sobald Marino Mannoias Entscheidung gefallen war, wurde seinen Angehörigen Zeugenschutz angeboten. Wie Manganelli berichtet, lehnten sie ab. »Der Grund war einfach: Liebe. Seine Schwester Enza hatte sich kurz zuvor verlobt und wollte nicht aus Palermo weggehen. Die älteren Frauen wollten sie nicht allein zurücklassen.« Die Entscheidung der Frauen ist verblüffend. Sie mißbilligten Marino Mannoias Schritt nicht, aber sie wollten einfach in Palermo bleiben und weitermachen wie bisher. Sie erzählten herum, daß sie mit ihm nichts mehr zu tun haben wollten, und blieben. Entweder glaubten sie, sie könnten seinen Entschluß, auszusagen, geheimhalten, oder sie waren überzeugt davon, daß die Cosa Nostra sie in Ruhe lassen würde, weil sie Frauen waren.

»Wir versuchten sie zu überzeugen«, erzählt Manganelli. »Eine Frau aus unserem Anti-Mafia-Dezernat traf Marino Mannoias Schwester ein paarmal in einem Supermarkt. Sie schoben ihre Einkaufswagen durch das Geschäft, nahmen Lebensmittelpackungen in die Hand und redeten miteinander, ohne sich anzuschauen. Aber sie wollte nichts davon hören, daß sie weggehen sollten. In gewisser Weise waren sie Mafia-Frauen, durch und durch.«

Am 23. November 1989, gut einen Monat nachdem Francesco Marino Mannoia auszupacken begonnen hatte, lauerten Killer seiner Mutter, seiner Tante und seiner Schwester auf, als sie ihr Haus in Bagheria verließen, und mähten sie nieder. Sie starben auf der Straße in einem Meer von Blut und Glassplittern.

Der stellvertretende Chefankläger von Palermo, Guido Lo Forte, ist der Meinung, daß sie sterben mußten, weil sie selbst in Mafia-Unternehmungen verwickelt waren: »Die Frauen hatten sich offiziell von Francesco Marino Mannoia losgesagt, nachdem er abtrünnig geworden war. Doch in Wahrheit halfen sie ihm, überbrachten Botschaften, kümmerten sich um seine finanziellen Angelegenheiten, sein Einkommen, versteckten Waffen für ihn. Giuseppe Lucchese, der Kopf einer rivalisierenden Sippe, fand heraus, daß die Frauen für den Abtrünnigen arbeiteten. Er sagte: ›In dem Haus geben Frauen die Befehle‹, und ließ sie überwachen. Sobald er den Beweis dafür hatte, daß die Frauen für den Überläufer arbeiteten, ließ er sie umbringen.«[12]

Zu den kriminellen Banden, die in den trüben Wassern im Umkreis des Santapaola-Clans in Sizilien fischen, gehört auch der Savasta-Clan, eine Gruppe, die sich ständig zerfleischt und mit neuen Verbündeten und neuen Feinden immer wieder andere Konstellationen bildet; die Todesrate dabei ist hoch. Im Mai 1994 wurde Riccardo Messina, ein Killer, der für die Gruppe mordete, festgenommen und wegen etlicher schwerer Verbrechen unter Anklage gestellt. Als Angehöriger einer kleinen, nicht sehr stabilen kriminellen Bande fühlte er keine besondere moralische Verpflichtung, seine Komplizen zu schützen, und erklärte sich, ermutigt durch seine Ehefrau Liliana Caruso, zur Zusammenarbeit mit den Behörden bereit.

Die Leute wußten, daß die Beziehung zwischen den beiden eng war und daß Messina auf den Rat seiner Frau hörte. Nachdem aus dem Gefängnis nach draußen durchgesickert war, daß Messinas Tagesablauf sich verändert hatte, erhielt Liliana Caruso seltsame Besuche. Sie berichtete später den Justizbehörden von Catania davon.

Erstmals Verdacht schöpfte Liliana bei einem Besuch ihrer Freundin Domenica Micci, die ihre Freundin Santa Vasta mitbrachte. Die beiden Frauen – ihre Männer waren der Chef des Savasta-Clans und dessen Stellvertreter – lächelten, küßten Liliana auf beide Wangen und tätschelten die Kinder. Kaum hatten sie am Küchentisch Platz genommen, fragten sie Liliana, ob sie Neuigkeiten von ihrem Mann habe. Stimme es, daß er reden wolle? Wenn sie Geld brauche, könnten sie helfen – schließlich seien sie ja schon lange gut befreundet. Wenn Liliana ihn verlassen wollte, würden sie es verstehen, sie könnten ihr helfen, von ihm wegzukommen. Wer wollte denn schon mit einem *infame* verheiratet sein?

Lächelnd boten die Frauen ihre Unterstützung an: Es sei ihre Pflicht, die Angehörigen von inhaftierten Mitgliedern der Gruppe zu unterstützen. Sie seien hier, um zu helfen. Mit Lächeln und neuerlichen Umarmungen verabschiedeten sie sich und mahnten Liliana, sie solle über ihr Angebot nachdenken.

Es dauerte nicht lange, und die beiden Damen besuchten sie erneut. Liliana schickte die Kinder hinaus zum Spielen und sagte den beiden, sie irrten sich: Ihr Mann habe nicht die Absicht, die Familie zu verraten, es sei nur Gerede, es gebe keinen Grund, sich Sorgen zu machen, und Geld brauche sie auch nicht. Aus den Gesichtern ihrer beiden Freundinnen wich das Lächeln.

Am nächsten Tag waren sie wieder da. Sie sagten, ihre Ehemänner, der Boß Nino Puglisi und sein zweiter Mann Orazio Nicolosi, würden gerne mit ihr sprechen. Beide Männer lebten versteckt, man werde sie an einen geheimen Ort bringen. Sie könne die Kinder mitnehmen.

Beim nächsten Besuch im Gefängnis erzählte Liliana ihrem Mann davon. Ihm war klar, daß seine ehemaligen Verbündeten versuchen würden, sie zu entführen und womöglich auch die Kinder, um ihn am Reden zu hindern, und so warnte er sie eindringlich, auf keinen Fall zu dem Treffen zu gehen.

Messinas Ehefrau traf sich nicht mit den Bossen in ihrem abgelegenen Versteck auf dem Land, sondern meldete die Drohungen der Polizei. Jedesmal, wenn ihre unfreundlichen Nachbarn wieder vorbeikamen und ihr drohten, berichtete sie davon den Beamten, die gegen den Savasta-Clan ermittelten. Doch obgleich in den alten Gassen von Catania darüber geredet wurde, daß ihr Mann mit der Justiz zusammenarbeitete, erhielten sie und ihre Kinder keinen Polizeischutz.

»Man hat ihr Schutz angeboten«, sagt der Ermittlungsrichter Francesco Puleio, »aber dann hätte sie an einen geheimen Ort im Norden umziehen müssen, und ihr Mann wollte nicht, daß sie und die Kinder weggingen. Er brauchte sie in seiner Nähe.«[13]

Am Nachmittag des 13. Juli 1994, weniger als einen Monat nach Messinas ersten Andeutungen, daß er zur Kooperation bereit sei, machten sich seine Frau und deren Mutter Agata Zuchero auf den Weg, um eine neuerliche Drohung des Savasta-Clans zu melden. Im Hinausgehen fiel Liliana ein, daß sie vergessen hatte, Tee für die Kinder zu kaufen. Sie sagte ihrer älteren, 11jährigen Tochter, sie solle den Korb an der langen Schnur vom Balkon herunterlassen, dann werde sie die Einkäufe hineinlegen, und die Tochter könnte den

Korb wieder nach oben ziehen. Das Mädchen stand auf dem Balkon, den Korb in der Hand, und ließ den Blick abwesend über die Balkone der Nachbarn schweifen, die staubigen Geranien, die gegen die heiße Nachmittagssonne geschlossenen Läden. Auf einmal hörte sie eine Explosion unten auf der Straße. Sie schaute hinunter. Ihre Großmutter lag am Boden. Sie erkannte den Freund ihres Vaters, Nino Puglisi, der über der alten Frau stand und eine Waffe auf sie gerichtet hielt. Sie wandte den Kopf zu dem Lebensmittelladen an der Ecke und suchte ihre Mutter, die wohl gleich herausgerannt kommen würde. Doch statt ihrer Mutter stürzte ein weiterer Freund ihres Vaters, Orazio Nicolosi, aus dem Laden, auch er mit einer Waffe in der Hand, und die zwei Männer liefen davon.

Der Mord an den beiden Frauen war eine Warnung an Messina, den Mund zu halten, vor allem aber war er eine Botschaft an die anderen *pentiti*. Liliana Carusos Mutter stammte aus den Slums von Catania, mit dem organisierten Verbrechen hatte sie nicht das geringste zu tun (ihr Vater war strikt dagegen gewesen, daß sie sich mit einem Mafioso einließ). Durch den Mord an einer Frau, die in keiner Weise mit der Mafia verflochten war, zeigten die Savastas, daß jeder, der den Mund aufzumachen wagte, mit einer Politik der verbrannten Erde rechnen mußte. Es sollte niemand auf die Idee kommen, sich auf die Seite von Verrätern zu stellen.

Doch das Blatt hatte sich gewendet. Im November 1996 wurden der Mafia-Boß Nino Puglisi und sein Stellvertreter Orazio Nicolosi wegen Mordes an Agata Zuchero und Liliana Caruso zu lebenslanger Haft verurteilt. Ihre Ehefrauen Domenica Micci und Santa Vasta erhielten Strafen von jeweils vier Jahren. Riccardo Messina, der Zivilklage gegen die Mörder seiner Frau angestrengt hatte, wurde Schadenersatz zugesprochen.

Riccardo Messina nahm damit ein Rechtssystem in Anspruch, das ihm von seiner Erziehung her fremd war – ein Zeichen, daß er die Grenze zwischen der kriminellen Unterwelt und der »bürgerlichen« Gesellschaft überschritten hat. Doch seine Anwältin läßt durchblicken, daß eine solche Grenzüberschreitung niemals eindeutig sei: Hätte das System ihn enttäuscht, dann hätte er zu Gewalt gegriffen. »Er hätte sich selbst Gerechtigkeit verschafft.«[14]

13
EHEHÖLLE

April Waltomates Verbindung mit der Mafia von Süd-Philadelphia begann, als ihre erste Ehe am Ende war. Sie war ein unkonventionelles Mädchen aus einer ehrbaren katholischen Mittelschichtfamilie, auf das die wilde Seite Süd-Philadelphias einen gewissen Reiz ausübte. Er war ein Gangster, der eine Freundin suchte.

»In der South Street hatte ein neues Spielcasino aufgemacht, und ich ging zusammen mit vier anderen Mädchen hin. Es war am 15. Juni 1982. Der Kerl spendierte mir den ganzen Abend über Drinks. Ich hatte mich gerade erst von meinem Mann getrennt und amüsierte mich mit den Mädchen. Wir wollten uns nicht mit Männern abgeben. Spät am Abend ging ich hinüber und dankte ihm für die Drinks.

Er besorgte sich meine Telefonnummer. Ich wollte sie ihm nicht geben, aber er bekam sie heraus. Und dann rief er ständig bei meinen Eltern an, bis ich notgedrungen mit ihm sprechen mußte. Wir gingen also aus ... Wir gingen an der Küste entlang zum Casino, dort wollten wir essen. Ich hatte mich gerade erst von meinem Mann getrennt, ich hatte kleine Kinder, und ich wollte bestimmt keinen neuen Freund.«

Doch Ron »Cuddles« DiCaprio ließ sich nicht von seinem Ziel abbringen, und April konnte seinem Werben nicht widerstehen. Sie sieht etwas mitgenommen aus, und ihre Wangen sind von durchscheinenden Äderchen gerötet, aber mit ihren blauen Augen, den hohen Wangenknochen und der großen, schlanken Figur wirkt sie recht attraktiv. Sie spricht ein wenig undeutlich, und ihre Stimme schwankt zwischen hohen und tiefen Tonlagen, wie zum Hohn auf ihre frühere Unschuld.

April hatte das College besucht und eine Ausbildung in Buchführung absolviert. Sie wohnte zu Hause bei ihren Eltern und wollte ihr Leben neu gestalten, als ihr Verehrer sie zu den Treffpunkten der Bande im Hafenviertel Süd-Philadelphias entführte. »Wir gingen miteinander aus, in Lokale unten an der Küste, mit seinen Kumpels. Einmal wurden wir gebeten, das Casino zu verlassen. Es war mir so peinlich. Wir waren unerwünscht. Ich kam aus einem so anständigen Milieu, das war etwas völlig anderes ... Ich glaube, Ron fühlte sich zu mir hingezogen, weil ich all das verkörperte, was ihm fehlte. Keiner von denen hatte die Grundschule geschafft. Ich stammte aus einer ehrbaren Familie, hatte eine gute Ausbildung und war als anständiges, katholisches italienisches Mädchen erzogen worden, Sie verstehen ...

Ich dachte, er wäre Buchmacher oder Barkeeper, nichts Besonderes. Er brachte mir das Zahlenspiel [eine illegale Lotterie] bei. So wurde ich also Buchmacherin. Es gefiel mir sehr gut, und ich konnte meine Buchführungskenntnisse gut verwenden. Ich habe großartige Wettgeschäfte gemacht! Es hat mir gefallen.«

Es ist Winter, wir sitzen an einem Ecktisch in einer gemütlichen, aber lauten Bar im ländlichen Pennsylvania und trinken am hellichten Nachmittag Rotwein. April hat mit dem Rauchen aufgehört, doch sie steht auf und kauft mir eine Schachtel Zigaretten. Ein Mann an der Bar, der laut tönend eine nicht enden wollende Geschichte erzählt, redet auf seinen dritten Zuhörer ein.

April, deren Hände rascher gealtert sind als ihr Gesicht und das kurze, rotblonde Haar, hat die Vergangenheit offenbar noch nicht sehr weit hinter sich gelassen. Sie spricht geradezu begeistert über die Anfänge ihrer Affäre mit der Mafia.

In den Beziehungen drehte sich alles um die Bande: Jede Gelegenheit diente den Männern als Vorwand, um sich zu treffen. »Es gab zwei Gruppen: die Ehemänner mit ihren Freundinnen, und die Ehemänner mit ihren Frauen. Ich lernte beide Gruppen kennen. Die Frauen wußten, daß ihre Männer alle Freundinnen hatten, aber ich glaube nicht, daß es ihnen etwas ausmachte. Sie bekamen ihr Geld und gingen einmal die Woche abends aus. Es war ihnen egal, wie ihre Typen die restliche Zeit verbrachten. Hochzeiten waren eine Angelegenheit der Frauen. Sie fanden immer nach dem gleichen Muster statt: entweder an einem Sonntag nach dem Fußball, oder an einem Freitagabend, bevor das Fußballspiel begann.«

Wie April herausfand, dienten Hochzeiten häufig dazu, Mafia-Angelegenheiten abzuwickeln. »Bei einer Hochzeit ging ich zufällig in das Hinterzimmer und platzte mitten in ihre Aufnahmezeremonie hinein. Ein Mann sollte ein neues Mitglied werden. Dazu verbrennen sie ein Stück Papier, ein Seidenpapier, in seiner Hand, und sie stechen ihn in den Finger, daß er blutet, das ganze Ritual eben. Sie standen im Kreis, und ich konnte so etwas wie ein Feuer in der Mitte erkennen. Ich murmelte ›Hoppla, sorry Jungs‹, und verschwand blitzschnell.«

Die Freundin eines Gangsters zu sein war ziemlich anstrengend. April mußte immer gut aussehen. »Wir waren immer sehr herausgeputzt. Jeden Tag. Es war wie ein Job. Am Anfang machte es Spaß, doch man wird es irgendwie leid. Er führte mich in den Laden, und ich probierte alles an. Dann kaufte er die Sachen für mich.« Bei Hochzeiten herrschte ein harter Wettbewerb. Die Ehefrauen, jede behängt wie ein Christbaum, versuchten sich gegenseitig auszustechen und lästerten über Kleider und Schmuck der anderen.

April hatte viel Spaß. »Auf dieser Ebene kannte ich sie als Menschen, nicht als Mörder und Killer und dergleichen. Es waren nette Jungs, müssen Sie wissen, und auch mit den Mädchen war es sehr lustig.«

Der Spaß war jedoch nur von kurzer Dauer. Sieben Monate später veränderte sich alles. Cuddles DiCaprio und sein ständiger Begleiter Joe Rico hatten es sich in den Kopf gesetzt, »groß herauszukommen«. Sie wollten einen Mord begehen, um in die Mafia aufgenommen zu werden. DiCaprio brauchte April, die noch immer bei ihren Eltern wohnte, aus Gründen der Logistik, weil sie intelligenter war als die beiden Männer und weil offenbar nichts sie aus der Fassung bringen konnte. Vor allem aber war sie nicht vorbestraft und hatte eine unverdächtige Adresse. April gesteht, daß sie das Komplott der Gangster einerseits aufregend fand, daß sie andererseits aber zuviel Angst hatte, um Einwände dagegen zu erheben.

»Joe Rico hatte mir einen Schuhkarton und eine Landkarte gegeben und gesagt, ich solle beides verstecken. Der Karton war mit Klebeband zugeklebt. Als Frau habe ich ihn natürlich geschüttelt und gewogen… Dann begriff ich: Verdammte Scheiße, in dem Karton liegt eine Schußwaffe. Ich sah mir die Karte an, konnte aber nichts damit anfangen. Deshalb räumte ich sie weg.

Eines Abends, es war die dritte Januarwoche, erhielt Ron in meiner Wohnung einen Anruf, und dann gingen er und Joe weg. Als sie zurückkamen, fragten sie mich nach dem Karton und der Karte. Ich wußte ja inzwischen, was sich in dem Karton befand. Sie wollten ein Paar Handschuhe von mir. Und sie hatten sich umgezogen. Sie hatten alte Klamotten an, die ich noch nie gesehen hatte – sonst waren sie immer wie aus dem Ei gepellt. Sie nahmen also den Karton und sagten, sie müßten sich um ein Problem kümmern. Ich dachte, sie wollten irgendeinen Kerl einschüchtern … von wegen!«

Über eine Stunde später platzte Ron wieder herein, er war erregt und schimpfte: »Er war fuchsteufelswild, weil Joe ihn im Stich gelassen hatte. Er brüllte: ›Es war das erste Mal, daß Joe jemanden erschossen hat. Er hat gelogen. Mir hat er gesagt, er hätte schon mal jemanden erschlagen. Ich mußte ihn anschreien, er solle ihn erschießen. Beinahe hätte er *mich* erschossen.‹ Okay.« April imitiert, wie sie damals gesprochen hat, leise und atemlos.

»Er gab mir eine Tasche voll Geld und sagte: ›Zähl das Geld und schau, daß kein Blut dran ist.‹ Ich zählte das Geld. Es waren etwa 7000 Dollar, und er sagte: ›Okay, versteck es hinten im Keller.‹ Dann befahl er mir, die Kleider zu waschen.«

Die ganze Zeit redete DiCaprio unaufhörlich weiter. »Er sagte: ›Kannst du dir vorstellen, was er macht? Er schießt dreimal auf den Kerl. Der lebt noch immer. Ich gehe hinüber, nehme ein Taschenmesser aus seiner Hosentasche und stoße es ihm in den Nacken. Dann nehme ich ein Stück Seil. Er ist immer noch nicht tot. Joe geht das Auto des Mannes holen, stellt es rückwärts hin. Im Kofferraum liegen Weihnachtsgeschenke, auch ein Baseballschläger. Mit dem Schläger halten wir den Kofferraum offen und werfen den Kerl hinein. Er lebt noch immer und ruft schwach um Hilfe.‹ Joe knallt den Kofferraum zu. Dann parken sie den Wagen und kommen in meine Wohnung zurück.

Wir waren bis um fünf Uhr morgens auf, Joe Rico und Ron und ich. Ron schlief irgendwann auf der Couch ein und schnarchte. Joe saß nur da, völlig aufgeputscht – und er berührte kein einziges Mal seine Haare. Sie sind glatt nach hinten gekämmt. Er hat soeben einen Menschen getötet. Und er sitzt einfach so da, mit dem Arm oben, fast als würde er sich räkeln. Und er paßt auf seine Frisur auf. Ich sitze auf dem Fußboden und denke: ›Er will seine Haare nicht durcheinanderbringen! Er hat gerade einen Mann umgebracht, und er sorgt sich um seine Frisur.‹«

Sie waren froh über das kalte Wetter, weil die Leiche gefrieren und keinen Verwesungsgeruch entwickeln würde. Dann machten sie sich Sorgen, daß ihn jemand hören könnte. Denn als sie den Wagen abgestellt hatten, hatte der Mann noch gelebt und leise um Hilfe gerufen. Jedesmal, wenn sie Sirenen hörten, waren sie sicher, daß man die Leiche gefunden hatte.

»Joe konnte nicht abwarten, bis es Morgen wurde, weil er zu den Typen hinübergehen und ihnen erzählen wollte, was sie getan hatten …«

Es sollten noch größere Überraschungen folgen. Am Morgen nach dem Mord erschien Ron vor Aprils Haustür und überreichte ihr ein kleines Samtkästchen. Es enthielt einen Verlobungsring. »Er sagte: ›Wann heiraten wir?‹ Und ich antwortete: ›Aber ich bin noch verheiratet. Ich muß mich erst scheiden lassen.‹ Der Typ hatte es wirklich eilig mit dem Heiraten.«

April war nicht so erpicht darauf. Seit sie sich mit Ron traf, hatte es immer wieder Probleme gegeben. Sie hatte festgestellt, daß es auch gar nicht einfach war, von einem Gangster wieder loszukommen. Sie hatte versucht, ihn zu verlassen, doch er hatte gedroht, ihren Eltern etwas anzutun, wenn sie nicht zu ihm zurückkehrte. Er hatte sie zusammengeschlagen und gesagt, er werde ihre Kinder umbringen, ihren Freunden befohlen, sich von ihr fernzuhalten. Sie war isoliert und saß in der Falle, und aus einem kleinen Kästchen blinkte ihr ein Verlobungsring entgegen. Aprils Stimme klingt matt. »Er hatte es deshalb so eilig mit dem Heiraten, weil eine Ehefrau damals nicht gegen ihren Mann aussagen konnte.«

Da April noch nicht geschieden war, konnte sie die Heirat mit

DiCaprio zwar hinauszögern, aber sie wußte ganz genau, daß sie seinen Antrag nicht ablehnen konnte. Sie wußte zuviel über seine Verbrechen, nicht etwa weil sie spioniert oder ihn gefragt hatte oder auch nur neugierig gewesen war, sondern weil er ihr von sich aus alles erzählt hatte. Nun ließ er sie dafür bezahlen. Wie viele andere Frauen, die sich mit einem Mafioso einlassen, hatte April die Folgen der kriminellen Machenschaften ihres Freundes nicht wahrhaben wollen. Als sie schließlich gezwungen war, den Tatsachen ins Auge zu sehen, war es zu spät, um sich aus der Affäre zu ziehen. Es sollte noch schlimmer kommen: als »Cuddles« DiCaprio die Anweisung erhielt, seinen besten Freund, Pat Spirito, »die Katze«, umzubringen.

»Pat? Oh ja, er war ein netter Kerl«, sagt April mit leiser Stimme. »Sie haben ihn umgebracht, weil er einen Mord begehen sollte, den Auftrag aber nicht ausgeführt hat. Und dann teilte er das Geld nicht korrekt mit seinen Leuten. Als Ron den Mordauftrag erhielt, sagte man uns, wir sollten uns in seiner Nähe aufhalten, damit Pat keinen Verdacht schöpfte. So machen sie es immer. Es sind immer die besten Freunde.

Und deshalb mußten wir häufig mit ihm ausgehen. Ich war sehr still – ich wollte einfach irgendwie einen Ausweg finden. Die ganze Zeit über sah ich den Typen an und dachte: ›Du mußt bald sterben.‹«

In der Nacht, als Pat »die Katze« erschossen wurde, saß Ron am Steuer des Wagens. Diesmal war seine Freundin von Anfang an in das Komplott eingeweiht. Nach dem Mord gingen April und Ron in eine Bar in New Jersey, wo viele Leute sie kannten, so daß sie ein Alibi hatten. Dann aßen sie allein zu Abend. Ron war aufgedreht, aber er hatte auch Angst. Er wartete auf das vereinbarte Signal, daß der Mord reibungslos ausgeführt worden war. Vom Garnelencocktail bis zum Kaffee sprach er von nichts anderem.

Ron DiCaprio machte keinen Hehl daraus, daß er es eilig hatte, April zum Altar zu führen. Es war im November 1983. »Wir gingen am Freitagabend aus, ich war mit Salvy Testa und ein paar Jungs zusammen. Sal und ich waren etwa gleich alt, und wir waren sehr gute Freunde. Damals wußte ich nicht, daß er sechs Menschen auf dem Gewissen hatte. Wir gingen einfach so miteinander aus. Ich war bis ungefähr sechs Uhr morgens fort, wir spielten an Spielautomaten.«

April sah keinen Weg, der bevorstehenden Hochzeit zu entrinnen. Nicht einmal der Umstand, daß sie eine ganze Nacht lang mit einem anderen Mann ausging, konnte ihren Bräutigam in spe von seinem Vorhaben abbringen. Der Hochzeitsempfang am folgenden Tag war eine jener feudalen Angelegenheiten, die den Mafia-Frauen das Wochenende versüßen. Die Gäste wurden allesamt von Ron eingeladen. Aprils Part beschränkte sich darauf, daß sie in einem weißen Kleid erschien, das er ausgewählt und gekauft hatte.

»Es waren 350 Gäste. Die einzigen Fotos von der Hochzeit wurden vom FBI gemacht«, erzählt April lachend. »Kameras waren nicht erlaubt. Es war wie im Film. Ein paar Typen kamen herein, und ganze Tische standen auf. Ich stand neben dem Nachbarn, der direkt neben uns wohnte. Er sagte zu mir: ›Menschenskind, April, weißt du überhaupt, wer die sind?‹« Sie lacht, doch es klingt wie ein Schluchzen. »Er legte mir die Hand auf die Schulter und sagte: ›Was hast du nur getan?‹

Meine Eltern wußten nicht, was vor sich ging. Ich habe ihnen nie etwas davon erzählt. Er wußte, daß ich niemals zulassen würde, daß ihnen etwas geschah. Auf diese Weise hatte er mich in seiner Gewalt. Sie müssen wissen, damals regierten die Mafia-Kerle die Stadt. Sie regierten tatsächlich.«

Am Abend nach der Hochzeit fuhr das jungvermählte Paar zum Essen in ein Lokal ans Meer. Dabei holte sich April eine derart schlimme Lebensmittelvergiftung, daß sie ins Krankenhaus gebracht und ihr der Magen ausgepumpt wurde. Sie glaubt, ihr Mann habe sie vergiften wollen, nachdem er dafür gesorgt hatte, daß sie nicht gegen ihn aussagen konnte.

April bekam Angst. Vom Krankenhaus kehrte sie zur Genesung wieder in die Wohnung ihrer Eltern zurück. Ron saß das ganze nächste Jahr über immer wieder im Gefängnis. Im darauffolgenden Winter wurde er einmal spätabends aus der Haft entlassen, und April holte ihn zusammen mit ihrem Vater ab. Sie setzte ihn vor ihrer Wohnung ab und stieg wieder ins Auto.

»Ich sagte: ›Paß auf. Laß mich in Ruhe. Ich werde niemand was sagen, laß mich einfach nur gehen.‹ Doch er wollte nichts von einer Scheidung wissen. Er kam immer wieder und bedrohte mich. Er hat wirklich gemeine Sachen gemacht. Er kam zu meiner Arbeitsstelle und verwüstete das Büro. Er verfolgte mich. Deshalb ging ich zur Polizei, ich hoffte, sie würden mich dabehalten, so daß er mich nicht zu fassen kriegen würde.« Das FBI, immer auf der Suche nach Schwachstellen im undurchdringlichen Mafia-Geflecht, bot April sofort Unterstützung an. »Sie schickten mir einen Beauftragten, und er fragte mich: ›Kann ich etwas für Sie tun?‹ Sie wollten, daß ich gegen DiCaprio aussagte. Ich antwortete: ›Nein, danke.‹« Sie lacht ausgiebig.

Nun kommen ihre Worte ein wenig undeutlich. Sie redet schnell und springt von einer Szene zur nächsten. »Sie sagten mir, daß er ... daß er versuchte ... ja, das tat er wirklich. Er ging zum Boß und holte sich die Erlaubnis, mich zu töten.

Er war ziemlich gewalttätig. Er packte mich auf der Straße und verprügelte mich. Er schlug mich in Gegenwart der Kinder. Ich sage Ihnen, es war wie im Film. Eines Abends betrat Joe Rico mit einem Ledermantel um die Schultern das Restaurant, in dem ich arbeitete, zwei Typen im Schlepptau. Er befahl: ›Alle hinaus, sofort.‹ Joe sagte, ich müsse zu Cuddles zurückkehren. Ich weiß nicht mehr, was ich antwortete. Vermutlich war ich nicht gerade freundlich.« Sie lacht wieder ihr abgehacktes, keuchendes Lachen.

DiCaprio begriff, daß das FBI seine Frau ermutigte, sich als Kronzeugin zur Verfügung zu stellen, und versuchte erneut, sie zu ermorden. Diesmal heuerte er einen Killer an. Doch das FBI deckte den Plan auf und schickte einen seiner Männer, der sich als der angeheuerte Killer ausgab. Ein FBI-Agent informierte April und fragte sie, ob sie es sich vielleicht nicht noch einmal überlegen wolle, als Zeugin auszusagen. »Sie setzten mich ein wenig unter Druck ...«, gesteht sie, doch ganz ohne Groll. »Durch mich konnten sie am leichtesten an ihr Ziel gelangen ...« April war zwar weit intelligenter als die Gangster – sie hatte ihren Mann und dessen Freund immer verachtet –, aber ihr war klar, daß sie ihnen nicht mehr lange entkommen würde; schließlich markierten sie nicht zum Spaß die bösen Jungs.

Sie hatte genug von den Abenteuern in der Unterwelt und willigte schließlich ein, gegen DiCaprio auszusagen. »Ich wollte es zwar nicht tun. Aber ich mußte es tun. Diese Nachwuchs-Mafiosi hatten bis zu diesem Zeitpunkt 22 Morde begangen. Es war einfach lächerlich: 22 Menschen waren tot. Und es nahm einfach kein Ende.«

April erklärte sich zur Aussage bereit, doch sie weigerte sich, das Zeugenschutzprogramm in Anspruch zu nehmen. Statt dessen schlug sie die Bande mit ihren eigenen Waffen. »Ich ging nie zweimal denselben Weg nach Hause. Ich kannte alle ihre Tricks, weil Ron sie mir verraten hatte. Ich hatte mitbekommen, wie sie vorgingen, deshalb wußte ich auch genau, worauf sie achteten. Ich war sozusagen darauf trainiert«, erklärt sie lachend. Aber die Bande verschärfte den Druck, April willigte schließlich doch in das Zeugenschutzprogramm ein und ging nach Texas. Sie begann ein Collegestudium in Houston; ihre Kommilitonen nahmen an, sie sei Mitglied einer Motorradbande.

April sagte vor dem Geschworenengericht aus und verliebte sich im Lauf des Verfahrens in einen ihrer FBI-Leibwächter. Am ersten Tag ihrer Zeugenaussage verwendete der Agent Jerry Waltomate viel Zeit darauf, sie zu beruhigen. Er nahm sie in der Pause zum Mittagessen mit, doch sie war so nervös, daß sie keinen Bissen herunterbrachte. Nach der Verhandlung legten sie während der Fahrt zu ihrer Unterkunft eine Pause ein, um etwas zu essen. April war nervlich sehr angespannt und brauchte dringend Fürsorge und Zuwendung. »Ich konnte wirklich nichts essen. Doch ich trank ein paar Margarita-Cocktails. Jerry begleitete mich nach oben und brachte mich ins Bett, allein … Ich hatte Alpträume. Es ging mir ziemlich dreckig, und er kümmerte sich um mich.«

Ron DiCaprio wurde des Mordes und der Erpressung für schuldig befunden und zu 20 Jahren Haft verurteilt. Durch die Ehe mit dem FBI-Agenten Jerry Waltomate brauchte April das Zeugenschutzprogramm nicht länger in Anspruch zu nehmen, und sie kehrte in das kalte, provinzielle Pennsylvania zurück. Die beiden leben nun auf einem gepflegten kleinen Grundstück in einem hübschen Haus mit taubengrauen Teppichen, die Besucher nicht mit Straßenschuhen betreten dürfen, farblich abgestimmten Möbeln und einem weißen Wuschelhund, der geradezu hysterisch anhänglich ist und den April »die Ratte« nennt. Jerry hat einen kräftigen

Händedruck, er ist höflich und korrekt. Aprils halbwüchsige Kinder trampeln laut grüßend aus und ein.

»Das Leben mit Jerry ist völlig anders«, gesteht April, während sie ihren Range Rover schwungvoll durch die Vorstadtstraßen lenkt. Jede Straße hat einen ehrfurchtgebietenden Namen und einen ordentlich zurechtgestutzten Grasstreifen. »Jerry ist so anständig... mein Gott... braver kann man gar nicht sein. Ron war eifersüchtig, aber Jerry ist absolut fürsorglich. Er ist wirklich sehr fürsorglich. Wir gehen öfter mit den anderen FBI-Paaren essen, und... wissen Sie, ich passe einfach nicht dazu. Sie sollten nur mal ihre *Schuhe* sehen.«

Eine Frage wird bei Gesprächen mit den Ehefrauen und Geliebten von Mafia-Mitgliedern so gut wie nie gestellt: »Was findet *sie* an *ihm*?«

Die meisten dieser Frauen fühlten sich – oder fühlen sich noch immer – stark von der kriminellen Mafia-Welt angezogen: von dem Status, den sie als Frau an der Seite eines Mafioso genießen, von dem Geld und von dem Kitzel, den das Leben am Rand der Illegalität bedeutet. April ließ sich in die kriminelle Unterwelt hineinziehen, ohne sie in Frage zu stellen. Doch schließlich zwangen die Umstände sie, der Tatsache ins Auge zu sehen, daß ihr Geliebter ein Mörder war. Was im nachhinein wie eine plötzliche Offenbarung aussieht, beschreibt in aller Regel einfach den Zeitpunkt, an dem bereits so viele unangenehme Beweise unter den Teppich gekehrt sind, daß die Tür nicht mehr zugeht.

Eine Mafia-Ehe ist in der Regel ein Handel: Die Frau profitiert vom Status und dem Respekt, der ihrem Mann entgegengebracht wird, sie bekommt Geld und sonnt sich in seinem Glanz. Dafür muß sie sich damit abfinden, daß in ihrer Wohnung Waffen oder Drogen versteckt sind, daß ihr Bewegungsspielraum sich mehr oder weniger auf das Haus und den Umgang mit engen Familienangehörigen beschränkt und daß ihr Mann oft lange fort ist. Außerdem muß sie hin und wieder ihr vollkommen fremde Menschen, die vor der Polizei auf der Flucht sind, in ihrer Wohnung beherbergen.

In den USA kann eine Ehefrau nicht gegen ihren Mann aussagen; in Italien kann eine Frau, die einem Mitglied ihrer Familie Beihilfe leistet, nicht gerichtlich belangt werden. Doch ein Mafioso braucht mehr als nur den Schutz, den ihm bereits das Gesetz bietet. Er braucht jemanden, dem er vertrauen kann. Die Beziehungen zwischen Mafia-»Brüdern« sind prekär. Wenn es eng wird, ist die Ehefrau oft der einzige Mensch, auf den ein Mafioso sich verlassen kann.

Die Ehe ist ein strategisches Geschäft: Ein ehrgeiziger junger Mann kann eine Verbindung mit einer berühmten Mafia-Familie eingehen, indem er die Tochter heiratet. Sam Giancana, Oberhaupt einer Verbrecherdynastie im Chicago der fünfziger und sechziger Jahre, war fest entschlossen, sich einen nützlichen Burschen zu angeln, der eine politische Karriere vor sich hatte, und ihn mit einer seiner Töchter zu verheiraten.

Sams Tochter Antoinette erinnert sich, daß ihr Vater nur ein einziges Mal mit einem Mann einverstanden war, und zwar als sie mit einem intelligenten jungen Rechtsanwalt namens Tony Tisci ausging. »Tony war ein Günstling meines Vaters, er hatte große politische Pläne für ihn … Er hat es mir nie vergessen, daß ich Tony nicht geheiratet habe.«[1] Sam verfolgte weiterhin hartnäckig sein Ziel, und Tony Tisci heiratete schließlich seine zweite Tochter Bonnie.

Giancana hatte die absolute Kontrolle über die Freundschaften seiner Töchter: Antoinette fand heraus, daß ihr Vater seine Jungs ausschickte, um unpassende Verehrer zu verscheuchen. Wie viele Italo-Amerikaner der ersten Generation legte Sam Giancana großen Wert auf Äußerlichkeiten. Er hat Antoinette ihre Scheidung niemals verziehen und sprach danach kein Wort mehr mit ihr.

Eine gute Mafia-Ehefrau weiß alles und sagt nichts. Doch auch ihr Ehemann muß seinen Teil der Vereinbarung einhalten und seine Frau mit angemessenem Respekt behandeln, zumindest in der Öffentlichkeit. Der sizilianische Mafia-Aussteiger Gaspare Mutolo erklärte, eine gute Ehe verhindere, daß Informationen durchsickerten. »Der Ehrenmann, der seine Familie respektiert und seiner Frau treu bleibt, sorgt für ein friedliches Zuhause. Hintergeht er seine Frau, löst er Gerede und Ärger aus und riskiert, daß seine ›Familien‹-Angelegenheiten öffentlich diskutiert werden.«[2]

Mutolos selbstgerechte Auffassung von einer guten Ehe ist typisch für die Heuchelei der Mafia: Eine Geliebte ist für den Ruf und die Selbstachtung eines Mafioso unerläßlich. Doch er darf auf keinen Fall seine Ehefrau in der Öffentlichkeit demütigen. Wenn schon Ehebruch, dann bitte diskret.

Richter Giovanni Falcone bezeichnete die Cosa Nostra als »entschieden konservativ« und »konformistisch«, und zwar sowohl in ihrem Lippenbekenntnis zu den herkömmlichen christlichen Wertvorstellungen als auch in der formalen Mißbilligung aller außerehelichen Beziehungen. »Ein Mann, der öfter als einmal geheiratet hat oder der öffentliche Affären hat und es in sexuellen oder emotionalen Angelegenheiten an Selbstbeherrschung fehlen läßt, gilt im Geschäft als unzuverlässig. Die einzig wichtige Frau für einen Mafioso ist – und hat zu sein – die Mutter seiner Kinder. Alle anderen Frauen ›sind Huren‹... Er muß sich den wichtigsten Familienwerten beugen und sich darum kümmern, daß Mutter und Kinder respektiert und versorgt sind. Ansonsten kann er tun, was er will, solange er diskret bleibt.«[3]

Falcones Analyse zeigt eine deutliche Diskrepanz auf zwischen den Regeln und der Realität: Die Cosa Nostra beruft sich zu Propagandazwecken auf ihren »Ehrenkodex«, sie will den Eindruck erwecken, daß die Mafia traditionelle Familienwerte verteidigt. Als Totò Riina (»die Bestie« genannt und wegen Mordes zu achtmal lebenslang verurteilt) im Gerichtssal dem Mann gegenüberstand, der ihn am schwersten beschuldigte, nämlich Tommaso Buscetta, dem Mafioso, der zum Kronzeugen geworden war (und dreimal verheiratet war), weigerte er sich zu reden. Er erklärte, es sei ihm unmöglich, mit jemandem zu sprechen, der eine derart niedere Moral habe.

Für viele Männer ist die Mitgliedschaft in der Organisation ein Beweis ihrer Männlichkeit. Der Gangsterstatus legitimiert die Anwendung von Gewalt. Die einzige Gemeinsamkeit, die Mafia-Frauen von Süditalien bis in die USA haben, sind die ständigen Schläge, die sie sich von ihren Ehemännern gefallen lassen müssen. Männer, deren Alltag aus Tyrannei und Drohungen besteht, haben offenbar das Gefühl, daß ihre Männlichkeit ständig auf die Probe gestellt wird.

Cristina Culicchia, die Freundin des sizilianischen Killers Antonino Titone, beschreibt, wie er immer betrunken nach Hause kam, sich die Kleider vom Leib riß, sie, Cristina, packte und ihr die Pistole an den Kopf hielt. Während er sie mit vorgehaltener Waffe vergewaltigte, ließ er sie ständig die Worte wiederholen: »Ninu ist der beste, Ninu ist der beste, Ninu ist der beste ...«[4]

Die »Ehrenmänner«, die sich wie Feudalherren gegenüber ihren Leibeigenen aufführen, üben noch immer die alten Rechte des Grundherrn aus. Bernardo Brusca, der Sohn eines alten, angesehenen *capo* aus dem sizilianischen San Giuseppe Iato, entführte die rothaarige Antonina, hatte Sex mit ihr und heiratete sie dann in einem Ritual, das »Wiedergutmachungsheirat« heißt. Ihre Familie betrachtete es als eine gute Partie, und mit der Heirat war Antoninas angeknackste Ehre perfekt wiederhergestellt.

Gemäß dem »Ehrenkodex« der Cosa Nostra darf sich ein Mafioso weder scheiden lassen noch eine geschiedene Frau heiraten. Doch diese Regel wird nur dann angewandt, wenn sie einen Nutzen bringt. Sie kann beispielsweise als Vorwand dienen, um einen in Ungnade gefallenen Mafioso zu ermorden oder aus der Organisation auszuschließen. Viele Mafiosi kommen jedoch mit solchen Geschichten durch, ohne das Gesicht zu verlieren. Bruscas Sohn Giovanni folgte mit seiner ungestümen Art dem Beispiel seines Vaters. Er sah eine Frau mit langen dunklen Haaren, die in San Giuseppe Iato wohnte, und beschloß, sie sich zu nehmen. Rosaria Cristiano, die Frau, um die es ging, war mit einem Bauunternehmer verheiratet und hatte ein Kind. Doch der junge Boß (sein Spitzname *'u verru*, »das Schwein«, bezieht sich auf sein Verhalten Frauen gegenüber) ließ sich dadurch nicht von seinem Ziel abbringen. Er klopfte eines Tages an ihre Tür und befahl ihr, die Koffer zu packen und mit ihm zu gehen. Es ist weder bekannt, ob sie gerne mitging, noch was sie ihrem Ehemann erzählte. Auf jeden Fall packte sie ihre Koffer und ging.

Giovanni Brusca und Rosaria bekamen einen Sohn namens Davide. Nach Bruscas Verhaftung im Mai 1996 schlug Rosaria im Gerichtssaal in Palermo mit ihrer Handtasche auf einen Journalisten ein, weil er wenig Schmeichelhaftes über das Leben von Giovanni geschrieben hatte.

Bisweilen stehen sogar Frauen, die als Kronzeuginnen ausgesagt und ihre kriminellen Ehemänner verraten haben, der Organisation ambivalent gegenüber. Selbst aus durch und durch glaubwürdigen Berichten von Frauen, die dem furchtbaren Leben mit einem Mafia-Boß entronnen sind, spricht immer noch eine nachhaltige Faszination.

Margherita Petralìas Ehemann, der sizilianische Mafioso Gaspare Sugamiele, verließ seine Frau nach vierzehn gemeinsamen Jahren. Sie beschreibt ihr Leben mit dem Gangster als einsam und trist. Er blieb oft tagelang fort, und wenn sie ihn dann fragte, wo er gewesen sei, schlug er sie. Und dennoch kehrt sie Jahre nach der Trennung, nachdem sie ihn verraten und gegen seine Familie ausgesagt hatte, immer noch mehrmals im Jahr in ihre Heimatstadt zurück; irgend etwas in ihr scheint sich gegen ihren Ausschluß aus dem Clan aufzulehnen.

Ich traf Margherita mitten in der Feriensaison in Sizilien, in der ersten Augustwoche, wenn es ganz Italien an den Strand zieht. Der Schirokko wehte unter bewölktem Himmel heißen Sand heran. Margherita war von Mailand hierhergeflogen, um ihre mittlerweile erwachsenen Kinder, beide Anfang zwanzig, zu besuchen. Sie fuhr den kleinen alten Fiat 500 ihrer Mutter, einen weißen Kabinenroller mit roten Plastiksitzen. Offenbar war sie sehr viel größere Wagen gewöhnt. Wir saßen auf einer Parkbank im Zentrum von Trapani, der alten Hafenstadt in Westsizilien und beobachteten die Alten und die Kinder um uns herum.

Margherita war erst dreizehn Jahre alt, als sie Gaspare Sugamiele kennenlernte. Sie zog mit ihrer Schwester und deren Freund herum, weil die Mutter ihr aufgetragen hatte, die Schwester zu beaufsichtigen. Als die Mutter erfuhr, daß Margherita händchenhaltend mit einem Jungen gesehen worden war, erteilte sie ihrer Tochter Ausgangsverbot. Gaspare sei kein Mann für sie, erklärten ihre Eltern, er stamme aus der falschen Familie. Aber trotz der Wachsamkeit ihrer Mutter setzten Margherita und Gaspare ihre heimlichen Treffen fort. Irgendwann beschlossen sie, die Angelegenheit selbst in die Hand zu nehmen, und schliefen zusammen. Margherita wußte, daß sich von diesem Moment an alles verändern würde: Sie würde Gaspare heiraten müssen, oder ihre Familie wäre entehrt.

Margheritas Familie war sehr unglücklich über die Heirat, doch auch Gaspares Eltern waren nicht gerade begeistert. Als eine bedeutende Mafia-Familie aus Paceco, einer kleinen Stadt in der Nähe von Trapani, hatten sie gehofft, durch die Heirat ihres Sohnes ein nützliches Bündnis schließen zu können, und sie hatten auch schon ein passendes Mädchen im Auge. »Seine Onkels machten bei großen Essen und Parties einen ziemlichen Wirbel um ihn«, erinnert sich Margherita. »Sie sagten immer zu mir: ›Du hast eine gute Partie gemacht, weißt du. Wenn es dich nicht gegeben hätte, hätte er groß herauskommen können ...‹ Das klang recht bedrohlich.«

Margherita war jung, doch sie besaß viel Willensstärke und haßte es, herumkommandiert zu werden. Von Anfang an geriet sie mit ihrem Schwiegervater in Konflikt. »Sie haben mich nie akzeptiert, sie betrachteten mich als nicht ebenbürtig. Sie sagten immer: ›Du hast nichts damit zu tun, du bist keine Sugamiele.‹ Ich antwortete darauf: ›Und ich bin stolz darauf.‹«

Ihre großen dunkelbraunen Augen funkeln trotzig unter den langen dichten Wimpern. Im Widerspruch zu ihrer herausfordernden Art wirkt sie nervös und angespannt. Inzwischen ist sie 44 Jahre alt und Mutter von drei Kindern. Sie hat einen glatten Teint und ausgeprägte Wangenknochen, die durch ihre kurzen Haare noch betont werden. Sie trägt sehr viel Goldschmuck, ein weißes T-Shirt mit kleinen Schleifen am Halsausschnitt, einen superkurzen Minirock, den sie ständig über ihre Schenkel zieht, und weiße Turnschuhe.

Die Familie ihres Mannes bemühte sich nach Kräften, Margherita zu isolieren. Gaspare hatte großen Respekt vor seinem Vater und ließ zu, daß seine Familie seine frischgebackene Ehefrau hänselte und schikanierte. Wenn Margherita sich zur Wehr setzte, fuhr er sie an, sie solle mehr Respekt zeigen. Margheritas Schwägerin Antonia hatte eine gute Partie gemacht und einen bedeutenden Mafioso geheiratet. Dank ihrer Herkunft und ihrer Heirat war sie Margherita überlegen, und Margherita wurde immer bedrückter. Antonia durfte bei Diskussionen über Familienangelegenheiten mitreden, aber sobald Margherita ins Zimmer trat, verstummten alle oder wechselten das Thema. Jahre später, als Gaspare untertauchte, wußte Antonia stets, wo er sich aufhielt. Margherita hingegen wußte es nicht, und das empfand sie als sehr demütigend.

»Meine Schwägerin war freundlich zu mir, aber ich traute ihr nicht. Ich wußte nie, wie sie hinter meinem Rücken über mich redete. Sie vertrauten mir auch nicht. Gelegentlich sprach mein Mann mit mir über Dinge, die ihn beschäftigten, doch meistens wurde ich bei solchen Angelegenheiten ausgeschlossen. Sie haben mich nie als Familienmitglied betrachtet.«

Margherita, eine offene, selbstbewußte und energische Frau, mußte sich in die Rolle der Mafia-Ehefrau fügen. Sie sah niemanden außer der Familie ihres Mannes und ihren Eltern. Wie andere Mafia-Frauen durfte sie keine eigenen Freunde haben. Sie ging zu Hochzeiten und Taufen mit, zu den großen Familienfeiern, und wurde Taufpatin. Die Mafia-Familien in der Gegend waren durch Rituale verbündet, die ihre Freundschaft besiegelten: Sie waren wechselseitig Trauzeugen und Taufpaten der Kinder. Der Kreis wurde immer enger.

Margherita empfand eine zunehmende Verbitterung darüber, daß sie aus dem Leben ihres Mannes ausgeschlossen war. »Er erwartete von mir, daß ich die Kinder aufzog und ansonsten den Mund hielt. Und seine Schläge mußte ich wortlos hinnehmen. Er wollte nicht, daß die Mädchen die Schule besuchten, und er hinderte mich daran, daß ich einen höheren Schulabschluß machte. Er war der Ansicht, Frauen bräuchten keine Ausbildung.«

Diese Einstellung ist in Mafia-Familien weit verbreitet. Die süditalienischen Frauen sind lebhafte und starke Persönlichkeiten, und die Männer scheinen zeit ihres Lebens damit beschäftigt, sich ihrer eigenen Macht zu vergewissern. Der Bürgermeister einer kleinen sizilianischen Mafia-Hochburg schildert, mit welchen Problemen die Frauen konfrontiert sind, wenn sie nicht arbeiten dürfen. »Es gibt intelligente junge Frauen, die mit Qualifikationen, Hoffnungen und Ambitionen von der Schule abgehen, und die meisten heiraten dann Männer, die nicht zulassen, daß sie einen Job ausüben. Die meisten Männer hier glauben, wenn eine Frau arbeitet, erwecke dies den Anschein, als wäre der Mann nicht in der Lage, für die Familie zu sorgen. Die Frauen, die zu Hause bleiben müssen, werden furchtbar depressiv und frustriert.«[5]

Selbst im Amerika der sechziger Jahre kostete es Rosalie Bonanno, die Ehefrau des New Yorker Gangsters Bill Bonanno, eine gehörige Portion Mut, dieses Vorurteil zu testen und sich für Kurse in der Erwachsenenbildung einzuschreiben. »Für einen aus Sizilien stammenden Amerikaner der ersten Generation, besonders für einen, der in der Welt meines Mannes zu Hause war, bedeutete es einen sehr fortschrittlichen, geradezu an Häresie grenzenden Akt, seiner Frau zu erlauben, daß sie zur Schule ging und die Kinder allein ließ.«[6]

Margherita Petralìas Schwiegermutter war die einzige in der Familie ihres Mannes, mit der sie sich verstand: »Sie hatte Vertrauen zu mir, sie erzählte mir immer, sie habe ihr ganzes Eheleben hindurch Schikanen und Gewalt über sich ergehen lassen müssen. Doch sie traute sich nicht, den Mund aufzumachen und sich zu beklagen und wurde von ihrem herrischen Ehemann wie eine Sklavin behandelt. Uns verband, daß es mir ging wie ihr. Der einzige Unterschied bestand darin, daß ich mich im Gegensatz zu ihr zur Wehr setzte. Ihre Tochter Antonia war furchtbar gemein zu ihr. Sie führte sich auf wie einer der Männer und behandelte ihre Mutter ebenso wie diese.«

Nach zwei Ehejahren fand Margherita etwas heraus, was ihr einen schweren Schock versetzte: Als ihr Mann eines Morgens um sieben Uhr nach Hause kam, waren seine Schuhe mit Schlamm und Rebenlaub verschmutzt, auch seine Kleider waren voller Dreck. Er schien sehr aufgeregt und fragte sie, ob die Carabinieri nach ihm gesucht hätten. Er zog sich um, gab Margherita die schmutzigen Schuhe und Kleider und sagte, sie solle sie reinigen. Falls irgend jemand kommen und nach ihm fragen sollte, solle sie sagen, er sei am Vorabend vor zehn Uhr nach Hause gekommen.

Während Margherita die Schuhe ihres Mannes putzte, schaltete sie das Radio ein, um die Nachrichten zu hören. Da erfuhr sie, daß sich auf einem Weinberg unweit ihrer Wohnung ein Mord ereignet hatte. Für Margherita brach eine Welt zusammen. Obwohl sie wußte, daß ihr Mann der Mafia angehörte – in ihren Flitterwochen hatten sie einige von Gaspares Bekannten besucht, alles hochrangige Mafiosi, die an verschiedenen Orten in Italien im Exil lebten –, war ihr nie in den Sinn gekommen, daß er ein Mörder sein könnte.

Später schilderte sie ihre Reaktion so: »Als er zurückkam, machte ich das Mittagessen, und wir setzten uns an den Tisch. Aber ich bekam keinen Bissen herunter. Ich starrte nur auf seine Hände und fragte mich, wie er einen Menschen getötet haben konnte. Er merkte, daß ich ihn anstarrte und fühlte sich sichtlich unbehaglich. An jenem Abend blieb er ausnahmsweise einmal zu Hause, und wir gingen früh zu Bett. Er streckte seine Hand aus, um mich zu berühren, doch ich konnte es nicht ertragen, seine Hände auf meiner Haut zu spüren.«[7]

Von diesem Tag an wollte Margherita über jeden Schritt ihres Mannes Bescheid wissen. Sie horchte an verschlossenen Türen, belauschte Gespräche und spitzte die Ohren bei Versammlungen, wenn sie den Männern, die geschäftliche Angelegenheiten besprachen, etwas zu essen und zu trinken brachte.

Es ist schwer zu glauben, daß Margherita vor dem Mord auf dem Weinberg nichts von den Verbrechen ihres Mannes gewußt haben sollte. Bestimmt war es kein Geheimnis, daß er eine Schußwaffe bei sich trug. »Er benahm sich wie ein Kind mit seinem Spielzeug«, sagt sie. »Er wollte, daß ich mir die Waffen ansah. Doch ich wollte sie auf keinen Fall in der Nähe der Kinder haben. Schließlich brachte ich ihn dazu, sie wegzunehmen.«

Eines Tages, als Margherita sich einsam fühlte und Angst hatte, weil ihr Mann den ganzen Sommer über kaum zu Hause war, setzte sie sich hin und schrieb einen Bericht über ihr Leben. Während sie die Seiten eines Schreibhefts vollkritzelte, ließ sie ihrem Abscheu vor ihrem Mann und dessen Familie freien Lauf und beschimpfte die Mafia. Sie schilderte die Mafia-Verbrechen in allen Einzelheiten und nannte Mitglieder des Clans sowie ihre Kontaktmänner unter lokalen Würdenträgern, Lehrern und Richtern beim Namen.

»Ich bin die Ehefrau von Gaspare Sugamiele«, begann sie. »Ich bin insofern seine Frau, als ich ihn vor langer Zeit geheiratet habe. Aber in Wirklichkeit bin ich seine Dienerin, seine Hure, die er nimmt, wenn ihm danach ist. Außerdem bin ich sein Sandsack, wenn er das Bedürfnis verspürt, um sich zu schlagen. Wenn ich es wage, den Mund aufzumachen, prügelt er mich. Leider habe ich mir das alles selbst aufgehalst. Nun habe ich drei Kinder, um die ich mich kümmern muß, also kann ich nichts machen.«

Diese bedrückenden Zeilen schrieb Margherita an zwei Abenden im Juni 1983, als sie dachte, ihr Mann würde sie in einem seiner heftigen Zornausbrüche umbringen. Mit dem Tagebuch wollte sie über das Grab hinaus Zeugnis ablegen. Doch nachdem sie dieses möglicherweise vernichtende Dokument verfaßt hatte, unternahm sie nichts weiter damit, sondern hielt es nur im Haus versteckt. Vielleicht hoffte sie insgeheim, ihr Ehemann würde es finden und erkennen, wie unglücklich sie war, aber auch begreifen, daß sie mit all den Informationen, die sie über die Mafia-Aktivitäten der Familie besaß, eine gewisse Macht über ihn hatte. Vorerst jedoch ließ sie das Tagebuch ruhen.

In den ersten Jahren war Margherita sehr verliebt in ihren Mann gewesen. Doch seine Grausamkeiten hatten ihre Gefühle erstickt. »Ich hatte genug von ihm, ich hatte die Nase voll. Ich wußte nie, wo er steckte. Es wurde eine Art Haßliebe. Ich wollte gehen, aber ich wußte, er würde mich verfolgen und wahrscheinlich sogar umbringen. Wir schliefen nicht mehr miteinander, ich konnte seine Berührung nicht ertragen. Ich ließ die Kinder in meinem Bett schlafen, oder ich schlief auf dem Sofa.«

Nicht lange nachdem Margherita das Tagebuch geschrieben hatte, kam Gaspare eines Tages nach Hause und begann, einen Koffer zu packen. »Er lächelte und sagte nur: ›Ich gehe. Ich möchte nicht länger mit einer Hure zusammenleben.‹«

Als Margherita eine Erklärung verlangte, berief Gaspares Vater eine Familienkonferenz ein und verkündete in Anwesenheit von Margheritas Eltern, sie habe eine Affäre gehabt. »Er sagte: ›Du bist meinem Sohn untreu geworden. Hier hast du Geld, und jetzt verschwinde.‹ Ich sagte: ›Das klingt nach einer tollen Chance.‹« Margherita erzählt es fast fröhlich, aber die Fröhlichkeit ist nicht ganz echt.

Hatte sie tatsächlich eine Affäre?

»Ja. Es war ein alter Freund, und ich brauchte jemanden, mit dem ich reden konnte. Doch er verliebte sich in mich und wollte seine Frau verlassen – ich meine, auf ehrliche Weise. Also mußte ich das Verhältnis beenden. Daraufhin beichtete er alles seiner Frau, und wahrscheinlich hat sie es weitererzählt.«

Nachdem ihr Mann sie verlassen hatte, blieb Margherita allen zum Trotz mit ihren beiden neun- und elfjährigen Töchtern und ihrem siebenjährigen Sohn in Paceco. Es war jedoch nicht einfach. Ihre angeheirateten Verwandten behandelten sie wie Luft oder beschimpften sie, wann immer sie sich trafen, was recht häufig vorkam, da sie kaum 50 Meter voneinander entfernt wohnten. Margherita ist eine zähe Frau, und es wurde für sie zu einer Frage des Stolzes, weiterhin in ihrer Heimatstadt zu leben. Doch ihre Situation war unmöglich. Sie mußte entweder einen würdevollen Rückzug antreten oder eine Möglichkeit finden, sich an der Familie zu rächen. Noch immer hatte sie das Tagebuch. Eines Tages im Juni 1985, zwei Jahre nachdem sie es geschrieben hatte, händigte sie das kleine Heft der Polizei aus.

Margherita Petralìa sagte gegen die Familie ihres Ex-Mannes aus, und ihr Tagebuch wurde bei umfassenderen Ermittlungen gegen die Mafia von Paceco zu einem entscheidenden Beweisstück. Doch ihr meisterhafter Schachzug gegen die Familie erwies sich als nicht ganz so vernichtend, wie sie gehofft hatte. Während des Kreuzverhörs mußte Margherita zugeben, daß viele Behauptungen in ihrem Tagebuch nur auf Gerüchten beruhten. Immerhin hatten die Ermittler genug Beweismaterial in der Hand, daß es ausreichte, Margheritas Mann und dessen Schwester Antonia wegen Mitgliedschaft in einer Mafia-Vereinigung zu verurteilen.

Im Jahr 1989 zog Margherita schließlich von Paceco nach Mailand. Eine ihrer Töchter kam mit, doch die Großstadt gefiel ihr nicht, und sie kehrte zurück nach Sizilien. Die ältere Tochter war zu Hause geblieben. Sie hat inzwischen geheiratet und ein Kind bekommen. Margheritas Sohn leistete seinen Militärdienst ab und zog dann zu seinem Vater, der mittlerweile aus dem Gefängnis entlassen worden war. »Er wohnt mietfrei, hat ein Auto und ein Mobiltelefon, er ist glücklich damit. Es war auch höchste Zeit, daß er einmal von seinem Vater profitiert.«

Hat Margherita keine Angst, daß ihr Sohn auch ein Mafioso werden könnte?

Nachdem wir eine halbe Stunde geredet hatten, hat Margherita begonnen, mit ihren Autoschlüsseln herumzuspielen. Nun steht sie auf und tritt eine Zigarettenkippe aus. »Ich glaube nicht, daß er sich für dieses Zeug interessiert. Sein Vater ist auf all die Rituale und Traditionen fixiert. Mein Sohn will einfach nur ein schönes Leben haben und einen Haufen Geld, ohne dafür arbeiten zu müssen.«

Margherita Petralìa redet klar und ungezwungen. Doch irgend etwas stimmt nicht an der Darstellung ihrer Lebensgeschichte. Sie schildert eine mutige Flucht, einen Triumph über die Mafia. Dabei hat sie alles verloren. Von ihrem Ehemann auf schändliche Weise hinausgeworfen, in der Öffentlichkeit, vor den Augen der ganzen Stadt als Ehebrecherin geschmäht, von ihren Kindern verraten, mußte sie in den Norden fliehen und ganz von vorne anfangen. Sie hat kein Geld, ihre Enkel wachsen ohne sie auf, sie arbeitet Tag und Nacht in einem Altenheim. Und sie haßt die Kälte im Norden.

14
ALLES AUS LIEBE

In der Öffentlichkeit genießt die Ehefrau eines Mafioso besonderes Prestige, weil sie mit einem mächtigen Gangster verheiratet ist, privat muß sie die Demütigung durch seine Seitensprünge ertragen. Ein Mafioso mag sich zwar als Inbegriff eines Ehrenmannes geben, doch eine Geliebte ist wichtig für seine Selbstdarstellung: Sie ist das Symbol seiner Macht und seines Reichtums. »Die Freundinnen ziehen das große Los. Sie bekommen Geschenke, Autos, Kleider und Schmuck, sie werden in die besten Restaurants ausgeführt, und sie müssen nie hinter ihm her putzen«, sagt Brenda Colletti, die Ehefrau eines kleinen Killers aus Philadelphia (siehe Kapitel 2). Die Geliebten von Mafiosi zeigen als wandelnde Schaukästen, was man mit dem Geld eines Mafioso alles kaufen kann. Und die meisten gehören nicht zu den Frauen, die man heiratet.

Lucia* ist eine Edelnutte, ihre 60jährige Mutter führt ein Bordell im Zentrum von Neapel. Ein Carabiniere stellte mich ihr vor. Auf dem Weg zu ihrer Wohnung beugt sie sich aus dem Taxifenster und kauft bei einem Straßenhändler 60 Marlboro-Zigaretten. Sie wohnt in einem Hochhausblock in der Nähe des Gerichts, wir fahren mit dem Aufzug hinauf. Ihre schwingenden Haare sind mit Henna leuchtend hellrot gefärbt, sie trägt Stiefel mit hohen Absätzen. »Dies ist mein Schlafzimmer – ist es nicht phantastisch? Es wirkt so feminin.« Das breite Doppelbett ist ein Meer aus rosa Satin, überall an den Wänden hängen Bilder von ihr.

Lucia wurde drei- oder viermal verhaftet, meistens wegen Prosti-

* Name geändert.

tution. Mitte der achtziger Jahre war sie kurzzeitig berühmt, nachdem ihr Liebhaber, ein Camorra Boß, wegen Kokainhandels festgenommen worden war. Er hatte ihre Wohnung als Deckadresse benutzt und von ihr Schutzgeld aus ihren Einnahmen als Prostituierte kassiert.

Lucia räumt ein, daß Gangster sehr anziehend sein können. »Manche Frauen lieben dieses Leben. Sie können ihm einfach nicht widerstehen. Die Männer bringen dir Blumen, kaufen dir Geschenke, reservieren für dich einen Tisch im Restaurant. Sie sind faszinierend, und sie überschütten dich mit Aufmerksamkeiten. Alle Mädchen, die ich kenne, werden bei ihnen schwach. Wenn du mit einem von ihnen ausgehst, siehst du, daß die Leute Angst vor ihm haben. Das ist sehr aufregend. Hier in Neapel sind sie große Nummern und gehen über den ganzen Dreck unter ihren Füßen einfach hinweg. Aber wenn sie Neapel verlassen und woanders hingehen, sind sie auf einmal nichts mehr. Also gehen sie nie weg.

Manche von ihnen haben eine Maske: Sie leben in zwei getrennten Wirklichkeiten. Ich war mit so einem Mann zusammen. Ich habe ihn kennengelernt, als ich noch mit einem anderen Jungen ausging, der wirklich gut aussah und einen Haufen Geld hatte; wir waren wirklich glücklich. Dann wurde er erschossen. Ich weiß nicht, wer ihn erschossen hat – es hatte irgendwas mit der Mafia zu tun, aber ich weiß nicht, wer es war. Als es passiert ist, bin ich einfach zusammengebrochen. Der Kerl war echt lieb zu mir, er hat sich um mich gekümmert und mich auf andere Gedanken gebracht, und als es mir besser ging, war er immer noch da ... Er kam mit Geschenken, Blumen, Schmuck ... Ich hab mich wirklich in ihn verliebt.

Er hatte mit Drogen zu tun, Waffenschiebereien, Schutzgelderpressung, die ganze Palette. Ja, ich hab alles gewußt. Die Leute haben mir immer erzählt, was er machte, aber es war mir egal. Der Mensch, den ich kannte, war lieb und zärtlich, und er liebte mich – nur das hat mich interessiert.

Dann wurde er verhaftet. Ich erfuhr, daß sie mein Telefon abgehört hatten und daß er eine Menge Geschäfte unter meinem Namen abgewickelt hatte – und unter dem Namen meiner Mutter. Ich wurde ebenfalls festgenommen, sie warfen mir unerlaubten Besitz von Schußwaffen, Drogenhandel, Zugehörigkeit zur Mafia vor ... es war unglaublich. Sie behaupteten, ich hätte ihm Schutzgeld bezahlt, aber das stimmt nicht, er hatte mir das Geld geliehen, und ich zahlte es ihm zurück.«

Lucia bekam vier Jahre, die schließlich auf zwei Jahre auf Bewährung reduziert wurden, und verbrachte vier Tage im Gefängnis, weil sie von unmoralisch erworbenen Einkünften lebte. Selbst im Gefängnis profitierte sie noch davon, daß sie die Freundin eines Gangsters gewesen war.

»Im Gefängnis hatte ich schreckliche Angst, um mich herum all diese Frauen, die immer nur über Heroin sprachen. Dann zeigten sie in den Fernsehnachrichten ein Bild von mir unter der dicken Überschrift ›Die Frau des Bosses‹. Alle starrten mich an, und alles wurde anders. Sie machten mir das Bett, kauften mir Marlboros, kochten Kaffee für mich. Es war phantastisch. Ich protestierte nicht.«

Es sind nicht nur die Mädchen aus den armen Vierteln, die davon träumen, mit einem Gangster auszugehen. Francesca Bourelly war fünfundzwanzig, als sie Ciro Mariano kennenlernte, den Camorra-Boß aus Neapel, den berüchtigten und charismatischen *capo* des Spanischen Viertels. Er war damals über vierzig, hatte eine kriminelle Vergangenheit, eine Frau aus den gleichen Verhältnissen und halbwüchsige Kinder. Francesca stammte aus einer respektablen Mittelschichtfamilie und lebte mit ihren Eltern, einer Lehrerin und einem Anwalt, in einem mit viel Grün durchsetzten Villenviertel hoch über der Stadt.

Bei ihrer ersten Begegnung lebte Mariano untergetaucht in Neapel, sie arbeitete in einem Reisebüro. Sie war hübsch, groß und schlank, mit langen braunen Haaren; in ihren T-Shirts, Designer-Jeans und flachen Lederslippern war sie das ganze Gegenteil der üblichen Mafia-Frau. Er wirkte eher unauffällig, aber sie kannte seinen Ruf.

Eine Freundin der beiden (die anonym bleiben möchte) sagt, nicht die Gefahr habe Francesca zu dem Mafia-Boß hingezogen. Ganz im Gegenteil: sie habe Angst vor einer Verhaftung gehabt und ein paarmal geäußert, sie fürchte, daß ihr jemand folge. Es sei eher so etwas wie Abenteuerlust gewesen. In der Zeit, als Ciro Mariano sich versteckt hielt, reiste er durch ganz Europa. Wann immer er konnte, schickte er jemanden zu ihr, der sie zu ihm bringen sollte, mit einem Flugticket Erster Klasse. Er versteckte sich nicht in einem trostlosen Loch auf dem Land, sondern sonnte sich irgendwo in Spanien an einem Swimmingpool.

»Meinem Eindruck nach war er sehr viel mehr in sie verliebt als sie in ihn, aber sie ließ sich von ihm umwerben. Sie wußte, daß er verheiratet war, sie wußte, daß er Ciro Mariano war und was das bedeutete. Einmal fragte sie mich, ob ich meinte, sie könnte in Schwierigkeiten geraten.«

Die beiden kannten sich seit sechs Monaten, als er auf dem Weg zu einem Abendessen mit ihr verhaftet wurde. Sie wartete eine Zeitlang in dem Restaurant auf ihn, dann war ihr klar, daß etwas schiefgegangen sein mußte, und sie machte sich davon. Sie wurde mit Haftbefehl gesucht, aber sie verschwand, fand Unterschlupf bei einer Verwandten in Rom.

Nach einem Monat wurde der Haftbefehl aufgehoben, und Francesca kehrte nach Neapel zurück. Die Zeitungen bekamen Wind von der Geschichte und druckten dicke Schlagzeilen wie: WÜRDEN SIE IHRE TOCHTER MIT EINEM MAFIA-BOSS AUSGEHEN LASSEN?

In Camorra-Kreisen hörte man nichts mehr von Francesca Bourelly. »Kaum war Ciro im Gefängnis, warf er sich wieder seiner Frau in die Arme. Natürlich, alle machen das so.«

Im Gefängnis verlassen sich die Mafia-Bosse ganz und gar auf ihre Ehefrauen. Nicht vielen Geliebten würde man zutrauen, was eine Ehefrau tun muß: Sie muß sich um alles kümmern, von der Wäsche bis zu einem guten Rechtsanwalt, und sie muß auch seine alten Gefährten im Auge behalten. Wenn sich ein Mafioso versteckt hält, wird seine Geliebte in der Regel von einem oder auch mehreren seiner Männer begleitet – zum Teil zu ihrem Schutz, aber hauptsächlich damit er sicher sein kann, daß sie ihn nicht betrügt. Sobald er ins Gefängnis kommt, kann sie gehen, wohin sie will.

In diesem Milieu muß eine Frau allein sehen, wie sie zurechtkommt, und es gibt spektakuläre Beispiele für Verrat von Frauen, die sich verführen ließen, weil sie Schutz suchten. Luciano Leggio, der düstere, kaltblütige Boß von Corleone, übte eine seltsame Anziehung auf Frauen aus, und mehrfach retteten ihn Frauen vor einer Verhaftung. Im Jahr 1948 ermordete Leggio in Corleone einen jungen Gewerkschaftler namens Placido Rizzotto, der sich Manipulationen der Mafia auf dem Arbeitsmarkt widersetzt hatte. Nach seinem gewaltsamen Ende wurde er von der Linken als Held verehrt.

Leggio wurde verurteilt, die Jahre vergingen, irgendwann floh er aus dem Gefängnis. Die Polizei spürte ihn später im Haus zweier unverheirateter Schwestern in Corleone auf, die ihn nach Strich und Faden verwöhnten. Die beiden alten Damen waren üblicherweise äußerst sparsam, und auf einmal konnte man sie beobachten, wie sie schwere Einkaufstaschen voller exotischer, erlesener Lebensmittel nach Hause schleppten. Die Polizei durchsuchte ihr Haus und fand im Untergeschoß ein Waffenversteck. Die eine der beiden Schwestern, Leoluchina Sorisi, mittlerweile weißhaarig, war einst mit Placido Rizzotto verlobt gewesen.

Manche Frauen können der Versuchung der Macht nicht widerstehen und lassen sich von der Seite des Opfers auf die Seite des Täters locken. Eine Frau aus Kalabrien suchte, als ihre Augen noch rot waren von den vielen Tränen, die sie um ihren Ehemann vergossen hatte, Trost in den Armen des Mannes, der ihn getötet hatte. Dies erschien als ein so empörender Verrat, daß die Justiz sie des Mordes verdächtigte.

Concetta Managò heiratete mit gerade siebzehn Jahren ihre Jugendliebe. Sie stammten beide aus ganz gewöhnlichen Arbeiterfamilien aus Palmi, einem Ort an der Küste Nordkalabriens. Concettas junger Ehemann Francesco Condello hatte keinerlei Verbindung zur 'Ndrangheta, bis er und seine Brüder lokalen Gangstern, den Gallico-Brüdern, ins Gehege kamen. Allem Anschein nach begannen die Probleme, als Francesco in Strandnähe eine Bar mit Disco eröffnen wollte. Es war ausgeschlossen, ein derartiges Unternehmen ohne die Erlaubnis des lokalen Clans zu beginnen, doch Francesco kümmerte sich nicht darum und machte auch kein Geheimnis aus seinen Plänen.

Eine solche Provokation konnten die Gallico-Brüder nicht dulden. 1977 wurde Francesco Condellos jüngerer Bruder erschossen;

er war sechzehn. Francesco ging nicht zur Polizei. Er wandte sich um Schutz an die herrschende Mafia-Familie, tauchte entsprechend den Gepflogenheiten der Blutrache in Kalabrien unter und hielt sich bereit, den Mord an seinem Bruder zu rächen.

Salvatore Boemi, der ergraute Strafverfolger von Reggio Calabria, zeichnet den Weg nach, der das Paar aus der gesetzestreuen Gesellschaft ins organisierte Verbrechen führte. »Sie kamen in eine andere Welt. Condello wollte nicht gegen die Mörder seines Bruders aussagen, doch sobald sie aus dem Gefängnis entlassen waren, brachte er sie systematisch um, einen nach dem anderen. Concetta Managò hatte einen ganz normalen Jungen ohne Vorstrafen geheiratet und fand sich, gerade 18 Jahre alt, auf einmal an der Seite eines gefährlichen Killers auf der Flucht wieder. Ihre Flitterwochen, die erste Blüte ihrer Liebe, verbrachten sie in irgendeinem Versteck, wo er sich vor seinen Feinden verborgen hielt.«[1]

Doch Concetta, die den Jungen von nebenan geheiratet hatte, verfiel dem Kriminellen. »Er wurde berüchtigt, wurde zum Helden. Die Menschen fanden es richtig, daß er den brutalen Mord an seinem jüngeren Bruder gerächt hatte. Ihr Ehemann stand in den Zeitungen, er tauchte in den Fernsehnachrichten auf, ihm wurde ziemlich viel Respekt entgegengebracht. Sie war jung, und sie war beeindruckt. Sie war stolz darauf, seine Frau zu sein.«

Während Francesco Condello sich in den Hügeln oberhalb von Palmi versteckt hielt – Mitglieder der 'Ndrangheta, die in eine Fehde verwickelt sind, gehen nie weit von Zuhause weg –, wurde seine Frau zu seiner Überlebenshilfe. Sie versteckte oder transportierte Waffen für ihn, sie fuhr ihn von einem Ort zum anderen, sie half ihm, Treffen mit anderen Clan-Mitgliedern zu arrangieren. Zwölf Jahre blieb Condello untergetaucht, unterdessen tobte die Fehde, und die beiden Familien versuchten sich gegenseitig fertigzumachen. Sein Clan profitierte von seiner Berühmtheit und zog in ganz Palmi Schutzgeld ein. Geschäftsleute zahlten seiner Frau Provisionen.

»Sie konnte unbehelligt kommen und gehen, weil niemand auf die Idee kam, ihr zu folgen.« Boemi bereut heute die Fehler bei den damaligen Ermittlungen. »Wirklich ziemlich dumm, denn für jeden Mann, der sich versteckt hält, ist die Frau der Rettungsanker.

Sie war erst ein Jahr mit ihm verheiratet – offen gesagt, es lag ja eigentlich auf der Hand, daß sie engen Kontakt zu ihm halten würde. Wenn wir nur den Frauen ein bißchen öfter auf den Fersen geblieben wären, dann hätten wir einige Mafiosi mehr erwischt.«

Im Verlauf des Krieges zwischen dem Condello-Clan und dem Gallico-Clan starben über fünfzig Menschen nach dem Prinzip Auge um Auge, Zahn um Zahn. Es gab nur einen Ausweg aus der Fehde. 1989 wurde Francesco Condello durch eine Bombe getötet, die explodierte, als er sich in sein Auto setzen wollte. Seine Frau, die seit Jahren tagtäglich in Furcht vor der Nachricht von seinem Tod lebte, hörte, daß etwas schiefgegangen war und ging ihn suchen. Einer seiner beiden Leibwächter hatte ihn verraten. Anstatt, wie es ihre Aufgabe gewesen wäre, das Auto im Auge zu behalten und nach Sprengstoff zu durchsuchen, hatten die Leibwächter es seinen Feinden ermöglicht, ihn umzubringen.

»Nun erlebte die Frau des Bosses, bisher respektiert, gefürchtet und im Zentrum der Organisation, wie die ganze Gruppe um sie herum zerfiel. Sie war allein und schutzlos. Kurz nach dem Tod ihres Mannes wurde sie zu einem Treffen mit Domenico Gallico eingeladen, dem *capo* des feindlichen Clans. Sie sei dazu bereit gewesen und hingegangen, sagte sie später, weil sie fürchtete, ihre Kinder könnten sonst in Gefahr geraten. Es kommt vor, daß die Kinder umgebracht werden, wenn Familien sich bekriegen, damit die Blutrache nicht von Generation zu Generation weitergeht.

Und so seltsam, wie das Leben manchmal spielt, hatte Concetta Managò schließlich ein Verhältnis mit dem Erzfeind ihres Mannes.«

Boemi, ein onkelhafter, jovialer Mann, räumt ein, daß er das Ganze rätselhaft findet. »Sie hat sich immer mit mächtigen Männern eingelassen, vielleicht reizte sie das. Gallico war ein mächtiger Boß. Sie sagt, er sei gut zu ihr gewesen. Sie kannte ihn von Kindheit an, und sie fühlte sich durch ihn beschützt. Von ihm aus gesehen lag vielleicht ein gewisser Triumph darin, eine Beziehung mit der Witwe seines lebenslangen Feindes zu haben.«

Gallico hatte noch ein weiteres Motiv für eine Liebesbeziehung mit Concetta Managò: Die Fehde zwischen den Familien dauerte an, und er wollte über die Schachzüge des rivalisierenden Clans auf dem lautenden sein. Vielleicht war das Concettas Chance, die Leute ihres Ehemannes dafür zu bestrafen, daß sie ihn verraten hatten. Vielleicht ging es ihr aber auch nur um ihre eigenen Interessen. Von ihrem sicheren Platz im feindlichen Lager aus informierte sie Gallico, wo drei der Leute ihres Mannes sich versteckt hielten. Gallico spürte sie auf und brachte sie um.

Ein paar Monate, nachdem Concetta Managò zu ihrem Feind Gallico ins Bett gestiegen war, wurde er verhaftet. Nicht lange darauf wurde sie der Zugehörigkeit zur Mafia und des Mordes beschuldigt. Ermittlungsrichter verhörten sie über ihr Verhältnis mit Gallico, weil sie im Verdacht stand, die Beseitigung ihres Mannes geplant zu haben. Sie stritt die Beschuldigung ab. Bis heute schwört sie, sie habe ihren Mann immer geliebt und nur deshalb mit seinem Feind geschlafen, weil sie ihre Kinder habe retten wollen.

Die Untersuchungshaft verbrachte Managò unter Hochsicherheitsbedingungen, wie sie für besonders gefährliche Mafiosi angeordnet werden. Sie war verwirrt und verstört. Ihre Kinder lebten bei der Großmutter und konnten tun und lassen, was sie wollten. »Als ich sie sah«, erzählt Boemi, »war sie drauf und dran, den Verstand zu verlieren. Sie sorgte sich um die Kinder, und die Isolationshaft machte sie verrückt. Sie hatte gesagt, daß sie aussagen wolle, aber niemand hatte sie ernstgenommen.«

Salvatore Boemi benannte Concetta Managò als Zeugin der Anklage. Die kalabresischen Ermittlungsbehörden waren bis dahin mit ihren Verhören abtrünniger Mitglieder der 'Ndrangheta nicht weit gekommen, weil die Clans fest zusammenhalten und auf Familienbanden gründen. Mit Managòs Hilfe konnte Salvatore Boemi zwölf Jahre Mafia-Krieg in allen Einzelheiten rekonstruieren. »In Kalabrien entschließen sich manchmal junge Leute auszusagen, weil sie ein neues Leben anfangen wollen – manchmal wollen sogar unverheiratete Leute reinen Tisch machen, neu beginnen. Es ist sehr viel schwieriger für ältere Menschen, über Verbrechen zu sprechen, die ihre Verwandten begangen haben. Jemand wie Concetta Managò, die mit ansehen mußte, wie die Mafia ihr Leben zerstörte, wacht eines Tages auf und erkennt, daß das Rechtssystem einen Ausweg aus der verzweifelten Lage bietet.«

Concetta Managò wurde im Zusammenhang mit dem Tod ihrer drei einstigen Verbündeten wegen Mordes verurteilt, doch weil sie gegen die 'Ndrangheta-Clans als Kronzeugin aussagte, mußte sie nur eine kurze Strafe verbüßen. Als sie 1994 freigelassen wurde, war sie dreiunddreißig Jahre alt. Ihre drei Kinder leben wieder bei ihr an einem geheimgehaltenen Ort, unter falschen Namen. Es gibt einen neuen Mann in ihrem Leben.

Die kriminelle Unterwelt scheint brennenden Ehrgeiz und Untreue gleichermaßen zu befördern, und manchmal kommt beides auf verhängnisvolle Weise zusammen. Alessandra Maninetti, eine neapolitanische Witwe, die mit der Justiz zusammenarbeitete, enthüllte Einzelheiten über die dunkle Seite des Lebens in einer Camorra-Familie, in der Verrat, Ehebruch und Gier an der Tagesordnung waren. Sie befreite sich aus den Trümmern, entschlossen, den Mann zu rächen, den sie liebte, obwohl er sie betrogen hatte.

Als Maninetti im Januar 1988 auf der Polizeiwache auftauchte und erklärte, sie wolle aussagen, steckte sie in ernsten Schwierigkeiten. Ihr geliebter Ehemann Raffaele Nuzzo war von seinen engsten Freunden verraten und ermordet worden. Nicola Nuzzo, der Bruder ihres Mannes, war durch die Hand seiner Ehefrau gestorben. Es gab niemanden mehr, dem sie hätte trauen können. Wie groß ihre Angst vor den Verfolgern war, ließ sich daran ablesen, daß sie Unmengen Kokain konsumierte. Sie wollte die Mörder ins Gefängnis bringen und auf diese Weise Rache nehmen.

Nicola Nuzzo war ein wichtiger Verbündeter von Raffaele Cutolo gewesen, dem größenwahnsinnigen Mafia-Boß, der aus dem Gefängnis heraus über Neapel herrschte (siehe Kapitel 1), aber schließlich empfand er Cutolos Diktatur als Belastung und wechselte die Seiten. Er wurde reich durch Schutzgelderpressung bei Bauprojekten in Acerra im Hinterland von Neapel. Und er spielte eine zentrale Rolle im Skandal des Jahrzehnts: den Verhandlungen über die Freilassung des christdemokratischen Abgeordneten Ciro Cirillo, den die Roten Brigaden 1981 als Geisel genommen hatten.

Alessandra Maninettis Zeugenaussage zufolge begann Nicola Nuzzos Ehefrau Carmela Frezza De Rosa Anfang der achtziger Jahre eine Affäre mit einer zwielichtigen Gestalt der Unterwelt von

Neapel: mit dem Arzt Franco Vicino ehedem Terrorist, mittlerweile Mafia-Mitglied. »Jeder wußte, daß sie Doktor Vicinos Geliebte war«, sagte Maninetti später den Ermittlern. »Die ganze Stadt sprach darüber.«[2]

Bei der Erwähnung des Namens Carmela Frezza De Rosa lächelt Richter Paolo Mancuso; er ermittelte gegen die Clans von Acerra. »Sie ist eine ungewöhnlich harte, eine ungewöhnlich entschiedene Frau.«[3]

Im Jahr 1986 stand der Boß Nicola Nuzzo unter Hausarrest, mußte aber wegen eines Nierenproblems ins Krankenhaus gebracht werden. Sein Bruder Raffaele hielt ihn über alles auf dem laufenden. Er informierte ihn auch über die Affäre seiner Frau. Nicola drehte durch und griff seine Frau vor den Augen eines ehemaligen Liebhabers an. Der Mann wollte die beiden trennen, darauf ging Nuzzo auf ihn los. Nuzzo zerriß ihr Foto und zerfetzte ihre Kleider mit einem Rasiermesser.

Die Familie war zerrissen, die Familienmitglieder intrigierten gegeneinander und fielen sich gegenseitig in den Rücken, enthemmt durch Kokainkonsum. Während Nicola im Krankenhaus lag, gab seine Frau Carmela ihrem Liebhaber bündelweise Geld, Einnahmen aus den Schutzgelderpressungen ihres Mannes. Erst planten sie, Nicola aus dem Geschäft herauszudrängen, dann beschlossen sie, ihn zu ermorden. Carmela erzählte einem ihrer getreuen Söldner, daß ihr Mann bei der Justiz auspacke und sie alle ins Gefängnis bringen werde. Als sie ihm versprach, ihn an der Schutzgelderpressung zu beteiligen, gab er vor, ihr zu glauben, was sie über Nicola erzählt hatte. Er wollte einen Killer finden, der den Job erledigte.

Am 6. September 1986 wurde Nicola Nuzzo tot in seinem Krankenhausbett gefunden. Jemand hatte ihm mit einem Hammer den Schädel zertrümmert. Alessandra Maninetti ging auf die Nachricht hin sofort ins Krankenhaus, Carmela und ihr Liebhaber Franco Vicino waren bereits dort. »Vicino hatte bis dahin kaum ein Wort mit mir gewechselt, jetzt zog er mich beiseite und sagte, ganz gewiß habe der Geheimdienst Nicola getötet, denn er sei erst kürzlich wegen der Cirillo-Affäre befragt worden. Ich fragte Vicino, wieso sie Nicola nicht einfach erschossen hatten. Er meinte, sie hätten ihn wohl nicht töten, sondern nur so schwer am Kopf verletzen wollen, daß er das Gedächtnis verlieren würde.«

Als Raffaele vom gewaltsamen Ende seines Bruders erfuhr, beorderte er Carmela zu sich und beschuldigte sie des Mordes. Sie stritt es ab, er schlug sie. Als Alessandra heimkam, lief ihre Schwägerin ganz verschwollen und voller blauer Flecke aus dem Haus und schrie, Raffaele habe den Verstand verloren. Alessandra war wütend: »Ich sagte meinem Mann, er hätte Carmela nie ins Haus lassen dürfen, ich fürchtete mich vor ihr. Ich hielt sie für gefährlich.«

Alessandra Maninetti, die einen beängstigenden Kokainverbrauch hatte, wurde immer furchtsamer und paranoider und bat ihren Mann, ihr alles zu erzählen, was geschehen war. Ihr war klar, daß er als nächster auf der Abschußliste stand, und darum wollte sie wissen, was er vorhabe. Er erklärte ihr, er beabsichtige Carmelas Liebhaber zu ermorden. »Er sagte, er wolle Carmela bestrafen, aber er wolle sie nicht töten. Was sie auch getan habe, sie sei immer noch die Mutter der Kinder seines Bruders.«

Raffaele schickte ein Killerkommando – Carmelas Sohn Pasquale gehörte auch dazu –, das Vicino erschießen sollte, doch die Männer verwundeten ihn nur. Daraufhin rief Raffaele ihn an und sagte ihm, er solle sich von den Geschäften seines Bruders fernhalten und von dessen Frau.

Die Schlinge zog sich langsam zu. Jeder plante etwas hinter dem Rücken jedes anderen, jeder belog jeden und glaubte fest daran – unterstützt vom Kokain, der Unwahrheitsdroge –, daß alle anderen sich täuschen ließen.

Raffaele Nuzzo, blind für die Gefahr und überzeugt davon, daß er im Recht war, rief Angehörige von Carmelas Gruppe zusammen und überredete sie, gemeinsam mit ihm Carmela auszuschalten. Er entwickelte einen Plan, wie Vicino umgebracht werden sollte – der Plan klang wie die Generalprobe zu seiner eigenen Ermordung. Zu seiner Frau sagte er: »Sie werden Vicino zu einem Gespräch einladen, bei dem es angeblich um meine Ermordung geht. Nur daß sie in Wirklichkeit nicht meinen Tod planen.« Freunde sollten Vicino zu der Unterredung fahren, und unterwegs würde ihn eine Kugel in den Kopf treffen.

Seit dem brutalen Mord an seinem Bruder war Raffaele unberechenbar. Er mischte sich in Schutzgelderpressungen anderer Mafiosi ein. Er behandelte seine Männer denkbar schlecht und schlug einem sogar den Griff einer Pistole auf den Kopf. Er hatte Affären mit den Ehefrauen seiner Fußsoldaten. »Die Frauen gingen nur zu gern mit ihm ins Bett, sie wollten Geld und Schmuck von ihm. Manche hatten Erfolg«, räumte seine Ehefrau Alessandra ein. »Eine Menge Leute hatten ein Motiv, ihn umzubringen.«

Der Höhepunkt des Dramas ließ nicht mehr lange auf sich warten. Raffaele wurde zu einem Treffen in einer Bar am Rand des größten Platzes von Acerra bestellt. Am Abend zuvor hörte Alessandra, wie er mit einem seiner Männer telefonierte und ihm sagte, er solle mit zu der Bar kommen und eine Waffe mitnehmen. In den frühen Morgenstunden rief einer seiner Verbündeten an und bat ihn um einen Kuß per Telefon. Seine Frau begriff später, was es mit diesem Judas-Kuß auf sich hatte.

Am Morgen des 4. Juni 1987 machte er sich allein auf den Weg. Am Treffpunkt angekommen, bestellte er für einen Freund an der Bar einen Kaffee. Sie setzten ihre Tassen ab und gingen nach draußen. Drinnen drehte sich ein Mann an der Bar um und schoß Raffaele mehrmals in den Rücken. Als Raffaele auf die Knie sank, kamen zwei maskierte Männer von draußen und schossen von zwei Seiten noch einmal auf ihn. In diesem Augenblick kam ein Auto mit quietschenden Reifen zum Stehen, heraus sprang ein Mann mit einem Maschinengewehr. Er feuerte auf Raffaele, der auf dem Gehsteig lag, und traf dabei auch eine Passantin mit einem Baby auf dem Arm.

Alessandra Maninetti, allein und voller Angst, geriet in Panik. Sie ließ sich von einem Freund zu einem Schießstand mitnehmen und lernte mit einer Waffe umzugehen. Sie versuchte mit Carmela zu sprechen, doch Carmela schlug ihr die Tür vor der Nase zu. »Ich weiß nicht, ob meine Schwägerin beim Tod meines Mannes die Hand im Spiel hatte«, sagte sie viel später den Ermittlern. »Ich erinnere mich, daß Carmela nach dem Tod von Franco Vicino sagte, derjenige, der ihn getötet habe, werde dafür bezahlen müssen. Aber mehr weiß ich nicht.«

Maninetti beschloß auszusagen und die ganze Familie vor Gericht zu bringen. Giovanni, der zweite Bruder ihres Ehemannes und ihr einziger verbliebener Verbündeter auf der Welt, sollte demnächst aus dem Gefängnis entlassen werden. Sie wußte, wenn sie nichts unternahm, würde auch er ermordet werden, kaum daß er einen Fuß aus dem Gefängnis gesetzt hätte.

Nachdem Alessandra Maninetti vom Kokain losgekommen war, erwies sie sich für Richter Paolo Mancuso als perfekte Zeugin. »Sie war sehr gutmütig, liebte ihren Mann sehr, hing sehr an ihm. Und sie war entschlossen, die Mörder hinter Gitter zu bringen. An einem bestimmten Punkt der Ermittlungen mußte sie ins Gefängnis gehen und die Mörder identifizieren – sie hatte sicher große Angst, aber sie hielt sich tapfer. Sie stand vor den Zellen und identifizierte einen nach dem anderen. Sie schaute ihnen direkt in die Augen, und sie mußten den Blick abwenden. Sie konnten sie nicht ansehen.«

Der Prozeß endete mit fünfunddreißig Schuldsprüchen. Carmela Frezza de Rosa wurde der Mafia-Zugehörigkeit und des Mordes für schuldig befunden. Alessandra Maninetti begann mit ihren beiden Kindern ein neues Leben. Sie war froh, daß sie ihrem Ehemann gegenüber ihre Pflicht erfüllt hatte. »Ich hatte geschworen, daß ich den Tod meines Schwagers und meines Mannes rächen würde, und zwar auf dem einzigen Weg, der mir offenstand, auf dem Weg des Gesetzes.«

An dem Tag, an dem Killer ihren Ehemann mit einer Salve aus einer Kalaschnikow erschossen hatten, betrat Giacomina Filippello ein Polizeirevier in Campobello di Mazara und sagte, sie wolle auspacken. »Es ging ihr nicht um irgendwelche noblen Ideale«, sagt die Ermittlungsrichterin Alessandra Camassa. »Sie kam 1991, damals gab es noch kein Gesetz zum Schutz von Mafia-Kronzeugen. Sie tat es aus Liebe. Es war Rache aus Liebe.«[4]

Mehr als fünfundzwanzig Jahre lang war Giacomina Filippello die Geliebte von Natale L'Ala gewesen, einem Mafia-Boß auf der Flucht – erst vor seiner Frau, dann vor der Polizei und schließlich vor seinen eigenen Männern, die ihn verrieten und am Ende umbrachten. Filippellos Aussage war der erste Beweis dafür, daß Frauen – sogar in Westsizilien, wo die Cosa Nostra als besonders starr und frauenfeindlich gilt – eine Menge über Mafia-Angelegenheiten wissen und, wenn es hart hergeht, manchmal lebenstüchtiger sind als ihre Männer.

Filippello ist heute siebenundvierzig und lebt unter staatlichem Schutz in einem Außenbezirk einer großen Stadt. Vorsichtig öffnet sie die Tür und späht mich von der Seite aus blau umrandeten Augen an. Sie ist eine kräftige Frau, den üppigen Busen umspannt ein schwarzes Spitzentop, das Gesäß ein knapper schwarzer Rock. Im Haar trägt sie eine rosa Plastikblume, und ihr Mund ist mit rosa Lippenstift großzügig geschminkt. Sie führt mich in eine Wohnung, die an eine Studentenbude erinnert – eine anonyme, ungeliebte Behausung.

Giacomina war siebzehn, als sie Natale L'Ala kennenlernte. Ihr Vater unterhielt ein Bordell, in dem Ehrenmänner und deren Freunde verkehrten. L'Ala wurde von der Polizei gesucht, und Giacominas Vater erhielt die Anweisung, ihn aufzunehmen. Bei der Heimkehr aus dem Internat fand Giacomina, eine frühreife, rebellische Jugendliche, einen fremden Mann im Haus.

»Er sah gut aus, aber er war dreiundvierzig – in meinen Augen ein alter Mann. Er strahlte Autorität aus, und genau das konnte ich nicht leiden. Mein ganzes Leben lang hatten mir irgendwelche Leute gesagt, was ich zu tun hatte. Alle behandelten ihn voller Ehrerbietung, aber ich bot ihm Paroli.«

Ihm gefiel ihre jugendliche Aufsässigkeit, und es begann eine stürmische Zeit der Werbung. Wenn sie zu aufreizende Kleider trug, zwang er sie, etwas anderes anzuziehen. Sie meldete ausgefallene Wünsche an, und er schickte seine Männer los, damit sie besorgten, was immer sie haben wollte. Eines Tages überraschte ihre Mutter sie, als sie sich küßten. Er drehte sich um und erklärte: »Ich liebe Ihre Tochter. Ich werde meine Frau verlassen und mit Ihrer Tochter leben. Wenn sie mich nicht nimmt, werde ich sie umbringen.«

So etwas Romantisches hatte Giacomina noch nie gehört. Sie war zutiefst beeindruckt von Natale und seinen Freunden, von der Aura der Macht, die sie umgab. »Wenn ich ins Zimmer kam, standen sie auf und küßten mir die Hand. Obwohl ich noch ein Mädchen war, behandelten sie mich mit Respekt. Langsam glaubte ich, daß ich es zu etwas bringen könnte.«

L'Ala wollte möglichst rasch von ihren Eltern wegkommen, denn sie waren entsetzt darüber, daß ein Mafioso ihre Tochter verführt hatte – schlimmer noch, ein Mafioso, der verheiratet war und Kinder hatte, die älter waren als seine Teenager-Geliebte. Er war während der Bewährungszeit untergetaucht, und so konnte er sich ganz einfach wieder nach Hause schicken lassen: Er stellte sich der Polizei, und die Polizei brachte ihn umgehend zurück nach Campobello, genau, wie er es geplant hatte. Am Bahnsteig erwartete ihn Giacomina, mit zwei Koffern in der Hand, bis er mit seiner Polizeibegleitung eintraf. Sie erinnert sich bis heute an die Geschenke, die er ihr mitbrachte: ein grünes Kleid, ein Paar hochhackige grüne Schuhe, Netzstrümpfe mit einem kleinen Blumenmuster an der Naht und ein schwarzes Spitzenhöschen.

Giacomina redet gern derb. Sie erzählt von ihrer leidenschaftlichen Beziehung mit Natale, wie zärtlich er war, wenn er sie liebte. Sie erzählt, wie er sie anfaßte, wenn sie tanzten, wie sie einmal aus lauter Leidenschaft auf der Tanzfläche ein Loch in sein Hemd riß. Sie erzählt von ihren Besuchen im Gefängnis: wie die Wachmänner sie immer allein ließen und wie sie mit ihrem Gekreische alle aus der Fassung brachte. Sie liest mir erotische Gedichte vor, geschrieben mit blutrotem Filzstift, die sie in einem Schuhkarton aufbewahrt.

L'Alas Neffen führten die Mafia von Campobello an, und dank ihres Bündnisses mit den Clans von Palermo mischten sie bei Heroingeschäften mit. Giacomina wußte, daß er mit geschmuggelten Zigaretten und mit Gold handelte, aber sie weigerte sich zu glauben, daß er auch bei Drogen seine Hand im Spiel hatte. Sie wußte – aus Intuition, aus Andeutungen, die sie gehört hatte, aus Dingen, die er ihr erzählt hatte –, daß er bei etlichen Schießereien am Steuer des Wagens gesessen hatte, den die Gangster benutzten.[5] Sie wußte, woher er seine Waffen bekam und wo er sie versteckte und daß er Schutzgeld erpreßte. Er wurde aus Campobello ausgewiesen, machte aber weiter wie bisher. »Allem Anschein nach arbeitete er nie, wir hatten aber immer genug Geld. Irgendwelche Leute schickten ihm Schecks. Es war die sicherste Zeit in seinem Leben. Er hatte Freunde, Ansehen, Macht. Er trug nicht einmal eine Waffe bei sich.

Wir waren sehr glücklich. Wir stritten immer noch. Ich war gespannt wie eine Feder.« Sie durchwühlt einen Stapel Schnappschüsse, eine Zigarette zwischen die dicken Finger geklemmt. »Sehen Sie die Frau da?« Das Bild, aufgenommen aus einiger Entfernung, zeigt zwei Paare in unbequemer Pose. »Ihr Mann hat sie umgebracht, nachdem er 'rausgekriegt hatte, daß sie mit einem anderen ins Bett ging. Ich hab ihr Foto in Natales Brusttasche gefunden und mir die Pulsadern aufgeschnitten. Schauen Sie.« Sie zeigt mir eine dicke Narbe.

Ihre Beziehung war keine friedliche Koexistenz. Als L'Ala Mitte fünfzig war, wurde er festgenommen, weil er eine Frau entführt und vergewaltigt hatte.[6] Ein anderes Mal zeigte ihn Giacomina wegen Schußwaffenbesitzes bei der Polizei an, weil sie sich für einen anderen Seitensprung rächen wollte. Er drohte ihr den Tod an, weil sie vom Balkon aus mit einem anderen Mann gesprochen hatte. »Er warf mir vor, ich würde flirten, und schlug mich. Ich nahm mein Bettzeug und legte mich in einem anderen Zimmer schlafen. Mitten in der Nacht kam er herein und sagte: ›Steh auf, ich bring dich jetzt um.‹

Er zerrte mich die Treppe runter. Ich schrie. ›Was hab ich denn getan?‹ Draußen tobte ein Sturm. Er sagte, er werde mit mir nach draußen in den Wald gehen, dort würde mich niemand hören. Ich dachte, ich müßte jetzt sterben. An der Haustür sagte er auf einmal: ›Geh wieder rauf.‹ O mein Gott, die Küsse, die Tränen – in der Nacht haben wir uns leidenschaftlich geliebt, wie verrückt.«

Ein schmaler, grauhaariger alter Mann kommt herein, setzt sich hin und wartet, daß Giacomina das Essen vorbereitet. Es ist ihr neuer Verehrer, angeblich ein pensionierter Mitarbeiter des Geheimdienstes. Sonnenstrahlen suchen sich einen Weg zwischen den Betonmauern der Mietshäuser. Giacomina kocht Spaghetti und erzählt davon, wie sehr ihr die Heimat fehlt – die Gerüche, die vertraute Landschaft ihrer Kindheit. »Ich werde nie mehr nach Sizilien zurückkehren.«

Im Jahr 1982 wurden Natale L'Alas Neffen, die Anführer des Campobello-Clans, ermordet. Noch am selben Tag flohen er und seine Männer nach England; dort wollten sie abwarten, bis die Dinge sich beruhigt hatten, und ihre weiteren Schritte planen. Giacomina blieb in Campobello und beobachtete die Entwicklung. Sie registrierte, daß einer von L'Alas Männern, der zunächst ebenfalls untergetaucht war, auf einmal am hellichten Tag ohne Bewachung herumspazierte. Das konnte nur bedeuten, daß er einen Handel mit dem rivalisierenden Clan abgeschlossen hatte, der Versa-Sippe, die von Nunzio Spezia angeführt und von den Corleonesi unterstützt wurde. Nach und nach krochen noch andere aus ihren Verstecken hervor. »Ich stellte fest, daß sie nicht mehr kamen und fragten, wie es Natale ging, ob es ihm gutging, ob er etwas brauchte. Ich merkte, wie der Hase lief.«[7] Kurz vor Weihnachten fuhr sie zu L'Ala nach England mit der schmerzlichen Nachricht, daß seine Leute ihn im Stich ließen. Er sagte, er werde nicht auf die Knie fallen und Nunzio Spezia um Gnade bitten. Sie erinnert sich, wie sie im Auto in einem endlosen Regen durch Südengland fuhren, seine Hand auf ihrem Bein. »Wenn wir an einem Hotel oder einem Pub anhielten, drehten sich die Leute nach uns um. Mein Mann war gut gekleidet, Samtanzüge, Stiefel und Lederjacke. Wir erregten immer Aufsehen.«

Zwei Jahre lang betrieben sie Schmuggel und Geldwäsche für Mafiosi in ganz Europa. Am 1. April 1984 kehrten sie schließlich nach Campobello zurück. Am 1. August war L'Ala mit seinem Auto unterwegs, als zwei bewaffnete Killer auf Motorrädern auf ihn zufuhren. Sie schossen ihn in die Schulter und zerschmetterten die Windschutzscheibe. Obwohl er stark blutete, gelang es ihm, den Wagen herumzureißen und ihnen zu entkommen. Er sah sie deutlich in seinem Rückspiegel. Dem einen ging die Munition aus, daraufhin gab der andere ihm seine Waffe. L'Ala besann sich auf die Tricks, die er gelernt hatte, als er Fluchtautos steuerte, jagte das Auto um die Kurven und hängte sie ab.

»Er wandte sich an seine Freunde außerhalb Siziliens und besorgte sich einen Leibwächter. Dann kaufte er sich ein schönes, großes, kugelsicheres Auto. Von dem Tag an mußte ich jeden Augenblick damit rechnen, daß ich ihn nicht mehr wiedersehen würde. Er war furchtbar nervös und fürchtete sich vor dem Schlafen. Einer von uns beiden mußte immer wach sein. Ich schlief bis drei oder vier Uhr morgens, und wenn ich aufstand, ging er ins Bett. Wenn ich das Haus verließ, folgte mir jemand. Wir waren mit den Nerven vollkommen am Ende. Ich weiß nicht, wie wir diese Jahre überstanden haben.«

Während Natale seine Macht schwinden sah, entdeckte Giacomina ihre Stärke. Sie verlangte, über alles, was vor sich ging, auf dem laufenden gehalten zu werden, und war bei allen Treffen mit den wenigen ihm verbliebenen Leuten anwesend. Wichtigstes Thema dabei war stets die Frage, wie sie den rivalisierenden Boß Nunzio Spezia umbringen würden. »Ich war *mafiosetta* geworden, gerissen. Mir entging nicht die kleinste Kleinigkeit. Er war nicht vorsichtig genug.«

1986 kam L'Ala wegen Drogenhandels ins Gefängnis. Giacomina beteuerte seine Unschuld und kettete sich vor dem Gefängnis an einen Laternenpfahl. Im Gefängnis lernte er zwei zwielichtige Typen kennen, und nach seiner Entlassung tauchten sie bei ihm auf, sagten, sie wüßten nicht, wo sie bleiben könnten, und boten ihre Dienste an. Giacomina war nicht begeistert. »Ich traute ihnen nicht. Ehrlich gesagt, sie gefielen mir nicht … die Art, wie sie sich verhielten, war nicht … richtig. Natale war zu sorglos.«[8]

Sie argwöhnte, daß jemand sie ausspionierte. »Jedesmal, wenn wir einen Schlag gegen die Versa-Sippe planten, griffen sie uns an. Wir wollten am 31. Dezember zuschlagen. Am 28. Dezember tranken Natale und einer seiner Männer etwas in einer Bar, und jemand schoß auf sie.«

L'Ala wurde schwer verwundet, eine Kugel traf ihn ins Auge, eine weitere zertrümmerte seinen Kiefer. Giacomina fuhr ihn ins Krankenhaus und blieb bei ihm. Wenige Tage nach der Schießerei erhielt er Besuch von Richter Paolo Borsellino. Kurz zuvor hatte sich ein Mafioso aus dem Versa-Clan in Campobello entschlossen auszusagen. »Sie wußten beide, daß die Mafia Natale umbringen würde. Richter Borsellino sagte, wenn Natale mit der Justiz zusammenarbeitete, könnte er sein Leben retten. Aber Natale antwortete: ›Ich bin als Ehrenmann geboren, und ich werde ein Ehrenmann bleiben, bis ich sterbe.‹«

Natale L'Ala wurde in elendem Zustand aus dem Krankenhaus entlassen. Die Ärzte hatten seinen Kiefer verdrahtet, so daß er nicht essen konnte. Er hatte ein Auge verloren, aber Giacomina wagte nicht, es ihm zu sagen. Sie wechselte den Verband alle sechs Stunden und gaukelte ihm vor, die Verletzung heile langsam. Dieses ganze

Elend machte sie wütend. Einmal merkte sie, daß jemand ihr folgte. Sie drehte sich zu dem Verfolger um. »Ich ging direkt auf ihn zu und sagte: ›Wenn ihr meinem Mann ein Haar krümmt, werde ich mir euren Anführer, diesen Dreckskerl, schnappen und ihm mit den Zähnen das Herz aus dem Leib reißen.‹«

Am 7. Mai 1990 lauerten sie Natale L'Ala in einem Lebensmittelgeschäft in Campobello di Mazara auf. »Sie schossen ihm achtundzwanzigmal in den Hinterkopf. Die Polizei kam zu mir, und ich ging gleich hin. Der Ladenbesitzer war auch verletzt. Auf dem Boden lagen zerbrochene Milch- und Olivenölflaschen, alles war voll Blut und voll Wein. Ich rutschte aus und wäre beinahe hingefallen. Ich wollte ihn in die Arme nehmen, ich dachte, vielleicht ist er noch am Leben.

Draußen auf der Straße sammelte sich eine Menschenmenge, sie wollten sehen, was ich tun würde. Ich stand auf. Ich war von seinem Blut durchtränkt, überall war Blut. Ich nahm seine Waffe an mich und ging.«

Paolo Borsellino brachte Giacomina schließlich dazu, daß sie redete. »Er war ein wunderbarer Mensch, so verständnisvoll. Ich hatte Vertrauen zu ihm. Wenn man mit ihm sprach, hatte man nie das Gefühl, daß er der große Mann hinter seinem Schreibtisch war. Er wurde ein echter Freund für mich. Ich denke, durch ihn habe ich den Glauben an den Rechtsstaat gefunden.«

Sobald ihre Entscheidung, mit der Justiz zusammenzuarbeiten, gefallen war, wurde sie in ein Kloster gebracht; die Nonnen gaben sich alle Mühe, die schwarze Spitzenunterwäsche und die Netzstrümpfe zu übersehen, die am Kruzifix hingen.

Sie wurde im Zuge der Ermittlungen gegen die Mafia in Campobello wiederholt befragt und sagte in den Prozessen gegen neunzig Mafiosi aus. In einem Verhör räumte sie ein, daß das Zusammenleben mit ihr Natale L'Alas Karriere geschadet hatte. Trotz dieser Demütigung rächte sich die Geliebte des Mafioso für all den Tratsch und den Verrat. »Ich war die Geliebte eines Bosses – ich war niemand: Ich hätte nicht reden dürfen. Dort, wo ich herkomme, nennen sie jemanden wie mich *infame,* Verräter. Die Zusammenarbeit mit dem Gesetz war meine Rache. Es war, als hätte ich diese Männer selbst erschossen. Ich wollte zeigen, wie sehr man jemanden lieben kann, auch wenn man nicht das entsprechende Dokument vorzuweisen hat.«

Giacomina Filippello sitzt in ihrer trostlosen provisorischen Unterkunft, umgeben von Erinnerungen. Über den ganzen Tisch verstreut liegen Blätter mit Gedichten und Fotos. Es wird langsam dunkel, aber sie steht nicht auf, um das Licht anzumachen. Sie klammert sich an das Bild ihres Geliebten als Mafioso der alten Schule, als Ehrenmann. »Er hat viel Gutes getan. Wenn er jemandem helfen konnte, hat er geholfen, auch wenn er das Geld aus seiner eigenen Tasche nehmen mußte. Er hat niemals einen Freund betrogen. Die Mafia, die wunderschöne Mafia, an die ich geglaubt habe, die Mafia, in die mich Natale hineingebracht hat, hat mich zu dem gemacht, was ich heute bin. Für ihn bedeutete die Zugehörigkeit zur Mafia, daß man Menschen half, um jeden Preis. Man half den Schwachen, auch wenn man dafür ein Verbrechen begehen mußte. Und wenn es bedeutete, einen Mord zu begehen, dann mußte man ihn begehen. In den alten Zeiten haben sie Leute nur umgebracht, wenn sie einen guten Grund hatten.«

15
VENDETTA MIT HILFE DES GESETZES

Im Juni 1991 untersuchte Morena Plazzi, eine junge Ermittlungsrichterin aus der Romagna, die erst seit kurzem in Sizilien arbeitete, einen Mordfall in der Nähe von Partanna im Westen der Insel. Das Opfer war ein 24jähriger Mann namens Nicola Atria, unbekannte Täter hatten ihn in seinem Restaurant erschossen. Unter den Frauen, die bei der Autopsie anwesend waren, erkannte Plazzi auch die Witwe des Opfers. Sie fiel ihr auf, weil sie würdevoll und nachdenklich wirkte – nicht die typische Mafia-Ehefrau. »Es war ein ziemlicher Kontrast zur Familie des Mannes, sie waren alle schwarz gekleidet, schluchzten laut, und daneben stand dieses Mädchen, das vollkommen allein wirkte, seine Gefühle ganz für sich behielt. Es sah so aus, als hätte sie mit den anderen gar nichts zu tun.«[1]

Richterin Plazzi bestellte die junge Frau zu einer Befragung ein. Sie hieß Piera Aiello, war dreiundzwanzig und hatte ein kleines Kind. Sie sagte, sie sei Augenzeugin des Mordes an ihrem Ehemann: er sei von drei maskierten Männern erschossen worden, und sie glaube, sie werde sie wiedererkennen. Das war mehr, als die meisten Mafia-Witwen preisgeben würden. Nach einigen weiteren Gesprächen war Richterin Plazzi der Meinung, daß Piera Aiello eventuell mit der Justiz zusammenarbeiten würde. Sie nahm Kontakt zu Paolo Borsellino auf und schickte Piera Aiello zu ihm nach Marsala.

Einer von Borsellinos Stellvertretern in Marsala war Alessandra Camassa. Ich besuche sie an einem heißen sizilianischen Julitag. Sie hat Urlaub und verbringt ihn in ihrem Haus am Meer, vor dem Soldaten patrouillieren. Ihre Tochter poltert in Holzschuhen herum, oben schläft ihr wenige Monate alter Sohn, der in Erinnerung an

Borsellino Paolo heißt. Camassa hat bis zu seiner Ermordung 1992 eng mit Borsellino zusammengearbeitet und als seine Mitarbeiterin auch einige Kronzeuginnen kennengelernt.

»Piera Aiellos Beziehung zu Borsellino ging sehr tief«, erzählt Camassa, »denn für jemanden wie sie, der aus einer ganz anderen Umgebung kommt, war es wunderbar, jemanden wie ihn kennenzulernen. Er entsprach überhaupt nicht dem Bild, das sie von einem Richter hatte. Sie nannte ihn immer ›Onkel‹. Er hatte eine ganz eigene Art, die Gespräche zu führen. Wenn ihre kleine Tochter quengelte, setzte Borsellino sie in seinen Schreibtischstuhl und ließ sie zeichnen oder mit Dingen auf dem Schreibtisch spielen. Er suchte sich einfach einen anderen Platz.«

Draußen im sonnenbeschienenen Garten geht ein Soldat vorbei. Über der Hecke kann man gerade die Feder auf seinem Hut und die Mündung seines Gewehrs erkennen. »Piera Aiello war anders, als die Mafia-Frauen sonst sind, weil sie die Wahrheit herausfinden wollte. Sie wollte alles wissen. Sie gab uns sehr viele detaillierte Informationen über die Mafia in Partanna. Sie wollte keine Rache – dafür ist sie nicht der Typ. Sie hatte keine besonders hohe Meinung von ihrem Mann, tatsächlich hielt sie ihn für einen *cretino*. Sie wollte weg, ein neues Leben anfangen.«

Damit ich mit Piera Aiello wenigstens telefonisch sprechen konnte, mußte ich über einen Mittelsmann auf komplizierte Weise Kontakt mit ihr aufnehmen. Sie trauert der Familie ihres Mannes nicht im geringsten nach. »Ich komme aus einer ganz normalen Familie, wir hatten nichts mit der Mafia zu tun. Was Mafia bedeutet, habe ich erst verstanden, als es zu spät war.« Nicola war ihre Jugendliebe, und mit vierzehn versuchte sie zum erstenmal, sich von ihm zu trennen. »Sein Vater kam zu mir und sagte, wenn ich seinen Sohn verließe, würde er mich umbringen. Sie zwangen mich, ihn zu heiraten.«

Partanna, auf einem Hügel über dem fruchtbaren Ackerland des Val del Belice gelegen, wurde 1968 durch ein Erdbeben schwer zerstört. Lokale Politiker und Mafia-Clans nutzten die Gunst der Stunde zu Spekulationsgeschäften. Im Jahr 1983 wurde der stellvertretende Bürgermeister ermordet, und niemand wurde für die Tat verurteilt. 1989 entbrannte zwischen verschiedenen Clans ein regelrechter Krieg; innerhalb von zwei Jahren gab es dreißig Morde bei gerade einmal 9000 Einwohnern. Menschen wurden durch Autobomben getötet oder verschwanden einfach, nahezu jede Familie beklagte einen Todesfall. Doch niemand sah und hörte etwas. Es war der größte Geheimkrieg in Sizilien seit Jahren.

Nicolas Vater, Don Vito Atria, war Schäfer und Mafioso, der seine Macht darauf gründete, daß er Schutzgelder von den Bauern erpreßte. Irgendwann geriet er über ein Drogengeschäft in Konflikt mit der Mafia von Partanna und wurde von seinem eigenen Clan fallengelassen. Im November 1985 erschossen Mafia-Killer ihn draußen auf dem Feld.

Nicola schwor feierlich Rache. Er versuchte, sich den Mafia-Clans wieder anzunähern – er brauchte Verbündete und einen bewaffneten Rückhalt –, doch da sein Vater in Ungnade gefallen und regelrecht exekutiert worden war, konnte er niemals ein Ehrenmann werden. Er ließ sich mit *piciotti* ein, zwielichtigen Gestalten und Fußsoldaten der Mafia, und bemühte sich, an die Killer heranzukommen und Einzelheiten über den Mord an seinem Vater in Erfahrung zu bringen. Um dieselbe Zeit herum begann er mit Heroin zu handeln; er machte Geschäfte mit eben den Leuten, die seinen Vater getötet hatten.

Seine Frau und seine jüngere Schwester Rita redeten immer wieder auf ihn ein, daß er dumme Risiken eingehe. »Selbst seine Schwester räumte später ein, daß Nicola mit jedem Beliebigen Drogengeschäfte machte«, sagt Camassa. »Er war nicht sehr hell im Kopf. Er berichtete seiner Frau über jeden Schritt, obwohl er wußte, daß sie nicht damit einverstanden war. Die Pflicht, seinen Vater zu rächen, lag ihm wie eine schwere Last auf den Schultern. Er war angespannt und voller Angst, er mußte mit jemandem sprechen. Manchmal fing er zu weinen an und sagte seiner Frau, daß er Angst hatte.

Piera Aiello versuchte ihn zu ändern, ihn von seinem verrückten Rachefeldzug abzubringen. Er plante ganz offen und hielt nichts vor ihr geheim. Einmal ging er mit einer Maschinenpistole in der Hand aus dem Haus. Ein anderes Mal überraschte sie ihn, wie er sich einen Strumpf von ihr in die Tasche steckte; auf ihre Frage, was er vorhabe, sagte er, er werde jemanden erschießen. Als sie sich ihm in den Weg stellte, schlug er sie. In der Wohnung versteckt fand sie Heroinpakete und Schußwaffen. Er müsse das Zeug aus dem Haus schaffen, erklärte sie ihm und drohte, ihn zu verlassen, doch allem Anschein nach konnte er nicht anders, als ihr weiter zu vertrauen. In der Hinsicht ist das Leben in der Mafia sehr seltsam.«

Auch Pieras Vater versuchte Nicola von seiner Fixierung auf den Rachefeldzug abzubringen und richtete dem Paar eine Pizzeria in Montevago ein, einer kleinen Stadt hoch oben in den Hügeln, etwa 15 Kilometer von Partanna entfernt. Eine Zeitlang schien der Plan aufzugehen, aber dann war alles wieder wie zuvor, Nicola saß mit seinen *piciotti* in Kneipen herum und schwadronierte davon, wie er sich rächen würde. Die Eröffnung ihrer Pizzeria feierten sie mit ein paar Freunden. Irgendwann war der letzte Gast gegangen, sie räumten auf, ihre dreijährige Tochter spielte auf dem Fußboden. Da stürmten drei bewaffnete Männer mit Strumpfmasken herein. Sie feuerten auf Nicola und waren im nächsten Augenblick verschwunden. Nicola starb in Pieras Armen.

Nicht lange danach bot die Ermittlungsrichterin Morena Plazzi Piera Aiello einen Ausweg aus den Ruinen ihres Lebens an. »Sie war erst dreiundzwanzig. Sie wollte nicht den Rest ihres Lebens in einer Kleinstadt verbringen, eingesperrt in ihre vier Wände, die Witwe eines Mafia-Opfers. Sie hatte unter schrecklichem Druck gelebt und jeden Augenblick damit gerechnet, daß sie kommen und ihn umbringen würden. Die Mafia schwebte immer als eine riesige Bedrohung über ihrem Heim.«

Alle, die Piera Aiello in den ersten Tagen ihrer Kooperation mit der Justiz erlebten, waren sich in ihrem Urteil einig: Sie war sehr selbstbewußt, wußte genau, was sie wollte, und schwankte keinen Augenblick in ihrer Entschlossenheit. Sie war stolz; zu den Gesprächen erschien sie im Pelzmantel, weil sie zeigen wollte, daß es ihr nicht um Geld ging.

»So, wie ich aufgewachsen bin«, erzählt sie, »hatte ich keine gute Meinung von Rechtsanwälten und Richtern. Meine Vorstellung von Gerechtigkeit war sehr anders als die der Welt draußen. Mein Mann wäre lieber so gestorben, wie er dann auch gestorben ist, als auszusagen; der Typ Mann war er. Als ich zum erstenmal einen Fuß ins Gerichtsgebäude setzte, hatte ich ziemlich Angst. Ich machte mir Sorgen um meine Tochter. Aber sie verstanden, was ich brauchte, sie gaben mir ein Gefühl von Sicherheit, erklärten mir Für und Wider einer Kooperation und wie sie mich schützen könnten. Bis dahin hatte ich noch kein einziges Wort gesagt.«

Piera und ihre kleine Tochter verschwanden im Zeugenschutzprogramm und wurden unter falschen Namen an einen geheimen Ort gebracht. Wenig später wählte Pieras Schwägerin Rita den gleichen Weg. »Ich hatte niemandem davon erzählt, daß ich aussagen würde, nicht einmal meinen Eltern. Rita rief mich von sich aus an, nachdem sie mit der Polizei gesprochen hatte. Sie fragte mich, wie mein Leben aussah, ich erzählte es ihr, aber ich ließ sie selbst entscheiden. Zu so etwas kann man niemanden überreden, jeder muß seinen eigenen Weg finden und das tun, was er tun muß.«

Einen Monat später wurde Paolo Borsellino telefonisch davon unterrichtet, daß ein junges Mädchen aus Partanna mit ihm sprechen wolle. Rita suchte den Richter und seine Kollegen zum erstenmal im November 1991 auf, damals war sie siebzehn. Ein Paßfoto aus der Zeit zeigt sie mit klaren Gesichtszügen, widerspenstigen braunen Haaren und ausdrucksvollen haselnußbraunen Augen. »Sie war eine starke Persönlichkeit, sehr beherrscht«, erzählt Plazzi. »Sie war stolz und ließ sich nicht einschüchtern. Ihr war vollkommen klar, daß sie die Leute, die ihren Vater und ihren Bruder getötet hatten, ins Gefängnis bringen wollte.«

Ritas Kooperation mit der Justiz begann unter striktester Geheimhaltung. Nicht einmal ihre Mutter erfuhr etwas davon. Jeden Tag stieg sie wie immer in den Schulbus, doch am Gericht in Sciacca stieg sie wieder aus. Wenn ihre Freundinnen Schulschluß hatten, setzten die Carabinieri sie an der Bushaltestelle ab. Eines Abends hörten sie und ihre Mutter es an der Türe klopfen, eine Männerstimme fragte nach Rita. Sie machten die Tür nicht auf. Am nächsten Tag nahmen die Carabinieri Rita zu ihrem eigenen Schutz in Gewahrsam.

Die Carabinieri riefen ihre Mutter an und erklärten ihr die Lage. Für Ritas Mutter, Giovanna Cannova, die in einer Mafia-Familie aufgewachsen war, war dies ein entsetzlicher Verrat. Sie gab ihrer Schwiegertochter Piera Aiello die Schuld – sie hatte sich nach der Hochzeit mit ihrem Sohn überworfen und seit fünf Jahren nicht mehr mit Piera gesprochen. Die Carabinieri holten Rita ans Telefon, aber ihre Mutter war nicht umzustimmen.

Giovanna Cannova stürmte ins Gerichtsgebäude und verlangte, mit ihrer Tochter zu sprechen. Ein Richter ging zu ihr an die Pforte. »Sie sagte, sie wolle Rita eine ordentliche Tracht Prügel verpassen, weil sie Schande über die Familie gebracht habe. ›Sie ist verrückt, sie weiß nicht, wovon sie redet, sie hat lauter unschuldige Leute beschuldigt. Mafia! Was weiß sie schon über die Mafia? An allem ist Piera Aiello schuld, sie hat ihr diese Flausen in den Kopf gesetzt. Gebt mir meine Rita zurück.‹«[2] Sie zeigte Paolo Borsellino sogar wegen Entführung an. Ein paar Tage später rief Rita ihre Mutter erneut an und sagte ihr, sie sei bei Piera und in Sicherheit. »Das glückliche Paar«, höhnte ihre Mutter. Rita legte auf.[3] Ritas Verhältnis zu ihrer Mutter war seit jeher schwierig gewesen. In den kommenden Monaten bat sie ihre Mutter immer wieder, sie möge Partanna verlassen und zu ihr kommen, aber die Mutter weigerte sich.

»Rita Atrias Mutter ist ein Monster«, sagt Alessandra Camassa. »Rita flehte sie an, mit ihr wegzugehen. Was hinderte sie daran? Sie hatte ihren Ehemann verloren und ihren Sohn, in Partanna hielt sie nichts. Aber nachdem ihre Tochter mit der Justiz kooperierte, wollte sie nichts mehr von ihr wissen. Rita wollte ihre Mutter schützen, sie bat uns oft, wir sollten versuchen, sie zum Weggehen zu bewegen. Sie sagte immer wieder, daß ihre Mutter ein hartes Leben gehabt habe. Nun, offensichtlich liebte sie ihre Kinder nicht sonderlich.«

Die heftige Ablehnung ihrer Mutter machte die Entscheidung für Rita noch schmerzlicher. Eine Zeitlang wohnte sie bei Piera Aiello in Rom. Piera, die gerne mal einen ganzen Tag im Schlafanzug in ihrer Wohnung vertrödelt, hat noch nie viel vom Ausgehen gehalten, und so blieben die beiden die meiste Zeit zu Hause. Ritas Familie brach jeden Kontakt ab. Sie wollte ihre ältere Schwester Anna Maria in Mailand besuchen, doch in letzter Minute sagte ihre Schwester, sie wolle sie nicht sehen. Rita war todunglücklich. Mit Polizeibegleitung fuhr sie an Silvester zu ihrer Mutter. Als sie allein waren, drohte die Mutter ihr. »Sie sagte, wenn ich mit den Behörden zusammenarbeite, wird sie dafür sorgen, daß es mir genauso ergeht wie meinem Bruder Nicola«, erzählte Rita am nächsten Morgen den Carabinieri.[4] Die Dinge schienen sich zum Guten zu wenden, als Rita einen Jungen kennenlernte, mit ihm ausging und ihrem Tagebuch sehnsüchtige Wünsche anvertraute.

Im Alter von elf Jahren hatte Rita miterlebt, wie ihr Vater ermordet wurde, beim Tod ihres Bruders war sie sechzehn. Sie betete ihren Vater an und war stolz auf seine Verbindungen zur Mafia. »Sie sagte immer: ›Ich bin eine Atria. Der Name ist eine Garantie‹ – im Mafia-Sinn des Wortes«, erinnert sich Camassa. »Sie war selbstbewußt und stolz. Sie sagte, niemand werde den Verdacht haben, daß sie auspackte, denn sie sei eine Atria, und eine Atria würde niemals reden.

Rita war eine Mafiosa – ein Boß im Rock. Sie versteckte Waffen für die Mafia. Sie war mit der Mafia-Mentalität groß geworden und hatte sich ein vollkommen verqueres Bild von der Realität zurechtgelegt, zu dem sie sogar mich bekehren wollte. Von frühester Kindheit an hatte sie das Bild eines Vaters im Kopf, der gut war, der verlorene Schafe fand und sie ihren Besitzern zurückbrachte. In Wahrheit hatte ihr Vater die Schafe gestohlen, und die Bauern mußten ihm Geld dafür zahlen, daß sie ihre Tiere wiederbekamen.

Im Laufe ihrer Kindheit und Jugend hatte sie sich vollkommen mit den Wertvorstellungen ihrer Familie identifiziert. Am Anfang erzählte sie uns Dinge, die uns schockierten, und durch unsere Reaktion sah sie die Dinge auf einmal in einem anderen Licht. Sie war ein nachdenklicher Mensch, sensibel und intelligent. Sie wußte, daß ihr Vater im Gefängnis gewesen war, aber sie hatte beschlossen zu glauben, daß es nicht mit irgendwelchen Verbrechen zusammenhing, die er begangen hatte, sondern daß alles nur die Schuld eines dummen Richters war. Wir gaben ihr die Unterlagen zu lesen, was er tatsächlich getan hatte, und allmählich begriff sie, was für ein Mensch er in Wahrheit gewesen war. Es war eine furchtbare Desillusionierung für sie.«

Stundenlange Gespräche mit den beiden Frauen förderten Beispiele für das zutage, was als »Mafia-Logik« bezeichnet wird. Piera

Aiello stammte nicht aus einer Mafia-Familie; wenn sie und Rita Atria von ein und demselben Ereignis erzählten, kamen zwei vollkommen unterschiedliche Versionen heraus. »Bei Piera Aiello war immer klar, was sie meinte und warum sie es in dieser Weise berichtete. Wir konnte einfach so hinschreiben, was sie sagte. Aber bei Rita Atria mußte man jedes Wort erst deuten, man mußte die Bedeutung wie ein Bild aus Mosaiksteinchen zusammensetzen. Wenn sie zum Beispiel sagte ›Diesen Mord kann mein Vater nicht begangen haben‹, dann hieß das: Diesen Mann hätte er nicht getötet, weil dieser Mann unbedeutend war. Er hätte dessen Vater getötet, weil der eine wichtigere Rolle spielte. Wir mußten erst ihre verquere Logik entwirren, wenn wir zu den Fakten vordringen wollten.«

Aber sie kamen zu den Fakten, und die beiden Frauen klärten mit detaillierten Auskünften viele Rätsel auf, die seit zwanzig Jahren ungelöst waren, unter anderem auch den bis dahin ungeklärten Mord an dem stellvertretenden Bürgermeister von Partanna. Eine weitere Frau aus Partanna namens Rosalba Triolo sagte um dieselbe Zeit ebenfalls aus. Sie hatte ihren Mann verlassen und eine Affäre mit einem Mafia-Killer begonnen, für den es ein besonderer Kitzel war, nachts nach Hause zu kommen und ihr zu erzählen, wen er umgebracht hatte und wie. Triolo war nicht sehr hell im Kopf, und es dauerte nicht lang, da lieferte sie sich selbst der Polizei in die Hände, weil sie am Telefon über einen geplanten Mord sprach – und das Telefon wurde abgehört.

Die Polizei stellte sie vor die Wahl, entweder auszusagen oder ins Gefängnis zu wandern. »Sie war eine sehr dumme Frau«, sagt Camassa, »anscheinend vollkommen unfähig, eine Situation zu analysieren. Sie spulte einfach alle Fakten herunter, die sie kannte, und erzählte uns bei jedem Verhör immer wieder das gleiche, mit den gleichen Worten und in der gleichen Reihenfolge. Sie war wie eine Schallplatte. Schließlich sagte sie, sie habe uns alles erzählt, und als wir sie gehen ließen, kehrte sie schnurstracks zu ihrem Mann zurück.«

Rita und Piera lebten weiterhin in Rom; alle paar Wochen wechselten sie zu einer neuen geheimen Adresse. Ritas Freund nahm einen Job im Ausland an. Die Beziehung zu ihrer Mutter blieb die ganze Zeit unverändert schlecht. Rita fühlte sich von allen verlassen und hatte Heimweh. Ihre Hauptstütze in jener Zeit war Paolo Borsellino. Borsellino machte sich Sorgen um seine junge Kronzeugin und sprach oft mit seinen Kollegen darüber, daß er sich frage, wie sie allein, getrennt von zu Hause, ohne ihre Familie zurechtkommen würde.[5] Er telefonierte alle paar Tage mit ihr. Aber schlimmer als die Isolation war wohl, daß Rita langsam die Augen aufgingen und sie die Menschen so sah, wie sie wirklich waren: ihr Bruder ein schäbiger kleiner Dealer und ihr vergötterter Vater ein Gangster der übelsten Sorte. Das brach ihr das Herz.

Am 19. Juli 1992 wurde Paolo Borsellino von einer Autobombe getötet, als er in der Via d'Amelio an der Wohnung seiner Mutter läutete. Für die beiden jungen, von ihren Familien ausgestoßenen Kronzeuginnen war er zu einem Vaterersatz geworden. Eine Woche nach Borsellinos Tod schrieb Rita, die allein in der Wohnung im siebten Stock war, in ihr Tagebuch: »Jetzt ist niemand mehr da, der mich beschützt. Ich kann nicht mehr.« Sie schlug das Tagebuch zu und legte es auf den Nachttisch neben ihrem Bett. Dann stürzte sie sich aus dem Fenster.

Die Stadt Partanna thront hoch oben auf einem Hügel im welligen Westsizilien. Eine hübsche neue Straße windet sich durch wuchernde Betonsiedlungen, verrostete Baukräne und halbfertige Häuser und schwingt sich dann auf Betonpfeilern hinauf zur Stadt. Doch nach der letzten eleganten Kurve endete die Straße abrupt im Nichts. Ich fuhr die ganze Strecke wieder zurück und holperte schließlich über die alte Straße in die Stadt.

Links und rechts sah ich halbzerfallene Häuser und eingestürzte Mauern. Mehr als zwanzig Jahre nachdem das Erdbeben Teile der Stadt zerstört hatte, blieb noch vieles zu reparieren. Das Kirchendach war eingestürzt, ein gähnendes Loch, die unregelmäßig abgerissenen Dachziegel erinnerten an ein Gebiß mit Lücken. Zusammengefallene Häuser lagen direkt an der Straße, genauso wie sie vor zwanzig Jahren unter den Erdstößen zusammengesackt waren. Zehn Jahre nach der Katastrophe war alles Geld, das für die Erdbebenopfer lockergemacht wurde, bis auf die letzte Lira auf die Bankkonten der lokalen Mafiosi gewandert, die Bauverträge mit ihren eigenen Baufirmen schlossen und sich von den Profiten neue Villen errichteten. Anstatt die alte Kirche zu reparieren, bauten sie direkt daneben eine neue. Hunderte von obdachlos gewordenen Einwohnern wurden provisorisch in Hütten und Behelfsunterkünften am Rand der Stadt untergebracht – und dort blieben sie dann.

Am Tag, als Rita Atria begraben wurde, verlor im ruhigen Zentrum von Partanna niemand ein Wort über ihr kurzes Leben und ihren einsamen Tod. Kaum jemand schien sich überhaupt an sie zu erinnern. Sie war eine Nationalheldin, aber bis in ihre Heimatstadt war ihr Ruhm noch nicht gedrungen.

Es ist schlimm, sich Ritas letzte Stunden vorzustellen, wie sie allein in einer anonymen Mietwohnung in einer fremden Stadt saß, und es ist noch schlimmer, sich ihre Mutter vorzustellen. Sechs Monate vor ihrem Tod hatte Rita in ihr Tagebuch geschrieben, daß ihre Mutter auf keinen Fall bei ihrer Beerdigung erscheinen dürfe.[6] Eine Kellnerin in einer Bar – die sich an Rita Atria nicht erinnerte, aber fand, es sei eine Schande – erzählte, sie habe gehört, daß Ritas Mutter den Verstand verloren habe und unter der Obhut von Nonnen in einer Anstalt am Rand der Stadt lebe.

Um vier Uhr nachmittags parkten bereits etliche Autos vor dem Friedhofstor, sie gehörten Anti-Mafia-Demonstranten aus Palermo. In der Woche von Ritas Beerdigung hatte eine Gruppe von Frauen aus Protest gegen Korruption und Tatenlosigkeit der Regierung auf dem größten Platz von Palermo einen Hungerstreik begonnen. Ein paar von ihnen waren nach Partanna gefahren und hatten Gedichte und Blumensträuße mitgebracht. Einige Einwohner von Partanna, zumeist Frauen, standen dicht zusammengedrängt zwischen den glänzenden Grabsteinen und beobachteten die Fremden.

Eine kleine Gruppe von Frauen hievte den Sarg auf die Schultern. Den Anfang bildete die Fotografin Letizia Battaglia, eine Politikerin der Grünen, die drei Jahre lang von Kugeln durchsiebte Leichen fotografiert hatte; am Ende der Gruppe ging Michela Buscemi, die gegen die Mörder ihrer Brüder ausgesagt hatte und daraufhin von ihrer Familie verstoßen worden war. Hinter dem Sarg schritt laut weinend eine junge, blonde, hochschwangere Frau, Ritas Schwester Anna Maria, ihr Ehemann stützte sie.

In der Gegenwart der Anti-Mafia-Demonstranten mit ihren unausgesprochenen Vorwürfen fühlten sich die Einwohner von Partanna erkennbar unbehaglich. Mit unruhigen Blicken musterten sie während der Messe die fremden Gesichter. Der Sarg war mit der italienischen Nationalflagge bedeckt, und in letzter Minute tauchten noch ein paar lokale Würdenträger auf, denen sichtlich nicht wohl war in ihrer Haut. Rita Atria war eine schwierige Heldin.

Der Bürgermeister trat vor, seinen Brustkorb umspannte eine Schärpe in den italienischen Nationalfarben wie eine Schleife ein Geschenk. Er sprach von Mut, Jugend und Idealismus, die Mafia erwähnte er mit keinem Wort. Der Priester stimmte ein Gebet an: »Herr, vergib die Sünden deiner Dienerin ...«

»Rita non ha peccato, ha parlato« – Rita hat nicht gesündigt, sie hat geredet – »Und sie hat die Wahrheit gesagt«, schallte eine Stimme durch die Kirche. Einen Augenblick lang herrschte entsetztes Schweigen, dann brauste Applaus durch die Menge und hallte minutenlang unter den Zypressenbäumen wider, während ein Trauergast nach dem anderen einfiel.

Einige Wochen nach der Beerdigung schleppte sich Ritas Mutter auf den Friedhof und sah auf dem neuen marmornen Grabstein das Bild ihrer Tochter. Sie zog einen Hammer heraus und zerschmetterte es.

Die Anklage gegen die Mafia von Partanna stützte sich zum großen Teil auf die Aussagen von Piera Aiello, Rita Atria und Rosalba Triolo. Nachdem die ersten Schuldsprüche ergangen waren, folgten mehrere Mafiosi dem Beispiel der drei Frauen und erklärten sich ebenfalls zur Zusammenarbeit mit der Justiz bereit.

Später wurde viel Kritik an der Kronzeugenregelung für Mafiosi laut, aber Richterin Camassa schwankt keinen Augenblick in ihrem Urteil: »Der *pentitismo* hat unsere Möglichkeit zu arbeiten grundlegend verändert. Die Menschen haben gar keine Vorstellung, wie schwierig es war, eine Ermittlung durchzuführen, bevor die Kronzeugen aussagten. Es gab keine Briefe, so gut wie nichts Schriftliches. Ich habe ein Jahr lang die Protokolle von einem abgehörten Telefonanschluß gelesen, und es ist *nichts* dabei herausgekommen.

Als das Gesetz über den Schutz der *pentiti* verabschiedet war, meldeten sich sofort 350 Leute. Besonders wertvoll waren die Aussagen von Frauen, die nicht schon vor Gericht gestanden hatten. Ohne die Kooperation dieser Frauen hätten wir die Ermittlungen in Partanna einstellen müssen.«

Piera Aiello wechselt immer noch mehrmals im Jahr die Wohnung. Letzten Winter wurde bei ihr eingebrochen, die Diebe nahmen die paar wenigen wertvollen Dinge mit, die sie im Laufe der Jahre erworben hatte. Von Zeit zu Zeit kehrt sie zu einem Besuch bei ihrer Familie nach Hause zurück. »Es ist nicht leicht«, erzählt sie. »Die Beziehungen sind gespannt. Sie akzeptieren, was ich getan habe, aber sie können nicht verstehen, daß ich mich so entschieden habe. Ich versuche ganz einfach, ein normales Leben zu leben. Ich habe meinen Studienabschluß gemacht, und meine kleine Tochter geht in die Schule.

Ich habe keine großen Ansprüche. Mir reicht es, wenn ich in meiner Wohnung herumwerkeln kann. Ich wollte nie Geld für meine Aussagen. Ich bekomme die staatliche Unterstützung, aber nicht einmal darum habe ich gebeten. Dieses Leben ist ziemlich hart, aber ich kann mich nicht beklagen. Ich habe getan, was ich tun mußte. Ich gehe nicht oft aus, weil ich mein Kind noch nicht allein lassen kann, aber ich habe Freunde gefunden – die Menschen sehen, wie ich bin, auch wenn sie nicht wissen, wer ich bin.

Die ersten Monate waren die schlimmsten. Ich sah immer das Bild vor mir, wie sie meinen Mann direkt vor meinen Augen erschossen haben. Es gab einige wirklich dunkle Zeiten. Aber mein Stolz hat mir darüber hinweggeholfen. Ich habe eine Entscheidung getroffen und mein Leben in die Hand genommen.«

Ein Jahr nach Ritas Tod forderte Piera Aiello die Frauen im Umkreis der Mafia auf, sie sollten sich zu Wort melden und der Polizei sagen, was sie wissen.[7] »Die Frauen der Mafiosi wissen immer alles. Wenn sie zu reden anfingen, wäre dies das Ende der Cosa Nostra. Und wenn sie nicht reden, können sie immer noch eine Menge tun, um ihre Männer auf einen anderen Weg zu führen. Eine Frau kann einen Mann zu allem bringen, was sie will. Solange die Frauen schweigen, wird es nicht gelingen, die Mafia zu besiegen.«

DANKSAGUNG

Die folgende lange Liste zeigt, wie sehr ich bei der Abfassung dieses Buches auf den sachkundigen Rat von anderen angewiesen war. Die Liste wäre sogar noch länger, doch einige meiner Ratgeber und Helfer können bedauerlicherweise nicht genannt werden.

Mein Dank gilt den Richtern und Mafia-Spezialisten, die mir so großzügig ihre Zeit zur Verfügung gestellt haben, insbesondere Guido Lo Forte, Teresa Principato, Paolo Mancuso, Amato Lamberti, Liliana Ferraro, Salvatore Lupo, Antonio Laudati, Giuseppe Narducci, Maurizio Fumo, Maria Maniscalco, Frank Friel, Walter Coughlin, Saverio Senese und Antonio Manganelli. Besonders danken möchte ich den Richtern Salvatore Boemi, Alessandra Camassa, Nicola Gratteri, Giacomo Travaglino, Giuseppe Borrelli, Alberto Di Pisa und Maurizio Romanelli für ihre unschätzbare Hilfe.

Weiterhin danke ich den Journalisten und Fotografen, die mich großzügig unterstützt haben, insbesondere Enzo La Penna und Roberto Ormanni, Titti Beneduce und allen anderen bei ANSA in Neapel, ebenso Franco Castaldo, Enzo Mignosi, George Anastasia, Gigi Di Fiore, Antonio Nicaso und Diego Minuti, Shobha und Luciano Ferrara.

Ich danke Anna Puglisi und Umberto Santino vom Centro Siciliano di documentazione Giuseppe Impastato für ihre Hilfe über Jahre hinweg, aber auch für ihre unermüdliche Forschungs- und Aufklärungsarbeit.

Ich danke ferner den journalistischen Spürhunden Andrea Cinquegrani und Rita Pennarola, und ich danke Renate Siebert für ihre

Gastfreundschaft und Ermutigung. Mein Dank geht auch an die Mitarbeiter des Istituto Gramsci in Palermo.

Viele Freunde haben mit ihrer großzügigen Unterstützung, ihren Kenntnissen, Ideen und ermutigenden Worten und mit ihrer Gastfreundschaft dieses Buch überhaupt erst möglich gemacht: Linda Pantano, Walter Rizzo, Valeria Abramo, Alessandra Dino, Monique El Faizy, Oliver Phillips, Silvana Polizzi, Frances Kennedy, Enrico Fierro, Cettina Donofrio, Anna Russo, Margherita Cacioppo, Sharon Krum, Simona Mafai, Giovanna Terranova und Michela Buscemi. Besonders danke ich zwei sizilianischen Journalisten und engen Freunden, die mir mit ihrem Wissen viel geholfen haben: Rino Cascio und Giorgio Petta.

Mein besonderer Dank geht an Piera Fallucca, Aurelio Angelini und Valerio Angelini, die mich jedes Mal, wenn ich nach Palermo kam, mit grenzenloser Gastfreundschaft und Herzlichkeit aufnahmen.

Professor Mario Serio danke ich für seinen Expertenrat bei juristischen Fragen.

Und nicht zuletzt danke ich meinem Agenten Derek Johns, meiner Lektorin Jenny Uglow und dem *Guardian,* der mich für die Zeit der Arbeit an diesem Buch freistellte. Dank auch an Amanda Mitchison, die das Manuskript gelesen und wertvolle Hinweise gegeben hat. Ich danke Robin Hunt, meinen Schwestern Laura und Francesca und Sarah Johnstone, die mit einer ganzen Schar Mafia-Frauen leben mußte. Und schließlich danke ich Adrian Buchanan.

BIOGRAPHIEN

Piera Aiello

heiratete Nicola Atria, den Sohn eines Mafioso aus Partanna in Westsizilien. Sie versuchte, ihren Mann vom Drogenhandel und vom Morden für die Mafia abzuhalten. Nach der Ermordung seines Vaters wollte Nicola Rache üben, doch 1991 wurde er vor den Augen Pieras und ihrer kleinen Tochter erschossen. Im Alter von 23 Jahren erklärte sich Piera Aiello bereit, als Kronzeugin auszusagen; sie wollte sich aus der Mafia-Welt befreien und ein neues Leben beginnen. Heute leben sie und ihre Tochter unter Polizeischutz; vor kurzem hat sie einen akademischen Grad erworben.

Rita Atria

war die Schwester von Nicola Atria. Mit elf Jahren erlebte sie, daß ihr heißgeliebter Vater, ein Mafia-Boß, ermordet wurde. Und sie war gerade sechzehn, als 1991 ihr Bruder Nicola erschossen wurde. Obwohl sie aus einer Mafia-Familie stammte, beschloß sie, als Kronzeugin auszusagen. Sie wurde unter Polizeischutz nach Rom gebracht und wohnte dort bei ihrer Schwägerin Piera Aiello, die ebenfalls mit der Justiz zusammenarbeitete. Nach der Ermordung Paolo Borsellinos im Juli 1992 litt Rita unter Depressionen und Angstzuständen und beging schließlich Selbstmord.

Antonietta Bagarella

die Schwester von Leoluca Bagarella, dem Mafia-Boß von Corleone, ist Lehrerin. 1974 heiratete sie Salvatore Riina, der zu dieser Zeit untergetaucht war. Antonietta (»Ninetta«) wurde zur Last gelegt, sie habe die Kontakte zwischen den verschiedenen Zweigen des Corleone-Clans aufrechterhalten. Sie war die erste Frau, der wegen Verwicklung in Mafia-Aktivitäten die Verbannung angedroht wurde, aber es blieb bei der Drohung. Ninetta lebte 25 Jahre mit Riina im Untergrund und brachte vier Kinder zur Welt, die sie selbst unterrichtete. Im Jahr 1993 wurde Riina verhaftet, und sie kehrte mit den Kindern in ihre Heimat Corleone zurück. Nach der Verhaftung ihres ältesten Sohnes Gianni im Jahr 1996 schrieb sie einen Brief an die Zeitung *La Repubblica* und beklagte sich bitter, daß ihre Familie zu Unrecht verfolgt werde. 1997 wurde Gianni wegen Mitgliedschaft in der Mafia zu viereinhalb Jahren Gefängnis verurteilt.

Serafina Battaglia

war die Ehefrau eines Mafioso, der 1960 einer jahrelangen Fehde zwischen verschiedenen Clans aus Palermo zum Opfer fiel. Serafina drängte ihren Sohn Salvatore Lupo Leale, diesen Tod zu rächen, und beschaffte ihm einen Leibwächter und eine Schußwaffe. Doch bevor Salvatore Rache üben konnte, wurde er selbst erschossen. Serafina Battaglia ging vor Gericht und sagte gegen die Mörder ihres Sohnes aus. Neun lange Jahre ermittelte die Justiz in ganz Italien, dennoch endete der Prozeß mit einem Freispruch.

Antonina Brusca

ist die Ehefrau von Bernardo Brusca, dem Boß von San Giuseppe Iato, der Mafia-Hochburg in Westsizilien mit engen Beziehungen zum Corleone-Clan. Antonina entstammt wie ihr Ehemann einer Mafia-Dynastie, und beide erzogen ihre drei Söhne in dieser Tradition. Ihr Sohn Giovanni wurde 1996 im Zusammenhang mit dem Mord an Richter Giovanni Falcone verhaftet. Antonina hielt vor der Presse leidenschaftliche Reden zur Verteidigung ihres Sohnes. Zu ihrer Empörung kooperierten zwei ihrer Söhne schließlich mit den Justizbehörden. Ihr Mann und ihre drei Söhne befinden sich mittlerweile alle hinter Gittern; Antonina lebt mit ihren Schwiegertöchtern und deren Kindern zusammen.

Michela Buscemi

ist als Älteste von acht Geschwistern in den Slums von Palermo aufgewachsen. 1979 wurde ihr Bruder Salvatore von der Mafia ermordet, nachdem er ohne Erlaubnis des lokalen Mafia-Bosses geschmuggelte Zigaretten verkauft hatte. Ihr jüngerer Bruder Rodolfo wurde gleichfalls umgebracht, damit er seinen Bruder nicht rächen konnte. Michela sagte in dem Maxi-Prozeß 1985/86 in Palermo gegen die Mörder aus, zog ihre Aussage jedoch zurück, nachdem man gedroht hatte, ihre sechs Jahre alte Tochter zu töten. Aufgrund ihrer Aussage wurde Michela von ihrer Mutter geächtet, und ihr Ehemann verlor seine Stelle. Michela kämpft heute gegen die Mafia.

Liliana Caruso

war die Ehefrau von Riccardo Messina, einem Killer aus Catania, Mitglied des Savasta-Clans. Als Messina 1994 verhaftet wurde, entschloß er sich, mit den Behörden zu kooperieren. Liliana Caruso weigerte sich, Polizeischutz anzunehmen. Domenica Micci und Santa Vasta, die Ehefrauen der Bosse des Savasta-Clans, versuchten Messina zu drohen, indem sie Liliana unter Druck setzten. Liliana meldete die Drohungen der Polizei und wurde wenig später zusammen mit ihrer Mutter Agata Zuchero vor den Augen ihrer Tochter erschossen. Messina arbeitete weiter mit den Behörden zusammen und brachte die Mörder seiner Ehefrau vor Gericht.

Brenda Colletti

ehemalige Varieté-Tänzerin, heiratete Philip Colletti, einen kleinen Gangster mit Verbindungen zur Mafia von Süd-Philadelphia. Um in der Bande an Status zu gewinnen, bekannte sie sich mehrerer mit Einsatz von Schußwaffen begangener Verbrechen für schuldig, die in Wahrheit ihr Mann verübt hatte. Die beiden bewahrten in ihrem Haus eine Bombe auf, im Keller befand sich ein Schießstand. Brenda plante einen Mord, wurde jedoch von ihrem Mann an der Ausführung gehindert. 1994, Brenda war damals achtundzwanzig, entschlossen sie und Philip sich zur Kooperation mit den Behörden. Philip ist noch immer in Haft, Brenda ist aus dem Zeugenschutzprogramm ausgeschieden. Ihr vierjähriger Sohn lebt bei Philips Eltern.

Giuseppa Condello

ist die Ehefrau des 'Ndrangheta-Bosses Nino Imerti, der die Stadt Villa San Giovanni in Kalabrien kontrollierte. Als Imerti nach der Ermordung von Paolo De Stefano, dem Boß des rivalisierenden Clans, untertauchte, führten an seiner Stelle Giuseppa und ihre Schwester Caterina, genannt »Junior«, die einträglichen Schutzgelderpressungen durch. Giuseppa hielt den Kontakt zwischen den Familienmitgliedern, »Junior« kümmerte sich um das Eintreiben der Gelder. Die Mitglieder des Clans kommunizierten per Funk, doch die Polizei machte ihre Wellenlänge ausfindig. 1990 wurde der Clan von der Polizei ausgehoben, und 1992 verurteilte ein Richter in Reggio Calabria sämtliche Mitglieder, darunter auch die beiden Frauen.

Rosetta Cutolo

ist die ältere Schwester von Raffaele Cutolo, genannt »il professore«, dem Begründer und messianischen Anführer der Nuova Camorra Organizzata. Rosetta lebte bei ihrer Mutter in Ottaviano bei Neapel und blieb unverheiratet. Sie soll von 1979 an die Zügel der NCO in der Hand gehalten haben, bis Cutolos Imperium 1982/83 zerfiel. 1981 stürmte die Polizei ihr Haus, während sie eine Lagebesprechung abhielt. Rosetta entging jedoch einer Verhaftung und tauchte unter, stellte sich aber im Februar 1993 im Alter von 55 Jahren schließlich der Polizei. Sie verbüßt eine fünfjährige Haftstrafe wegen Mitgliedschaft in einer Mafia-Vereinigung; alle neun Mordanklagen gegen sie endeten mit Freispruch.

Teresa Deviato

war 43 Jahre alt, als 1991 ihr Mann ermordet wurde. Sie übernahm das Stadtviertel, das er kontrolliert hatte, die Via dei Tribunali im Zentrum Neapels, und stieg mit ihrem Sohn aus erster Ehe, Vincenzo Saetta, ins lukrative Erpressergeschäft ein. Saetta war Anführer einer Bande von bewaffneten Räubern, die in regelmäßigen Abständen Banken und Postämter überfielen. Ein weiterer Sohn Teresas starb 1996 an einer Überdosis Heroin. Kurz darauf wurde sie verhaftet und der Erpressung sowie der Mitgliedschaft in einer Mafia-Vereinigung angeklagt, nachdem die Polizei durch eine Abhörwanze in ihrer Wohnung mitgehört hatte, wie sie Geld und Schußwaffen zählte. Teresa befindet sich zur Zeit in Haft und wartet auf ihren Prozeß.

Santa Margherita Di Giovine

ist bekannt unter dem Namen Rita und stammt aus Kalabrien; Ritas Mutter war mit dem mächtigen Serraino-Clan verwandt. 1963 zog Rita mit ihrer Mutter und zahlreichen Geschwistern nach Mailand. Ihre Mutter stieg zusammen mit ihrem ältesten Sohn Emilio in den Heroinhandel ein, die ganze Familie sowie etliche Nachbarn waren an Drogengeschäften beteiligt. Rita heiratete und bekam einen Sohn, der später ebenfalls mit Drogen handelte. In ihren besten Zeiten brachte die Familie bis zu 150 Kilo Heroin pro Woche ins Land, zudem Schußwaffen und Panzerabwehrraketen, mit denen sie ihre Vettern in Kalabrien in ihrem Kampf um die Vorherrschaft unterstützte. 1993 wurde Rita Di Giovine aufgrund des Besitzes von 1000 Ecstasy-Pillen verhaftet. Sie beschloß, gegen ihre gesamte Familie auszusagen, angefangen bei ihrer Mutter.

Patrizia Ferriero

ist die Ehefrau des Camorra-Bosses Raffaele Stolder. Nach seiner Verhaftung übernahm sie seine Kokain-Geschäfte. Stolder konnte seine Gefängnisstrafe in einem Krankenhausbett verbüßen, nachdem seine Frau ihm ein entsprechendes ärztliches Attest besorgt hatte. Patrizia führte Buch über die Kokaingeschäfte und bestach die Polizei. Ihr Chauffeur und Leibwächter war ein ehemaliger Carabiniere. 1991 wurde sie verhaftet. Die Polizei hatte unter ihrer Wohnung einen unterirdischen Tresor mit Drogen und Schußwaffen gefunden, von dem aus man durch das Kanalsystem Neapels Zugang zu den Banken hatte.

Giacomina Filippello

war 24 Jahre lang die Geliebte des Mafia-Bosses Natale L'Ala. Als sie siebzehn war und er dreiundvierzig, ließen sie sich in seinem Territorium Campobello di Mazara in Westsizilien nieder. 1982 wurden seine mächtigen Neffen in einem Kampf um die Vorherrschaft ermordet, Natale floh nach England, und Giacomina folgte ihm. Als er zwei Jahre später zurückkehrte, wurde er überfallen und verwundet. Nach einem weiteren Überfall nahm Giacomina die Angelegenheit selbst in die Hand; sie plante, seine Feinde zu ermorden, und behielt sie genau im Auge. Doch 1990 wurde Natale erschossen, und Giacomina stellte sich als Kronzeugin zur Verfügung, um ihn zu rächen. Ihre Aussage trug zur Verurteilung des Campobello-Clans bei. Heute lebt sie in einer weit entfernten Stadt, wo sie niemand kennt.

Margherita Gangemi

heiratete den Mafioso Antonino Calderone in Catania. Dessen Bruder Pippo, der 1978 ermordet wurde, leitete das oberste Führungsgremium der Cosa Nostra, die Kommission. Antonino und Margherita flohen mit ihren drei Kindern ins südfranzösische Nizza. 1986 wurde Calderone verhaftet und in Marseille inhaftiert. Ermutigt durch Margherita, beschloß er, mit den Behörden zu kooperieren. Er wurde nach Italien ausgeliefert; nachdem er in mehreren Prozessen ausgesagt hatte, zog er mit seiner Familie in die Vereinigten Staaten, wo sie unter Polizeischutz leben. Während er im Gefängnis saß, suchte sich Margherita eine Arbeit, um ihren Kindern eine Ausbildung zu ermöglichen.

Cristina Guimaraes

ist die Tochter eines wohlhabenden brasilianischen Anwalts. Im Alter von 19 Jahren traf sie in Rio den sizilianischen Mafioso Tommaso Buscetta, der sich damals auf der Flucht vor zwei Ehefrauen und der Polizei zweier Kontinente befand. Sie zogen zusammen. Er wurde verhaftet und an Italien ausgeliefert; sie heirateten, während er in Palermo im Gefängnis saß. Nach seiner Freilassung kehrten sie zurück nach Brasilien, wo er erneut verhaftet wurde; die Anklage lautete auf Leitung eines internationalen Heroinhändlerrings. 1984 ließ Buscetta sich von Cristina zur Kooperation mit Richter Giovanni Falcone überreden und sagte im Maxi-Prozeß als Zeuge aus. Beide leben heute im Zeugenschutzprogramm in den USA, zusammen mit ihren beiden gemeinsamen Kindern sowie seinen Kindern aus anderen Ehen.

Immacolata Iacone

stammt aus einer Camorra-Familie; als sie ihren Bruder im Gefängnis besuchte, lernte sie Raffaele Cutolo kennen, den selbsternannten Anführer der Nuova Camorra Organizzata. 1983 heirateten die beiden. Es ist nichts darüber bekannt, ob Immacolata an seinen kriminellen Geschäften beteiligt war, doch sie gab in seinem Namen Presseerklärungen ab. Raffaele Cutolo verbüßt heute eine lebenslange Haftstrafe wegen Mordes und befand sich jahrelang in Isolationshaft. In den letzten fünf Jahren beantragte Immacolata mehrfach, daß man es ihr ermögliche, ein Kind von ihrem Ehemann zu bekommen. Sie trägt sich mit dem Gedanken, ihren Fall vor den Europäischen Gerichtshof zu bringen.

Maria Imbraguglia

ist die Ehefrau von Giuseppe Mandalari, dem sogenannten Buchhalter der Mafia. Sie arbeitete für ihn in seinem Büro in Palermo. 1994 wurden beide verhaftet und beschuldigt, für die Cosa Nostra Geld gewaschen zu haben. Der Anklage zufolge sollen Giuseppes Kunden – darunter auch Corleone-Boß Salvatore Riina – ihre Geschäfte mit seiner Frau abgewickelt haben, wenn er selbst nicht in Palermo war. Giuseppe wird außerdem beschuldigt, dank seiner Verbindungen zu Freimaurern Prozesse und Wahlen manipuliert zu haben. Er ist mittlerweile 63 und sehr krank; Maria ist 58 Jahre alt.

Tatiana Imparato

ist die Tochter von Umberto Mario Imparato, dem Camorra-Boß von Castellammare di Stabia; ihre Mutter, eine Lehrerin, stammt aus Venetien. Tatiana Imparato studierte Jura. Ihr Vater wurde bei einer Auseinandersetzung mit der Polizei erschossen, ihr Bruder wurde kurz darauf getötet. Im Mai 1993 kam sie in Haft, weil sie von einem Bauunternehmer Schmiergelder kassiert hatte, doch wenig später war sie wieder auf freiem Fuß. Heute lebt sie mit ihrer Mutter in Norditalien.

Felicia Impastato

heiratete den Mafioso Luigi Impastato aus Cinisi westlich von Palermo. Luigi arbeitete für den Boß Gaetano Badalamenti. Das Paar hatte zwei Söhne. Der ältere, Giuseppe, genannt Peppino, schloß sich der Kommunistischen Partei an und agitierte mit eigenen Radiosendungen, Flugblättern und Demonstrationen gegen die Mafia. Sein Vater warf ihn aus dem Haus. 1978 wurde Peppino bei einer Bombenexplosion, die wie ein stümperhafter Terroranschlag aussehen sollte, getötet. Der Mord ging nachweislich auf das Konto der Mafia, doch es kam zu keiner Anklage. Impastato wird von ihrem zweiten Sohn Giovanni unterstützt und bemüht sich intensiv darum, die Ermittlungen wieder in Gang zu setzen und den Namen ihres Sohnes Peppino reinzuwaschen.

Pietra Lo Verso

heiratete den wohlhabenden Pferdemetzger Cosimo Quattrocchi; die Familie lebte in Palermo. Er ließ sich auf Geschäfte mit einem Kartell von Fleischhändlern der Mafia in Catania ein, die ihn beinahe ruinierten. 1984 wurde er in dem sogenannten Piazza-Scaffa-Massaker zusammen mit acht seiner Angestellten ermordet, weil er es gewagt hatte, Fleisch von einem Händler außerhalb des Kartells zu beziehen. Pietra wollte den mutmaßlichen Mörder, den Pferdehändler Antonio Fisichella, ins Gefängnis bringen, doch er wurde freigesprochen. Mittlerweile wurden zwei ihrer Söhne wegen Besitz von Schußwaffen und Drogen zu Gefängnisstrafen verurteilt.

Concetta Managò

war noch ein Teenager, als sie Francesco Condello aus Palmi in Kalabrien heiratete. Nicht lange nach der Hochzeit wurde Francescos Bruder von Killern der 'Ndrangheta erschossen, und Francesco sah sich in eine Blutfehde verwickelt, die zwölf Jahre dauerte. 1989 wurde er von dem feindlichen Gallico-Clan ermordet. Fast unmittelbar darauf zog Concetta Managò mit dessen Oberhaupt Domenico Gallico zusammen. Angeblich wollte sie auf diese Weise ihre drei Kinder vor Racheakten schützen. Doch sie half Gallico auch, Leuten aus dem Kreis ihres Mannes Schaden zuzufügen. Ein paar Monate später wurden Gallico und Concetta Managò verhaftet. Sie wurde vor Gericht gestellt und wegen Mordes verurteilt. Sie erklärte sich bereit, sich als Kronzeugin zur Verfügung zu stellen, und wurde 1994 nach kurzer Haft aus dem Gefängnis entlassen. Heute lebt sie mit ihren Kindern unter Polizeischutz.

Alessandra Maninetti

heiratete Raffaele Nuzzo, Mitglied eines Camorra-Clans in Acerra unweit von Neapel. Alessandras Schwager Nicola Nuzzo war ein mächtiger Camorra-Boß. Nicolas Ehefrau Carmela Frezza De Rosa heckte mit ihrem Geliebten Franco Vicino, einem Terroristen, der zum Camorrista wurde, einen Plan zur Ermordung ihres Ehemannes aus, und eines Morgens fand man Nicola Nuzzo, der im Krankenhaus lag, erschlagen in seinem Bett. Raffaele Nuzzo tötete im Gegenzug Franco Vicino. 1987 wurde Raffaele vor einer Bar von ehemaligen Verbündeten niedergeschossen. Alessandra beschloß, sich als Kronzeugin zur Verfügung zu stellen, um den Mord an ihrem Ehemann und dessen Bruder zu rächen. 1990 wurde Carmela Frezza De Rosa mitsamt dem restlichen Clan verhaftet.

Vincenzina Marchese

die Schwester des Mafioso Pino Marchese, heiratete 1991 die Nummer zwei des Corleone-Clans, Leoluca Bagarella. Kurz nach der Hochzeit verschwand das Ehepaar spurlos. Vincenzinas Bruder Pino wurde verhaftet und kooperierte von 1992 an mit den Behörden, nachdem die Nummer eins des Clans, Salvatore Riina, ihn verraten hatte. Bagarella wurde 1995 verhaftet, doch seine Frau blieb verschwunden. Mafia-Kronzeugen sagten später, sie habe Selbstmord begangen. Ihre Leiche wurde nie gefunden.

Pupetta Maresca

Assunta Maresca, genannt Pupetta, »Püppchen«, heiratete 1955 im Alter von 17 Jahren den zehn Jahre älteren Camorra-Boß Pasquale Simonetti, genannt Pascalone 'e Nola. Achtzig Tage nach der Hochzeit wurde Simonetti von seinem Mafia-Rivalen Antonio Esposito ermordet. Pupetta Maresca rächte den Mord an ihrem Ehemann und erschoß Esposito. Sie kam ins Gefängnis und gebar dort ihren Sohn Pasqualino. Als sie nach 14 Jahren aus der Haft entlassen wurde, wurde sie die Geliebte des Drogenbarons und Camorra-Bosses Umberto Ammaturo; die beiden bekamen Zwillinge. Pasqualino verschwand im Alter von 18 Jahren spurlos. Pupetta berief eine Pressekonferenz ein und bot 1982 öffentlich dem skrupellosen Camorra-Boß Raffaele Cutolo die Stirn. Sie mußte dann eine vierjährige Haftstrafe wegen Mordes und Erpressung verbüßen, Verbrechen, die sie bis heute bestreitet. Heute lebt sie allein in Sorrent.

Carmela Marzano

»Donna Carmela« heiratete im Alter von dreizehn Jahren den Camorra-Boß Luigi Giuliano. Sie brachte sechs Kinder zur Welt, von denen eines früh an einem Herzfehler starb. Luigi war das Oberhaupt des Giuliano-Clans, der das Forcella-Viertel im Herzen Neapels kontrolliert. Er saß wegen Zigarettenschmuggels und Drogenhandels mehrmals lange Jahre im Gefängnis. Carmela und ihre Söhne wurden immer wieder verhaftet. Sie behauptet, ihre Familie werde zu Unrecht verfolgt.

Anna Mazza, »die Schwarze Witwe«

Ihr Ehemann Gennaro Moccia, der Boß von Afragola bei Neapel, wurde 1976 ermordet. Der 13jährige Sohn Antonio erschoß den Mörder seines Vaters. Nach Gennaros Tod führte die Moccia-Familie zwei weitere Clans an. Anna wurde mehrmals aus Neapel verbannt und verbrachte insgesamt fünf Jahre hinter Gittern, doch sie wurde nie eines Mafia-Verbrechens überführt. In den achtziger Jahren häufte die Familie durch Erpressung und Bauunternehmerverträge ein Vermögen an. Annas Söhne Angelo, Luigi und Antonio befinden sich alle in Haft; ihr Lieblingssohn Vincenzo wurde 1987 ermordet.

Maria Filippa Messina

ist die Ehefrau von Antonino Cintorino, dem Mafia-Boß von Catania. Als er 1993 zu lebenslanger Haft verurteilt wurde, übernahm sie im Alter von 24 Jahren seinen Clan. Sie kassierte Schutzgelder und importierte Waffen aus Jugoslawien. Die Polizei installierte eine Abhörwanze in ihrer Wohnung und erfuhr auf diese Weise, daß Messina plante, eine rivalisierende Gruppe auszulöschen. Im Februar 1995 wurde sie verhaftet; gegenwärtig befindet sie sich in Isolationshaft in einem Hochsicherheitstrakt, der für Mafia-Mitglieder reserviert ist.

Carmela Minniti

war verheiratet mit Nitto Santapaola, dem Cosa-Nostra-Boß von Catania, der nach Salvatore Riina der zweitmächtigste Mann Siziliens sein soll. Über zehn Jahre hielt er sich versteckt; Carmela war häufig bei ihm, traf sich aber auch mit seinem Anwalt und lieferte ihm Informationen. 1992 wurde Santapaola verhaftet, und Carmela setzte ihre Treffen mit dem Anwalt fort. Nach der Verhaftung ihrer beiden Söhne im Jahr 1994 brach sie vor dem Gerichtssaal vor den Augen der Öffentlichkeit zusammen und bat flehentlich um die Freilassung der beiden. Es hieß, sie sei nahe daran, mit den Behörden zu kooperieren, als sie 1995 von einem Feind ihres Mannes erschossen wurde.

Carmela Palazzo, »Cerasella«

heiratete im Alter von zwölf Jahren, bekam ein Kind und handelte für ihre Familie, die »Palazzetti«, im Mercato-Viertel von Neapel mit Heroin. Später bekam sie noch drei weitere Kinder von verschiedenen Männern. Sie und ihr Bruder Vincenzo Palazzo dealten Speedballs, eine Mischung aus Heroin und Kokain. Ihr Lieblingsbruder Francesco wurde vor ihren Augen erschossen. Sie wollte *capo* des Clans werden, doch Verwandte beschuldigten sie, sie habe Gelder unterschlagen, und so mußte sie die Führung anderen überlassen. Aus Boshaftigkeit und um ihren ermordeten Bruder zu rächen, kooperierte sie von 1991 an mit den Behörden. Später wurde ihr aufgrund ihres aufsässigen Verhaltens der Zeugenschutz verweigert.

Saveria Palazzolo

ist mit Bernardo Provenzano verheiratet, der in den fünfziger Jahren Salvatore Riinas ständiger Begleiter war (sie wurden »die Tiere« genannt). Provenzano hält sich seit 1969 vor der Polizei versteckt. Saveria führte die Geschäfte für ihn, investierte Geld, kaufte Grundstücke und gründete Firmen. Als Berater stand ihr jener Mann zur Verfügung, der als »Buchhalter der Mafia« bekannt war, Giuseppe Mandalari. 1983 wurde ein Haftbefehl gegen sie erlassen, und sie tauchte unter. Als ihr Jahre später eine Amnestie gewährt wurde, brachte sie ihre beiden Söhne in ihre Heimat Corleone. Die Söhne sprachen fließend deutsch und englisch und hatten eine exzellente Ausbildung genossen, waren aber nicht als italienische Staatsbürger registriert. Provenzano, von dem gemunkelt wird, er sei Riinas Stellvertreter, ist noch immer untergetaucht.

Margherita Petralìa

heiratete den Mafioso Gaspare Sugamiele aus Paceco bei Trapani in Westsizilien und bekam drei Kinder. Seine Familie kontrollierte Paceco und hatte Verbindungen zur Cosa Nostra in Catania. Aus Ärger darüber, daß ihr Mann oft lange weg war und sie auch häufig schlug, führte Margherita ein Tagebuch, in dem sie seine Verbindungen zur Mafia und seine Verbrechen detailliert dokumentierte. Nach der Trennung von ihm übergab sie das Tagebuch der Polizei. Sugamiele und seine Schwester Antonia wurden wegen Verwicklung in Mafia-Aktivitäten zu Haftstrafen verurteilt. Margherita lebt seit 1989 allein in Mailand, ihr Sohn lebt bei seinem Vater.

Amalia Pizza

Die junge Mutter von zwei Kindern lebte, von ihrem Ehemann getrennt, in Nola bei Neapel, wo der Camorra-Boß Carmine Alfieri herrschte. Zwei ihrer Brüder setzten ihren ganzen Ehrgeiz daran, Mafia-Mitglieder zu werden, doch sie wurden von Alfieris Männern ermordet. Amalia kooperierte zunächst mit der

Polizei. 1992 erschoß sie dann gemeinsam mit ihrem Vater den Mann, der ihre Brüder getötet hatte. Mit 33 Jahren wurde sie aus dem Gefängnis entlassen und zog mit einem Mann zusammen, der sie schließlich zu Tode prügelte. Ihre Kinder leben bei ihrer Mutter. Ihr Vater befindet sich wegen Mordes noch immer in Haft.

Grazia Ribisi

ist die Schwester der »furchtbaren Brüder«, Killer der Mafia von Agrigent. 1984 versuchten die »furchtbaren Brüder«, Palma de Montechiaro in Südsizilien unter ihre Kontrolle zu bringen. In dem daraus resultierenden Krieg zwischen Mafia-Banden wurden drei von ihnen getötet. Die übrigen Mitglieder des Clans tauchten unter, und die Polizei konzentrierte ihre Ermittlungen auf Grazia Ribisi, die auf freiem Fuß blieb. In ihrem Schlafzimmer wurde eine Abhörwanze installiert. Die Polizei hörte mit, als Grazia Ribisi den Verrat der Allegro-Familie verfluchte, die sich aus dem Konflikt zurückziehen wollte. Grazia wurde im Alter von 50 Jahren verhaftet und der Mitgliedschaft in einer Mafia-Vereinigung beschuldigt. Kurz darauf wurde sie jedoch wieder freigelassen und erhielt eine Haftentschädigung. Ihr Ehemann starb im Gefängnis; sie lebt mit ihren beiden Töchtern in Palma de Montechiaro.

Angela Russo, die »Heroin-Oma«

war die Tochter eines Mafioso aus Palermo und wurde zu dessen »Ersatzsohn«. Nach ihrer Heirat begann sie mit Drogen zu handeln, und noch mit über siebzig dealte die »Heroin-Oma« vom heimischen Wohnzimmer aus; sie spannte dabei drei Generationen ihrer Familie ein, die kleinsten Kinder verkauften auf der Straße Drogen. Regelmäßig beförderte sie mehrere Kilo Heroin in einem zerbeulten Koffer aufs Festland. 1981 wurde die ganze Familie, einschließlich Angelas Töchtern und einer Enkelin, verhaftet. Während des Prozesses drohte ihr Sohn Salvino, als Zeuge auszusagen, doch seine Mutter schaffte es, ihm den Mut zu nehmen. Sie kam für fünf Jahre ins Gefängnis und starb 1990.

Rita Simoncini

war schwanger, als ihr Freund, der Mafioso Francesco Marino Mannoia, 1978 Rosa Vernengo heiratete, die Tochter eines Mafia-Bosses. Rita bekam eine Tochter namens Cristina und lebte weiterhin in der Nähe des Ehepaares in Bagheria bei Palermo. Mannoia wurde 1985 verhaftet; während er im Gefängnis saß, wurde sein Bruder ermordet. 1989 konnte Rita Simoncini ihn schließlich davon überzeugen, mit der Polizei zu kooperieren. Sie fuhr nach Rom, um persönlich mit dem Polizeichef über Mannoias Entscheidung zu sprechen, und man bot ihr unverzüglich Polizeischutz an. Kurz nachdem Marino Mannoia begonnen hatte, als Zeuge auszusagen, wurden seine Mutter, seine Tante und seine Schwester von der Cosa Nostra ermordet. Er ließ sich von Rosa Vernengo scheiden und lebt heute mit Rita und der gemeinsamen Tochter unter Polizeischutz.

Giuseppina Spadaro

ist die Tochter des Heroinproduzenten Tommaso Spadaro, der wegen Rauschgiftdelikten eine 30jährige Haftstrafe verbüßt. Giuseppina (Giusy) wuchs in La Kalsa auf, einem von der Mafia beherrschten Ruinenviertel im Herzen Palermos. Sie heiratete Pasquale Di Filippo, einen der wichtigsten Berater des Corleone-Bosses Leoluca Bagarella. Als ihr Mann verhaftet wurde und sich zur Zusammenarbeit mit den Behörden bereit erklärte, beriefen Giusy und ihre Schwägerin Angela Marino, die Frau von Emanuele Di Filippo, 1995 eine Pressekonferenz ein und sagten sich öffentlich von ihren Ehemännern los.

April Waltomate

lebte mit ihren beiden Kindern getrennt von ihrem Mann in Süd-Philadelphia und lernte 1982 den Gangster Ron »Cuddles« DiCaprio kennen. In der Folgezeit wurde sie Buchhalterin der Mafia. DiCaprio brachte sie dazu, daß sie ihm bei der Vernichtung von Beweismaterial nach einem Mord half, und bezog sie in weitere Mordpläne mit ein. Dann zwang er sie, ihn zu heiraten, damit sie nicht gegen ihn aussagen könnte. Die Hochzeit fand 1983 statt. Als er später versuchte, sie zu ermorden, erklärte sie sich bereit, mit dem FBI zu kooperieren, und sagte vor dem Geschworenengericht aus. DiCaprio kam hinter Gitter, und April heiratete ihren Bewacher, den FBI-Agenten Jerry Waltomate. Sie lebt heute mit Mann und Kindern in Pennsylvania.

ANMERKUNGEN

Einführung

1. *La Repubblica,* 23. Juni 1996.
2. Corrado Stajano, *Mafia: L'atto dei guidici di Palermo,* Rom 1992 (erstmals erschienen 1986), S. 14.
3. Pino Arlacchi, *Gli uomini del disonore,* Mailand 1992, S. 163.
4. *La donna nella criminalità organizzata.* Bericht des Osservatorio permanente sulla criminalità ans Parlament, Innenministerium, Mai 1996, S. 297.
5. *Panorama,* 1. August 1993.
6. Diese Zahlen nannte Antonio Manganelli vom Dezernat für Zeugenschutz im Januar 1997.

Kapitel 1: Die Patinnen der Camorra

1. Isaiah Sales, *La camorra, le camorre*, Rom 1993, S. 136.
2. Ebenda S. 137.
3. *La Repubblica*, 28. August 1990.
4. Interview mit dem stellvertretenden Chefankläger Italo Ormanni in Rom am 28. Mai 1996.
5. Interview mit Italo Ormanni.
6. *L'Ora*, 23. Februar 1982.
7. Ebenda.
8. Sergio De Gregorio, *I nemici di Cutolo*, Neapel 1983, S. 44.
9. Procedimento penale a carico di Alfano Nicolò + 15, Befragung der Zeugin Giacomina Filippello, 22. Juli 1991.
10. *La Repubblica*, 31. Mai 1996. Die Worte stammen von dem sizilianischen Mafioso Gaspare Mutolo.
11. Corrado Stajano, *Mafia: L'atto d'accusa dei giudici di Palermo,* Rom 1992 (erstmals erschienen 1986), S. 71.
12. Gigi Di Fiori, *Potere Camorrista*, Neapel 1993, S. 159.
13. *Il Giornale di Napoli*, 9. Februar 1993.
14. *Unità*, 11. September 1981.
15. *Il Giornale di Sicilia*, 9. Februar 1993.

16. *Il Mattino*, 17. März 1987.
17. Aus Cutolos *Poetry and Philosophy*, zit. in *Oggi* 1981.
18. Sergio De Gregorio, *Camorra*, Neapel 1991, S. 100.
19. *Il Giornale di Sicilia*, 9. Februar 1993.
20. Interview mit Antonio Laudati in Neapel am 11. September 1995.
21. Misura di prevenzione contro Ciro Mazzarella + 19, Tribunale di Napoli, 27. Juli 1992, S. 33.
22. Umberto Vecchione, stellvertretender Chef von Criminalpol, beschrieb die Szene dem *Giornale di Sicilia*, 9. Februar 1993.
23. Applicazione di misure di prevenzione, Anna Mazza + 9, Tribunale di Napoli, 10. April 1990, S. 48.
24. Ebenda S. 26.
25. Ebenda S. 39.
26. Alfonso Lamberti, Richter am Berufungsgericht, wurde 1990 wegen Korruptionsverdacht festgenommen.
27. Misura di prevenzione, S. 19.

Kapitel 2: Wenn Frauen der Boß sein wollen

1. Diego Gambetta, *La mafia siciliana,* Turin 1992, S. 216.
2. Giovanni Falcone, *Cose di Cosa Nostra,* Mailand 1992, S. 98ff.
3. Interview mit dem stellvertretenden Chefankläger Guido Lo Forte in Palermo am 6. Mai 1996.
4. Norman Lewis, *Die Ehrenwerte Gesellschaft,* Düsseldorf, Wien 1965, S. 86.
5. Lucio Galluzzo et al., *Objettivo Falcone: magistrati e mafia nel Palazzo dei veleni,* Neapel 1989, S. 197.
6. Diego Gambetta, *La mafia siciliana,* Turin 1992, S. 35.
7. Henner Hess, *Mafia. Zentrale Herrschaft und lokale Gegenmacht,* 3. Aufl. Tübingen 1988, S. 113.
8. Ebenda S. 38f.
9. Giuseppe Pitré, *Usi e costumi, credenze e pregiudizi del popolo siciliano,* Palermo 1898 Bd. II. Eine klassische Abhandlung über Alltagsleben und Gepflogenheiten in der Mafia, zitiert bei Franco Ferrarotti, *Rapporto sulla mafia: da costume locale a problema dello sviluppo nazionale,* Neapel 1978, S. 77.
10. Salvatore Lupo, *Storia della mafia,* Rom 1993, S. 183.
11. Interview mit Teresa Principato in Palermo am 6. Mai 1996.
12. »Ci sono donne nella mafia?« Essay von Giovanna Fiume in der Zeitschrift für Geschichte und Sozialwissenschaften *Meridiana,* Heft 7/8, 1990, S. 293.
13. Interview mit Antonio Laudati in Neapel am 11. September 1995.
14. *Giornale di Sicilia,* 28. Februar 1994.
15. Ebenda.
16. Interview mit Luigi Gay am 24. Mai 1996.
17. Interview mit Giuseppe Narducci am 12. September 1996.

Kapitel 3: Neapolitanische Kredithaie

1. Isaiah Sales, *La camorra, le camorre*, Rom 1993, S. 41.
2. Interview mit Antonio Laudati in Neapel am 11. September 1995.
3. Jimmy Burns, *Hand of God, the Story of Diego Maradona*, London 1996, S. 135.
4. Giovanni Falcone, *Cose di Cosa Nostra*, Mailand 1992, S. 126.
5. Interview von Luigi d'Alise mit Don Massimo Rastrelli, in: *La Voce della Campania*, Oktober 1995, S. 8.
6. Marco Monnier, *La Camorra*, Lecce 1994, S. 151.
7. Aufgezeichnet am 26. März 1995.
8. Procedimento penale contro Teresa Deviato + 16, Tribunale di Napoli, Juli 1996.
9. Interview mit Gabriella Gribaudi in Neapel am 23. Mai 1996.
10. Der Prozeß war bei Niederschrift des Buches noch im Gange.

Kapitel 4: Erpressung: Die tödlichen Beschützer

1. Enzo Ciconte, *'Ndrangheta dall'unita a oggi*, Bari 1992, S. 362.
2. Der Name 'Ndrangheta leitet sich vom griechischen Wort *andragathos* ab, das mutiger, tapferer Mann bedeutet. Der Name ist erst in jüngster Zeit als Bezeichnung der kalabrischen Mafia in den allgemeinen Sprachgebrauch übergegangen.
3. Ciconte, *'Ndrangheta,* S. 205f.
4. Interview mit dem stellvertretenden Chefankläger Salvatore Boemi in Reggio Calabria am 20. Juli 1996.
5. Corte di Assisi di Reggio Calabria, sentenza contro Antonio Imerti + 40, 14. November 1992. Die Geschichte von Giuseppa Condello gründet sich auf die in den Akten vorliegenden Abschriften der abgehörten, per Funk geführten Gespräche und auf Interviews mit Salvatore Boemi, der die Untersuchung leitete.
6. Interview mit dem Historiker Salvatore Lupo in Catania am 19. Juni 1996.
7. Richiesta per l'applicazione di misure cautelare contro Antonino Cintorino + 40, Procura Distrettuale della Repubblica, Catania, 22. Dezember 1995. Die Geschichte von Maria Felippa Messina gründet auf Abschriften von Gesprächen, die dem Bericht des Anklägers beigefügt sind.
8. Interview mit dem Historiker Salvatore Lupo.
9. *La Repubblica*, 9. Februar 1995.
10. Tribunale di Catania, Misure di custodia cautelare nei confronti di Vasti Maria Rosa + 4, 7. November 1994, S. 3.
11. Tribunale di Catania, richiesta di convalida del fermo nei confronti di Niciforo Lucia + 10, 25. Juni 1994.

1. Die Geschichte von Amalia Pizzas Leben und Sterben wurde aus Gesprächen mit Carabinieri rekonstruiert, die eng mit dem Fall zu tun hatten und nicht genannt werden möchten.
2. Interview mit dem stellvertretenden Chefankläger Luigi Gay in Neapel am 24. Mai 1996.
3. Norman Lewis, *Die Ehrenwerte Gesellschaft,* Düsseldorf, Wien 1965, S. 26f.
4. Ebenda S. 29.
5. Jerry Capeci und Gene Mustain, *Gotti: Rise and Fall*, New York 1996, S. 67.
6. Ebenda S. 66.
7. Tim Shawcross, *The War against the Mafia*, Edinburgh 1994, S. 164.
8. Leonardo Sciascia, *La Sicilia come metafora*, Mailand 1984 (erstmals erschienen 1979), S. 14.
9. Procedimento penale a carico di Alfano Nicolò + 15, Befragung der Zeugin Giacomina Filippello, 22. Juli 1991.
10. Giorgio Chinnici und Umberto Santino, *La violenza programmata*, Mailand 1989.
11. Nino Calderone in Zusammenarbeit mit Pino Arlacchi, *Gli uomini del disonore*, Mailand 1992, S. 171.
12. *L'Ora*, 16. Juli 1981.
13. *Giornale di Sicilia*, 16. Juli 1981, zitiert in: Anna Puglisi und Antonia Cascio, Hg., *Con e contro: le donne nell'organizzazione mafiosa e nella lotta antimafia*, Centro siciliano di documentazione Giuseppe Impastato, Palermo 1986.
14. Lewis, *Die Ehrenwerte Gesellschaft*, S. 29.
15. Enzo Ciconte, *'Ndrangheta dall'unità a oggi*, Bari 1992, S. 57.
16. Luigi Lombardi Satriani erörtert die Rolle der Frauen in der Mafia in dem von F. Faeta et al. herausgegebenen Band *Le ragioni della mafia: studie ricerche di quaderni calabresi*, Mailand 1983, S. 175.
17. Ciconte, *'Ndrangheta*, S. 64.
18. Interview mit dem stellvertretenden Chefankläger Salvatore Boemi in Reggio Calabria am 20. Juli 1996.
19. Interview mit dem stellvertretenden Chefankläger Nicola Gratteri in Reggio Calabria am 10. Juni 1996.
20. Tribunale di Milano, Befragung der Zeugin Santa Margherita Di Giovine im Prozeß gegen Gianfranco Agnifili + 149, 5. Juni 1996.
21. Ciconte, *'Ndrangheta*, S. 223.
22. Interview mit Salvatore Lupo in Catania am 19. Juni 1996.
23. Diese Darstellung stützt sich zum größten Teil auf Mitteilungen des Agrigenter Journalisten Franco Castaldo.
24. Interview mit Teresa Principato in Palermo am 6. Mai 1996.
25. Interview mit Grazia Ribisis Rechtsanwalt Salvatore Russello in Palma de Montechiaro am 12. September 1996.
26. *Giornale di Sicilia*, 18. April 1992.
27. Ebenda.

Kapitel 6: Die Sünden der Mutter

1. *La Repubblica,* 24. Mai 1996.
2. Interview mit Antonio Laudati in Rom am 26. September 1996.
3. Interview mit Salvatore Lupo in Catania am 19. Juni 1996.
4. Interview mit Liliana Ferraro in Rom am 28. Mai 1996.
5. *L'Ora,* 13. Juli 1971.
6. *La Repubblica,* 12. Juni 1996.
7. *Il Messagero,* 26. Juni 1996.
8. Der Brief erschien am 23. Juni 1996 in *La Repubblica,* er nahm eine ganze Seite ein. Es schloß sich eine Debatte an, die mehrere Tage dauerte.
9. *Panorama,* 7. Dezember 1995.
10. *La Repubblica,* 12. Juni 1996.
11. Marco Nese, *Nel segno della mafia: storia di Luciano Leggio,* Mailand 1975, S. 42.
12. Aurelio Angelini et al., Hg., *Uno sguardo dal bunker: cronache del maxiprocesso di Palermo,* Syrakus 1987, S. 122.
13. Claire Sterling, *The Mafia,* London 1990, S. 60.

Kapitel 7: Die Brutstätte

1 Tim Shawcross, *The War against the Mafia*, Edinburgh 1994, S. 162.
2 Ebenda S. 247.
3 George Anastasia, *Blood and Honor*, New York 1991, S. 418.
4 Walter Rizzo et al., *Il governo della mafia*, Palermo 1994, S. 37.
5 Claire Sterling, *Crime without Frontiers*, London 1995, S. 108.
6 Alexander Stille, *Die Richter. Der Tod, die Mafia und die italienische Republik,* München 1997, S. 392.
7 Interview wiedergegeben im *Giornale di Sicilia* vom 16. Mai 1993.
8 Interview mit Amato Lamberti in Neapel am 12. September 1995.
9 *Il Mattino*, 31. Mai 1991.

Kapitel 8: Der Kampf um die Seelen der Kinder

1. *La Repubblica* vom 10. März 1996 gab diese Szene in den Worten des Kronzeugen Giuseppe Manticciolo wieder.
2. Interview mit Luigi LiGotti in Rom am 1. Juli 1996.
3. ANSA, 20. Juli 1996.
4. Ordinanza di custodia cautelare in carcere gegen Enzo und Giovanni Brusca + 19, Tribunale di Palermo, 7. Juni 1996.
5. Interview mit Santino Di Matteos Anwältin Lucia Falzone in Caltanisetta am 14. Juli 1996.
6. Anna Puglisi und Umberto Santino, »Le donne e il pentitismo«, Essay in *Narcomafia,* 9. Oktober 1995.
7. Interview mit Pupetta Maresca in Sorrent am 17. Mai 1996.
8. Interview mit dem stellvertretenden Chefankläger Guido Lo Forte in Palermo am 6. Mai 1996.

9. Interview mit Frank Friel, Bensalem, Philadelphia, am 7. November 1995.
10. *Giornale di Sicilia,* 9. Mai 1993.
11. Dieser Bericht stammt aus einem Interview mit dem stellvertretenden Chefankläger Nicolò Marino, geführt in Catania am 21. Juni 1996.
12. Interview mit Guido Lo Forte, siehe Anm. 8.
13. Enzo Ciconte, *'Ndrangheta dall'unità a oggi,* Bari 1992, S. 46.
14. *La Repubblica* und *Il Corriere della Sera* vom 28. Juni 1995.
15. *Giornale di Sicilia,* 28. Juni 1995.
16. Ebenda.
17. *L'Unità,* 28. Juni 1995.
18. Interview mit Nino Scarpulla in Palermo am 9. Juli 1996.
19. Bericht von Giancarlo Dionisi vom Servizio Centrale di Protezione an den Convegno su Minori Oltre il Processo, Palermo, 25. April 1996.
20. Interview mit dem stellvertretenden Chefankläger Nicolò Marino, siehe Anm. 11.

Kapitel 9: Drogenhandel: Ein Metier für Frauen

1. Tribunale di Napoli, processo contro Raffaele Stolder + 45, Anhörung am 26. April 1994. Ferriero wurde für schuldig befunden und zu siebeneinhalb Jahren Gefängnis verurteilt.
2. Dies wurde durch einen graphologischen Test vor Gericht bestätigt.
3. Umberto Santino und Giovanni La Fiura, *Dietro la droga*, Turin 1993, S. 178.
4. Titti Beneduce, »Donne di Camorra«, Beitrag in dem von Vita Faenza herausgegebenen Band *Cosa Nostra Napoletana: rapporto sulla Camorra 1992*, Neapel 1993, S. 113.
5. Der Prozeß war zur Zeit der Niederschrift noch im Gange.
6. *Giornale di Sicilia*, 26. März 1983.
7. Interview mit Piera Mattiolo in Palermo im September 1992.
8. Marina Pino, *Le signore della droga,* Palermo 1988, S. 27.
9. Interview mit Amato Lamberti in Neapel am 14. September 1995.
10. Interview mit Salvatore Esposito in Neapel am 27. Mai 1996.
11. Anna Puglisi vom Centro Siciliano di documentazione Giuseppe Impastato in einem Vortrag mit dem Titel »Le donne dentro l'organizzazione mafiosa«, gehalten in Messina am 27. Mai 1993.
12. Pino, *Le signore*, S. 79.
13. Ebenda S. 97.
14. Ebenda S. 86.
15. Interview mit Maurizio Romanelli in Mailand am 27. September 1996.
16. Tribunale Ordinario di Milano, processo contro Gianfranco Agnifili + 149, Anhörung am 9. Mai 1996, Mailand: Befragung der Zeugin Santa Margherita Di Giovine. Diese Darstellung des Lebens in der Familie Di Giovine wurde der Niederschrift in den Akten entnommen, Zeitraum 9. Mai bis 6. Juni 1996.

Kapitel 10: Nichts geht über eine Geschäftsfrau

1. *L'Ora,* 28. Februar 1983.
2. *Giornale di Sicilia,* 14. Dezember 1994.
3. Salvatore Lupo, *Storia della mafia,* Rom 1993.
4. Umberto Santino und Giovanni La Fiura haben bis ins Detail Firmenkonstruktionen untersucht und dabei, ausgehend von den Frauen an der Spitze, die familiären Verästelungen aufgedeckt: *L'impresa mafiosa,* Mailand 1990.
5. Pino Arlacchi, *Mafia Business,* Oxford 1988, S. 208.
6. Interview mit Antonio Laudati in Rom am 26. September 1996.
7. Antoinette Giancana und Thomas C. Renner, *Mafia Princess,* New York 1985, S. 106.
8. Interview mit Umberto Santino in Palermo am 30. April 1996.
9. Interview mit Giacomo Travaglino in Neapel am 21. Mai 1996.
10. *Giornale di Sicilia,* 14. Dezember 1994.
11. Interview mit Maurizio Delucia in Palermo am 9. Juli 1996.
12. Decreto di non luogo a procedere contro Francesca Citarda, Tribunale di Palermo, 11. Februar 1983, abgedruckt bei Anna Puglisi und Antonia Cascio, Hg., *Con e contro: le donne nell'organizzazione mafiosa e nella lotta antimafia,* Centro siciliano di documentazione Giuseppe Impastato, Palermo 1986, S. 38-42.
13. Renate Siebert, *Le donne, la mafia,* Mailand 1994, S. 188.
14. Corrado Stajano, *Mafia: L'atto di accusa dei giudici di Palermo,* Rom 1992, S. 41.
15. Ebenda S. 21.
16. *Il Giornale,* 16. Januar 1993.
17. Liliana Madeo, *Donne di mafia,* Mailand 1994, S. 71.
18. Arlacchi, *Mafia Business,* S. 201.
19. Ordinaza di sentenza contro Abbate Giovanni + 706, Palermo, 8. November 1985, Bd. 22.
20. Ebenda Bd. 7.
21. Luigi Barzini, *The Italians,* London 1987, S. 194.

Kapitel 11: Frauen im Zeugenstand

1. Interview mit Giovanna Terranova in Palermo am 26. September 1996.
2. Dies ist ausführlich dargestellt in dem von Anna Puglisi und Antonia Cascio herausgegebenen Band, *Con e contro: le donne nell'orgaizzazione mafiosa e nella lotta antimafia,* Forschungszentrum Giuseppe Impastato, Palermo 1986.
3. Interview mit Rita Costa in Palermo am 1. Mai 1991.
4. Anna Puglisi, Hg., *Sole contro la mafia,* Palermo 1990, S. 6. Gespräche mit Michela Buscemi und Pietra Lo Verso.
5. Benannt nach Peppino Impastato, der 1978 von der Mafia ermordet wurde, siehe Schluß des Kapitels.
6. Interview mit Felicia Bartolotta Impastato in Cinisi am 3. Mai 1991.

1. *Corriere della Sera*, 20. Juni 1996
2. Tim Shawcross und Martin Young, *Men of Honour: Confessions of Tommaso Buscetta*, London 1989, S. 37.
3. Interview mit Luigi LiGotti in Rom am 1. Juli 1996.
4. Alexander Stille, *Die Richter. Der Tod, die Mafia und die italienische Republik*, München 1997, S. 101.
5. Corrado Stajano, *Mafia: L'atto d'accusa dei giudici di Palermo*, Rom 1992, S. 50.
6. Shawcross und Young, *Men of Honour*, S. 42.
7. Pino Arlacchi, *Gli uomini del disonore*, Mailand 1992, S. 289. Auf der Grundlage von Gesprächen mit Nino Calderone geschriebene Biographie.
8. Ebenda S. 293.
9. Interview mit Antonio Manganelli in Rom am 29. Juni 1996.
10. Interview mit Antonio Manganelli in Rom am 13. April 1995.
11. Liliana Madeo, *Donne di mafia*, Mailand 1994, S. 114.
12. Interview mit Guido Lo Forte in Palermo am 6. Mai 1996.
13. Interview mit Ermittlungsrichter Francesco Puleio in Catania am 12. Juli 1996.
14. Interview mit Messinas Rechtsanwältin Enza Angelini in Catania am 16. September 1996.

Kapitel 13: Ehehölle

1. Antoinette Giancana in Zusammenarbeit mit Thomas C. Renner, *Mafia Princess*, New York 1985, S. 22.
2. Liliana Madeo, *Donne di mafia*, Mailand 1994, S. 12.
3. Giovanni Falcone, *Cose di Cosa Nostra*, Mailand 1992, S. 76.
4. Madeo, *Donne di mafia*, S. 127.
5. Interview mit Maria Maniscalco, der Bürgermeisterin von San Giuseppe Iato, am 9. Mai 1996.
6. Rosalie Bonanno, *Mafia Marriage*, New York 1991, S. 138.
7. Aus Magherita Petralìas unveröffentlichtem Tagebuch.

Kapitel 14: Alles aus Liebe

1. Interview mit dem stellvertretenden Chefankläger Salvatore Boemi in Reggio Calabria am 10. Juni 1996.
2. Befragung der Zeugin Alessandra Maninetti am 20. Dezember 1988, zitiert im Urteil gegen Mario Fabbrocino + 34, Tribunale di Napoli.
3. Interview mit dem stellvertretenden Chefankläger Paolo Mancuso in Neapel am 6. Juni 1996.
4. Interview mit der stellvertretenden Chefanklägerin Alessandra Camassa in Trapani am 24. Juli 1993. Einige der hier wiedergegebenen Zitate stammen aus weiteren Interviews im Oktober 1993 und im Mai 1996.
5. Procedimento penale a carico di Alfano Nicolò + 15, Befragung der Zeugin

Giacomina Filippello am 22. Juli 1991. Vor dem Gesetz sind sowohl der Schütze als auch der Fahrer des Wagens des Mordes schuldig.
6. Interview mit Ermittlungsrichter Alberto Di Pisa in Palermo am 10. Mai 1996.
7. Procedimento penale a carico di Alfano Nicolò + 15.
8. Ebenda.

Kapitel 15: Vendetta mit Hilfe des Gesetzes

1. Interview mit Morena Plazzi in Sciacca im Juli 1993.
2. Umberto Lucentini, *Paolo Borsellino: Il valore di una vita,* Mailand 1994, S. 195.
3. Sandra Rizza, *Rita Atria: una ragazza contro la mafia,* Palermo 1993, S. 102.
4. Ebenda S. 113.
5. Lucentini, *Paolo Borsellino,* S. 194.
6. Rizza, *Rita Atria,* S. 127.
7. *Panorama,* 1. August 1993, S. 63.

BIBLIOGRAPHIE

Roberto Alajmo, *Un lenzuolo contro la mafia,* Palermo 1993.

George Anastasia, *Blood and Honor,* New York 1991.

Ders., *Mobfather,* New York 1993.

Aurelio Angelini et al., Hg., *Uno sguardo dal bunker: cronache del maxiprocesso di Palermo,* Syrakus 1987.

Pino Arlacchi, *Gli uomini del disonore,* Mailand 1992. (Deutsch: Mafia von Innen. Das Leben des Don Antonio Calderone, Frankfurt/Main 1993.)
Geschichte der sizilianischen Mafia, erzählt von dem Top-Kronzeugen Antonino Calderone.

Ders., *Mafia Business,* Oxford 1988. (Deutsch: *Mafiose Ethik und der Geist des Kapitalismus. Die unternehmerische Mafia,* Frankfurt/Main 1989.)

Felicia Bartolotta Impastato in Zusammenarbeit mit Anna Puglisi, *La mafia in casa mia,* Palermo 1986.
Interview mit der Mutter von Giuseppe Impastato, der im Alter von dreißig Jahren von der Mafia ermordet wurde.

Luigi Barzini, *The Italians,* London 1987 (erstmals erschienen 1964).

Giorgio Bocca, *L'inferno: profondo sud, male oscuro,* Mailand 1992.

Rosalie Bonnano in Zusammenarbeit mit Beverly Donofrio, *Mafia Marriage,* New York 1991.

Pino Buongiorno, *Totò Riina, la sua storia,* Mailand 1993.

Michela Buscemi, *Nonostante la paura,* Molfetta 1995.

Fabrizio Calvi, *La vita quotidiana della mafia dal 1950 a oggi,* Mailand 1986.

Jerry Capeci und Gene Mustain, *Gotti: Rise and Fall,* New York 1996.

Teresa Carpenter, *Mob Girl,* New York 1992.

Raimondo Catanzaro, *Il delitto come impresa,* Mailand 1991.

Enzo Ciconte, *'Ndrangheta dall'unità a oggi,* Bari 1992.
Umfassende, faszinierende Darstellung der Geschichte der Mafia in Kalabrien.

Piero Colaprico und Luca Fazzo, *Manager Calibro 9,* Mailand 1995.
Zwanzig Jahre organisiertes Verbrechen in Mailand, farbig geschildert von dem Kronzeugen Saverio Morabito.

Nando Dalla Chiesa, Hg., *Mafia vecchia, mafia nuova,* Mailand 1985.
Enthält einen Aufsatz von Giuseppe Fava über Mafia-Einfluß in der Industrie, Titel: »I quattro cavalieri dell'apocalisse.«

Enrico Deaglio, Raccolta Rosso, *La mafia, l'Italia,* Mailand 1993.
Spannende Reise an die Schauplätze der Mafia-Verbrechen und Beschreibung der Protagonisten.

Sergio De Gregorio, *Camorra,* Neapel 1981.
Ders., *I nemici di Cutolo,* Neapel 1983.
Antonio Delfino, *Gente di Calabria,* Cosenza 1987.
Gespräche mit Menschen aus der Region.
Gigi Di Fiore, *Potere Camorrista,* Neapel 1993.
Vier Jahrhunderte Verbrechen in Neapel.
Vita Faenza, Hg., *Cosa Nostra Napoletana: rapporto sulla Camorra 1992,* Neapel 1993.
F. Faeta et al., *La ragioni della mafia: studie e ricerche di quaderni calabresi,* Mailand 1983.
Giovanni Falcone in Zusammenarbeit mit Marcelle Padovani, *Cose di Cosa Nostra,* Mailand 1992.
Claudio Fava, *La mafia comanda a Catania 1960–1991,* Bari 1991.
Der Sohn des ermordeten Journalisten Giuseppe Fava dokumentiert den Einfluß der Mafia auf Wirtschaft und Politik in Catania.
Giuseppe Fava, *I Siciliani,* Bologna 1980.
Interviews mit Sizilianern.
Fabrizio Feo, *Uomini e affari della camorra: cronache di quotidiana violenza in un viaggio tra le storie dei clan,* Neapel 1989.
Franco Ferrarotti, *Rapporto sulla mafia: da costume locale a problema dello sviluppo nazionale,* Neapel 1978.
G. Fiandaca und S. Costantino, Hg., *La mafia, le mafie,* Bari 1994.
Essays über das gewandelte Erscheinungsbild des organisierten Verbrechens in Italien.
Frank Friel, *Breaking the Mob,* New York 1990.
Lucio Galluzo et al., *Obiettivo Falcone: magistrati e mafia nel Palazzo dei veleni,* Neapel 1989.
Diego Gambetta, *La mafia siciliana,* Turin 1992.
(Deutsch: *Die Firma des Paten. Die sizilianische Mafia und ihre Geschäftspraktiken,* München 1994.)
Untersuchung über die Mafia als private Schutzgesellschaft.
S. Gambino, *La Mafia in Calabria,* Reggio Calabria 1977.
Paolo Gentiloni, Alberto Spampinato und Agostino Spataro, *Missili e mafia: la Sicilia dopo Comiso,* Rom 1985.
Über Atomwaffengegner in Sizilien.
Antoinette Giancana und Thomas C. Renner, *Mafia Princess,* New York 1985.
Henner Hess, *Mafia. Zentrale Herrschaft und lokale Gegenmacht,* 3. Auflage Tübingen 1988.
Untersuchung der kulturellen Wurzeln der Mafia und ihrer Verankerung im Volk.
Carlo Levi, *Le parole sono pietre,* Turin 1955.
Enthält ein Interview mit der Mutter des ermordeten Gewerkschaftlers Salvatore Carnevale.
Norman Lewis, *Die Ehrenwerte Gesellschaft. Die Geschichte der Mafia,* Düsseldorf, Wien 1965.
Die Geschichte der sizilianischen Mafia, erzählt am Beispiel der Geschichte des Gangsters Salvatore Giuliano. Ein Klassiker.

Ders., *Naples '44,* London 1983 (erstmals erschienen 1978).
Bericht eines englischen Geheimdienstoffiziers, der nach der Befreiung in Neapel stationiert war.
Saverio Lodato, *Dieci anni di mafia: La guerra che lo stato non ha saputo vincere,* Mailand 1990.
Daria Lucca, Hg., *La mafia dell'eroina,* Rom 1987.
Eine Sammlung von Interviews und Aufzeichnungen des ehemaligen Vorsitzenden des Antimafia-Ausschusses und späteren Sprechers des Abgeordnetenhauses Luciano Violante.
Umberto Lucentini, *Paolo Borsellino: Il valore di una vita,* Mailand 1994.
Biographie des ermordeten Mafia-Jägers.
Salvatore Lupo, *Storia della mafia,* Rom 1993.
Liliana Madeo, *Donne di mafia: vittime, complici e protagoniste,* Mailand 1994.
Simona Mafai, Hg., *Essere donna in Sicilia,* Rom 1976.
Giuseppe Marrazzo, *Il camorrista,* Neapel 1984.
Die Lebensgeschichte von Raffaele Cutolo, zum Roman verarbeitet (wurde später von Giuseppe Tornatore verfilmt).
Giuseppe Martorana und Sergio Nigrelli, *Totò Riina: 30 anni di sangue da Corleone ai vertici di Cosa Nostra,* Quart/Aostatal 1993.
Diego Minuti und Antonio Nicaso, *'Ndranghete: le filiali della mafia calabrese,* Vibo Valentia 1994.
Ein Blick auf die kalabrischen Einwanderergruppen.
Marco Monnier, *La camorra,* Lecce 1994.
Marco Nese, *Nel segno della mafia: storia di Luciano Leggio,* Mailand 1975.
Franco Occhigrosso, Hg., *Ragazzi della mafia, storie di criminalità,* Mailand 1993.
Linda Pantano, Hg., *Scritti sulla mafia,* Palermo 1995.
John Parker, *The Walking Dead: the Life of Liliana Ferraro,* London 1995.
Marina Pino, *Le signore della droga,* Palermo 1988.
Interviews mit Hausfrauen, die als Drogenkuriere für die Mafia zwischen Palermo und New York hin- und herreisten.
Anna Puglisi, *Sole contro la mafia,* Palermo 1990.
Interviews mit Michela Buscemi und Pietra Lo Verso, zwei Kronzeuginnen gegen die Mafia.
Dies. und Antonia Cascio, Hg., *Con e contro: le donne nell'organizzazione mafiosa e nella lotta antimafia,* Centro siciliano di documentazione Giuseppe Impastato, Palermo 1986.
Zusammenstellung von Presseberichten über Frauen und die Mafia.
Rapporto sulla mafia degli anni 80. Gli atti dell'Ufficio Istruzione del Tribunale di Palermo, Palermo 1986.
Sandra Rizza, *Rita Atria: una ragazza contro la mafia,* Palermo 1993.
Bericht über Leben und Sterben einer jungen Kronzeugin.
Walter Rizzo et al., *Il governo della mafia,* Palermo 1994.
Geschichte der Mafia von Catania, ihrer Verwicklung in politische Intrigen und Korruption in der Wirtschaft.
L. Rossi, *Camorra: un mese a Ottaviano, il paese in cui la vita d'un uomo non vale nulla,* Mailand 1983.
Gespräche in der Heimatstadt des Camorra-Bosses Raffaele Cutolo.

Isaiah Sales, *La camorra, le camorre,* Rom 1993.
Domenico Santacroce, *I miei giorni della camorra,* Salerno 1988.
Ein Untersuchungsrichter erzählt.
Umberto Santino, *L'antimafia difficile,* Centro siciliano di documentazione Giuseppe Impastato, Palermo 1989.
Ders., *La mafia interpretata,* Messina 1995.
Ders. und Giovanni La Fiura, *L'impresa mafiosa: dall'Italia agli Stati Uniti,* Mailand 1990.
Bericht über die finanziellen Verflechtungen zwischen Mafia-Familien und Wirtschaftsunternehmen.
Ders. und Giovanni La Fiura, *Dietro la droga,* Turin 1993.
Darstellung der Funktionsweise des internationalen Drogenhandels.
Ders. und Giorgio Chinnici, *La violenza programata,* Mailand 1989.
Rosaria Schifani in Zusammenarbeit mit Felice Cavallaro, *Vi perdono ma inginocchiatevi: lettera ai mafiosi.* Neapel 1992.
Bericht der Witwe von Vito Schifani, einem Leibwächter von Richter Giovanni Falcone, der im Mai 1992 zusammen mit Falcone bei einem Anschlag der Mafia starb.
Leonardo Sciascia, *La sicilia metafora,* Mailand 1984 (erstmals erschienen 1979).
Eine Deutung von Wesen und Gepflogenheiten der Mafia.
Gaia Servadio, *Mafioso: a History of the Mafia from its Origins to the Present Day,* New York 1976.
Tim Shawcross und Martin Young, *Men of Honour: the confessions of Tommaso Buscetta,* London 1989.
Ders., *The War against the Mafia,* Edinburgh 1994.
Renate Siebert, *Le donne, la mafia,* Mailand 1994. (Deutsch: *Im Schatten der Mafia. Die Frauen, die Mafia und das Gesetz,* Hamburg 1997.)
Dies., *Mafia e quotidianità,* Mailand 1996.
Corrado Stajano, *Africo,* Turin 1979.
Die Geschichte eines kalabrischen Dorfes.
Ders., Hg., *Mafia: L'atto d'accusa dei giudici di Palermo. Ordinanza sentenza per la corte d'assise a Palermo contro Abbate Giovanni + 706,* Rom 1992 (erstmals erschienen 1986).
Zusammenfassung der Anklageschrift des ersten Maxi-Prozesses.
Claire Sterling, *The Mafia: the Long Reach of the International Sicilian Mafia,* London 1990.
Dies., *Crime without Frontiers: the Worldwide Expansion of Organised Crime and the Pax Mafiosa,* London 1995.
Alexander Stille, *Die Richter. Der Tod, die Mafia und die italienische Republik,* München 1997.
Nicola Tranfaglia, *Mafia, politica e affari, 1943-91,* Bari 1992.
Behandelt die engen Verbindungen von Mafia, Wirtschaft und Politik.
Luciano Violante, *Non è la piovra,* Turin 1994.
Zwölf Essays über die italienische Mafia.
Ders., Hg., *Mafie e antimafia: Rapporto 96,* Bari 1996.

Osservatorio sulla camorra.
Vierteljahresschrift der Fondazione Colasanto in Neapel, herausgegeben von Amato Lamberti.

Narcomafie, 7-8, Juli-August 1990, Turin.

Umberto Santino, *Sicilia 102: caduti nella lotta contro la mafia e per la democrazia dal 1893 al 1994,* Palermo 1995.
Dokumentation über die Mafia-Opfer, zusammengestellt vom Centro siciliano di documentazione Giuseppe Impastato.

Cesare Terranova In Memoria, Palermo 1982.
Mit einem Vorwort von Leonardo Sciascia.

Giovanna Fiume, »Ci sono donne nella mafia?« in: *Meridiana: rivista di storia e scienza sociali,* 7-8, September 1989-Januar 1990.

Giancarlo Dionisi, »Oltre il processo«.
Auf dem Convegno su Minori am 25. April 1996 vorgelegtes Papier. Dionisi ist Mitarbeiter des Servizio Centrale di Protezione.

La donna nella criminalité organizzata, Innenministerium, Mai 1996.
Bericht des Osservatorio permanente sulla criminalità an das Parlament.

La Voce della Campania, Neapel.
Unabhängige, investigative Zeitschrift, herausgegeben von Andrea Cinquegrani.

Mezzocielo, Palermo.
Eine von Frauen gemachte und herausgegebene Zeitschrift. Herausgeberin ist Simona Mafai.

Dalle donne la forza delle donne, Mailand 1986.
Sammlung von Beiträgen.

Gerichtsakten

US District Court Eastern District of Pennsylvania, United States of America v John Stanfa + 7, Aussage von Brenda Colletti, 23. Oktober 1995.

Ordinanza sentenza per la corte d'assise a Palermo contro Abbate Giovanni + 706, Palermo, 8. November 1985.

Tribunale civile e penale di Marsala, Processo contro Alfano Nicolò + 15. Zeugenaussage von Giacomina Filippello.

Tribunale di Palermo: ordinanza di custodia cautelare in carcere nei confronti di Mandalari Giuseppe e Imbraguglia Maria Concetta.

Procura della Repubblica presso il Tribunale di Palermo, Dda. Esposizione introduttiva del PM nel procedimento contro Mandalari Giuseppe e Imbraguglia Maria Concetta.

Tribunale di Palermo: ordinanza di custodia cautelare in carcere nei confronti di Brusca Giovanni + 19, 7. Juni 1996.

Tribunale di Napoli, Applicazione di misure di prevenzione contro Anna Mazza + 9, 10. April 1990.

Procura Distrettuale della Repubblica, Catania, Richiesta per l'applicazione di misure cautelare contro Antonino Cintorino + 40.

Tribunale di Catania, ufficio GIP, Richiesta di convalida del fermo nei confronti di Niciforo Lucia + 10, 25. Juni 1994.

Tribunale di Catania, ufficio GIP, Misure di custodia cautelare nei confronti di Vasta Maria Rosa + 4, 7. November 1994.

Tribunale di Napoli, Misura di prevenzione contro Ciro Mazzarella + 19, 27. Juli 1992.

Corte d'assise di Reggio Calabria, Sentenza contro Antonio Imerti + 40, 14. November 1992.

Tribunale di Napoli, Procedimento penale contro Teresa Deviato + 16, Juli 1996.

Tribunale di Napoli, Processo contro Raffaele Stolder + 45, udienza 26. April 1994.

Tribunale di Napoli, Sentenza contro Mario Fabbrocino + 34.